古典文獻研究輯刊

二二編

潘美月・杜潔祥 主編

第 5 冊

章學誠《校讎通義》之經典校讎學

蔡琳琳 著

國家圖書館出版品預行編目資料

章學誠《校讎通義》之經典校讎學／蔡琳琳 著 — 初版 — 新
北市：花木蘭文化出版社，2016〔民105〕
目 4+268 面；19×26 公分
（古典文獻研究輯刊 二二編；第 5 冊）
ISBN 978-986-404-498-6（精裝）
1. 校勘學
011.08　　　　　　　　　　　　　　　105001913

ISBN-978-986-404-498-6

9 789864 044986

古典文獻研究輯刊
二二編　第五冊　　　　　　ISBN：978-986-404-498-6

章學誠《校讎通義》之經典校讎學

作　　者　蔡琳琳
主　　編　潘美月　杜潔祥
總 編 輯　杜潔祥
副總編輯　楊嘉樂
編　　輯　許郁翎
企劃出版　北京大學文化資源研究中心
出　　版　花木蘭文化出版社
社　　長　高小娟
聯絡地址　235 新北市中和區中安街七二號十三樓
　　　　　電話：02-2923-1455／傳真：02-2923-1452
網　　址　http://www.huamulan.tw 信箱 hml810518@gmail.com
印　　刷　普羅文化出版廣告事業
初　　版　2016 年 3 月
全書字數　244664 字
定　　價　二二編 15 冊（精裝）新台幣 28,000 元

章學誠《校讎通義》之經典校讎學

蔡琳琳　著

作者簡介

蔡琳琳　61.12.2

臺灣彰化人。逢甲大學中國文學系博士。研究專長為目錄學、校讎學、文心雕龍。現任大葉大學教官，並於大葉通識教育中心兼任。

發表期刊論文

1.〈析論元稹〈鶯鶯傳〉──史才、詩筆、議論文備眾體的特點〉，《中國語文》第 642 期，2010 年 12 月。

2.〈論章學誠《文史通義》──「即器明道」觀〉，《僑光科技大學通觀洞識學報》，2009 年 12 月。

3.〈論劉勰史傳篇與后世史學〉，《中國語文》第 605 期，2007 年 11 月。

4.〈論《文心雕龍・史傳》之特色〉，《中國語文》第 595 期，2007 年 1 月。

5.《文心雕龍》史學觀之析論〉，《古今藝文》第 32 卷第 2 期，2006 年 2 月。

6.〈劉勰論史家之涵養〉，《中國語文》第 583 期，2006 年 1 月。

7.〈劉勰之史法〉，《中國語文》第 568 期，2004 年 10 月。

8.〈從《文心雕龍・史傳》篇論劉勰之史學觀〉，《玄奘大學中國語文研究所第三屆研究生學術研討會論文集》，2004 年 4 月。

9.〈從《孝經》論儒家思想〉，《古今藝文》，第 30 卷第 2 期，2004 年 2 月。

*〈獨秀前哲　追憶恩師──沈謙博士〉，《青年日報青年副刊》，95 年 1 月 24 日。

提　要

《校讎通義》繼劉向、劉歆之校讎理論，以《七略》可溯流別之源，不僅為甲、乙簿注。雖《七略》已亡佚，然班固依《七略》增補而成《漢志》，其〈輯略〉即為各略之敘錄；一般學者認為章學誠講求溯源學術流別尊劉氏之義例，《校讎通義》亦有〈宗劉〉一篇，但深入分析後，發現並未全盤接受，章學誠自己也說，二劉初創之例難免有疏失。此外，鄭樵《通志》是千年之後唯一有劉向、劉歆之旨，但亦有不足；而焦竑《國史經籍志》後有〈糾繆〉一卷，讖正前代之誤，其糾《漢志》十三條雖有所見，然仍為僅求甲乙部次簿記之成法；因此欲明瞭章學誠所論，本文以《校讎通義》所論及一百九十三部書，藉由校讎之法，案頭索查，一則可明諸志目錄之歸類，亦針對各書流變作要略的辨正。二則從實地查閱原典中，得知章學誠學術思想脈絡，及其如何補述《漢志》之疏，進而糾補鄭樵、焦竑之失與不足。三則論述校讎之理論與實際，其校讎學以辨章學術源流，超越狹義的訓詁考據之學，進得窺見學術史之脈絡。四則指出章學誠失於考據及所論前後矛盾不一之處。

本論文凡七章，共二十萬餘言，第一章為研究動機、目的、範圍、文獻討論等；第二章為章學誠生平及時空背景；第三章為《校讎通義》之校讎義例、方法、文獻典藏；第四章及第五章分述《漢志》、《通志・校讎略》以及焦竑等人之論，進而補述；第六章為綜觀《校讎通義》之通、義，最後第七章結論歸納其優、缺失與影響等。

章學誠所謂「校讎」乃採廣義之名，欲跨文獻、目錄、版本、校勘，躍而可以辨章學術，考鏡源流，條別學術之異同；本文以章學誠定義之「校讎學」理論探討《校讎通義》，故命題以章學誠之原意定為「校讎學」。

　　《校讎通義》從校讎條理到義例，從求書到治書，皆有一套完整文獻之典藏與尋繹方法。雖以《七略》為部次原則，惟七略別為四部，乃勢之所趨，故解決之法則附以辨章流別之義；又部類區分講求經主傳附，著錄依道器，依序為形而上的理論與形而下的數術技巧，使求書者可以即器明道，會偏而得全，並運用互著、別裁之法，使後學者可即類求書，因書究學，此見章學誠「徵實」之學，不立空言，契合中國文化學術精神。歸納《校讎通義》，其主體乃是藉由古籍部次之分類，輔以敘錄、提要之「知人論世」，討論群書之旨，以書類人，縱向可明家學、師承；橫向則為一部學術之史。

　　《校讎通義》透過校讎方式，以文獻學梳理經典之學術源流，回歸經典的客觀義理；不僅為後世樹立許多校讎典範，細而觀之，這典範正是章學誠於《校讎通義》所蘊涵之文化意義，綜論其重點有三：一為「辨章學術，考鏡源流」；二為「校讎為法，以明大道」；三為「通經服古，與時俱變」。回復至《校讎通義》著作之原旨，進而能學以致用。

　　經全面研究《校讎通義》，發現章學誠所謂「通」，即是以校讎之法辨別學術之源流，其「義」則是推闡大義，宣明大道，以經世致用，達成儒者治學最高之精神；並為後人開啟為學之鑰，其所主張校讎與學術結合，推原學術之流別，建立「專科目錄」，為文獻學樹立典範。

謝　誌

　　對於有職業、有家庭的我來說，決定報考博士班需要勇氣，而背後促使的力量是恩師沈謙，老師已成仙，不能違背答應老師的承諾；第二個是父親的期待；第三個則是指導教授李威熊老師；透過父親知道李老師是經學權威，所以當初即鎖定逢甲大學報考，積極想成爲老師門下學生，沒想到這一切夢想已成眞。

　　在六年學習歷程中，沒有預期的上天送了兩個寶貝給我，其中留職停薪又休學一年，復職回校後接任行政職工作，以致論文的進度緩慢，甚至一度爲停滯狀態，急不得的是，我的論文是《章學誠《校讎通義》之經典校讎學》，老師要我將章學誠《校讎通義》一書所提及之經典全部以文獻學方式案頭索查，從《漢志》、《隋志》、新舊《唐書》，一直至《國史經籍志》計十二本史志查閱部次目錄、辨僞、版本等，再輔以各家辨正之說，實在要花時間與功夫，最後版本部分實在非能力所及，向老師報告後，老師同意了。這期間在每一次請教老師的過程中，老師最多問一句，準備那時畢業，不但不催促，額外叮嚀的卻是要保重身體；所幸，終於完成論文。

　　其實再選擇重新當一個學生，使我更加珍惜每一次可以自我充實的機會，很幸運的李老師願意指導我，從紮實的功夫讓我重頭學起，所獲眞的超過預期，而這篇論文的完成，眞的要感謝老師對我的指點。但由於論文是利用公餘時間，一點一滴累積而成，較缺乏連貫的思緒，以致事後雖校訂了許多，總覺得還缺少周密，所以口試期間，承蒙莊雅州老師、何淑貞老師、陳金木老師、黃忠愼老師，於百忙之中詳閱本文，並剴切的指出諸多疏漏之處，使本論文能更盡完善，更具可讀性，在此致以無盡的感激之意。

　　可以畢業，最要感謝是父親不斷的鞭策、母親隨時支援看顧小孩，再來是外子，由於他的支持與無悔，讓我安心上課，任何事只要一句話－「使命必達」，總是成為我最堅強的後盾。幸福就在平凡的生活，隨著時光流逝中慢慢的累積，有你真好。還有我的三個寶貝，給予我心靈上支持。

　　此外，感謝我學校的工作伙伴，尤其前任詹總以及現任彭總讓我公餘進修，護理教師李老師的鼓勵，還有其他學長的協助；以及博班同學文琪姐、康馨姐、忠政在學業上互相切磋，讓我更精進。

　　最後，要謝謝我親愛的家人，在求學期間的無條件支持，讓我能在無後顧之憂順利完成博士學位。僅以此文獻給每一位曾經關心與協助過我的人。

　　讀聖賢書所為何事，希望可以潛移默化為內涵，成為行動力，身心靈合一，則是我對自己的期許。

蔡琳琳謹誌

中華民國一〇三年六月

目次

第一章　緒　論

第一節　研究動機與目的

一、研究動機

　　章學誠的《校讎通義》為中國古典文獻學、目錄學重要之專著，其「校讎」乃為廣義之名，欲跨文獻、目錄、版本、校勘，躍而「辨章學術，考鏡源流」。其主體藉由古籍部次之分類，輔以敘錄、提要之「知人論世」，討論群書之旨，以書類人，縱向則明家學、師承，橫向則為一部學術之史，故其所謂「校讎學」則與現今定義之「目錄學」、「文獻學」有所差別。

　　《校讎通義》繼劉向、劉歆之校讎理論，以《七略》可溯流別之源，不僅為甲、乙簿注。雖《七略》已亡佚，惟被班固保留於《漢志》，其〈輯略〉即是每略之敘錄，然章學誠講求溯源學術流別，認為劉氏、班氏仍有須要澄清之處，以釐清脈絡。此外，鄭樵《通志》是千年之後唯一有劉向、劉歆之旨，但亦有不足，章學誠對其某些觀點提出批判，如《通志》之〈藝文〉、〈圖譜〉、〈金石〉諸略牴牾錯出；又精於校讎，竟有錯認一人為兩人者，甚對《漢志》所論諸多不公；又焦竑《國史經籍志》有〈糾繆〉一篇，其糾《漢志》十三條，似亦不為無見，但仍是簿守成法，未深明學術源流；因此章學誠折衷諸家，究其源委，作《校讎通義》。

　　章學誠之《校讎通義》於近代頗受關注，在校讎學、目錄學、文獻學領域佔有一席之地，為後世留下許多典範，其中亦蘊涵著儒家深刻的文化意義，

如辨別學術之源，其部次觀念，謹守六藝之典，又有超文本之大義類歸；七略勢爲四部，則附以辨章流別之義。章學誠講求徵實之學，以此，本文將《校讎通義》所論及之一百九十三部書，以校讎學方式，案頭索查，以明瞭諸志目錄之歸類，亦針對各書流變作要略的辨正，以得知章學誠爲何如此論述，以補《漢志》之疏，並糾補鄭樵、焦竑之失與不足。

全面探討章學誠所論後，發現亦所失，如書同名，無進一步考證，二者是否爲同一人甚或同一書，其疏於考據，錯舉例子，如儒家之〈平原君〉之例；又有前後矛盾之處，如主張老氏、釋氏入墨家，又說佛教本原於《易》，自此佛典入墨或入《易》，說法不一；或是筆誤，如《漢志》之〈數術略〉誤植爲〈術數略〉、《漢志》著錄《周法》九篇誤植爲《周法》六篇等，針對其缺失亦一一指出及辨正。故本文以章學誠的《校讎通義》爲研究主體，試析其所論之經典「校讎學」，透過經典目錄學之分析，闡述其源委方法考、互著別裁之理論、著錄部次從道器等，以明《校讎通義》文獻意涵與踐履。

此外，對章學誠晚年雙目失明，仍不忘著述，並以口述大略，俾兒子貽選書之。在〈邵與桐別傳〉云：「今目廢不能書；疾病日侵，恐不久居斯世。……口述大略，俾兒子貽選書之。」〔註1〕〈浙東學術〉乃爲去世前一年口述完成。若爲常人，極可能失明後意志消沈，但章學誠卻於失明後，恐之「文史」、「校讎」理想未能實現，因此，直至逝世前，口述由兒子記載，今日章學誠的思想著作得以遺留於世。

個人碩論研究劉勰《文心雕龍・史傳》，其影響所及劉知幾之《史通》與章學誠之《文史通義》，《史通》、《文史通義》堪稱史學理論之雙璧，研究者不少。而章學誠另一著作《校讎通義》，學者多從其版本、內容介紹、目錄、校讎理論或章學誠個人相關學術進行研究，未有以章學誠定義之「校讎學」角度探討，來瞭解章學誠於《校讎通義》所建立起校讎學的典範；而其所謂辨章學術，考辨源流，欲以何通義，義爲何？亦爲本文關注之課題。

二、研究目的

本文以章學誠定義之「校讎學」理論探討《校讎通義》，再藉其所論及一百九十三部典籍，案頭索查，全面論述《校讎通義》，其研究目的：

〔註1〕〔清〕章學誠著、史城編：《章學誠遺書・邵與桐別傳》（北京：文物出版社，1985年8月第一版），卷十八，頁177。

一則可明諸志目錄之歸類，亦針對各書流變作要略的辨正。

二則從實地查閱原典中，得知章學誠學術思想脈絡，及其如何補述《漢志》之疏，進而糾補鄭樵、焦竑之失與不足。

三則論述校讎之理論與實際，其校讎學以辨章學術源流，超越狹義的訓詁考據之學，進得窺見學術史之脈絡。

四則指出章學誠失於考據及所論前後矛盾不一之處。

第二節　文獻討論

一、《校讎通義》之成書

《校讎通義》原名《校讎略》，分上、中、下三篇，原爲四卷，於章學誠遊大梁時遇盜原稿盡失，〔註2〕乾隆五十三年（1788年）從友人處重新抄錄一份，但僅得三卷，第四卷已不可得。目前通行本《校讎通義》三卷，凡十八篇，無內、外篇；就是章學誠所重新校正修定之版本。

《文史通義》、《校讎通義》被喻爲章學誠的兩大著作，其「校讎」與「文史」思想，兩者息息相關。近代學者都一致斷定《文史通義》爲乾隆三十七年（1772年）始撰，《校讎通義》則是乾隆四十四年（1779年），《校讎通義》成書晚於《文史通義》七年。

王重民、倉修良、鮑永軍皆以爲章學誠最初欲將《校讎通義》列入《文史通義》之外篇。檢閱《文史通義·詩教上》白注有「詳見外篇《校讎略·著錄先明大道論》。」〔註3〕〈詩教下〉自注有：「《六藝》爲官《禮》之遺，其說亦詳外篇《校讎略》中〈著錄先明大道論〉。」、「說詳外篇《校讎論》中〈漢志詩賦論〉。」、「說詳外篇《校讎論》中〈漢志兵書論〉。」〔註4〕此四點，得知《文史通義》有外篇《校讎略》。王重民以《校讎通義》原名《校讎略》，爲《續通志》代擬之稿，上述三篇原爲獨立之論文，編入《文史通義》外篇，其云：「靈鶼閣叢書本《文史通義補編》附載盧江何氏《文史通

〔註2〕章學誠云：「但己亥著《校讎通義》四卷，自未赴大梁時，知好家前鈔存三卷者，已有數本。及余失去原稿，其第四卷竟不可得。」見氏著、史城編：《章學誠遺書·跋酉冬戌春志餘草》，卷二十九，頁325。

〔註3〕〔清〕章學誠著、楊家駱編：《文史通義等三種·詩教上》（臺北：世界書局，1989年5月五版），頁14。

〔註4〕〔清〕章學誠著、楊家駱編：《文史通義等三種·詩教下》，頁15～17。

義鈔本目》,《古文十弊》後有《續通志校讎略擬稿》三篇,殆前三卷的原名,由此可證《校讎通義》原本曾編入《文史通義》內,並未別行。」〔註5〕得知《校讎略》於當時未自成一書。

又考《文史通義·繁稱》自注有「已詳《校讎通義》。」〔註6〕〈上畢撫臺書〉中亦云:「生平撰著,有《校讎通義》、《文史通義》,尚未卒業,可備採擇。」〔註7〕以此推知,《校讎通義》後已單獨成書,非《文史通義》之一部分。而《文史通義·詩教》寫成於乾隆四十七年(1782年),〈上畢撫臺書〉為乾隆五十二年(1787)年,〈繁稱〉則不詳。

然據余英時考證《校讎通義》卻比《文史通義》早十年,〔註8〕他以章氏的成學程序與早期治學重點為「校讎」,而後期則是「文史」,以此判定為其理由。認為其所為之道與戴震的「經學訓詁」有別,而以『文史校讎』為方向,也是因為如此,方有乾隆三十七年(1772年)「斟酌藝林」(〈候朱春涌書〉)和乾隆三十八年(1773年)「思斂精神為校讎之學」(〈與嚴冬友〉)的堅苦努力,而《和州志》的修纂更使他有機會在實際研究中發展他的校讎理論。並以為章學誠的「義例」是在廣泛閱讀典籍中逐步發展出來的,而「六經皆史」的大理論便得力於乾隆五十三年(1788年)開始編纂《史籍考》,雖然《史籍考》是代畢沅所編,但此時泛覽典籍,讓章學誠更有想法,《文史通義》庶可以告成,之後第二年(乾隆五十四年1789年)《文史通義》的中心文字便大量湧現了。〔註9〕

〔註5〕 參見〔清〕章學誠著、王重民通解:《校讎通義通解》(上海:古籍出版社,2009年6月第一版),頁186～187。

〔註6〕 〔清〕章學誠著、楊家駱編:《文史通義等三種·繁稱》,頁88。

〔註7〕 〔清〕章學誠著、史城編:《章學誠遺書·上畢撫臺書》,卷二十二,頁325。

〔註8〕 余英時認為:「從章氏個人方面說,如果我們接受舊解,認為《文史通義》草創於一七七二年,即早於《校讎通義》七年(一七七九),那麼章氏的工作程序似乎顛倒了。「校讎」是他的學術基礎;通過校讎之學,他才能釐清古今著作的源流,以進而探「文史」的「義例」。最後一步則是由「文史」以「明道」。一七七二年時他的研究工作不過開始了一年左右,他怎麼會一躍而寫起《文史通義》來了呢?前面曾指出,這一顛倒的程序和他此時對於學問的看法不合,現在讓我簡單作一交代。一七六六年他初次和戴震晤談,深為其由訓詁以通經學的觀點所震動,至有『我輩於《四書》一經,正乃未嘗開卷』的愧惕。後來他雖然從這一震動中恢復了過來,但對於『空談義理』之戒則終身守之不敢或失。」見氏著:《論戴震與章學誠·章學誠文史校讎考論》(臺:東大圖書股份有限公司,1996年11月),頁183～184。

〔註9〕 參見余英時:《論戴震與章學誠·章學誠文史校讎考論》,頁184。

　　可見《文史通義》有如此之成就，莫過於前期的《校讎通義》之奠基工作，以今本《文史通義・內篇》觀之，則〈內篇〉之觀念與《校讎通義》所言是一脈相通，如《校讎通義篇》的〈原道第一〉與〈和州志藝文書序例〉首篇文字大同小異。又如《校讎通義・宗劉第二》列舉爲何四部不能返劉歆之《七略》的理由亦與〈和州志藝文書序例〉第二篇所提七略流而爲四部之原因互爲體用。又《校讎通義》中之「互著」、「別裁」亦與〈和州志藝文書序例〉中之「復古」、「家法」和「例志」所說互爲依據。兩書之差別則是《和州志隅》僅提及觀念，而《校讎通義》有系統架構作全面性的分析。此證無疑先有「校讎」之工夫，後「以史明道」，余英時認爲《文史通義》是建立在「校讎」之上的七寶樓臺。〔註10〕余英時此一發現，便打破以往許多學者之舊識，亦使章學誠的治學程序更爲符合邏輯及其嚴謹性。

表一：《校讎通義》與《文史通義》關係考

年　代	證　明	備　考
1772年	〈侯朱春涌書〉：「樹酌藝林，作《文史通義》。」	始撰《文史通義》
1773年	〈與嚴冬友侍讀書〉：「思斂精神爲校讎之學，上探班、劉，溯源官禮，下該《雕龍》、《史通》，甄別名實，品藻流別，爲《文史通義》一書。」	有校讎之學思想
1774年	〈和州志藝文書序例〉其所敘述觀點幾與《校讎通義》相仿，如同文而治，「天下之衡業，皆出於官師之掌故，道藝於此爲齊，德行於此爲通。」、「六典亡而爲七略，是官失其守也。七略亡而爲四部，是師失其傳也。」、七略以部次治書籍，而四部是以書籍亂部次，著錄之法在於「辨章百家，通於大道」、「校讎之家，苟未能深於學術源流，使之徒事裁篇而別出，斷部而互見，將破碎紛擾，無復規矩章程。」、「校讎師法不可不傳，而著錄專家，不可不立也。州縣志乘藝文之篇，不可不熟議也。」、「文章散在天下，史官又無專守，則同文之治，惟學校師儒，得而講習；州縣志乘，得而部次，著爲成法，守於方州，所以備輶軒之採風，……」等論點，亦是《校讎通義》所強調。	與《校讎通義》敘述觀點相同
1779年	己亥著《校讎通義》四卷	自言於是年著《校讎通義》
1781年	遊大梁時遇盜原稿盡失	《校讎通義》四卷原稿盡失

〔註10〕余英時：《論戴震與章學誠・章學誠文史校讎考論》，頁186。

1782 年	〈詩教〉「詳見外篇《校讎略‧著錄先明大道論》。」、「《六藝》為官《禮》之遺，其說亦詳外篇《校讎略》中〈著錄先明大道論〉。」、「說詳外篇《校讎論》中〈漢志詩賦論〉。」、「說詳外篇《校讎論》中〈漢志兵書論〉。」	《校讎通義》原為《文史通義》之外篇。
1787 年	〈上畢撫臺書〉生平撰者有《文史通義》、《校讎通義》尚未卒業。	《校讎通義》已不屬《文史通義》之篇章，獨立成書。
1788 年	從友人處重新抄錄一份開始編纂《史籍考》	以己意重新校修《校讎通義》

　　經歸納後，《校讎通義》原應為《文史通義》之外篇，後來別裁而出成一書；從章學誠整個思想脈絡觀之，應可推知，其「校讎」之相關論點透過《和州志》之編修更加著實，這點可從〈和州志藝文書序例〉看出，而《校讎略》之三篇原列入《文史通義》之外篇，後文思湧現，益發現「校讎」之重要性，遂決定單獨成書，書名定為《校讎通義》。原《校讎略》之三篇就是《校讎通義》之〈原道第一〉、〈漢志詩賦第十五〉、〈漢志兵書第十六〉。

　　余英時所論，應從大處著眼，「校讎」與「文史」確實關係密不可分，在撰寫《文史通義》的同時，亦有撰寫「校讎」之相關論文，後「校讎」篇章文字愈多，方裁篇別出為一書，故可謂校讎乃《文史通義》之基礎。章學誠一生以文史校讎為志，欲以《文史通義》成立一家之言，透過實地編修史志及校讎心得，完成《校讎通義》，但未料遊大梁時遭盜原稿四卷盡失，幸從友人處取得副本抄錄，並以己意重新校修，於乾隆五十三年（1788 年）完成，亦是今日可見《校讎通義》三卷十八篇。

二、《校讎通義》版本考

　　《校讎通義》目前之版本有二，一為章華紱之大梁本，其《校讎通義》有三卷，凡十八篇，不分內、外篇。二為吳興嘉業堂劉承幹據王宗炎所編之目錄刊行之《章氏遺書》，其中《校讎通義》為四卷，內篇十八篇、外篇二十一篇，凡三十九篇。而其第四卷之外篇為王宗炎依己意所編，乃為敘跋書簡之屬。此後之《校讎通義》不出這兩種版本。又 1987 年上海古籍出版社出版王重民《校讎通義通解》，為四卷，王重民所依之版本為《章氏遺書》，但刪去了外篇，故其第四卷乃為王重民自行選錄之附錄，附錄一為《章學誠

目錄論文選》，選錄有關目錄學方面論文凡五篇，附錄二爲《章學誠大事年表》，載有章學誠生平及學術研究成果等的資料。依此，毫無疑問的是，經章學誠親自重校之《校讎通義》皆爲三卷十八篇，故以此爲本論文研究之主體，使用版本爲 1989 年世界書局出版楊家駱編《文史通義等三種・校讎通義》，〔註11〕爲大梁本。

《校讎通義》由於從大梁本與《章氏遺書》輯出，因此，其版本有伍崇曜《粵雅堂書》本、王秉恩貴陽刻本、江標《靈鶼閣叢書》本、趙天錫菁華閣刻本、浙江圖書館鉛印本、劉承幹《嘉業堂》本、劉咸炘校志古堂刻本、廬江何氏鈔本。

1801 年，章學誠卒年之十一月，將所著文稿請王宗炎校定，〈王宗炎復書〉云：「至於編次之例，擬分內、外二篇，內篇又別爲子目者四，曰《文史通義》，凡論文之作附焉；曰《方志略例》，凡論志之作附焉；曰《校讎通義》，曰《史籍考敍錄》，其餘銘志敍記之文，擇其有關係者錄爲外篇，而以《湖北通志》傳稾附之，此區區論錄之大槩也。惟是稾本菁莘，而又半無目錄，卷帙浩繁，體例複雜，必須遍覽一二過方能定其去取，擬編出清目，竣稍有就緒，當先奉請尊裁。」〔註12〕王宗炎所編共三十卷，未及定稿病逝，其稿本後歸沈曾植。1826 年，章華紱據長兄貽自南中寄來的原稿及王宗炎所編目錄查閱，「所遺尚多，亦有與先人原編篇次互異者，自應更正，以復舊觀。」〔註13〕章華紱得洪洞劉了敬、華亭姚春木二先生之副本覆勘，勘定《文史通義》內篇五卷，外篇三卷，《校讎通義》三卷。此乃 1832 年之大梁本，爲《文史通義》正式刊行的第一個本子，嗣後山陰杜氏曾爲翻本。1851 年伍崇曜《粵雅堂》又本大梁本重梓。〔註14〕咸同之交，章華紱版本及山陰杜氏本皆流失，1878 年章學誠之曾孫季眞重梓於貴陽，〔註15〕仍本大梁本，但所傳不全，而大梁本遂爲浙江書局所得。〔註16〕

〔註11〕 〔清〕章學誠著、楊家駱編：《文史通義等三種》（臺北：世界書局，1989 年 5 月五版）。
〔註12〕 〔清〕章學誠著、史誠編注：《章學誠遺書・王宗炎復書》，頁 624。
〔註13〕 〔清〕章學誠著、楊家駱編：《文史通義等三種・序》，頁 1。
〔註14〕 〔清〕章學誠著、嚴杰、武秀成譯：《文史通義全譯・伍崇曜《文史通義》跋》（貴州：貴州人民出版社，1997 年 12 月第 1 版），頁 1268～1269。
〔註15〕 〔清〕章學誠著、嚴杰、武秀成譯：《文史通義全譯・章季眞《文史通義》跋》，頁 1269～1270。
〔註16〕 〔清〕章學誠著、嚴杰、武秀成譯：《文史通義全譯・徐樹蘭《文史通義》跋》，頁 1272。

1897 年，江標所刻《靈鶼閣叢書》，錄有《文史通義補編》一卷。1920年，浙江圖書館得會稽徐氏鈔本《章氏遺書》鉛印行世，亦未能全部包涵章學誠之著作。1922 年，吳興嘉業堂劉承幹據沈曾植藏本，即王宗炎所編訂之目錄，重加修補，刊行了《章氏遺書》。其增補了《和州志》三卷，《永清縣志》十卷，〈乙卯箚記〉、〈丙辰箚記〉、〈知非箚記〉、〈閱書隨箚〉、〈信摭〉各一卷，別爲外篇十八卷。後有補遺及附錄各一卷，凡五十卷，另續增補〈歷代紀年經緯考〉、〈歷代紀元韻覽〉各一卷，章學誠之著作得以較完整刊行。〔註 17〕1985 年史城據吳興嘉業堂劉承幹之刻本加以句讀斷句，並附王秉恩之〈校記〉；又從北京大學圖書館藏章華紱抄本遺錄〈與孫淵如觀察論學十規〉等十四篇，及北京大學圖書館藏翁同龢舊藏朱氏椒花唫舫抄本中選錄〈書左墨溪事〉等四篇，凡十八篇，加以句讀排版發行《章學誠遺書》，由文物出版社出版，爲目前蒐羅章學誠著作最完整之版本。〔註 18〕

其他如 1956 年上海古籍出版社出版了劉公純的標點本，爲《遺書》版，其中內篇六卷、外篇三卷、補遺與續補遺各一卷。凡十一卷。1985 年中華書局出版葉瑛注《文史通義校注》，爲大梁本版本。其中《內篇》五卷，《外篇》三卷，附《校讎通義》三卷，凡十一卷。〔註 19〕1956 年世界書局出版《文史通義》等三種，爲大梁本版，分內外篇，不分卷。1973 年漢聲出版社《章氏遺書》，爲吳興嘉業堂版本。

隨後杭州、廣州、貴州等地皆以大梁本爲依據，刊行了相同的刻本，其中以廣州《粵雅堂叢書》本影響較大。

1983 年，中華書局出版了民國學者葉瑛的《文史通義校注》，但部分注解有誤；近有倉修良的《文史通義新編》。倉修良從整體研究章學誠，其選篇章「內篇以《章氏遺書》本爲主，增以大梁本多出之篇。外篇則將兩種外篇內容合併收入，編爲六卷，前三卷爲『駁議序跋書說』，後三卷爲方志論文。」〔註 20〕以此，本論文之《校讎通義》以世界書局之大梁本爲主，輔以後人之注解參照，如王重民之《校讎通義通解》；而論及《文史通義》亦以世界書局之大梁本爲主，後人注解則參考倉修良《文史通義新編新注》，

〔註 17〕〔清〕章學誠著、史城編：《章學誠遺書・章氏遺書例言》，頁 1。
〔註 18〕〔清〕章學誠著、史城編：《章學誠遺書・序》，頁 9。
〔註 19〕〔清〕章學誠著、葉瑛校注：《文史通義校注／校讎通義校注》（臺北：頂淵文化事業有限公司，2002 年 9 月 1 刷）。
〔註 20〕倉修良：《文史通義新編新注・前言》（杭州：浙江古籍出版社，2005 年 10月），頁 1093。

其他則以文物出版之《章學誠遺書》爲主。

表二：《校讎通義》各版本關係簡表

名　稱	出版年	編　者	依　據	內　容	備　考
大梁本	1832 年	章華紱	本洪洞劉子敬、華亭姚春木二先生之副本覆勘。	《文史通義》內篇五卷、外篇三卷。《校讎通義》三卷十八篇	《文史通義》正式刊行的第一個本子。後山陰杜氏本大梁本復梓之。
粵雅堂本	1851 年	伍崇曜	本大梁本重梓	兩通義	爲章華紱版本重梓
浙刻本	1863 年	譚獻	本大梁本重梓	兩通義	爲章華紱版本重梓
貴陽本	1878 年	章季眞	本大梁本重梓	兩通義	爲章華紱版本重梓後浙江書局所得。
靈鶼閣叢書	1897 年	江標	據粵雅堂本	並錄有《文史通義補編》一卷。	據粵雅堂本並有《文史通義》補篇一卷
《章氏遺書》	1920 年	浙江圖書館	據會稽徐維則抄本印行排印人梁本	二十四卷共十二冊	最早的章氏著作集，但編輯校勘不精脫誤頗多。
吳興嘉業堂版本	1922 年	劉承幹	據沈曾植藏本三十卷抄本	增補了二十卷，《和州志》二卷，《永清縣志》十卷，〈乙卯箚記〉、〈丙辰箚記〉、〈知非箚記〉、〈閱書隨箚〉、〈信摭〉各一卷，別爲外篇十八卷。後加補遺及附錄各一卷，凡五十卷，另續增補〈歷代紀年經緯考〉、〈歷代紀元韻覽〉各一卷，定名爲《章氏遺書》。	爲王宗炎所編目錄後歸沈曾植所有，並增補了二十卷，爲當時蒐羅得最爲豐富的章氏著作刻本
《文史通義》	1956 年	古籍出版社	劉公純標點本，爲《遺書》版	又據 1942 年 6 月四川圖書館《圖書集刊》上刊載的《章氏遺書逸篇》，補入 5 篇出版內篇六卷、外篇三卷、補遺與續補遺各一卷。凡十一卷。	劉公純加以句讀，爲吳興嘉業堂之《遺書》版本，又增補十一卷。

《文史通義》等三種	1956 年	楊家駱	大梁本版	世界書局出版《文史通義等三種》，分內外篇，不分卷。	為章華紱版本重梓
《章氏遺書》	1973 年	漢聲出版社	影印劉氏嘉業堂本	五十卷	隨後杭州、廣州、貴州等地皆以大梁本為依據，刊行了相同的刻本，其中以廣州《粵雅堂叢書》本影響較大。
《文史通義校注》	1983 年	葉瑛	大梁本版本	《文史通義校注》，《內篇》五卷。《外篇》三卷，附《校讎通義》三卷，凡十一卷。	為章華紱版本重梓
《章學誠遺書》	1985 年	史城	據吳興嘉業堂本並附王秉恩之〈校記〉	三十卷，附錄為校記與遺書佚篇，佚篇為北京大學圖書館藏章華紱抄本遺錄〈與孫淵如觀察論學十規〉等十四篇，及北京大學圖書館藏翁同龢舊藏朱氏椒花唫舫抄本中選錄〈書左墨溪事〉等四篇，凡十八篇，分別作為〈佚篇〉。	由文物出版社出版，為目前蒐羅章學誠著作最完整之版本。

三、前人研究成果

　　觀其歷來學者對於《校讎通義》之研究，鮑永軍蒐羅 1801～2003 年國內外研究章學誠之論文，〔註 21〕而黃兆強〈六十五年來之章學誠研究〉則列出 1920 年至 1985 年之研究，〔註 22〕於其目錄學、校勘、文獻學之探討不計其數，經筆者統計與本文所要研究之《校讎通義》相關者，計謝灼華〈論章學誠的《校讎通義》〉等 83 篇。

〔註 21〕鮑永軍之論文收錄於《章學誠國際學術研討會論文集》（北京：北京圖書館出版社，2004 年 9 月），頁 446～482。
〔註 22〕黃兆強：〈六十五年來之章學誠研究〉，《東吳學報》，第六期，1988 年 1 月，頁 211～236。

　　自國家圖書館「臺灣博碩士論文系統」，計有王依婷《章學誠方志學研究》等 13 篇論文，其中朱敬武《章學誠的歷史文化哲學》〔註23〕之主題與本文相關。「臺灣期刊論文索引系統」〔註24〕檢索計有張美娟〈「效法」、「設身而處地」與「觀者興起」──章學誠《文史通義》身體觀相關議題試探〉等 115 篇。直接研究《校讎通義》為許松源〈專家與通識──章學誠的學術思路與錢穆的詮釋〉〔註25〕等 5 篇，餘者為章學誠其生平、史學、方志、索引、目錄等相關。

　　中國大陸「中國期刊全文數據庫（文史哲部分）」〔註26〕自 1914 至今則有 80 篇，與本文相關者計有李景文〈「互著」、「別裁」起源時間考辨──讀王重民先生《校讎通義通解》〉〔註27〕等 40 篇。

　　而「中文圖書資訊學文獻摘要資料庫」28 篇，「CETD 中文碩博士論文資料庫（華藝線上圖書館）」〔註28〕146 篇又多與上述資料重複，故綜上之研究，針對《校讎通義》與本文所需參考論點，檢錄較重要論述：

　　（一）對《校讎通義》著述時間之考論，如余英時〈章學誠文史校讎考論〉〔註29〕。

　　（二）評述《校讎通義》一書之著錄、編目之法：

　　陳鵬鳴〈章學誠校讎學述評〉〔註30〕、王藝〈從劉歆、鄭樵到章學誠〉〔註31〕、鐘慶華〈論章學誠目錄學體系構建之緣由及內在之理〉〔註32〕、

〔註23〕朱敬武：《章學誠的歷史文化哲學》（臺北：文津出版社有限公司，1996 年 10月）。

〔註24〕檢索計有張美娟〈「效法」、「設身而處地」與「觀者興起」──章學誠《文史通義》身體觀相關議題試探〉等 115 篇。

〔註25〕許松源〈專家與通識──章學誠的學術思路與錢穆的詮釋〉，《臺大歷史學報》，1996 年 6 月，頁 267～300。

〔註26〕收錄中國大陸文史哲專業學術核心期刊自 1914～2013。李超民〈古代知識組織思想建構與「本土化」：重新解讀鄭樵與章學誠〉等 80 篇。

〔註27〕李景文：〈「互著」、「別裁」起源時間考辨──讀王重民先生《校讎通義通解》〉，《圖書工作情報》，2012 年 7 月。

〔註28〕收錄台灣大學（2004 年起）與香港大學（1990 年起）的學位論文，目前已收錄 41 所學校書目及全文。檢索計有白崢勇〈論章學誠治學觀點〉等 146 篇。

〔註29〕收錄於余英時著：《論戴震與章學誠》，頁 167～188。

〔註30〕陳鵬鳴：〈章學誠校讎學述評〉，《安徽史學》，第 2 期，1994 年，頁 11～13。

〔註31〕王藝：〈從劉歆、鄭樵到章學誠〉，《晉圖學刊》，第 1 期，1995 年，頁 57～59。

〔註32〕鐘慶華：〈論章學誠目錄學體系構建之緣由及內在之理〉，《貴陽師專學報（社會科學版）》，總第 63 期，2002 年，頁 68～70。

顧志華〈論析章學誠「辨章學術，考鏡源流」的目錄學思想〉〔註33〕、姚偉鈞〈辨章學術，考鏡源流──章學誠對中國文獻目錄學的貢獻與創新〉〔註34〕、陳東輝〈試論章學誠對索引學重大貢獻〉〔註35〕。

（三）論及章學誠校讎理論運用於目錄、索引、文獻編纂等方面之成就地位：

倉修良〈章學誠的「成一家之言」〉〔註36〕、陳亞敏〈清代目錄學領域的卓越代表人物──章學誠〉〔註37〕、崔曙庭〈解讀章學誠的「校讎心法」論〉〔註38〕、閻崇東〈《校讎通義》與《校讎略》〉〔註39〕、薛新力〈章學誠的索引理論〉〔註40〕、袁紅軍〈章學誠對目錄學理論創新之功〉〔註41〕、李永紅〈章學誠及其檔案文獻編纂成就〉〔註42〕、張文珍〈從方法論意義上探析章學誠之古典目錄學〉〔註43〕、劉敏〈讀《校讎通義·辨嫌名》札記一則〉〔註44〕、黃兆強〈章學誠研究述論──前人所撰有關章學誠對史學、方志學及目錄學之貢獻及影響述論〉〔註45〕、胡予琪〈淺析章學誠對歷史編纂學之

〔註33〕顧志華：〈論析章學誠「辨章學術，考鏡源流」的目錄學思想〉，《章學誠國際學術研討會論文集》，頁171～175。

〔註34〕姚偉鈞：〈辨章學術，考鏡源流──章學誠對中國文獻目錄學的貢獻與創新〉，《章學誠國際學術研討會論文集》，頁176～182。

〔註35〕陳東輝：〈試論章學誠對索引學重大貢獻〉：《章學誠國際學術研討會論文集》，頁214～218。

〔註36〕倉修良：〈章學誠的「成一家之言」〉，《史學史研究》，第2期，1994年，頁50～59。

〔註37〕陳亞敏：〈清代目錄學領域的卓越代表人物──章學誠〉，《圖書館論壇》，第23卷第3期，2003年6月，頁145～146。

〔註38〕崔曙庭：〈解讀章學誠的「校讎心法」論〉，《章學誠國際學術研討會論文集》，頁183～191。

〔註39〕閻崇東：〈《校讎通義》與《校讎略》〉，《章學誠國際學術研討會論文集》，頁192～198。

〔註40〕薛新力：〈章學誠的索引理論〉，《中華文化論壇》，2005年1月，頁126～130。

〔註41〕袁紅軍：〈章學誠對目錄學理論創新之功〉，《蘭台世界》，2006年11月，頁38～39。

〔註42〕李永紅：〈章學誠及其檔案文獻編纂成就〉，《蘭台世界》，2007年3月，頁65～65。

〔註43〕張文珍：〈從方法論意義上探析章學誠之古典目錄學〉，《山東圖書館季刊》，第3期，2007年，頁16～18。

〔註44〕劉敏：〈讀《校讎通義·辨嫌名》札記一則〉，《安徽文學》，第3期，2008年，頁296。

〔註45〕黃兆強：〈章學誠研究述論──前人所撰有關章學誠對史學、方志學及目錄學

「發凡起例」〉〔註46〕等。

　　專書計有胡適著、姚名達補訂《清章實齋先生學誠年譜》〔註47〕、余英時《論戴震與章學誠》〔註48〕、倉修良、葉建華《章學誠評傳》〔註49〕、鮑永軍《史學大師——章學誠傳》〔註50〕是針對章學誠整體研究；亦有單獨對《校讎通義》逐條解釋，如王重民《校讎通義通解》〔註51〕等。此外，錢穆《中國近三百年學術史》有〈章實齋傳略〉〔註52〕；而碩博士論文則有董金裕碩士論文《章實齋學記》〔註53〕、周建剛博士論文《章學誠的歷史哲學與文本詮釋思想》〔註54〕；分述如下：

　　胡適著、姚名達補訂《清章實齋先生學誠年譜》為章學誠生平、著作、大事之年譜。胡適《章實齋先生年譜》的動機乃因日本內籐虎次郎《章實齋先生年譜》太簡略，而章實齋這一位專講史學的人，不應該死了一百二十年還沒有人給他做一篇詳實的傳。

　　余英時《論戴震與章學誠》，主要將戴震與章學誠相提並論，分述兩位初晤、儒家智識主義的興起　　從清初至戴東原，章實齋的史學觀點之建立，「六經皆史」說與「朱陸異同」論、戴東原與清代考證學風，以及章學誠文史校讎考論，其中尤以《校讎通義》成書比《文史通義》早，打破一般學者傳統觀點。

　　倉修良、葉建華《章學誠評傳》、鮑永軍《史學大師——章學誠傳》，是以章學誠一生為研究目標，論述其一生、政治、哲學思想、史學、方志學、校讎學、文學等理論及治學教育思想，故校讎學僅為本書一小部分。

　　王重民《校讎通義通解》，著重於《校讎通義》各篇之釋義，針對比較生

　　　　之貢獻及影響述論〉，《東吳歷史學報》，第 11 期，2004 年 6 月，頁 303～327。
〔註46〕胡予琪：〈淺析章學誠對歷史編纂學之「發凡起例」〉，《開封大學學報》，第 22
　　　　卷第 2 期，2008 年 12 月，頁 19～22。
〔註47〕胡適著、姚名達補訂：《清章實齋先生學誠年譜》（臺北：商務印書館，1980
　　　　年 4 月初版）
〔註48〕余英時：《論戴震與章學誠》（臺北：東大圖書股份有限公司，1986 年 11 月）。
〔註49〕倉修良、葉建華：《章學誠評傳》（南京：南京大學出版社，1996 年 3 月）。
〔註50〕鮑永軍：《史學大師——章學誠傳》（南京：浙江人民出版社，2007 年 8 月）。
〔註51〕〔清〕章學誠著、王重民通解：《校讎通義通解》（上海：上海古籍出版社，
　　　　2009 年 6 月）。
〔註52〕錢穆：《中國近三百年學術史》（北京：商務印書館，1997 年 8 月新一版）。
〔註53〕董金裕：《章實齋學記》（臺北：嘉新水泥公司文化基金會，1976 年 11 月）。
〔註54〕周建剛：《章學誠的歷史哲學與文本詮釋思想》（蘇州大學博士論文，2008 年）。

疏的文字和典故，對於需要解釋或有問題、有錯誤的人名、書名，都作了必要的校勘和注解。「通解」中最著重的是章學誠在每章每條內所闡述的目錄方法、理論。王重民本書未全面性論證《校讎通義》所提及之每一本經典，針對學術源流仍有未及之處，惟本書可助釐清觀念，梳理脈絡。

錢穆《中國近三百年學術史》第九章有章實齋傳略，以其學術述要、浙東學派與浙西學派、經學與史學、學問與功力、性情與風氣、專家與通識、方法與門路、校讎與著錄為主題分析，後有編年要目，可更清楚章學誠全體之學術思想，惟未有《校讎通義》整體性研究。

董金裕碩士論文《章實齋學記》探其生平、乾嘉學風與實齋之學術思想、治學態度、交遊考、著述考、實齋之經學、史學、文學、校讎學，以究其學術底蘊。其對校讎學有較深入之介紹，亦有歸納《漢志》、鄭樵、焦竑誤校《漢志》之評論。

周建剛博士論文《章學誠的歷史哲學與文本詮譯思想》，全文共計八章，探討文史校讎學的基本概念、章學誠的歷史哲學思想、文本詮譯思想、對考據學的批判、與清代思想史的諸問題。其兩大主軸，歷史哲學思想論述了道在歷史進程中的逐步展開，歷史變動的最終原因為理勢。歷史學的知識不僅是藏往，而是知來，史義論即為核心。此外文本詮譯思想重在言外之義，文史知識之構成有客觀事實外，亦要探討詮譯者主觀的生存感受，其建立的基礎則在別識心裁上。

得知以上各學者之論述，則是《校讎通義》之版本、內容介紹、目錄、校讎理論、歷史哲學或章學誠個人相關學術等研究，與本文以《校讎通義》為文本，論述其校讎實際方法，運用於實際典籍，以明學術之源有所別。落實校讎，第一步驟要找書，尋書從目錄始，為部次區分須深入內容，並藉敘錄提要明瞭學術流別，其中亦涵括了對書的校正、辨偽、避諱、版本等，後以治學。為提供後世學者尋繹典籍，章學誠提出典藏書籍之法，以回歸部次區分之致用。

章學誠於《校讎通義》所建立起校讎學的典範，以彼觀之，此典範非但成為校勘、目錄、版本學之要，似乎亦蘊涵著儒家深刻文化意義，故本文以章學誠的《校讎通義》為研究主體，自章學誠所評論《漢志》、《通志・校讎略》、焦竑誤校《漢志》之部次著錄中，試探其校讎之法，進而論述《校讎通義》之「通」、「義」，是否同於其主張不立空言、即器明道於日常人事中，藉此以明《校讎通義》之深刻意涵與底蘊。

第三節 研究範圍與方法

一、研究範圍

「校讎」有廣義、狹義者，學者所論皆有理，惟就章學誠所言校讎之義，非簡單簿錄之記，亦非從事魚魯、豕亥之細。析論《校讎通義》章學誠之說，有「七經」、「九經」等稱，其主從應析明，區分經主傳附之義。其命名應回歸「六經」之本。目錄既是因校讎而有之，故曰「校讎學」，故否認校讎學外別有目錄學。如此，「校讎」一義，既由推論劉向、劉歆之旨而來，其「目錄」為從，附於「校讎」，自是釋意「辨章學術，考鏡流別」。

章學誠講求徵實之學，不立空言，欲明瞭其校讎學，應將《校讎通義》所論及之經典，從《漢志》、《隋志》、兩《唐志》、《崇文總目》、《郡齋讀書志》、《直齋書錄解題》、《通志》、《宋志》、《文獻通考》、《國史經籍志》按書索驥一遍，並考其章學誠所論；其典籍為《漢志》所著錄者依原有類別部次，論及《漢志》以外之典籍則以四部分類部次。

《漢書·藝文志》為保持所引書之完整性，於附錄註記以其原稱《前漢書藝文志》，但於本文行文則稱《漢志》。又章學誠《校讎通義》主要以《漢志》典籍論述，故文獻索查以王應麟《漢藝文志考證》、錢大昭《漢書辨疑》、沈欽韓《漢書藝文志疏証》、姚振宗《漢書藝文志條理》、王先謙《漢書補注》、顧實《漢書藝文志講疏》、楊樹達《漢書窺管》、張舜徽《漢書藝文志通釋》、陳國慶《漢書藝文志注釋彙編》為參考，再輔以張心澂《偽書通考》、姚際恆《古今偽書考》、鄭良樹《續偽書通考》，完成《校讎通義》所論之一百九十三部典籍之辨正，如附錄。

二、研究方法

《校讎通義》以《漢志》部次分類為主體，辨章學術源流，上溯至周官，下自劉歆《七略》，其中亦點出著錄疏失之處；此外，本書裡亦針對鄭樵、焦竑對《漢志》之批評提出己見，其範圍涉獵甚廣，故研究方法以索引檢索法、目錄摘要法（提要）與文獻分析法為主；輔以知人論世之法，述略如下：

（一）索引檢索法

章學誠《文史通義》、《校讎通義》研究學者甚多，其兩書皆有其相通之

校讎理論，又其廣涉目錄、《七略》（《七略雖佚，惟保留於《漢志》）、《漢志》、鄭樵《通志・校讎略》、焦竑《國史經籍志》等，故本研究以「章學誠」、「校讎通義」、「校讎學」、「辨章學術」、「文獻學」等爲關鍵詞，全面蒐羅，主要以國家圖書館的「臺灣博碩士論文系統」〔註55〕、「臺灣期刊論文索引系統」〔註56〕、「中文圖書資訊學文獻摘要資料庫——全國版」〔註57〕，與「CETD中文碩博士論文資料庫（華藝線上圖書館）」〔註58〕、「中國期刊全文數據庫（文史哲部分）」〔註59〕等資料庫爲主。又檢閱陳仕華主編《章學誠研究論叢》〔註60〕，計有黃兆強〈近現代章學誠研究評議〉等22篇，此外鮑永軍整理1801～2003年國內外研究章學誠之論文著作，計有梅逸〈梅逸齋筆乘（章學齋三斥袁子才）〉等692篇（本）。〔註61〕就其所檢索之資料中，瞭解前人對章學誠之研究成果。

（二）目錄摘要法

書海瀚浩，由於「目錄」能具體呈現作者論述之重點，誠如章學誠強調「提要」可辨章學術，考鏡源流的重要性。對照現代，其序言及目錄雖無法如「提要」可深入至各學派之源，但已可知其要旨；而「摘要」則是個人研究後之見解與發現。除了與本文有關之專論作主題閱讀，其他則採此法；如此即便無法每一本都深入閱讀，至少可檢視前人研究之成果，以及克服時間的不足與篇幅的障礙。

〔註55〕檢索計有王依婷《章學誠方志學研究》等13篇論文。
〔註56〕檢索計有張美娟〈「效法」、「設身而處地」與「觀者興起」——章學誠《文史通義》身體觀相關議題試探〉等115篇。
〔註57〕收錄1955年以來國內中英文圖書資訊學相關文獻之摘要，包括期刊論文、學位論文、圖書、會議記錄、研究報告等書目性質，涵蓋圖書資訊學之範圍，分爲一般及行政管理、圖書館自動化與資訊科學、技術服務、參考資訊服務、非書資料等五大類。檢索計有陳仕華主編《章學誠研究論叢》等28篇。
〔註58〕收錄台灣大學（2004年起）與香港大學（1990年起）的學位論文，目前已收錄41所學校書目及全文。檢索計有白崢勇〈論章學誠治學觀點〉等146篇。
〔註59〕收錄中國大陸文史哲專業學術核心期刊自1914～2013。李超民〈古代知識組織思想建構與「本土化」：重新解讀鄭樵與章學誠〉等80篇。
〔註60〕陳仕華主編、林惠珍編輯：《章學誠研究論叢》（臺北：臺灣學生書局，2005年2月）。
〔註61〕中國歷史文獻研究會：《章學誠國際學術研討會論文集・鮑永軍——章學誠研究論文著作索引》（北京：北京圖書館出版社，2004年9月），頁446～482。

（三）文獻分析法

本文之研究方法，兼係採用「敘述研究」（descriptive research）中的文獻分析法（documentary analysis method），將蒐集到有關研究章學誠、《校讎通義》基本文獻，先行確立基本版本，再將所得資料整理、歸納、分類後，將閱讀、研究後之心得與發現；再採綜合法、分析法。其研究步驟分為：

1. 擬定題目
2. 蒐集資料
3. 製定綱要
4. 融貫資料
5. 撰寫初稿
6. 修改潤飾

（四）知人論世法

《孟子》曰：「頌其詩，讀其書，不知其人可乎？是以論其世也。是尚友也。」〔註62〕所以欲知其人，必須知其當代與此人有關的人、事、物。如朱熹云：「論其世，論其當世行事之迹也。言既觀其言，則不可以不知其為人之實，是以又考其行也。」〔註63〕故從章學誠所處時代背景、其家世、師友、著作、學術之風氣等方面著手，以探討章學誠一家之言。

〔註62〕　〔清〕阮元校勘：《十三經注疏・孟子・萬章下》，卷第十下，頁188。
〔註63〕　〔宋〕朱熹：《四書章句集注・孟子》（北京：中華書局，1981年1月第1版），卷十，頁324。

第二章　章學誠生平及其時空背景

第一節　章學誠生平述要

　　章學誠（1738～1801），原名文斅，字實齋，號少巖，浙江紹興府會稽人。據《清史稿》載：「乾隆四十三年進士，官國子監典籍。自少讀書，不甘爲章句之學。……熟於明季朝政始末，往往出於正史外，秀水鄭炳义稱其有良史才。繼游朱筠門，筠藏書甚富，因得縱覽群籍，與名流相討論，學益宏富。著《文史通義》、《校讎通義》，推原官禮而有得於向、歆父子之傳。其於古今學術，輒能條別而得其宗旨，立論多前人所未發。嘗與戴震、汪中同客馮廷丞寧紹台道署，廷丞甚敬禮之。」〔註1〕一個活躍於十八世紀，終身立志於校讎學、方志學、史學卻沒沒無聞的人；至二十世紀才被看見、被關注的史學家。美國倪德衛同時認爲他也是一個偉大的文學家，其文風有著靈動和有力。〔註2〕錢穆云：「寫某人之事，應懂得在那時代與此人此事相關之事。……寫某一學者之學，應懂得其人之學，以及此學之源流地位。」

〔註1〕 趙爾巽等：《清史稿・列傳二七二・章學誠傳》（北京：中華書局，1977 年 12 月第一版），卷四八五，頁 13398。此外《清史稿》云章學誠「從山陰劉文蔚、童鈺遊，習聞蕺山、南雷之說」，有關章學誠與童鈺遊此事，據余英時考證，此條當是記載邵二雲（晉涵），爲《文獻徵存錄》誤襲江藩《國朝漢學師承記》，而《清史稿》參考《文獻徵存錄》所致。見余英時：《論戴震與章學誠・章實齋與童二樹》，頁 301～307。

〔註2〕 參見〔美〕倪德衛著、楊立華譯：《章學誠的生平及其思想 THE LIFE AND THOUGHT OF CHANG HSUEH-CH'ENG（1738～1801）》（南京：江蘇人民出版社，2007 年 10 月第 1 版），頁 22。

〔註3〕本節從章學誠之家世、科舉歷程、師長、友人探討，以知人論世。

一、家　世

　　章學誠出生在一個儒學世家，祖父章如璋，父親章鑣。其始祖可追溯至五代時仔鈞，北宋末，其一支章綡爲避難移居至浙江山陰（今紹興市）。南宋光寧間，章彥武（文叔）再遷至會稽俉山南之道墟。〔註4〕據載：「自文叔公卜居俉山之陽，是爲道墟，歷元明迄今，垂五百年，子姓聚處，族屬蔓衍，負海阻山，迴環十里之間，此戶萬家，烟火相接，鄉人推族之鉅者，無若道墟章氏。章氏地僻人眾，力耕不給，則有沙洲木縣，山泉釀酒，利爲會稽諸鄉之最。」〔註5〕至清乾隆時，於道墟章氏已有數萬人，成爲大族。此地「山水清遠，其人明銳而疏達，地僻，人工不脩，土之所出，不足食土之人，秀民不得業，則往往以治文書律令，托官府爲幕客，蓋天性然也。瑰意奇行，鬱不得顯，則於家庭倫紀之間，闇然自修，而交遊氣誼，至死生患難不渝其節，亦往往見之。」〔註6〕章氏族人定居之後，生活悠然，大抵耕讀，以種稻、棉、釀酒爲生，或從事師爺之工作，並以禮義傳家。

　　祖父章如璋，字君信，爲候補經歷，「惇行隱德，望於鄉黨，尤嗜史學，晚歲閉關卻埽，終日不見一人。取司馬《通鑑》，往復天道人事，而於惠迪從逆吉凶，所以影響之號，津津蓋有味乎其言。」〔註7〕章學誠愛史，可能是受了祖父之影響。

　　父親章鑣，字驤衢，亦曰雙渠，號勵堂，又號巖旀，乾隆七年（1742年）中進士，因無職缺，八年的「候選」生涯，使章鑣在鄉里從事教書的工作，至乾隆十六年，方於湖北應城當了七品知縣。應城百姓相當滿意其政績，亦非常愛戴章鑣，但於乾隆二十一年（1756年）卻以疑獄失輕被免官，甚貧窮到不能歸鄉，故一直留在湖北，雖被免官，當地百姓仍敬重他，親待如家人，延聘於天門、應城執教，於乾隆三十三年（1768年）病逝。章鑣愛好讀書，

〔註3〕錢穆：《中國史學名著·從黃全兩學案講到章實齋文史通義》（臺北：三民書局股份有限公司，1974年4月再版），頁311。

〔註4〕〔清〕章學誠著、史城編：《章學誠遺書·俉山章氏後宅分祠碑》，卷十六，頁145。

〔註5〕〔清〕章學誠著、史城編：《章學誠遺書·樂野先生家傳》，卷十七，頁172。

〔註6〕〔清〕章學誠著、史城編：《章學誠遺書·汪泰巖家傳》，卷十七，頁170。

〔註7〕〔清〕章學誠著、史城編：《章學誠遺書·刻太上感應篇書後》，卷二十九，頁322。

但家中藏書無多，常向人借書，章學誠形容父親，如果借來的書還未抄完筆記，則會鬱鬱寡歡，其載道：

> 先祖遺書散失，家貧不能購書，則借讀於人，隨時手筆記錄，孜孜不倦。晚年彙所箚記，殆盈百帙。嘗得鄭氏《江表志》及五季十國時雜史數種，欲鈔存之，嫌其文體破碎，隨筆刪潤，文省而意更周。仍其原名，加題爲章氏別本。鎔裁亦費苦心。又喜習書，繕五經文，作方寸楷法，尤喜《毛詩》、《小戴氏記》，凡寫數本，手不知疲。嘗恨爲此二事所牽，不得專意箚錄所未見書。每還人所借，有箚未竟者，悵悵如有所失。蓋好且勤也如是。然聚書無多，緣家貧爲累，自授經館穀，至仕宦俸餘，未有可以爲購書貲者，隨身三數千卷。〔註8〕

其用功之勤，至晚年滙所札記，竟有百帙之多，若非酷愛書法與節刪史書，恐不僅百帙。又《兩浙輶軒錄》載有章學誠行述「先人讀書，不爲名聲，爲古文辭，鑱刻峭削。病唐宋野史小說傳記足補正史而文多無漫，因以意節之，鈔《江表志》、《五國故事》、《南唐馬書》、《北夢瑣言》凡十數種。詩則唐體多於古風，遺命勿輕示人。」〔註9〕

章鑣愛好史學，節刪史書，對章學誠有莫大影響，如嘗取《左傳》刪節事實，父親提點他「乃謂編年之書仍用編年刪節，無所取裁，曷用紀傳之體分其所合。吾於是力究紀傳之史，而辨析體例，遂若天授神詣，竟成絕業。」〔註10〕又於天門教書時，官府請他編纂一部地方志，即是《天門縣志》，章鑣此時讓章學誠協助編修，〈修志十議〉便是在此完成，透過修志使章學誠累積非常多的經驗，亦成爲其史學、校讎理論之基礎。

母親史氏，紹興會稽人，爲贈朝議大夫穎州知府史義遵的第九女，知書達禮，自幼能詩，所好書聲，嫁得秀才驤衢先生，家治以嚴謹，一粟一絲皆無假他人。教子有方，爲章學誠的啓蒙老師，自幼誠之，史氏自《百家姓》開始教起，然章學誠體弱多病，成效不彰。〔註11〕

〔註8〕〔清〕章學誠著、史城編：《章學誠遺書·澣云山房乙卯藏書目記》，卷二十二，頁219。

〔註9〕〔清〕阮元：《續修四庫全書·兩浙輶軒錄》（濟南：齊魯書社，1995年），卷二十二，頁708。

〔註10〕〔清〕章學誠著、史城編：《章學誠遺書·家書三》，卷九，頁92。

〔註11〕參見朱筠：《笥河文集·祭章學誠之母史孺人文》，卷十六，頁327～328。

二、科舉歷程

乾隆四十二年（1777 年）秋，章學誠赴北京參加順天鄉試，在此之前章學誠已參加過六次鄉試，本次主考官爲梁國治，梁國治對訓詁時風不以爲是，惡守經義，也厭倦當時士子毫無反省之能力，束書不觀，於是有別以往，部分考題以史學命題，榜發，章學誠中式。此次考題史學部分正好是章學誠的強項，所以梁國治非常欣賞章學誠的觀點，在啓彌封後，發現是同鄉，也以私人的身分祝賀。

在通過鄉試之後，隔年乾隆四十三年（1778 年）春，四十一歲的章學誠終於順利通過會試，成爲進士。這是章學誠在七應鄉試後，揚眉吐氣，一掃陰霾的時候。〔註 12〕章學誠回憶此事云：「先茅連拔自丁戊，文章遇合如通神。前後司衡矜荐剡，疊蒙聖主春風顏。佳話流傳播縉紳，風塵耳目爭賜眤。」〔註 13〕自負得意之情溢於言表。此次會試主考官爲于敏中，章學誠稱爲「金壇相公」，試畢榜發，于敏中特奏其名，其卷又得乾隆「純正之諭」，一時章學誠之名流傳開來。

章學誠二十三歲開始參加鄉試，其中三中（兼副榜）、一薦、一備、二落，〔註 14〕便也消磨許多志氣；章學誠二十五歲時決定入國子監，意氣風發，鬥志昂揚，但經過決科集試，成績每每殿後，開始遭受睥睨，許多人都不知其爲何人也。

> 始余入監舍，年方二十有五，意氣落落，不可一世，不知人世艱也。
> 然試其藝於學官，輒置下等。每大比決科集試，至三四百人，所斥
> 落者，不過五七人而已，余每在五七人中。祭酒以下，不余人齒。
> 同舍諸生，視余若無物。每課牓出，余往覘甲乙，皁隸必旁睨笑，
> 曰是公亦來問甲乙邪？而以余意視祭酒而下，亦茫茫不知爲何許人
> 也。〔註15〕

〔註12〕 這七次分別是 1760 年、1762 年、1765 年、1768 年、1771 年、1774 年、1777 年。胡適年譜漏列 1771 年，章學誠皆在順天參加鄉試，1774 年應浙江鄉試。參見胡適著、姚名達補訂：《清章實齋先生學誠年譜》，頁 10～42、余英時：《論戴震與章學誠・後論》，頁 150。

〔註13〕 〔清〕章學誠著、史城編：《章學誠遺書・丁巳歲暮書懷投贈賓谷轉運因以誌別》，卷二十八，頁 316。

〔註14〕 〔清〕章學誠著、史城編：《章學誠遺書・與汪龍莊簡》，卷二十九，頁 334。

〔註15〕 〔清〕章學誠著、史城編：《章學誠遺書・庚辛之間亡友列傳》，卷十九，頁 194。

章學誠總共十八年的考試生涯，首次於乾隆二十六年（1760年）參加考試，直至乾隆四十二年（1777年）中舉人，次年乾隆四十三年（1778年）中金榜，幾十年的努力終有成果，新科進士，依慣例需至吏部掛號等待銓選，後適其母史氏逝世，服喪期滿，便自以迂疏，不敢入仕為由，在爾後生涯當中亦不再入仕。章學誠自言「科第自是君家舊物，偶然得之，雖亦足以快意，然亦何必振矜如非常之獲。」〔註16〕且亦言：

> 學之眞者，必有專長，科舉策問，本無一定，以專長之學而當無定之問，其勢不盡合也。故精學之士，不屑於策括，見策問之與己合者，引伸觸類，精理名言，眞可刊爲著述，其疎闊者，則以己意支展而已，轉不能如攻策括者誦拾名數無遺失也。故考官具識鑒者，於諸策士所對，不課實而課虛，不觀其所詳而觀其所略，不喜其無間而喜其有間，所謂「觀過知仁」，眞學而不免有疎，遠勝策括之拾誦無罅漏了。然言策至此，則考官與策士，皆非尋常科舉之有所臭。〔註17〕

經過十幾年的磨練，科舉對章學誠而言似乎沒那麼重要，因爲科舉業不能反映出眞正實力所在，章學誠在乎的學問是文史，從一次次的考試中，他瞭解到文史並不是學術的主流，即便入仕後，又可能其好辯性格也會格格不入，著作的時間更會因公務被迫減少，最後他選擇不入仕，而繼續其鍾愛的文史研究。但如此一來就無法解決經濟上的困境，這裡也可以看出章學誠的性格，相較「學術研究」與「生活困苦」的實際問題，章學誠更重視的是精神方面層次，所以之前典當了妻子的嫁妝，除了生活費之外，收入的錢全用在購買書籍及請人抄寫上。對於他晚年看不見仍依然不放棄寫作，口述由兒子代筆的情形也就不奇怪了。

三、師　友

　　章學誠生活在訓詁風行的時代，對所有人而言，章學誠的思想不易被人接受，他不只一次說過，當時學者對他的文章頗不認同，〔註18〕但他不放棄，

〔註16〕〔清〕章學誠著、史城編：《章學誠遺書‧與王春林書》，卷二十九，頁333。
〔註17〕〔清〕章學誠著、史城編：《章學誠遺書‧附錄‧與史諸表任論策對書》，頁647。
〔註18〕章學誠自言：「學誠從事文史校讎，蓋將有所發明。然辨論之間，頗乖時人好惡，故不欲多爲人知，所上蔽帚，乞勿爲外人道也。」見氏著：《章學誠遺書‧

仍傾注心力於文史校讎的理念，終於還是得到一群欣賞他的師友，甚感到佩服，因而相知相交，並於他困頓時伸出援手，替其引薦書院執教、地方修志、師爺等工作。在他著作有許多與師友往來的書信，可見師友在他一生中有舉足輕重的分量。由於地緣關係不難發現這些師友多數是浙江人。

（一）師　長

1. 王　浩

王浩，浙江會稽人，章學誠形容先生「勤學古處，迂闊不習世事。」〔註 19〕章學誠十四歲時進入至親戚杜鑒湄之凌風書屋就讀，以同縣王浩為師，王浩教育學生非常嚴厲，常以戒尺鞭打資質駑鈍學生，杜秉和（燮均）被打最多，「獨不稍假顏色，課業不如法，榎楚嚴厲，如風雨驟至。」〔註 20〕甚至傷及腦門，傷好愈合後肉骨依然隆起，頂不復平，章學誠曾找老師理論，師謂曰：「余授徒數十年，所遇生徒多矣。居心無若此子厚者，其愛我深矣，我督勵之，欲其自愛過於愛我，此我所以報也。」〔註 21〕杜秉和為杜鑒湄的兒子，可見王浩是位不畏權勢又愛之深責之切的夫子。

2. 柯紹庚

柯紹庚（1717～1763），「字公望，江夏生員，工業，善舉業。」〔註 22〕乾隆十八年，章鑣於應城任官，十六歲的章學誠童心未泯，賓客見狀皆憂其無後，經由德安知府施廷龍推薦江夏生柯紹庚為其師，柯老師認真教導，但章學誠仍沉醉於史，不肖時文，擬編纂春秋家言，好詩賦又不得其似，於文字承用轉辭助語，猶未嘗一得當，師見狀曰：「文無古今，期於通也，時文不通，詩古文辭又安能通也？」〔註 23〕惜章學誠執迷不悟，自命史才，而當時官舍賓客過從，又多違心稱譽，直至父親罷官，方知人世艱維，反顧其業，竟無可用者，乃思先生之言，後悔不矣。迨及第，先生已逝。

3. 沈業富

沈業富（1732～1807），號既堂，江蘇高郵人，乾隆十九年中進士，由翰

上辛楣宮詹書》，卷二十九，頁 332。所以章學誠生前沒沒無聞，生活窮困潦倒。一直至二十世紀才被胡適、梁啓超、錢穆、余英時等人關注。
〔註 19〕〔清〕章學誠著、史城編：《章學誠遺書·杜燮均家傳》，卷十七，頁 169。
〔註 20〕〔清〕章學誠著、史城編：《章學誠遺書·杜燮均家傳》，卷十七，頁 169。
〔註 21〕〔清〕章學誠著、史城編：《章學誠遺書·杜燮均家傳》，卷十七，頁 169。
〔註 22〕〔清〕章學誠著、史城編：《章學誠遺書·柯先生傳》，卷十七，頁 168。
〔註 23〕〔清〕章學誠著、史城編：《章學誠遺書·柯先生傳》，卷十七，頁 168。

林編修，歷太平知府、河東都轉鹽運使、司運使、加敕兼管鹽法道，爲官清廉不循私。〔註24〕「砥礪廉隅，與故詹事桐城張公曾敞、前內閣學士大興翁公方綱、故學士大興朱公筠，同稱於時，時人目之謂四金剛，蓋擬浮圖護法尊稱，不可干以私也。主乾隆庚辰江西鄉試、壬午山西鄉試、乙酉同考順天鄉試，所識拔多一時知名。」〔註25〕章學誠以國子生應順天解試，沈業富典試分校，薦其文不錄，甚惋惜，於是聘請他留在府邸任職。「從事鉛槧，以益力於學」，時先生任太平知府，後遊江南，舟車往返，屢至太平官舍，前後數十年，〔註26〕章學誠形容「自乾隆三十年乙酉，受先生知，當時謁見，如素知識，自是南北往復，屢過先生。」〔註27〕他對先生有深深的感遇之恩，至官府亦常與其兒子沈楓墀論學。

4. 朱 筠

朱筠（1729～1781），字竹君，一字美叔，學者稱爲笥河先生，順天大興人，乾隆十九年中進士。歷任翰林院編修右贊善、日講起居注官、翰林侍讀學士協辦內閣批本事務，提督安徽學政，史議降級，再授翰林編修，提督福建學政，秩滿還翰林。充乾隆辛巳會試、戊子順天鄉試、己丑、辛卯會試同考官，庚寅福建鄉試主考官、方略三通纂官、日下舊聞總纂官。〔註28〕乾隆三十年，沈業富將章學誠引薦予朱筠，是人生中重大轉折點，朱筠獎拔人才，前後從遊凡數百人，戴震、王念孫、邵晉涵、汪中、黃景仁、洪亮吉、李威等曾在門下。章學誠從學於朱筠，朱筠一見許以千古，章學誠形容先生「於學無所不窺，取給爲文，咸得大旨，不名流別，聽治專家。至於文字訓詁、象數名物、經傳義旨，並主漢人之學，以謂與作聰明，寧爲墨守，惟文章經世，聞見猥陋，不足成家。」〔註29〕又有向其問及時文，先生曰「足下於此

〔註24〕 參見〔清〕章學誠著、史城編：《章學誠遺書·誥贈中議大夫河東都轉鹽運使司運使沈府君》，卷十六，頁148。

〔註25〕 〔清〕章學誠著、史城編：《章學誠遺書·沈既堂先生遷居圖記》，卷二十二，頁218。

〔註26〕 參見〔清〕章學誠著、史城編：《章學誠遺書·沈母朱太恭人八十序》，卷二十三，頁231。

〔註27〕 〔清〕章學誠著、史城編：《章學誠遺書·沈既堂先生遷居圖記》，卷二十二，頁219。

〔註28〕 參見〔清〕章學誠著、史城編：《章學誠遺書·朱先生墓誌銘》，卷十六，頁150。

〔註29〕 〔清〕章學誠著、史城編：《章學誠遺書·朱先生墓誌銘》，卷十六，頁150。

無緣，不能學，然亦不足學也。」覆曰：「家貧親老，不能不望科舉。」先生曰「科舉何難？科舉何嘗必要時文？由子之道，任子之天，科舉未嘗不得，即終不得，亦非不學時文之咎也。」〔註30〕要充分以己之見，發揮所長，未必不能中舉，章學誠信之，所以教人爲文，不教揣摩之文。

乾隆三十一年，章學誠因生活貧困，寄居至朱筠家中，此時得見當世名流及一時文人之所習業，〔註31〕又朱筠喜歡章學誠，便常常帶著他，京師始漸知有其人。乾隆三十二年，朱筠受詔撰順天府志，即屬章學誠輩經紀其事，〔註32〕算是發揮所長，樂在其中。

5. 歐陽瑾

歐陽瑾（1709～？），分宜人。雍正十年中舉人，次年中進士，選入翰林。歷任兵部主事、刑部郎中、御史、提督學政、奉天府尹、戶部侍郎，乾隆三十五年免官，次年起爲內閣侍讀學士，悠遊六七年後，以年老致仕，爲官四十餘年，清廉淡泊，性明邃好深思。歐陽瑾初至國子監即拔擢章學誠爲第一名，六館之士驚訝不已，先生謂「是子當求之古人，固非一世也。由是益厚之，名稍稍聞。其後太學修書，責令專司筆削。」〔註33〕是以先生對他有知遇之恩，一掃四年前貧不知名的狀況。章學誠形容先生「嘗以宋儒言理，往往遺棄事物，後人矯言漢學，於訓詁名物，良亦有功，第無得於身心性命，未免如程子所謂居天地中，不知覆載者也。因以五德六行，推衍天人之際，著三才通會若干篇。」〔註34〕如此，歐陽瑾方特別賞識章學誠，因而特別提拔他。

6. 朱棻元

朱棻元（1727～1782），字雨森，號春浦，浙江杭州人。乾隆十七年中舉人，十九年中進士，成庶吉士，二十三年授翰林編修。任會試同考官，及順天鄉試同考官，乾隆三十三年，大考列優等，擢國子監司業，前後充功臣

〔註30〕參見〔清〕章學誠著、史城編：《章學誠遺書‧與汪龍莊簡》，卷二十九，頁334。

〔註31〕〔清〕章學誠著、史城編：《章學誠遺書‧任幼植別傳》，卷十八，頁178。

〔註32〕〔清〕章學誠著、史城編：《章學誠遺書‧與家守一書》，卷二十九，頁338。

〔註33〕參見〔清〕章學誠著、史城編：《章學誠遺書‧歐陽先生奉使告祭碑後敘》，卷二十一，頁211。

〔註34〕〔清〕章學誠著、史城編：《章學誠遺書‧歐陽先生奉使告祭碑後敘》，卷二十一，頁211。

館及國史館纂修。朱筠元任官十三年,「愛才好士,殆如性命,國學業考,官司奉行故事,先生乃別立課程,捐資獎勵,孜孜講討,六館之士,多所興起。」〔註35〕乾隆三十三年,朱筠任順天鄉試同考官,章學誠應試,僅中副榜,先生於鄰座見其策言國子監業得失,驚嘆不已,怪六館師儒,安得遽失此人,於是其名聲稍稍聞。而乾隆四十二年,章學誠又應順天解試,終於中進士,先生色然喜,慨然為其晚遇。〔註36〕分析章學誠鄉試屢次不順利原因,蓋有考運不好,又不趨於時文,堅持己見不作違心之論;在乾隆三十三年中副榜那次,主考官即是平時與自己意見不合者,章學誠明知主考官的喜好,但仍不屈己逢迎,選擇以誠實面對自己內心的聲音:

> 戊子鄉試,以國子生修《國子監志》,與國子長官爭論義例,既不合矣,其秋主試,即此長官,發策即問監志義例,僕乃執所見以對,不稍遷就,長官初賞其文,後見策而抑置副榜。或咎僕以明知故犯。不知僕之生平,不能作違心之論,司衡鑒者,或好或惡,或無心而置之,或極意以賞之,則存乎時與命耳。僕於科舉,無必得之技,亦無揣摩以求必得之心。〔註37〕

很難剖析章學誠在面對前三次的落榜後,依然忠於自己。朋友責備他何必明知故犯,覆曰:「口談筆述,初無兩岐,或出矜心,或出率意,詳略正變,無所不有,然意皆一律,從無欺飾,與僕久相處者,聞僕所言,可以知僕應試之對,考官見僕之對,可以知僕所著之書。生平惟此不欺二字,差可信於師友間也。」〔註38〕這不是一般人可以做的到,尤其他為生活一直疲於奔命,如何有勇氣?豈不是傳統儒者具體的表現。

7. 梁國治

　　梁國治(1723~1786),子階平,號瑤峰,又號豐山,浙江會稽人。乾隆十三中進士,授修撰,歷任國子監司業、都察院左副都御史、吏部侍郎、山西冀寧道、湖北巡撫、湖廣總督兼署荊州將軍、湖南巡撫、禮部侍郎、戶

〔註35〕〔清〕章學誠著、史城編:《章學誠遺書・國子監司業朱府君墓碑》,卷十六,頁147。

〔註36〕〔清〕章學誠著、史城編:《章學誠遺書・國子監司業朱府君墓碑》,卷十六,頁147。

〔註37〕〔清〕章學誠著、史城編:《章學誠遺書・與史氏諸表侄論策對書》,頁647。

〔註38〕〔清〕章學誠著、史城編:《章學誠遺書・與史氏諸表侄論策對書》,頁647。

部尙書、東閣大學士等職，卒贈太子太保，謚文定。〔註39〕其先廣東鄉試正考官，乾隆四十二年充順天鄉試正考官，其學品端醇，小心勤愼，惡目前經生都墨守經義，枵腹空談，乃發策博問條貫，雜以史事，藉以觀其抱負，當年章學誠應試之主考官正是梁國治，其中進士謁見，梁治國說：「余闈中得子文，深契於心，啓彌封，知出吾鄉，訝素不知子名，詢鄉官同考者，亦曰不知。聞子久客京師，乃能韜晦如是！」〔註40〕終也讓章學誠遇見賞識自己的主考官。

8. 秦承恩

秦承恩（？～1809），字芝軒，江蘇江寧人，乾隆二十六年進士，選庶吉士，授編修，歷任侍講、四川布政使、陝西巡撫、遷左都御史工部尙書、終官司經局洗馬等職。乾隆三十五年任順天鄉試正考官。〔註41〕章學誠爲秦承恩校編《續通典》中之《樂典》部分，而於過程中，章學誠產生許多疑問，寫信問了朱筠：

> 現爲秦芝軒師校《樂典》，其歌舞雜曲、饒歌清樂諸條，吳本原稿直抄杜氏《通典》，而宋元以來，全無所爲續者，此亦可謂難矣乎哉也焉而已。第此等歌曲樂府，史志不詳，兼之源流派別，學誠亦不甚解。就杜氏原本所分，亦多與前史不合，不識宋元至明，究以翻閱何書爲主，有何書可以參訂，務望夫子大人俯賜檢示一二種。館書督催，過於索逋，乞吾師勿緩爲禱。〔註42〕

以此見之，章學誠不想照抄《通典》，要從宋元開始找資料，惟史志浩翰，尤其《樂典》屬專科，其多不詳，徵實又恐遇有文獻散佚者，編修與考訂實屬不易。

9. 畢 沅

畢沅（1730～1797），字湘衡、纕蘅，一字秋帆、秋颿，小字潮生。自號靈巖山人，又號弇山、弇山畢公，江南鎭洋人。乾隆十八年舉人，授內閣中書，乾隆二十五年一甲一名進士，授修撰，歷任侍讀、左庶子、陝西按察

〔註39〕參見趙爾巽等：《清史稿·列傳一百七·梁國治傳》，卷三二〇，頁10767。
〔註40〕〔清〕章學誠著、史城編：《章學誠遺書·梁文定公年譜書後》，卷二十一，頁212。
〔註41〕參見趙爾巽等：《清史稿·列傳一百三十二·秦承恩傳》，卷三四五，頁11177。
〔註42〕〔清〕章學誠著、史城編：《章學誠遺書·上朱先生書》，卷三十，頁608。

使、陝西布政使、陝西巡撫、河南巡撫、山東巡撫、湖廣總督等職。〔註43〕
畢沅力引後進，一時名士多招致幕府，章學誠此時透過周震榮的介紹，至畢
沅府中當幕府，擬藉其力編修《史籍考》，後將《史籍考要略》呈畢沅，獲
同意開局編纂，又協助編《續通鑑》、《湖北通志》、《常德府志》、《荊州府志》。
遺憾的是《史籍考》未完成，後由謝啓昆主其事。

（二）友　人（含弟子）

章學誠一生交友甚多，僅列對其影響或幫助最大者。其於國子監近二十
年，同學以千百計，但大部分的人都看不起他，真相知契者，惟有曾慎、甄
松年，有幾封書信是與甄松年討論地方志的編修。

1. 曾　慎

曾慎（1734～1783），字敬亭，號麓亭，又號篤齋，湖南寶慶人。乾隆
二十四年中四川鄉試副榜，名聲振起。因北遊肄國子業，考取八旗教習，後
於書院執教十五、六年，乾隆四十四年中舉。〔註44〕當時曾慎與章學誠比
鄰而居常有往來，有次曾慎看到其所寫的文章，竟遲迴不忍離去，章學誠款
迎與之言而有洽，其形容「乃至爇燈夜語，過三嚴焉。因詢曾君同舍，亦有
可言者乎，君因見甄君於余，而甄君工文善書，彼時名聲喧於六堂，同舍生
多有相從而請業者，自余與二人交，而同舍諸生，乃至怪二人。何取於余也，
是時余學力未充，所言大抵鮮所徵引，本其意識所達，則亦與今有不甚遠者。」
〔註45〕可見章學誠不受歡迎程度，國子監諸生勢利的一面。

2. 甄松年

甄松年（1733～？），字學漸，又學齋，號青圃，廣東新寧縣人，乾隆乙
酉舉人，官中書舍人，「績學惇行，不自炫耀，方三十也。貧守一官，二十年
不調，後生晚出，超資邁格，高舉遠擢，青圃視之泊如。」〔註46〕章學誠認
爲與其志意相得者爲甄松年，相交三十年，一世以來天時人事變易幾何，皆
共歷之，時國子監內外諸生皆愛慕甄松年，對於與其交好皆怪之，祭酒月較

〔註43〕　參見趙爾巽等：《清史稿·列傳一百十九·畢沅傳》，卷三三二，頁 10976～10978。
〔註44〕　參見〔清〕章學誠著、史城編：《章學誠遺書·庚辛之間亡友列傳》，卷十九，
　　　　頁 194。
〔註45〕　〔清〕章學誠著、史城編：《章學誠遺書·庚辛之間亡友列傳》，卷十九，頁
　　　　194。
〔註46〕　〔清〕章學誠著、史城編：《章學誠遺書·甄青圃六十序》，卷二十三，頁 230。

諸生文藝，青圃必首擢，章學誠形容兩人感情是「肺膈之親」、「彭祖長桑之交語」〔註47〕，在其索米困頓之時，則過松年處，後此將家遠館，偶客京師，亦多依松年爲主。

其他相交有：

3. 裴 振

裴振，曲沃人，乾隆二十九年進士，「教授奉天，爲賢師儒，遷蒙城知縣，俄擢亳州知州，所至以循良著。」〔註48〕乾隆三十一年，章學誠於朱筠處認識了馮廷丞、蔣雍植、程晉芳。「方是時，朱先生未除喪，屏絕人事。學誠下榻先生邸舍，時時相過，若程舍人晉芳、吳舍人烺、馮大理廷丞，及君爲燕談之會，宴歲風雪中，高齋歡聚，脫落形骸，若不知有人世。」〔註49〕乾隆三十五年，章學誠「僑家柳井南馮按察舊居，與裴振家居衡宇相望，暇日數相往來，言議甚洽。」〔註50〕章學誠形容裴振最知我，見余所爲古文辭，則愛不釋手。乾隆五十三年，其因「遊古梁宋，遂以家僑，俄失所主，將爲湖北之遊，因移家依亳，與振益相親。」〔註51〕章學誠編修《亳州志》，亦是受裴振之請聘。

4. 馮廷丞

馮廷丞（1728～1784），字子弼，號康齋，移籍山西代州，乾隆十七年舉人，以廩授光錄寺署正，歷任大理寺丞、浙江寧紹台道、福建臺灣道、江西按察府、常州知府、淮安知府、徐州知府、湖北按察使司按察使等職，誥授通議大夫。〔註52〕其天性開穎，工詩間亦爲古文辭，尤熟司馬光《資治通鑑》，於地理沿革，方域形勢天得也。〔註53〕乾隆三十年，章學誠三落順天解第，遂留京師，學於朱筠，與馮廷丞相識於此時，嘗問《戰國策》，章

〔註47〕 〔清〕章學誠著、史城編：《章學誠遺書·甄青圃六十序》，卷二十三，頁230。

〔註48〕 〔清〕章學誠著、史城編：《章學誠遺書·裴母查宜人墓誌銘》，卷十六，頁157。

〔註49〕 〔清〕章學誠著、史城編：《章學誠遺書·蔣漁村編修墓誌銘書後》，卷二十一，頁213。

〔註50〕 〔清〕章學誠著、史城編：《章學誠遺書·贈樂槐亭敘》，卷二十一，頁204。

〔註51〕 〔清〕章學誠著、史城編：《章學誠遺書·裴母查宜人墓誌銘》，卷十六，頁157。

〔註52〕 〔清〕章學誠著、史城編：《章學誠遺書·湖北按察使馮君家傳》，卷十七，頁162～163。

〔註53〕 參見〔清〕章學誠著、史城編：《章學誠遺書·湖北按察使馮君家傳》，卷十七，頁163。

學誠覆曰：「縱橫家，本於風詩流別，行人專對之極變也。君曰不然，此兵家形勢書也。夫策士誇耀其言，多不足憑，惟敘諸國扼隘山川險易，皆確不可易，後世無能出其右也。」〔註54〕與其相交二十年，而當疾困踣躓之境，侍之甚厚。

5. 吳蘭庭

吳蘭庭（1730～1801），字胥石，浙江歸安人，乾隆三十九年舉人，「敏學於文，孝悌天性，簡佚自喜，恥有時名。」〔註55〕乾隆三十一年，其與吳蘭庭同學文章於朱筠，兩人言議甚洽。

6. 蔣雍植

蔣雍植（1720～1770），字秦樹，號漁村，又號待園，安徽懷寧人。以選拔生入國子監，試取八旗教習。乾隆十六年，凡諸生獻賦者悉命召試，名列第一，賜舉人，授內閣中書舍人。乾隆二十六年進士，改庶吉士，充《準噶爾方略》纂修官。二十八年授編修，充武英殿纂修官。歷任鄉試磨勘官、分教庶吉士、順天鄉試同考官、武英殿提調官。〔註56〕「少喜爲詞章，麗篇藻句，衷然成集，已而刊落一切，溯源六書七音，以通乎訓詁傳注之學。」〔註57〕爲人佸純密粹，與人相交，惟恐其傷之。乾隆二十一年，始識蔣雍植於朱筠先生座上，酒酣耳熱，抵掌談古今，時章學誠寄居先生家，常與相往來，其於學識，兩人相知尤深。

7. 任大椿

任大椿（1738～1789），字幼植，一字子田，江蘇興化人。乾隆三十四年登進士第，以二甲第一人授禮部主事，分曹學習，得儀制司，乾隆三十八年，徵爲四庫書館纂修，遷郎中，官某道監察御。學淹通，於禮尤長名物，長於辭賦；章學誠與其同學文辭於朱筠，有次任大椿生病，章學誠前往探視，見其病中仍忙於編輯《字林》，文稿狼籍於枕席間。章學誠與任大椿皆對當時學風有所不滿，如其提及李陵答蘇武書之文，學者皆疑爲僞作，章學誠則

〔註54〕〔清〕章學誠著、史城編：《章學誠遺書・湖北按察使馮君家傳》，卷十七，頁163。

〔註55〕參見〔清〕章學誠著、史城編：《章學誠遺書・刑部陝西清吏司郎中吳府君墓誌銘》，卷十六，頁151。

〔註56〕參見《筠河文集・編修蔣君墓誌銘》，卷十二，頁234～236。

〔註57〕參見〔清〕章學誠著、史城編：《章學誠遺書・蔣漁村編修墓誌銘書後》，卷二十一，頁213。

認爲非也，「當是南北分疆，有南人羈北事類，李陵不忍明言，擬此書以見志耳。君見之，首肯數四，且曰今人皆重考訂，而泥行墨，必斥君言無稽也。余著《文史通義》，爲世所詆，強半類此，君乃不苟於名物者，而所言如是，以是知君可與微言者也。」〔註58〕兩人皆不認同名物考訂之時風，講話有共通之點。

8. 汪輝祖

汪輝祖（1730～1807），字煥曾，號龍莊，晚號歸盧，浙江蕭山人。乾隆三十三年，中式第三名舉人，乾隆四十四年進士，歷任湖南寧遠知縣、道州知州，於政壇聲譽頗高，不畏權勢辦案，前未任官前，爲有名的幕府及紹興師爺。〔註59〕乾隆三十四年，汪輝祖赴禮部會試始結識章學誠，其形容章學誠「古貌古心，文筆樸茂，能自申所見。」〔註60〕，兩人友誼篤摯，相交三十二年。

9. 錢大昕

錢大昕（1728～1804），字曉徵，號辛楣，又號竹汀，江蘇嘉定人。乾隆十九年進士，選翰林院庶吉士，散館授編修，歷升翰林院侍講學士、遷少詹事，充河南鄉試正考官，尋提督廣東學政，著有《廿二史考異》、《十駕齋養新錄》等書。〔註61〕與朱筠、沈業富爲同榜進士，與章學誠亦師亦友之關係，故有書信往來，其〈上錢辛楣宮詹書〉云：「學誠從事文史校讎，蓋將有所發明。然辨論之間，頗乖時人好惡，故不欲多爲人知，所上蔽帚，乞勿爲外人道也。」〔註62〕這所指即是《文史通義》，可知章學誠曾將自己所寫文章送給錢大昕指正。

10. 侍 朝

侍朝（1729～1777），字鷺傳，號補堂，江南泰州人。乾隆二十五年進士，三十年除國子監，四庫總校，改翰林庶吉士。會與上官爭議，若不合即稱病移去，上官後悔欲婉留，掉頭不顧，人高其節。〔註63〕章學誠當時「方以國

〔註58〕參見〔清〕章學誠著、史城編：《章學誠遺書·任幼植別傳》，卷十八，頁178～179。

〔註59〕參見黃兆強：〈汪輝祖先生（1731～1807）年譜〉，《東吳歷史學報》第四期，1998年3月），頁95～138。

〔註60〕〔清〕汪輝祖：《病榻夢痕錄》（台灣：商務印書館，1980年），卷四，頁74。

〔註61〕參見趙爾巽等：《清史稿·列傳二百六十八·儒林二》，卷四百八一，頁13193。

〔註62〕〔清〕章學誠著、史城編：《章學誠遺書·上辛楣宮詹書》，卷二十九，頁332。

〔註63〕參見〔清〕章學誠著、史城編：《章學誠遺書·庚辛之間亡友列傳》，卷十九，

子生與修監志，諸學官多與牴牾，獨司業朱先生棻元主余，而君與余言，尤有深契。」〔註64〕又侍朝任四庫總校，其時時過君處，藉觀群書且多識其館客，與胡士震、沈棠臣相得尤深，據章學誠所言「每冬夜過從，輒留止宿，暫罷校課，賓主爭出酒餚款余，劇談淋漓恣肆，極一時之興會。」〔註65〕因章學誠以國子生參與《國子監志》的編修，而侍朝時任國子監丞，兩人本是師生關係，但因侍朝很欣賞章學誠的觀點，後遂為道義之交，相知甚深。

11. 陳本忠

陳本忠（1726～1775），字伯恩，先世籍蘇州，後移居昌平，乾隆三十四年進士，歷戶部郎中，提督貴州學政。其天眞無矯飾，事親至孝。乾隆三十四年相識於朱筠先生座間，時章學誠僑居京師，與馮君廷丞分宅以居，陳本忠為馮世姻婭，時過馮處與其飲酒，每飲酣談縱，則不復知有人世。乾隆四十二年丁酉「應順天解試，出所試文，科舉之士，皆大笑為怪，君見之，特嗟賞謂久與子交，不知余乃能此，因過余劇談，余亦不知其何以合也。榜發知為主試所最，或以稱君鑑別，君曰應舉之文，不自展拓，而以主司得失為懷，心術不可問矣。由是知君所能，不特舉業文也。」〔註66〕知兩人形跡雖疏而相知甚深。

12. 邵晉涵

邵晉涵（1743～1796），字與桐，號二雲，浙江餘姚人。乾隆乙酉舉人，辛卯科進士，徵入四庫館纂修，授翰林院庶吉士，散館編修。歷任中允、侍講、待講學士、日講起注官、文淵閣校理進直閣事、咸安宮官學總裁、國史館提調。〔註67〕其於學無所不通，博聞強識，尤長於史。著有《思復堂文集》，發明姚江之學，與勝國遺聞軼事經緯，成一家之言，蔚然大家。時於朱筠先生處，同客太平使院，章學誠苦無藉手，邵晉涵則「據前朝遺事，俾先生與余各試為傳記，以質文心，其有涉史事者，若表志記注，世繫年月，地理職官之屬，凡非文義所屬，覆檢皆無爽失，由是與余論史，契合隱微。余著《文

　　　　頁189。
〔註64〕〔清〕章學誠著、史城編：《章學誠遺書‧庚辛之間亡友列傳》，卷十九，頁189。
〔註65〕參見〔清〕章學誠著、史城編：《章學誠遺書‧庚辛之間亡友列傳》，卷十九，頁190。
〔註66〕〔清〕章學誠著、史城編：《章學誠遺書‧陳伯恩別傳》，卷十八，頁180。
〔註67〕參見〔清〕章學誠著、史城編：《章學誠遺書‧邵與桐別傳貽選》，卷十八，頁176～177。

史通義》不無別識獨裁，不知者或相譏議，君每見余書，輒謂如探其胸中之所欲言，間有乍聞錯愕，俄轉爲驚喜者。」〔註68〕章學誠因而與其論修宋史，後宋史殘稿竟已不復得，相知二十年餘，成爲一生摯友。

13. 周永年

周永年（1730～1791），字書昌，自號林汲山人，祖先爲浙江餘姚人，自高祖遷居歷城，自此定籍。乾隆三十六年進士，特授翰林庶吉士，散館授編修，充文淵閣校理，乾隆四十四年貴州鄉試典試官。又從《永樂大典》采綴，輯宋元遺書，九千鉅冊，計卷一萬八千有餘，丹鉛標識，摘抉編摩，於是永新劉公是、劉公非諸集以下又得十有餘家，皆前人所未見者。周永年積卷殆近十萬，不欲自私，以籍書園欲供人借閱。勤學而不爲名，心公而無私於利。〔註69〕章學誠始識邵晉涵之初，即欲訪周永年，後因與邵晉涵至其藉書園，三人相與往還，後周永年請章學誠爲籍書園之藏書目錄作序，序曰：「書昌嘗患學之不明，由於書之不備，書之不備，由於聚之無方，故竭數十年博采旁搜之力，棄產營書，久而始萃。」〔註70〕章學誠居京師，嘗困躓少歡，但與邵晉涵與周永年相談，則忘其苦，能作竟日談宴，三人交情深厚。

14. 馮　邵

馮邵（1738～1789），字茂許，又字瑤𦥯，代州人。虛懷好學，專靜善思，從戴震受天文曆算之學，用心專一故通人。乾隆三十年遊江浙，乃遇馮邵寧紹台道署。方是時年俱力富，所遇皆不副所期，相見江湖，意氣落落，坦懷言志，率多憶往期來，兩人遂成爲莫逆之交。〔註71〕

15. 顧九苞

顧九苞（1738～1781），字文子，揚州興化人，乾隆四十二年選拔貢生，四十五年中舉，四十六年進士。乾隆拔貢，曾爲四庫館校錄，精於訓詁。〔註72〕章學誠與其相知爲深，常連夜談論，嘗應允爲其父撰寫傳記，惟未寫

〔註68〕 參見〔清〕章學誠著、史城編：《章學誠遺書·邵與桐別傳貽選》，卷十八，頁 177。

〔註69〕 參見〔清〕章學誠著、史城編：《章學誠遺書·周書昌別傳》，卷十八，頁 181～182。

〔註70〕 〔清〕章學誠著、史城編：《章學誠遺書·周書昌別傳》，卷十八，頁 181。

〔註71〕 參見〔清〕章學誠著、史城編：《章學誠遺書·馮瑤𦥯別傳》，卷十八，頁 180。

〔註72〕 參見〔清〕章學誠著、史城編：《章學誠遺書·庚辛之間亡友列傳》，卷十九，頁 192～193。

訃聞已至，因而感到遺憾。

16. 蔣五式

蔣五式，字南河，以幕府爲生，善刑名家言，天性孝友，與朋友交，眞摯中見肝膽。乾隆三十八年，章學誠與其識於寧波兵備道署，時官署一時賓客以十數，惟與其相知最深。〔註73〕

17. 沈棠臣

沈棠臣，浙江歸安人，優貢生，候選訓導而未仕也。長於小學，尤殫心許愼《說文》，虛心好學。爲侍朝校書，兩人因此相識，時已七十歲，善養生，耳聰目明，至老不變，性情恒喜不怒，後生有一藝見長，推分忘年，如恐不及。〔註74〕章學誠每過侍朝家，皆與其暢所欲言，兩人爲忘年之交。

18. 陳以綱

陳以綱（1734～1783），字立三，海寧州人，績學工文，名聲振江南，惟屢困鄉闈，游古齊魯，授經曲阜孔氏。乾隆四十年章學誠往還侍朝書局，時陳以綱方授經莊編修通敏家，與侍朝居處相去不遠因而時相過從，酒酣耳熱，與同志三數人，矜言所得，不肯相下，自謂欲於五經，皆有論述；〔註75〕後經章學誠推薦，館於永清縣令周震榮，請爲其子師。

19. 胡士震

胡士震，字田居，自號竹嚴，乾隆二十八年舉人，考授翰林待詔。君性開敏，通識世務，而爲人謀忠。意氣落落，不爲境挫。好學善思，工制舉文。胡士震與侍朝交善，其延請二十幾人校書，由胡士震總其成，〔註76〕章學誠時過侍朝處因而相識，方當章學誠蹙蹙無騁，侍朝及胡士震皆爲其設謀策劃。

20. 樂毓秀

樂毓秀，字子謂，自號槐亭翁，其先山西人，順天府生員，屢試不遇，

〔註73〕參見〔清〕章學誠著、史城編：《章學誠遺書・蔣河南別傳》，卷十七，頁167～168。

〔註74〕參見〔清〕章學誠著、史城編：《章學誠遺書・庚辛之間亡友列傳》，卷十九，頁190。

〔註75〕參見〔清〕章學誠著、史城編：《章學誠遺書・庚辛之間亡友列傳》，卷十九，頁190。

〔註76〕參見〔清〕章學誠著、史城編：《章學誠遺書・庚辛之間亡友列傳》，卷十九，頁190。

棄舉業，肆力於詩古文辭。〔註 77〕裴振曾以章學誠之文示樂毓秀，其甚契合，煮酒邀章學誠夜過其論文，兩人之家僅二百步之距離，因得時過相從。樂氏子樂武，字子謂，以諸生從裴振學舉子業，章學誠樂交於其父子之間。

21. 張羲年

張羲年（1738～1778），字滈初，號潛亭，浙江餘姚人。拔貢，廷試授於潛訓導，工文好學，乾隆壬辰、癸巳之間，特開四庫，與朱休度、黃璋總司校勘。甲午歲，適以教官考滿擢最，當赴銓司選知縣，因自陳向在行部委司校勘，頗悉諸書源流，願入窺中秘，以卒其業，詔如所請，特賜助教銜俸，俾充纂修。丁酉，舉順天解試，後以館閣修書積勞成疾，館閣特奏，詔許一體殿試，無奈其疾遽作，未及與試。章學誠與其識於邵晉涵家，年紀相仿，時邵方以內艱，治裝且歸，張羲年盡心為其籌畫行事。兩人常至陳以綱館舍論學，出其所著古文辭，與陳以綱往復商榷。又丁酉同舉，乃時相見，章學誠出所著者質之，皆知棄取，而又言其學問事，亦虛心採納，〔註 78〕故章學誠常與之深言。

22. 張方理

張方理，浙江山陰人，乾隆三十六年舉人，歷任山東、湖北皆有政聲，後改官甘肅。與章學誠同為朱筠門士。乾隆五十七年，章學誠主修胡北通志，張方理時任武昌知府，數相往返，兩人相知，友誼情深。〔註 79〕

23. 梁夢善

梁夢善，字兼士，浙江錢塘人，乾隆十八年舉人，終蠡縣知縣，瀟灑工詩。乾隆四十一年，經張方理介紹，相識於蠡縣任所，其善資章學誠行李，以訪周震榮於曲陽，梁善夢與周震榮雅稱同調，友誼交好。〔註 80〕

24. 周震榮

周震榮（1730～1792），字青在，一字簣谷，浙江喜善人，乾隆十七年舉人，授江南青陽知縣，移劇合肥，以罣惧去，後任直隸清苑縣丞、永清知、

〔註 77〕 參見〔清〕章學誠著、史城編：《章學誠遺書・庚辛之間亡友列傳》，卷十九，頁 191。

〔註 78〕 參見〔清〕章學誠著、史城編：《章學誠遺書・庚辛之間亡友列傳》，卷十九，頁 192。

〔註 79〕 參見〔清〕章學誠著、史城編：《章學誠遺書・周良谷別傳》，卷十八，頁 179～180。

〔註 80〕 參見〔清〕章學誠著、史城編：《章學誠遺書・周良谷別傳》，卷十八，頁 179。

永定河南岸同知。工詩善制舉文，自謂所得深於性命，五十歲後志願益奢，凡涉經史專門之學，務欲兼盡，雖勢不暇給，而意常有餘，其為文蔚然深秀，於持論不足，而繾綣往復，情文自在，抑亦詩人之流亞也。乾隆四十一年，章學誠遊於畿輔，經由張方理之引見，訪周震榮於曲陽，一見如故，因而解帶寫誠，其後常屢館畿輔，至於攜家自隨，中歷悲歡離合，且有死喪疾厄患難之遭，其與休戚周旋其間者凡十二年。周震榮初不為古文辭，見章學誠撰列女，因而兩人論古文。〔註81〕周震榮知長安謀生不易，推薦其為定州定武書院主講，又延聘其為永清修志，其間動用數十人協助，章學誠云：

> 丁酉、戊戌之間，館余撰《永清志》，以族志多所挂漏，官紳采訪非略則擾，因具車從，橐筆載酒，請余周歷縣境，侵游以盡委備。先是憲司檄徵金石文字上《續通志》館，永清牒報荒僻，無徵久矣。至是得唐、宋、遼、金刻畫一十餘通，咸著於錄。又以婦人無閫外事，而貞節孝烈，錄於方志，文多雷同，觀者無所興感，則訪其見存者，安車迎至館中，俾自述生平。其不願至者，或走訪其家，以禮相見，引端宛緒，其間悲歡情樂，殆於人心如面之不同也。前後接見五十餘人，余皆詳為之傳，其文隨人變易，不復為方志公家之言。〔註82〕

修志非易事，章學誠為徵實，親自走訪考察，有史遷之意，而周震榮亦以所有行政支援實地的協助章學誠修志。

25. 徐蘭坡

徐蘭坡（1738～1779），字澤農，籍松江，乾隆三十年拔貢生，久客京師，將圖進取，慰親意也。每試輒蹶，意氣益衰。君蘊藉工詩，嘗有〈咬菜根賦〉，為時傳誦。虛懷善下，聞人有所長，即愛惜備至。然久不得志，鬱成瘵疾而終。朱筠為章學誠書屬周震榮，時周震榮以清苑丞攝曲陽縣事，章學誠紆道曲陽，以文謁周君，時正其置酒宴客，忽忽見之，徐蘭坡取章學誠之文一再閱之，矜言於周君，於是周君始乃有意，後為章學誠置定州主講及延聘修《永清縣志》。〔註83〕章學誠經徐蘭坡大力推薦，遂與周震榮相交，徐蘭坡算是懂得章學誠的朋友之一，其年紀與其相仿。

〔註81〕〔清〕章學誠著、史城編：《章學誠遺書‧周良谷別傳》，卷十八，頁179。
〔註82〕〔清〕章學誠著、史城編：《章學誠遺書‧周良谷別傳》，卷十八，頁179。
〔註83〕參見〔清〕章學誠著、史城編：《章學誠遺書‧庚辛之間亡友列傳》，卷十九，頁192。

26. 洪亮吉

洪亮吉（1744～1832），字君直，一字稚存，號北江，晚年號更生，江蘇陽湖人。乾隆五十五年進士，授翰林院編修，督貴州學政。〔註84〕初佐朱筠校文，繼入畢沅幕府，章學誠曾與其一起編修《史籍考》。

27. 唐鳳池

唐鳳池（1738～1784），字掌絲，浙江嘉善人，家貧遊學京師，累試不遇，以工書選入四庫全書館繕書，敘勞當得縣主簿或州吏目，未銓而卒。性和易，無可不可，或與戲言，微笑而已。行事坦白無城府，於人無不善也。其所言行事皆君子之風。授周震榮季子句讀，後委其文墨，為其編《史記》、《後漢書》，所具人名以韻類之，用便稽檢，其於史學甚有資益，惜未竟其業。〔註85〕章學誠於永清修志，結識了唐鳳池及錢昭。唐與章學誠同歲，但四十七歲即逝。

28. 張維祺

張維祺，山東膠州人，乾隆四十三年進士，歷任肥鄉、大名知縣，遷河間同知，為政有聲，親賓皆賢而有才，職事奴隸，亦莫不循謹，類有士行。〔註86〕張維祺與章學誠論修志事，其《大名縣志》即徵其說，章學誠亦曾參與校正文稿，並代〈序〉。〔註87〕

29. 錢　昭

錢昭（1734～1788），字西亭，會稽人，家貧習幕事於保定，周震榮延為襄理簿書，品端不苟，資鈍好學，虛懷善下，年長章學誠四五歲，待章學誠甚厚，尤醉心古文辭，因疾時人之溺於文辭，不復知文章當於實用，章學誠乃以簿書例之。錢昭愛其如故，相見盡歡如故，獨不復及文事，後因周震榮告之，方乃知簿書一語，疑其鄙棄揮斥之。〔註88〕章學誠得知此事，惶然自

〔註84〕參見趙爾巽等：《清史稿・列傳一百四十三・洪亮吉傳》，卷三百五十六，頁11307。

〔註85〕參見〔清〕章學誠著、史城編：《章學誠遺書・庚辛之間亡友列傳》，卷十九，頁191。

〔註86〕參見〔清〕章學誠著、史城編：《章學誠遺書・高太宜人家傳》，卷二十，頁198。

〔註87〕參見〔清〕章學誠著、史城編：《章學誠遺書・為張吉甫司馬撰大名縣志序》，卷十四，頁129。

〔註88〕參見〔清〕章學誠著、史城編：《章學誠遺書・庚辛之間亡友列傳》，卷十九，頁191～192。

失，自覺因不善言語而負此良友。

30. 羅有高

羅有高（1733～1779），字臺山，寧都州人，乾隆乙酉舉人。爲人忠信，善小學，尤精《說文》，其爲古文辭，清樸健舉，能自道所見。章學誠結識邵晉涵時，未得見羅有高；昔馮廷丞稱章學誠之古文辭善矣，惜不得如羅臺山，因而章學誠知有其人。羅有高見章學誠文章，恨不即見之，蓋相知相慕久矣，但兩人經常錯過不得而見，章學誠從永清回京得知其已訪數次未果，立即登門拜訪，冬寒夜長，挑燈擁爐，談竟夕不倦也。〔註89〕而有次章學誠之子貽拜訪羅有高，羅見其衣之敝，雖方旅無糧，仍與之百錢，可見其性情眞摯，乃是重情感之人。

31. 凌世御

凌世御（1727～1786），字書巢，浙江錢塘人，君性孝友，自奉刻苦，乾隆三十六年進士，官江南撫寧知縣，有政聲，已而改官臨楡。與人交，初不見可親，久之即見眞摯。乾隆四十七年，內乾隆帝謁東陵還，過盤山，凌世御以撫寧知縣被檄被除馳道，而永清知縣周震榮亦參與，章學誠適館永清，故得相識。初與章學誠論文，即請爲其師仁和葉君校定遺稿。嘗與論劉歆《七略》與後世著諸家同異，商榷流別，彌幼利病，娓娓不倦，達夜分始罷。乾隆四十九年，因遭誣陷免官，尋補房山知縣，此時兩人再相見，已深感世事無常。〔註90〕

32. 蔡　薰

蔡薰（1729～1788），字涵齋，四川安岳人，初以府照磨聽用江南，遷爲上元知縣，聽用直隸，灤州知縣，後因同官牽連陷於大辟，天子閱刑部秋勘，特原其情，得減長繫，囚保定法司五年，始得減流納贖。英姿颯爽，氣豪一世，乾隆戊申病卒旅舍，無復親戚故人。〔註98〕蔡薰父蔡時田與章學誠父章鑣爲乾隆七年同年進士，故與章學誠一見如故，原想聘請他修《灤州志》，取其舊志參考，章學誠見之批評此志荒唐，竟采《春秋》經傳形式書法，矯誣

〔註89〕參見〔清〕章學誠著、史城編：《章學誠遺書・庚辛之間亡友列傳》，卷十九，頁193。

〔註90〕參見〔清〕章學誠著、史城編：《章學誠遺書・凌書巢哀詞》，卷二十三，頁233～234。

〔註98〕參見〔清〕章學誠著、史城編：《章學誠遺書・蔡灤州哀辭》，卷二十三，頁234。

迁怪，頗染明中葉人不讀書而好奇之習氣。〔註92〕但此事因蔡薰下獄未成行。

33. 陳光第

陳光第，浙江會稽人，乾隆四十四年舉人，邵晉涵聘請爲其子授課，章學誠僑寓京師，臥病邵晉涵邸舍，故可與陳光第朝夕相見，論文及學，莫逆於心。〔註93〕

34. 王鳳文

王鳳文，字儀廷，號竹軒，諸城人，乾隆二十四年舉人，歷任雲龍知州、晉州知州。乾隆四十九年，章學誠就聘保定蓮池書院與王鳳文相識，數過相從，因溯家世，其考成祉先生蓋與其父章鑣爲同爲乾隆元年鄉舉，因先世契誼，兩人相知甚深。〔註94〕

35. 胡　虔

胡虔（1753〜1804），字雒君，桐城人，修潔好學，善爲古文辭，善襞績編纂之功。乾隆五十六年與章學誠同客武昌督署，〔註95〕共編《史籍考》，後《史籍考》未能完成，章學誠謀偕胡虔同赴杭州，轉而尋求阮元、謝啓昆之協助，〔註96〕續編《史籍考》。

36. 曾　燠

曾燠（1760〜1831），字蔗蕃，號賓谷，江西南城人。乾隆四十六年進士，改庶吉士，曾任戶部主事、充軍機章京、員外郎、兩淮鹽運使、湖南按察使、湖北按察使、廣東布政使、貴州巡撫、兩淮鹽政等職。〔註97〕曾燠曾贈詩予章學誠，但詩句是描寫章學誠醜陋的長相，並批評了當時以貌取人的不良風氣。

〔註92〕參見〔清〕章學誠著、史城編：《章學誠遺書・書灤志後》，卷十四，頁 132〜133。

〔註93〕參見〔清〕章學誠著、史城編：《章學誠遺書・改訂史蓉言所撰會稽陳君墓碣并銘》，卷十六，頁 159。

〔註94〕參見〔清〕章學誠著、史城編：《章學誠遺書・誥授奉政大夫四川石砫直隸同知王府君墓誌銘》，卷十六，頁 153。

〔註95〕參見〔清〕章學誠著、史城編：《章學誠遺書・胡母朱太孺人墓表》，卷十六，頁 159。

〔註96〕參見〔清〕章學誠著、史城編：《章學誠遺書・又上朱大司馬書》，卷三十，頁 609。

〔註97〕參見〔清〕章學誠著、史城編：《章學誠遺書・歲暮書懷投贈賓谷轉運因以誌別》，卷二十八，頁 316〜317。

37. 王宗炎

王宗炎（1755～1826），字以除，號穀塍，蕭山人，乾隆四十五年進士。
〔註98〕章學誠所著文稿後交給王宗炎校訂編次，王宗炎欲去書與其論其編
次，章學誠未及回答而逝世，王宗炎所編遂是吳興嘉業堂版本，即是劉承幹
據王宗炎所編之目錄刊行之《章氏遺書》，其中《校讎通義》爲四卷，內篇
十八篇、外篇二十一篇，凡三十九篇。而其第四卷之外篇爲王宗炎依己意所
編，乃爲敘跋書簡之屬。王宗炎所編《章氏遺書》共三十卷，未定稿而卒，
其稿本再歸沈曾植。

38. 史致光

史致光（？～1828），字餘邨，浙江山陰人，乾隆十二年進士，授翰林
編修，曾任湖北鄉試正考官、京察一等、雲南大知府、鹽法道、按察使、布
政使、福建巡撫等職。〔註99〕史致光爲章學誠門人，其感情有如與侍朝般，
亦師亦友。時值章學誠館永清，間從周震榮入都，周震榮乃置酒行館，請邵
晉涵、周永年、任大椿、王念孫、顧九苞、吳蘭庭、劉台拱、史致光、章廷
楓等人，宴會甚歡。〔註100〕章學誠於乾隆四十一年遊大梁遇盜，盡失所攜
文墨，四十四歲以前撰寫之文章，蕩然無存，自是每有撰必留副本，其中以
周震榮、史致光鈔存副本最多。〔註101〕

四、著作舉要

章學誠一生著述非常豐富，通行之《章氏遺書》版本，增補了《和州志》
三卷、《永清縣志》十卷、〈乙卯箚記〉、〈丙辰箚記〉、〈知非箚記〉、〈閱書隨
箚〉、〈信摭〉各一卷，爲外篇十八卷。之後又有補遺及附錄各一卷，共五十
卷，另續增補〈歷代紀年經緯考〉、〈歷代紀元韻覽〉各一卷，惟未蒐整齊全。

目前最完整的版本爲史城據吳興嘉業堂劉承幹之刻本，附王秉恩之〈校
記〉，並從北京大學圖書館藏章華紱抄本遺錄〈與孫淵如觀察論學十規〉等十
四篇，及北京大學圖書館藏翁同龢舊藏朱氏椒花唫舫抄本中選錄〈書左墨溪

〔註98〕〔清〕李桓輯：《國朝耆獻類徵初編・王宗炎傳》，卷一〇六，頁 251～267。
〔註99〕〔清〕李桓輯：《國朝耆獻類徵初編・史致光傳》，卷一〇六，頁 283。
〔註100〕參見〔清〕章學誠著、史城編：《章學誠遺書・庚辛之間亡友列傳》，卷十九，
　　　　頁 190。
〔註101〕參見〔清〕章學誠著、史城編：《章學誠遺書・跋酉冬戌春志餘草》，卷二十
　　　　九，頁 325。

事〉等四篇，凡十八篇，由文物出版社出版的《章學誠遺書》。〔註 102〕

　　章學誠著作除《文史通義》與《校讎通義》最爲人所熟知，其史志編修，有《和州志》、《永清縣志》、《亳州志》、《常德府志》、《荊州府志》、《湖北通志》、《麻城縣誌》等。更有 1788 年代畢沅所編修之《史籍考》，惜《史籍考》輾轉多手仍未完書。而《大名縣志》乃是張維祺依章學誠方志體例撰寫，其中亦與其討論，由章學誠代序。此外，有與師長朋友往來的書信，亦有家書；應酬文章、碑志與《文集》等。

第二節　學術氛圍

一、乾嘉考據

　　清初至乾嘉其學術風氣演變爲小學之考據學，認爲不識字、音、義如何瞭解經義，進而再從注疏經典中闡釋經義。當然每個學風亦與當代政治有關，清朝統治之初，政治環境尚須穩定，對於統治亦採軟硬兼施，康熙以後，政局已得充分控制，尤其是乾隆一朝，國家邁入最強盛時期，政局穩定，社會繁榮，於科舉重開博學鴻詞科，此外，又編修六通、輯佚《永樂大典》，亦利用編纂《四庫全書》之際藉以箝制士子思想，過濾所謂不當書籍，發布禁書令、燒書及毀書等；又實施文字獄、禁止結社講學，在此背景下，學者爲求自保，避免文字獄，自然朝向小學之途，轉而專注考據、音韻、訓詁之學。

　　上述政治、經濟、社會等背景，學者若要延續清初思想家提倡學以致用，須轉換成另一種方式爲之，文化專制下，強調學術上的務實精神，經世必先求通經，通經必從考據，先考訂經典書籍的文字音義，將考據功夫結合在經世學術之中，使崇尚實學成爲乾嘉學風重心。余英時云：

> 清代學術始於考經，進則考史，乾、嘉以下更轉而考及諸子，儒家知識傳統的逐步擴張於此已見端倪。在經學範圍之內，顧炎武首言「讀九經自考文始，考文自知音始。」此後經學研究大體即循此程序進展，文字、音韻之學終由附庸而蔚爲大國。〔註 103〕

章學誠所處時風即是如此，故士子專業於名物考訂中，與〈周書昌別傳〉提到：「四方才略之士，挾策來京師者，莫不斐然有天祿、石渠句墳抉索之思，

〔註 102〕〔清〕章學誠著、史城編：《章學誠遺書·序》，頁 9。
〔註 103〕余英時：《論戴震與章學誠》，頁 5。

而投卷於公卿間者，多易其詩賦舉子藝業，而爲名物攷訂與夫聲音文字之標，蓋駸駸乎移風俗矣。」〔註104〕科舉使風氣至此，畢竟中舉才能出人頭地，也惟有中舉方能出仕，對於學者來說，所有的經世理念亦要透過有官職才能一展抱負，得以實現，此般風氣從朝廷盛行至民間，梁啓超記載《中國近三百年學術》：

> 乾嘉間之考證學，幾乎獨占學界勢力，雖以素崇宋學的清室帝王，尚且從風而靡，其他更不必說了。所以爲時髦一點的闊官乃至富商大賈，都要「附庸風雅」，跟著這些大學者學幾句考證的內行話。〔註105〕

從另一方面言之，明代中葉陸王學說盛行，學者空言心性、義理，束書不觀，故清一代講求考據之實學，從經典中尋求眞理，進而講求經世致用，余英時認爲「清代經學考證背後所隱藏的儒家智識主義的動力，辨明了從理學到考證學的轉變其實乃是由『尊德性』折入『道問學』的一個內在發展的歷程。」〔註106〕其實這也印證每個時代的學術都曾找到一個出口，同時也進入了強大的融合的力量，但不變的是儒家在每個時代留下的印記。自劉向、劉歆大規模蒐整了歷代經典，並訪求遺書，將這些書籍條列流別，部次區分爲七略後，各代漸有對其考證辨僞，所以乾嘉在時代上的意義即是站在前人的成果上進一步總結整理，範疇從經學、小學、歷史、地理、金石、考古等，又有涉及叢書、類書、工具書。自顧炎武、閻若璩提倡經學後，乾嘉考據學，最著名兩派當以吳派、皖派，前以惠棟爲首，後者爲戴震。吳派特色乃謹守家法，篤信漢儒，唯漢之經說是信，推崇漢之經學，反對以今代古，故又稱漢學。皖派亦是從訓詁著手，尤重《三禮》，但不同的是富懷疑精神，較爲客觀，戴震治學，著重實證，由聲音及文字以求訓詁，由訓詁以尋求義理，實事求事，折衷漢宋，不偏主一家，相對而言亦較富有科學精神。〔註107〕清代亦盛行史學，只不過學者延續考據之風，多從校勘、考據、辨僞、校注等著手，以乾嘉三大史考，錢大昕《二十二史考異》、王鳴盛《十七史商榷》、趙翼《二十二史箚記》而言，以其史書內容、文字考證爲主，何者史意？史

〔註104〕〔清〕章學誠著、史城編：《章學誠遺書‧周書昌別傳》，卷十八，頁181。
〔註105〕梁啓超：《中國近三百年學術史》，頁20。
〔註106〕余英時：《論戴震與章學誠》，頁24。
〔註107〕參見鄺仕元：《中國學術思想史‧清代學術得失與轉變》（台北：里仁書局，1995年2月三版），頁414～418。

義？稀少學者關注，惟有章學誠不囿於學風，專注史學理論，曾言劉知幾不知史意，〔註108〕又謂史學非整輯排比與參互搜討，前者謂之史纂，後者爲史考，故在與〈邵與桐別傳〉云：

> 四庫徵書，遺籍秘冊薈萃都下，學士侈於聞見之富，別爲風氣，講求史學，非馬端臨氏之所爲整齊類比，即王伯厚氏之所爲考逸搜遺。是其研索之苦，裒緝之勤，爲功良不可少，然觀止矣。至若前人所謂決斷去取，各自成家，無取方圓求備，惟冀有當於《春秋》經世，庶幾先王之志焉者，則河漢矣。〔註109〕

章學誠於清一代有自己所見，不趨時風，相較埋首故紙堆中之學者更有勇氣，更別具洞識，朝著文史校讎之業邁進，使其考據之學更務實。

二、浙東學派

浙東學派的前身爲浙學，最早出現於南宋末年，當時顧炎武鑒於晚明理學空談「心、理、性、命」，提倡「經世致用」，強調「形而上者謂之道，形而下者謂之器，非器則道無所寓」，因而提出以「實學」代替「理學」的主張。另一則是黃宗羲，治學宗陽明心學，力主誠意慎獨之說，其致良知之「致」，即是行，著重史學，經世以致用。浙學一詞首爲朱熹提及「江西之學只是禪，浙學卻專是功利。禪學後來學者摸索一上，無可摸索，自會轉去。若功利，則學者習之，便可見效，此意甚可憂！」〔註110〕此詞出現成爲與朱熹學派對立，後泛指浙江學派；往後有浙東學術與浙東史學之詞，均爲章學誠首創，「浙東史學，自宋元數百年來，歷有淵源。」〔註111〕章學誠《文史通義》有〈浙東學術〉專篇，提及其源：

> 浙東之學，雖出婺源，然自三袁之流，多宗江西陸氏，而通經服古，絕不空言德性，故不悖於朱子之教。至陽明王子，揭孟子之良知，

〔註108〕章學誠於〈家書二〉曾云：「吾於史學，蓋有天授，自信發凡起例，多爲後世開山，而人乃擬吾於劉知幾。不知劉言史法，吾言史意，劉議館局纂修，吾議一家著述，截然兩途，不相入也。」見〔清〕章學誠著、史城編：《章學誠遺書・家書二》，卷九，頁92。

〔註109〕〔清〕章學誠著、史城編：《章學誠遺書・邵與桐別傳》，卷十八，頁177。

〔註110〕〔宋〕黎靖德編、王星賢點校：《朱子語類》（北京：中華書局，1986年3月），卷一二三，頁2967。

〔註111〕〔清〕章學誠著、史城編：《章學誠遺書・與胡雛君論校胡穉威集二簡》，卷十三，頁117。

　　復與朱子牴牾。蕺山劉氏，本良知而發明慎獨，與朱子不合，亦不相詆也。梨洲黃氏，出蕺山劉氏之門，而開萬氏弟兄經史之學，以至全氏祖望輩，尚存其意，宗陸而不悖於朱者也。惟西河毛氏，發明良知之學，頗有所得，而門戶之見，不免攻之太過，雖浙東人亦不甚以爲然也。〔註112〕

章學誠將浙東學術定位成不悖於朱子之教，全祖望《宋元學案》在論及其源流時直指俱出於程子：

　　永嘉之學，薛、鄭俱出自程子。是時陳同甫亮又崛興于永康，無所承接。然其爲學，俱以讀書經濟爲事，嗤黜空疏、隨人牙後談性命者，以爲灰埃。亦遂爲世所忌，以爲此近于功利，俱目之爲浙學。
〔註113〕

值得觀察的是，永嘉學派及永康學派此兩派被學者視爲浙學主體，惟章學誠直接略過，原因似此兩派以「經濟」與「功利」爲主體，而章學誠將浙東學術定位成重實用，具有求眞尚實之經世致用精神。全祖望云：「永嘉以經制言事功，皆推原以爲得統於程氏，永康則專言事功而無所承。」〔註114〕將其推源於程子，強調居於儒學正統之地位，以抗朱熹等人貶低浙東學術之言。

　　章學誠針對朱熹之論，更進一步將浙東學術與朱學連結在一起，不斷稱述與朱子之關係，「浙東之學，雖出婺源」、「三袁之流，多宗江西陸氏……不悖於朱子之教」、「蕺山劉氏，本良知而發明慎獨，與朱子不合，亦不相詆也」、「梨洲黃氏，出蕺山劉氏之門，而開萬氏弟兄經史之學，以至全氏祖望尚存其意，宗陸而不悖於朱者也」，巧妙融合了尊德性與道問學，並述兩者之間淵源及關係。近人何炳松《浙東學派溯源》亦上溯至程頤，並以程頤爲由經入史之樞紐，其云：

　　初闢浙東史學之蠶業者，實以程頤爲先導。學說本以無妄與懷疑爲主，此與史學之根本原理最爲相近。加以程氏教人多讀古書，多識前言往行，實行所知，此實由經入史之樞紐，其學者多爲浙江人，故程氏雖非浙人而浙學實淵源於程氏。〔註115〕

〔註112〕〔清〕章學誠著、楊家駱編：《文史通義等三種·浙東學術》，頁118。
〔註113〕〔清〕黃宗羲、全祖望補修：《宋元學案》（北京：中華書局，1986年），第三冊，卷五六，頁1832。
〔註114〕〔清〕黃宗羲、全祖望補修：《宋元學案》，第三冊，卷五六，頁1830。
〔註115〕何炳松：《浙東學術溯源》（上海：商務印書館，1932年12月初版），頁4。

另一學者金毓黻則有不同看法，將浙東學派直接溯源於王陽明云：

> 考浙東學派起於宋，時有永嘉學派、金華學派之稱，永嘉之著者為
> 陳傅良（止齋）、葉適（水心），金華之著者為呂祖謙（東萊）、陳亮
> （同甫），祖謙與朱熹同時，於朱、陸二派之岐異，則兼取其長，而
> 輔之以中原文獻之傳，陳傅良、葉適、陳亮皆好言事功。同時又有
> 唐仲有（說齋），以經制之學，孤行其教，當時號稱浙學。呂祖謙既
> 著大事記，其後又有王應麟（伯厚）籍於浙東之慶元，究心史學，
> 著述最富，亦承永嘉、金華之風而興起者。浙東人研史之風，元明
> 之世，本不甚盛，至清初黃宗羲出，昌言治史，傳其學於萬斯同，
> 繼起者又有全祖望、章學誠、邵晉涵，皆以浙東人而為史學名家，
> 於是浙東多治史之士，隱然以近代之史學為浙東所獨擅，並上溯於
> 宋之永嘉、金華，以為淵源之所自。世人之不究本末者，亦翕然以
> 此稱之，一哄成市，豈得為定論哉。觀黃宗羲承其師劉宗周之教，
> 而導源於王陽明，蓋與宋代呂、葉、二陳絕少因緣，其源如此，其
> 流可知。〔註116〕

金毓黻以為浙東學派之開山祖為黃宗羲，而以其師承關係，認為劉宗周之學
導於王陽明，惟誠如章學誠所云，劉宗周本良知而發明慎獨，不偏王，亦與
朱子不相詆也。案劉宗周受東林學術之風影響甚深，已修訂王學的空疏，走
入程、朱之門。〔註117〕何炳松認為開浙東史學中興之新局為劉宗周，故其地
位與程頤同為由經入史之開山，而劉宗周門人黃宗羲加以發揮成為清代寧波
萬斯同、全祖望及紹興邵廷采、章學誠等之兩大史學系。〔註118〕

　　章學誠反對宋學之空言義理，不重視根據；而漢學只著重訓詁，義理被
忽略，當時學者皆沈溺於漢宋之爭，惟有章學誠跳脫牢寵，提出義理亦須考
證，端正訓詁風氣，以校讎求學術源流，透過校讎求真得義理，經世致用，
可謂總結前人之學，建立學術典範。清人劉承幹認為浙東之學由章學誠集大
成，使經史百家得以回歸其源流，其云：

> 黃黎洲氏獨衍蕺山之傳，下開二萬兄弟，再傳而得全謝山，三傳而
> 得邵二雲，而實齋先生實集其成焉。先生之學，其縝密繁博，或不

〔註116〕金毓黻：《中國史學史・清代史家之成就》（北京：商務印書館，2003年7月
　　　　第二次印刷），頁333。
〔註117〕參見鄺仕元：《中國學術思想史・史學方法與清儒論史》，頁611。
〔註118〕參見何炳松：《浙東學術溯源》（上海：商務印書館，1932年12月初版），頁5。

> 逮吳皖淮魯諸儒遠甚，即其文事僿蔓，亦不如容甫輩之淵雅，然識
> 足以甄疑似，明正變，提要挈綱，卓然有以見，夫經史百家之支與
> 流裔而得大原，則有非諸儒所能諦言者。〔註119〕

強調浙東學術主在史學方面，雖有一定的繼承關係，但重點鎖定在史學，以
其史學為理論，成為與當時訓詁考證之學相抗衡。章學誠言「浙東之學，言
性命必究於史。」又「南宋以來，浙東儒哲講性命者，多攻史學，歷有師承。
宋明兩朝，紀載皆稿薈於浙東，史館取為衷據，其間文獻之徵，所見所聞所
傳聞者，容有中原耆宿不克聞者矣。」〔註120〕錢志熙認為此說可謂是前無古
人，將心學乃至更傳統的性命之學與史學之關係直接揭示出來。〔註121〕融合
了道問學與尊德性，這對於史學的建構而言，以實際編修史志實踐了史德、
史義、史意，亦可說明章學誠將心學從經學之約束中解放出來，運用於史學
領域，而後有六經皆史之說。

第三節　《校讎通義》述作原委

一、反對依循風氣

　　晚明之學風，枵腹空談性天，乾嘉著重訓詁考據、或互有門戶之見；章
學誠認為君子之學術，貴在持世而救偏，並云：「世之言學者，不知持風氣，
而惟知循風氣。」〔註122〕雖每一時代皆有所謂之風氣，而天下不能無風氣，
但風氣不能無循環，如一陰一陽之道，其陰陽變化之道調劑見於氣數。其風
氣開成之間，必會有所取、有所敝，故不能只依循舊有的，要針對缺失再改
進。

　　章學誠為浙東學派的典型人物，其著名的《文史通義》之作主在針對當
時訓詁考據學風盛行，宋學義理流於空言、束書不觀產生學術的流弊起而檢
討；發現漢唐「文以載道」、顧炎武「經學即是理學」、戴震闡發顧炎武之說
為「由經明道」等說，均各偏執一隅；他認為義理、考據、文章三者都是明

〔註119〕〔清〕章學誠著、史城編：《章學誠遺書・序（劉承幹）》頁2。
〔註120〕參見〔清〕章學誠著、史城編：《章學誠遺書・邵與桐別傳》，卷十八，頁177。
〔註121〕參見錢志熙：〈論浙東學派的譜系及其在學術思想史上的位置——從解讀章學
　　　　誠〈浙東學術〉入手〉，《中國典籍文化》總第80期，2012年，頁70。
〔註122〕〔清〕章學誠著、楊家駱編：《文史通義等三種・原學下》，頁32。

道之器，於〈原道下〉云：

> 義理不可空言也，博學以實之，文章以達之，三者合於一，庶幾哉
> 周、孔之道雖遠，不啻累譯而通矣。顧經師互詆，文人相輕，而性
> 理諸儒，又有朱、陸之同異，從朱從陸者之交攻，而言學問與文章
> 者，又逐風氣而不悟，莊生所謂「百家往而不反，必不合矣」，悲
> 夫！〔註123〕

所以三者應合於一，而以《六經》為明道之器，故提出「六經皆史」、「六經
即器」、「即器明道」等說。章學誠又認為文史校讎與考據同為學問中一環，
其云：

> 鄙人所業，文史校讎，文史之爭義例，校讎之辨源流，與執事所為
> 考覈疏證之文，途轍雖異，作用頗同，皆不能不駁正古人，譬如官
> 御史者不能無彈劾，官刑曹者不能不執法，天性於此見優，亦我輩
> 之不幸耳。古人差謬，我輩既已明知，豈容為諱，但期於明道，非
> 爭勝氣也。〔註124〕

以此可見，章學誠首將文史校讎與考據列在同等地位，以與當時考據之風抗
衡，余英時則以為章學誠是要把「『考證』從經學家的壟斷中解放出來，使它
也成為史學（包括所謂『文史校讎』）中的一個必有的環節。」〔註125〕一來，
破除當代考據學獨占鰲頭的地位，進而使「文史校讎」之理論為世人所接受，
終期以明道為依歸。

　　章學誠認為君子之學術，貴在持世而救偏，反對依循風氣，因此為避免
枵腹空談性天，將其畢生所得，發明於《文史通義》與《校讎通義》兩書，
顯而欲持「文史校讎」以通「道」，進而推闡大義，如其自言：

> 學誠從事於文史校讎，蓋將有所發明。然辨論之間，頗乖時人好惡，
> 故不欲多為人知。……夫著書大戒有二：是非謬於聖人，忌諱或干
> 君父，此天理所不容也。然人苟粗明大義，稍通文理，何至犯斯大
> 戒。惟世俗風尚，必有所偏。達人顯貴之所主持，聰明才儁之所奔
> 赴，其中流弊必不在小。載筆之士不思救挽，無為貴著述矣。苟欲

〔註123〕〔清〕章學誠著、楊家駱編：《文史通義等三種·原道下》，頁29。
〔註124〕參見〔清〕章學誠著、史城編：《章學誠遺書·佚篇·與孫淵如觀察論學十規》，
　　　　頁639。
〔註125〕參見余英時：《論戴震與章學誠·後論》，頁161。

有所救挽，則必逆於時趨。〔註126〕

以此觀章學誠《文史通義》，其撰寫目的就是爲了持世救偏，而針對時風之流弊又指出：「近日學者風氣，徵實太多，發揮太少，有如桑蠶食葉而不能抽絲。」〔註127〕然如何導正？「頗勸同志諸君多做古文辭，而古文辭必由紀傳史學進步，方能有得。」〔註128〕得知學問要以紀傳史學爲基礎，方有所進步；此外，更要懂得其背後的涵義，亦能有所收穫，故又回歸史學。

「明道」既爲最終目的，考據僅爲學問之基礎，只能歸爲功力，章學誠云：「孔孟言道，亦未嘗離於文也，但成者爲道，未成者爲功力，學問之事，則由功力以至於道之梯航也。文章者，隨時表其學問所見之具也。」〔註129〕既然考據爲求知之功力，不能逕至道，如何求「道」，乃須成「學」，「學」乃章學誠所謂的「一家之言」。

二、成一家之言

章學誠自言「吾於史學，蓋有天授，自信發凡起例，多爲後世開山，而乃擬吾於劉知幾。不知劉言史法，吾言史意；劉議館局纂修，吾議一家著述；截然兩途，不相入也。」〔註130〕其針對當時考訂名物、小學音畫爲名，自認皆非所長，如於〈家書二〉云：「吾讀古人文字，高明有餘，沈潛不足，故於訓詁考質，多所忽略。」〔註131〕然於古文辭雖近世爲者鮮，但前人已爲之，況自己於史學方面有所長，故致力於「史學義例，校讎心法」，〔註132〕此爲前人所未言及，亦未有標著之名，可知必以史學欲成一家之言。

章學誠十四歲時，未讀完《四書》，十五六歲時，即知自己性情近乎史學。二十一歲時，雖對於經訓未見領會，但對於「史部之書，乍接於目，便似夙所攻習然者，其中利病得失，隨口能舉，舉而輒當。」二十三、四歲就覺得「論諸史於紀表志之外更當立圖，列傳於〈儒林〉、〈文苑〉之外，更當立史官傳，此皆當日之舊論。」對於史學自信其識之卓絕，有至今仍不可易

〔註126〕〔清〕章學誠著、史城編：《章學誠遺書·上辛楣宮詹書》，卷二十九，頁332。
〔註127〕〔清〕章學誠著、史城編：《章學誠遺書·與汪龍莊書》，卷九，頁82。
〔註128〕〔清〕章學誠著、史城編：《章學誠遺書·與汪龍莊書》，卷九，頁82。
〔註129〕〔清〕章學誠著、史城編：《章學誠遺書·與林秀才》，卷九，頁89。
〔註130〕〔清〕章學誠著、史城編：《章學誠遺書·家書二》，卷九，頁92。
〔註131〕〔清〕章學誠著、史城編：《章學誠遺書·家書三》，卷九，頁92。
〔註132〕〔清〕章學誠著、史城編：《章學誠遺書·家書二》，卷九，頁92。

者。〔註133〕章學誠自負說此獨特之見解，非外人所言得力於劉知幾之《史通》，因爲見到《史通》時，年已二十八歲。

　　既對史學深有所獲，則不可空言立說，司馬遷曾云孔子作《春秋》之本意，子曰：「我欲載之空言，不如見之於行事之深切著明也。」〔註134〕故以《春秋》經世。得知天人性命之學，要切人事，不可騰空言，以義理爲功。知史學之本於《春秋》，其義在筆削，其用在固紀天人，推明大道，故史學欲以經世，就要切人事，於〈浙東學術〉云：

　　　　且如《六經》同出於孔子，先儒以爲其功莫大於《春秋》，正以切合
　　　　當時人事耳。後之言著述者，舍今而求古，舍人事而言性天，則吾
　　　　不得而知之矣！學者不知斯義，不足言史學也。〔註135〕

然史學更非單純的蒐整資料，或考訂資料的來源，復云：「整輯排比，謂之史纂；參互搜討，謂之史考，皆非史學。」〔註136〕因此，只有究天人之際、切合人倫日用之史書方能經世以致用。二十歲的章學誠讀書時便有別於一般人之思考能力，其回憶云：

　　　　猶記二十歲時，購得吳注《庾開府集》，有「春水望桃花」句，吳注
　　　　引《月令章句》云：「三月桃花水下。」祖父抹去其注，而評於下曰：
　　　　「望桃花於春水之中，神思何其綿邈！」吾彼時便覺有會，回視吳
　　　　注，意味索然矣。自後觀書，遂能別出意見，不爲訓詁牢籠，雖時
　　　　有鹵莽之弊，而古人大體，乃實有所窺。〔註137〕

章學誠自小不愛好時學，而立志於史學，欲以文史校讎立一家之言，其與周筤谷論課蒙書提及「近日生徒散去，荒齋闃然，補苴《文史通義‧內篇》，撰〈言公〉上中下三篇、〈詩教〉上下二篇。其言實有開鑿鴻濛之功，立言家於是必將有取。」〔註138〕葉瑛總結了章學誠治學方法云：「其爲學宗旨，即欲步趨邵氏，萃合馬、班之史，韓、歐之文，程、朱之理，陸、王之學，以成一子之書。」〔註139〕雖當時章學誠之論不受世人所接受及重視，但仍

〔註133〕以上皆見於〔清〕章學誠著、史城編：《章學誠遺書‧家書六》，卷九，頁93。
〔註134〕〔漢〕司馬遷著、裴駰集解、司馬貞索隱、張守節正義：《史記‧太史公自序第七十》，卷一三十，頁3297。
〔註135〕以上見〔清〕章學誠著、楊家駱編：《文史通義等三種‧浙東學術》，頁119。
〔註136〕〔清〕章學誠著、楊家駱編：《文史通義等三種‧浙東學術》，頁119。
〔註137〕〔清〕章學誠著、史城編：《章學誠遺書‧家書三》，卷九，頁92。
〔註138〕〔清〕章學誠著、史城編：《章學誠遺書‧再答周筤谷論課蒙書》，卷九，頁88。
〔註139〕〔清〕章學誠著、葉瑛校注：《文史通義校注‧題記》，頁2。

堅持意志，「夫學貴專門，識須堅定，皆是卓然自立，不可稍有遊移者也，至功力所施，須與精神意趣相爲浹洽，所謂樂自則能生，不樂則不生也。」〔註140〕故奮力完成《文史通義》、《校讎通義》等著作，尤於此兩書中議論多有開闢，成就了一家之言。〔註141〕章學誠的一家之言，從「文史校讎」而來，以校讎爲手段，辨文史義例，以期「明道」。故而推原至各家之源流，以劉、班爲宗，瞭解學術之脈絡，方能發展爲一家之學，以此爲基礎，遂爲章學誠的一家之言。

三、校讎思想發展脈絡

　　章學誠校讎思想之形成，茲敘述於下表：

表三：章學誠校讎思想發展簡表

時間（西元）	主　要　事　蹟	主張／成果	備　考
1738年 乾隆三年	出生		
1753年 乾隆十八年	《章學誠遺書‧家書三》：「十五六歲時，嘗取《左傳》刪節事實。」祖父見之，乃謂編年之書仍用編年刪節，無所取裁，曷卅紀傳之體分其所合？吾於是力究紀傳之史，而辨析體例，遂若天授神詣，竟成絕業。	研究紀傳之史而辨析體例。	
	《章學誠遺書‧家書六》：「吾十五六雖甚駑滯，而識趣則不離乎紙筆，性情則已近於史學。塾課餘暇，私取《左》、《國》諸書，分爲紀、表、志、傳，作《東周書》，幾及百卷，則兒戲之事，亦近來童子所鮮有者。」	十五六歲已愛上史學，以《左傳》、《國語》等書，學習司馬遷《史記》體例，改編成紀傳體史書爲《東周書》。	又見《與族孫汝楠論學書》
1758年 乾隆二十三年	《章學誠遺書‧家書六》：「廿一二歲，駸駸向長，縱覽群書，於經訓未見領會，而史部之書乍接於目，便似夙所攻習然者，其中利病得失，隨口能舉。」	廿一歲便能列舉史書之利弊得失。	

〔註140〕〔清〕章學誠著、史城編：《章學誠遺書‧家書二》，卷九，頁92。
〔註141〕梁啓超認爲章學誠矢志向上，以「成一家之言」。參見梁啓超《中國歷史研究法》，頁82。

1760 年 乾隆二十五年	《章學誠遺書・家書六》：「廿三四時所筆記者，今雖亡失，然論諸史，於紀、表、志、傳之外，更當立圖，列傳於〈儒林〉、〈文苑〉之外，更當立史官傳，此皆當日舊論也。」	廿三四歲更堅定史學之心，史官應列傳，諸史應列圖。	
1764 年 乾隆二十九年	〈答甄秀才論修志第一書〉：「夫既志藝文，當倣《三通》、《七略》之意，取是邦學士著撰書籍，分其部彙，首標目錄，次序顛末，刪蕪擷秀，撮取大旨，論其得失，比類成編；乃使後人得所攷據，或可為館閣讎校取材，斯不失為志乘體爾。」	在此書章學誠主張志乃史體，方志應仿照紀傳體史書，而藝文之體當倣《三通》《七略》部次條別，不當列入詩文，並立志科。	強調修志者，當續前人之紀載，不當毀前人之成書。
	〈答甄秀才論修志第二書〉提及修志須著重「體裁宜得史法」、「成文宜標作者」、「傳體宜歸畫一」、「論斷宜守謹嚴」、「典章宜歸詳悉」、「自注宜加酌量」、「文選宜相輔佐」、「列女宜分傳例。」 針對甄秀才要「畫文於史外」，不必「列文於史」中，章學誠〈駁文選義例書再答〉：「經史子集，久列四庫，其原始亦非遠。試論六藝之初，則經本無有也。大《易》非以聖人之書而尊之，一子書耳。《書》與《春秋》，兩史籍耳。《詩》三百篇，文集耳。《儀禮》、《周官》，律令會典耳。」 如「《詩》類今之文選耳，而亦得與史相終始何哉？土風殊異，人事興衰，紀傳所不及詳，編年所不能錄，而參互攷驗。」	其中最重要的是文選應與志乘相交裨益。 另於〈駁文選義例書再答〉強調另列「文徵」，乃因經史子集原是相通，莫不因體近繁博，遽不得與於是選；此亦為「六經皆史」之初論。	
	〈修志十議〉：「今擬乘二便，盡三長、去五難，除八忌，而立四體，以歸四要。請略議其所以然者為十條。」其十條乃針對職掌、考證、徵信、徵文、傳例、書法、援引、裁制、標題、外編議論。	二十七歲章學誠對於修志已有個人獨特見解，並立義例、方法，故此書為拔本塞源之論，斷行新定義例。	強調避免勦襲雷同
1766 年 乾隆三十一年	〈與族孫汝楠論學書〉：「自少性與史近，史部書帙浩繁，典衣質被，才購班馬而下，歐宋以前十六七種。目力既短，心緒忽忽多忘，丹鉛往復，約四五通，始有端緒，然猶不能舉其詞，悉其名數。嘗以二	二十九歲章學誠廣博閱覽史書後，治學由泛覽到徵實，由博返約。嘗以二十一家義例不純，作書數篇以討論筆削之大旨。其	反對專事考據，其學為小學

	十一家義例不純，體要多舛，故欲遍察其中得失利病，約爲科律，作書數篇，討論筆削大旨。而聞見寥寥，邈然無成書之期。」	所謂科律，爲是史學科律，校讎心法。
1771 年 乾隆三十六年	章學誠科舉屢遭落榜，久居國子監，貧不知名，至三十二年經歐陽瑾首擢其爲第一名，是年國子監修志，令其專司筆削。但因意見與其他學官多有牴牾，殊不得意。	是年辭去修志工作。
1772 年 乾隆三十七年	〈候國子監司朱春浦先生書〉：「斟酌藝林，作爲《文史通義》。書雖未成，大指已見辛楣先生候牘所錄內篇三首，并以附呈。」	立志文史校讎之業，開始撰寫《文史通義》。
	〈上辛楣官詹書〉：「學誠從事於文史校讎，蓋將有所發明。然辨論之間，頗乖時人好惡，故不欲多爲人知；所上敝帚，乞勿爲外人道也。」	
1773 年 乾隆三十八年	此年經由朱均介紹，於是章學誠爲知州劉長城撰寫《和州志》，爲時一年多撰成四十二篇，並輯爲《和州文征》八卷。在這期間章學誠寫信給嚴長明，期能於同北京時代他謀職；於〈與嚴冬友侍讀書〉：「思斂精神爲校讎之學，上探班、劉，溯源官《禮》，下該《雕龍》、《史通》，甄別名實，品藻流別，爲《文史通義》一書。」 此外，在編寫《和州志》發現，「病諸史列傳人名錯雜，難於稽檢，曾令人將《明史》列傳人名編韻爲書。初意欲取全史人名，通編爲韻，更取諸篇人名重複互見者，偏注其下，……後以爲功稍繁，先將列傳所著人名編爲一卷。」〈與族孫守一論史表書〉	章學誠仍堅信文史校讎之發明都在《文史通義》一書，可見此時他的校讎之學上探班、劉，溯源官禮，是涵括在文史學。因實地編撰《和州志》後，開始重視「索引」工作。
	又此年章學誠第一次與戴震在寧波會面，面對這樣一位德高望重的經學大師，原本充滿期待，但與其論修志，才發現戴震不解史學，〈記與戴東原論修志〉記載戴震對《和州志例》之批評：「此於體例，則甚古雅，然修志不貴古雅。余撰汾州諸志，皆從世俗，絕不異人。亦無一定義例，惟所便爾。夫志以攷地理，	與戴震會面，戴震即反對章學誠的創見，然章學誠以爲地方志將來備國史之取材，故「考古固宜詳慎，不得已而勢不兩全，無寧重文獻而輕沿革」。地方志非示觀美，將求其實用，沿

	但悉心於地理沿革，則志事已竟。侈言文獻，豈所謂急務哉？」章學誠回答：「方志如古國史，本非地理專門；如云但重沿革，而文獻非其所急，則但作沿革考一篇足矣。……若夫一方文獻，及時不與搜羅，編次不得其法，去取或失其宜，則他日將有放失難稽，湮沒無聞者矣。」	革眾人皆可考，然方志之修，上不過百年，下不過三數十年，史部之書皆詳近略遠，若舊志不能兼該，則須更修。	
1774 年 乾隆三十九年	是年春，完成《和州志》，書成後未受到安徽學政秦潮的肯定，後刪存二十篇，名曰《志隅》，其〈序〉：「鄭樵有史識而未有史學，曾鞏具史學而不具史法，劉知幾得史法而不得史意，此予《文史通義》所爲作也。《通義》示人而人猶疑信參之，蓋空言不及徵諸實事也。」 另〈和州志藝文書序例〉其所敘述觀點幾與《校讎通義》相仿，如同文而治，「天下之衡業，皆出於官師之掌故，道藝於此焉齊，德行於此焉通。」、「六典亡而爲《七略》，是官失其守也。《七略》亡而爲四部，是師失其傳也。」、《七略》以部次治書籍，而四部是以書籍亂部次，著錄之法在於「辨章百家，通於大道」、「校讎之家，苟未能深於學術源流，使之徒事裁篇而別出，斷部而互見，將破碎紛擾，無復規矩章程。」、「校讎師法不可不傳，而著錄專家，不可不立也。州縣志乘藝文之篇，不可不熟議也。」、「文章散在天下，史官又無專守，則同文之治，惟學校師儒，得而講習；州縣志乘，得而部次，著爲成法，守於方州，所以備輶軒之採風，……」等論點，亦是《校讎通義》所強調。	三十六歲，章學誠自負的認爲，自己的史學已超過三大史學家——鄭樵、曾鞏、劉知幾。 《和州志》可說是章學誠校讎思想之踐履，「空言不及徵諸實事」，將理論規則發揮於撰寫過程中，以確定能否實現進而推行。此《志》，奠定了他的學術基礎，「校讎是正，庶幾文章典籍，有其統宗，而學術人心，得所規範也。」得以復師法，興古學。而此說除了部分論點與《校讎通義》不同（如《七略》勢爲四部、文集問題等），其餘成爲《校讎通義》的系統思想。	《和州志》可謂是《校讎通義》之初稿
1777 年 乾隆四十二年	是年春，因永清知縣周震榮協助，章學誠獲得定州武定書院主講的職位；五月，遂至永清編修《永清縣志》。此年章學誠中式舉人。	章學誠四十歲中舉人，多年的努力，終於有了成果。	
1778 年 乾隆四十三年	進士及第，但此時章學誠自認迂疏，不敢入仕，仍繼續《永清縣志》的編纂工作。	四十一歲才中進士，這種年紀是晚了些，但總是對自己的一種肯定，有了地位，撰書亦較有說服力。	

年代		
1779 年 乾隆四十四年	完成了《永清縣志》，其體例與《和州志》最明顯的區別就是立吏、戶、禮、兵、刑、工六書。這「六書」皆爲彙編檔案簿籍而成，便於保存歷史資料，但卻不能成爲具有特見的、精煉的著述，正如後來他自己所說的：「《永清縣志》頗恨蕪雜」。這促使章學誠繼續對解決方志學術性與資料性的矛盾進行探索。	張維棋、周棨爭聘章學誠修志，但他謝絕了；之後至梁國治老師家教其子讀書。
	此年，章學誠著成《校讎通義》四卷，這是與《文史通義》相並稱的重要著作。其諸多言論與《文史通義》相互發明。但於遊大梁時遇盜被竊，後從友人重新抄錄校正得三卷，而第四卷竟不可得。目前所傳之本，即 1788 年由章學誠所親自校正之三卷，凡十八篇。	針對劉歆《七略》、班固《漢志》之校讎、部次以得義例，要旨爲「辨章學術，考鏡流別」，推闡大義，以明大道。
1781 年 乾隆四十六年	三月，遊河南遇盜，盡失其囊篋及生平撰著。	其《校讎通義》四卷盡失，自後，所撰皆留副本。其《校讎通義》亦有廣儲副本之論。
1787 乾隆五十□年	經周震榮之介紹，向畢沅提出編修《史籍考》之計畫。有〈上畢撫臺書〉。其云：「生平撰著，有《校讎通義》、《文史通義》，尚未卒業，可備採擇。」	章學誠將《校讎通義》單獨成書，非納入《文史通義》。
1788 乾隆五十三年	〈論修史籍考要略〉列十五特點：「古逸宜存、家法宜辨、剪裁宜法、逸篇宜采、兼名宜辨、經部宜通、子部宜擇、集部宜裁、方志宜選、譜牒宜略、考異宜精、板刻宜詳、制書宜尊、禁例宜明、采摭宜詳。」三月一日即編纂《史籍考》，並主其事。五月有〈報孫淵如書〉：「愚之所見，以爲盈天地間，凡涉著作之林，皆是史學。《六經》特聖人取此六種之史以垂訓者耳。子集諸家，其源皆出於史。」 於歸德校正《校讎通義》，以己意爲更定，故與諸家存本大異。	編修《史籍考》，泛覽群書，對《文史通義》之完成亦有幫助。另在此時以己意重新校修《校讎通義》，使其校讎、目錄學理論運用於《史籍考》實際之編修。
1789 乾隆五十四年	至亳州編修《亳州志》。	

1790 年 乾隆五十五年	完成《亳州志》。 〈亳州志人物表例議〉：「夫志者，志也。人物列傳，必取別識心裁，法《春秋》之謹嚴，含詩人之比興。離合取舍，將以成其家言。雖曰一方之志，亦國史之具體而微矣。今為人物列表，其善蓋有三焉。……方志之表人物，將以救方志。」 〈亳州志掌故例議〉：「治方志者，轉從掌故而正方志。蓋志義久亡，而掌故之守未墜；修其掌故，則志義轉可明矣。」	地方志於人物列傳外立人物表，又將志擴充為掌故。	
1794 年 乾隆五十九年	完成《湖北通志》。其〈凡例〉：「藝文為著錄之書，唐宋史志嫌其太略，若仿陳氏《書錄解題》，晁氏《讀書志》各為題跋考訂，於州縣之志可資博覽；通志包羅既富，不可貪多失剪裁也。今略仿漢、隋二志，稍增子注，以略後人考核，酌於詳略之間，庶幾得當。然類例恐有不全，故不分部次，而以時代為先後云。」	《湖北通志》之〈藝文考〉不如〈和州志藝文書〉詳細，不分類，不寫提要，與前所主張不同。	
	〈為畢制府擬進湖北三書序〉「今於《通志》之外，取官司現行章程，分吏、戶、禮、兵、刑、工，以為《掌故》六門，所以昭典例也。……今取傳記、論說、詩賦、箴銘之屬，別次甲、乙、丙、丁，上下八集，以為《文徵》，所以俟采風。」即〈立方志三書議〉。	始以《方志》、《掌故》、《文徵》並立，章學誠以為《方志》義本百國《春秋》，《掌故》義本三百官《禮》，《文徵》義本十五國風，可保存更多原始史料，以備國史要刪。	
	〈州縣請立志科議〉：「州縣之志不可取辦於一時，平時當於諸典吏中，特立志科，僉典吏之稍明於文法者，以充其選，而且立為成法，俾如法以紀載，略如案牘之有公式焉，則無妄作聰明之弊矣。」	州縣建議立志科，即地方文獻館，方能蒐整及保存更多原始史料。	
1797 年 嘉慶二年	〈又上朱大司馬書〉：「蓋小子自終《史考》之役，胡君自補《經考》諸書，同看《四庫》秘副，便取材料，彼此互收通力合作之益。」	為編修《史籍考》，須博覽群書，此時《四庫》經過蒐羅與考訂，可資參考。	

1798 年 嘉慶三年	〈史考釋例〉：「史離經而子集又自為部次，於是史於群籍畫分三隅之一焉，此其言乎統合為著錄也。若專門考訂為一家書，則史部所通，不可拘於三隅之一也；史不拘三隅之一，固為類例之所通，然由其類例深思相通之故，亦可隱識古人未至史部之初意焉。……今既擴充類例，上援甲而下合丙丁，則區區專門舊目，勢不足以窮其變也。」、「《史考》以紀傳、編年分部，示平等也。」、「學問貴知類，知類而又能充之，無往而不得其義也。」、「明其而有徵」	其校讎理論落實於編修《史籍考》，細分每一部次如何分類與撰擬之問題。主張學問貴知類，志矜慎。於〈史考釋例〉末段提及「遺編敗簏，斷亂無緒。……因就其家訪得殘餘，重訂凡例」盜賣畢沅《史籍考》之言由此而出。但章學誠最後則云：「半籍原文，增加潤飾，為成其志，不敢掩前人創始之勤。」於此並未全部歸功自己。	
1799 年 嘉慶四年	〈又與朱少白〉：「邵氏次君……，直云僕負生死之誼，盜賣畢公《史考》，又將賣其先人筆墨，獻媚於謝方伯，是以不取於僕。……《史考》之書出於畢公，自十數年前，南北藝林，爭相傳說。謝公有力，能招賓客，纂輯考訂，何事不可出己出之，而必掩耳盜鈴，暗襲眾目皆知之畢氏書為己所刮，人情愚不至此。況浙局未定之前，僕持《史考》殘緒，遍籲請於顯貴有力之門，君家宮保亦曾委折相商，且援桐城方制軍、德州盧轉運，共勸秦大司寇《五禮通考》為例。當時知其事者，並無疑僕有如盜賣獻媚所云：『伐國不問仁人』，此言何為至哉。」	章學誠於史家三長裡才、學、識，增列史德，可見其重要性。自己為盜賣畢沅《史籍考》之言提出辨白。	
1800 年 嘉慶五年	〈邵與桐別傳〉在〈庚申雜訂〉內云：「今目廢不能書，疾病日侵，恐不久居斯世。……口述大略，俾兒子貽選書之。」	晚年雙目失明，仍堅持自己立言於後世的夢想，以口述大略，俾兒子貽著述。	
1801 年 嘉慶六年	十一月，卒。		

四、《校讎通義》之述作

　　章學誠《校讎通義》之作尊劉向、劉歆父子之旨，部類區分主在學術之源，惟「後世部次甲乙，紀錄經史者，代有其人，而求能推闡大義，條別學

術異同，使人由委溯源，以想見於墳籍之初者，千百之中不十一焉。」〔註142〕後世之作，未能追本溯源至學術淵源，有所釐別，或對校讎之論點未能以全觀之，導致無法周密詳備。

《七略》後世雖亡佚，惟見於《漢志》，劉氏部次以學術之源爲義例，班固從之，但章學誠對二劉、班固亦有不同之見；而鄭樵《通志》也有這樣的缺失，不僅不能求得劉氏之宗旨，以窺見古人之大體，其對《漢志》亦有諸多批評，章學誠認爲鄭樵所著爲「通史」，與班固之「斷代史」有所不同，根本不能相提並論，正所謂道不同不相爲謀，不足以怪也。章學誠提到鄭樵每每強坐班固之過，眞是以獄吏鍛煉之法來評斷班固，〔註143〕如此主觀的推論，已扭曲了歷史的眞象，以致章學誠認爲須還原至學術的源頭，一探究竟。

此外，以校讎之業來講，目錄學家論其求書之法，既詳且備，但卻忽略了求書以前及校書以後，其文字如何治察？其圖籍如何法守？求書前文字治察及校書後圖籍之法守，也是章學誠著書動機之一，其於《校讎通義》序言云：

> 論求書之法，校書之業，既詳且備，然亦未究求書之前，文字如何
> 治察？校書以後，圖籍如何法守？凡此皆鄭氏所未遑暇，蓋其涉獵
> 者博，又非專門之精，鉅編鴻制，不能無所疎漏，亦其勢也。〔註144〕

所謂求書之道，乃出自於鄭樵〈校讎略〉中的〈求書之道有八論〉，是我國古代有關藏書建設的經典系統論述。其求書之道有八：「一曰即類以求，二曰旁類以求，三曰因地以求，四曰因家以求，五曰求之公，六曰求之私，七曰因人以求，八曰因代以求，當不一於所求也。」〔註145〕章學誠同意鄭樵的求書之道，但針對求書之前文字如何治察，以及求書之後如何治書，鄭樵卻未有先見。其治書方能穩固下學之器，與求書之道同等重要。故將治書之道，主

〔註142〕〔清〕章學誠著、楊家駱編：《文史通義等三種‧校讎通義‧序》，頁227。

〔註143〕如鄭樵認爲《漢書》乃爲班彪所經始，成於班昭，班固只完成其中〈古今人表〉，又譏班固儒家續入揚雄一家，不分倫類、而《漢志》以《司馬法》入《禮經》，以《太史公兵法》入道家，疑謂非任宏、劉歆所收，班固亡竄入也；又譏《漢志》以《世本》、《戰國策》、《秦大臣奏事》、《漢著記》等書入《春秋》之家學，另批評《漢志》不載章程律令爲劉班之疏漏等。見〔清〕章學誠著、楊家駱編：《文史通義等三種‧校讎通義‧鄭樵誤校漢志第十一》，頁241～242。

〔註144〕〔清〕章學誠著、楊家駱編：《文史通義等三種‧校讎通義‧序》，頁227。

〔註145〕〔宋〕鄭樵撰、王樹民點校：《通志二十略‧校讎略‧求書之道有八論九篇》（北京：中華書局，1995年11月第1版），頁1813。

張委由州縣學校老師儒者負責，蓋因古書非一時互求所能彙集，亦非一時討論所能精詳，故他說：

> 凡若此者，並當於平日責成州縣學校，師儒講習，考求是正，著爲錄籍，略如人戶之有版圖，載筆之士，果能發明道要，自致不朽。願託於官者聽之。如是則書掌於官，不致散逸，其便一也。事有稽檢，則奇衺不衷之說，淫誠邪蕩之詞，無由伏匿以干禁例，其便二也。求書之時，按籍而稽，無勞搜訪，其便三也。中書不足，稽之外府，外書訛誤，正以中書，交互爲功，同文稱盛，其便四也。此爲治書之要。〔註146〕

再者，以鄭樵《通志》而言，〈藝文〉、〈金石〉、〈圖譜〉諸略牴誤錯出，其不揣本而齊末者之效，又詆《漢志》，故章學誠云：

> 今爲折衷諸家，究其源委，作《校讎通義》，總若干篇，勒成一家，庶於學術淵源，有所釐別，知言君子，或有取於斯焉。〔註147〕

綜觀章學誠《校讎通義》之作，一爲求劉向‧劉歆之旨；二爲補二劉、《漢志》之疏；三爲針對鄭樵、焦竑批評《漢志》提出己見以補其之不足；四爲折衷各家之說，以探究其源委，推闡求書之法及校書之業，以詳備校讎之功業，故撰有《校讎通義》以勒成一家之言，讓後人推溯源流，知有所差別。

〔註146〕〔清〕章學誠著、楊家駱編：《文史通義等三種‧校讎通義‧校讎條理第七》，頁236。
〔註147〕〔清〕章學誠著、楊家駱編：《文史通義等三種‧校讎通義‧序》，頁227。

第三章　章學誠《校讎通義》之校讎論

第一節　校讎之名義與目的

一、校讎之名義

（一）探　原

　　「校讎」以之為業，始自西漢劉向。劉向《別錄》云：「讎校，一人讀書，校其上下，得謬誤為校；一人持本，一人讀書，若怨家相對，故曰讎也。」〔註1〕爰是，推知，一個人自行糾正謬誤為「校」；兩人則為「讎」。

　　《說文解字》云：「校，木囚也。……《周禮》校人注曰：『校之言挍也。』……張參《五經文字》手部曰挍。《經典》及《釋文》或以為比挍字，案字書無文，張語正謂《說文》無從手之挍也。故唐石經考校字，皆從木。……比挍字，古蓋無正文，較権等皆可用。」〔註2〕「讎者，以言對之。」又「仇」，「讎」也。「仇」、「讎」本皆兼善惡言之後，乃專謂怨為讎矣。從言、雔聲。此以聲苞意。是以「雔」代表兩個人，「言」則指兩個仇人以言對之。〔註3〕故像仇人相對，是以校書之謂「校讎」。又有「校勘」一詞，梁沈約〈上言宜校勘譜籍〉云：「宜選史傳學士諳究流品者為左民郎、左民尚書，專供校

〔註1〕　〔清〕姚振宗：《師石山房叢書・七略別錄佚文》（上海：開明書店製版，1936年。），頁4。
〔註2〕　〔漢〕許慎撰、〔清〕段玉裁注：《說文解字注》（臺北：洪葉文化事業有限公司，1998年10月、2001年10月增修一版二刷），頁270。
〔註3〕　參見〔漢〕許慎撰、〔清〕段玉裁注：《說文解字注》，頁90。

勘。」〔註4〕《北史‧崔光傳》載：「光乃令國子博士李鬱與助教韓神國、劉懋等校勘石經。」〔註5〕唐王初有〈送陳校勘入宿〉一詩。宋晏殊則有〈次韻和王校勘中秋月〉、〈和王校勘中夏東園〉、〈假中示判官張寺丞王校勘〉、〈示張寺丞王校勘〉。宋鄒登龍〈送雲巢曾校勘召〉、宋曾由基〈中書程先生委校勘春秋分紀大參李雁湖文集因〉、宋劉克莊〈答曾無疑校勘〉等，蓋而宋以來，校勘一詞即普遍使用。宋歐陽修〈書春秋繁露後〉云：

> 《漢書‧董仲舒傳》仲舒所著書百餘篇，第云〈清明〉〈竹林〉〈玉杯〉〈繁露〉之書，蓋略舉其篇名，今其書纔四十篇，又總名《春秋繁露》者，失其真也，予在館中，校勘群書，見有八十餘篇，然多錯亂重複，又有民間應募獻書者，獻三十餘篇，其間數篇在八十篇外，乃知董生之書，流散而不全矣，方俟校勘，而予得罪夷陵，秀才田文初以此本示予，不暇讀。〔註6〕

其校勘即為「校書郎」：「為校正書籍之官。後漢時是兼職官，位居郎官職稱校書郎，位居郎中職者稱校書郎中。後魏改為秘書省校書郎。此官名一直延用至元朝，後廢。」〔註7〕又有「校理官」一職；「唐代弘文館與集賢院置校理官，檢查書籍的異同、正誤，並加以整理。別稱校讎官或學士。宋仿唐制，稱秘書校理或秘閣校理，職務同唐代。元代廢。清仿宋制，又置文淵閣校理官，由翰林官充任。」〔註8〕溯至南北朝時期，則有「正字」一職；「北齊始設此官；其後隋設此官作為秘書省的屬官。位次於校書郎，司掌典籍、文章的校正。唐仿隋制，後歷朝皆有此官。」〔註9〕劉向所任之光祿大夫則為朝廷顧問。「秦代郎中令（九卿之一）屬官，為中大夫。漢武帝時改光祿勳屬官，為光祿大夫，作朝廷顧問。魏、晉後變為散官（閒職）。隋、唐時代分為三等

〔註4〕 〔清〕嚴可均校輯：《全上古三代秦漢三國六朝文‧全梁文》（北京：中華書局，1985年11月第三刷），卷二十七，頁301。

〔註5〕 〔唐〕李延壽著：《北史‧列傳第三十二崔光傳》（北京：中華書局，1974年10月第一版），卷四十四，頁1620～1621。

〔註6〕 〔宋〕歐陽修：《歐陽修全集‧書春秋繁露後》（北京：中國書店，1986年6月第1版），居士外集卷第二十三，頁533。

〔註7〕 〔日〕日中民族科學研學所編、向以鮮、鄭天剛譯：《中國歷代職官辭典》（河南：中州古籍社，1987年9月第1版、1988年8月第2版），頁35～36。

〔註8〕 〔日〕日中民族科學研學所編、向以鮮、鄭天剛譯：《中國歷代職官辭典》，頁36。

〔註9〕 〔日〕日中民族科學研學所編、向以鮮、鄭天剛譯：《中國歷代職官辭典》，頁80。

級：光祿大夫（從二品）、金紫光祿大夫和銀青光祿大夫。明代升為一品，清代為成正一品之文官。」〔註 10〕歐陽修所指之校勘乃專指文字之校訂，不似劉向父子之校讎，如《別錄‧晏子敘錄》云：

> 內篇諫上第一凡二十五章，內篇諫下第二凡二十五章，內篇問上第三凡三十章，內篇問下第四凡三十章，內篇雜上第五凡三十章，內篇雜下第六凡三十章，外篇重而異者第七凡二十七章，外篇不合經術者第八凡十八章，右《晏子》凡內外八篇二百十五章，護左都水使者光祿大夫臣向言，所校讎中書《晏子》十一篇，臣向謹與長社尉臣參校讎太史書五篇，臣向書一篇，臣參書十三篇，凡中外書凡三十篇八百三十八章，除復重二十二篇六百三十八章，定著八篇二百一十五章，外書無有三十六章，中書無有七十一章，中外皆有以相定，中書以天為芳，又為備，先為牛，章為長，如此類者多，謹頗類揹皆已定，以殺青書可繕寫。〔註 11〕

由〈敘錄〉可知，其校讎為廣蒐異本，除去重複，審定編次後定名，辨別流源等。〈敘錄〉即為提要，使讀者可知人論世，明古書之流變，乃校讎完畢而錄。《漢志》云：「至成帝時，以書頗散亡，使謁者陳農求遺書於天下。詔光祿大夫劉向校經傳諸子詩賦，少兵校尉任宏校兵書，太史令尹咸校數術，侍醫李柱國校方技。每一書已，向輒條其篇目，撮其指意，錄而奏之。」〔註 12〕其「敘錄」始有今之所稱「目錄」之功用。惟劉向父子以校讎之意廣之。

　　歷代學者對「校讎」之義皆有不同看法，簡言之，即有狹義、廣義之區分。最早之「校」始於正考父校《商頌》十二篇。《國語‧魯語》載：「昔正考父校商之名頌十二篇於周太師，以〈那〉為首。」〔註 13〕孔穎達云：「魯語文也。韋昭云：『名頌，頌之美者，然則言校者，宋之禮樂雖則亡散，猶有此詩之本。』考父恐其舛誤，故就太師校之。……自正考甫自孔子之時，又無七篇矣。正考甫孔子之先也。」〔註 14〕其「校」乃為校文字之誤與次

〔註 10〕　〔日〕日中民族科學研學所編、向以鮮、鄭天剛譯：《中國歷代職官辭典》，頁 32〜33。

〔註 11〕　〔清〕姚振宗：《師石山房叢書‧七略別錄佚文》，頁 8。

〔註 12〕　〔漢〕班固、〔唐〕顏師古注：《前漢書藝文志序》（《叢書集成初編》，上海：商務印書館，1936 年 6 月初版），頁 1。

〔註 13〕　正考父為宋大夫乃為孔子之祖先。見《國語‧魯語下》（上海：上海古籍出版社，1978 年 3 月第 1 版），上冊，頁 216。

〔註 14〕　參見〔清〕阮元校勘：《十三經注疏‧詩‧商頌》（臺北：藝文印書館，1965

第篇章之義。又有鄭樵《通志·序》云：「學術之苟且由源流不分，書籍之散亡由編次之無紀。」〔註15〕又云：「冊府之藏，不患無書。校讎之司，未聞其法，欲三館無素餐之人，四庫無蠹魚之簡，千章萬卷，日見流通。故作〈校讎略〉。」〔註16〕謂其「校讎」乃有析其源、求書、校書、部次、藏書等。

　　章學誠之「校讎」謂之「辨章學術，考鏡源流」。於《校讎通義》之序文中云：

> 校讎之義，蓋自劉向父子部次條別，將以辨章學術，考鏡源流；非深明於道術精微，群言得失之故者，不足與此。〔註17〕

其〈信摭〉又云：

> 校讎之學，自劉氏父子淵源流別，最為推見古人大體；而校訂字句，則其小焉者也。絕學不傳，千載而後，鄭樵始有窺見，特著〈校讎〉之略，而未盡其奧，人亦無由知之。世之論校讎者，惟爭辨於行墨字句之間，不復知有淵源流別矣。〔註18〕

其「校讎」不僅有系統將目錄版本編排，且須探求學術之源，並推崇劉向、劉歆，故由「劉氏之旨，以博求古今之載籍，則著錄部次，辨章流別，將以折衷《六藝》，宣明大道，不徒為甲乙紀數之需，亦已明矣。〔註19〕」孫詒讓《籀膏述林》云：

> 中壘校書，是有別錄，釋名辨類，厥體綦詳。後世公私書錄，率有題解。自洎宋之《崇文》，熙朝之《四庫》，目誦所及，殆數十家，大都繁簡攸殊，而軌轍不異。至於篇題之下，疊迻敘跋，目錄之外，采證羣書，《通攷》經籍一門，實刱茲例。朱氏《經義攷》祖述馬書，益恢郭郭。觀其擇撢群埶，研覈臧否，信校讎之總滙，攷鏡之淵棷也。〔註20〕

朱一新《無邪堂答問》云：

　　　　年6月三版），頁788。
〔註15〕〔宋〕鄭樵撰、王樹民點校：《通志二十略·總序》，頁8。
〔註16〕〔宋〕鄭樵撰、王樹民點校：《通志二十略·總序》，頁8～9。
〔註17〕〔清〕章學誠著、楊家駱編：《文史通義等三種·校讎通義·序》，卷一，頁227。
〔註18〕〔清〕章學誠著、史城編：《章學誠遺書·信摭》，卷三十，頁367。
〔註19〕〔清〕章學誠著、楊家駱編：《文史通義等三種·校讎通義·原道第一》，頁229。
〔註20〕〔清〕孫詒讓：《籀膏述林·溫州經籍志敘序》（臺北：廣文書局有限公司1971年4月初版），卷九，頁435。

劉中壘父子成《七略》一書，爲後世校讎之祖，班《志》撮其精要
以著於篇。後惟鄭漁仲、章實齋能窺斯旨，商榷學術，洞澈源流。
不獨九流諸子各有精義，即詞賦、方技，亦復小道可觀。目錄、校
讎之學所以可貴，非專以審訂文字異同爲校讎也。世徒以審訂文字
爲校讎，而校讎之途隘；以甲乙簿爲目錄，而目錄之學轉爲無用。
多識書名，辨別版本，一書估優爲之，何待學者乎？〔註21〕

以上諸家所述，皆爲廣義校讎學。自劉向、劉歆校讎之業始，乃將秘書中閣
所有古籍，首先校定篇章，勘正文字，並著有敘錄，以明源流，後部次分類，
因有目錄，以便於尋檢。簡而言之，除了文字之校勘外，涵括版本之蒐羅、
目錄之編排，甚至推溯源流至各家之說，以考其學說。從單純之校勘工作，
往前邁進一大步，使「校讎」領域益廣。

　　狹義論之，反對章學誠否定「校讎」之外別有目錄之說。章學誠於校讎
學裡側重目錄，因而學者遂以其有校讎之名而無其實，故稱目錄學。余嘉錫
認爲校讎正是審訂文字，鄭樵、章學誠著書論目錄而名爲校讎已誤。朱一新
之說亦爲非，目錄不是專門只是校讎版本。章學誠其書雖號宗劉，其實只能
論班固，對於《別錄》、《七略》未能深考，僅知其校讎中秘，有中書、外書、
太常書、太史書、臣向書、臣某書；而末論其指歸辨其訛謬者，其所謂辨章
學術，考鏡源流者，即指序言，初不在解題之有無。不知劉向之《別錄》，於
學術源流功用更爲大。〔註 22〕顯然將辨章學術，考鏡源流稱之爲目錄學。姚
名達說目錄學、校讎學於古代名實近似，「若以現代分科之眼光論之，則劉向
之事近乎校讎學，劉歆之事近乎目錄學，縱使歆亦校書，向亦有目，要其精
神各有所重，學術斷然分途，可無疑也。」〔註23〕又云：「然自向歆領祕書，
始將流動不居，亂雜無序之古書，編定目錄以固定其形質。晉世荀勗、宋世
謝靈運，皆嘗受詔『整理記籍。』故校讎之義即爲整理，並不似近代之專指
校勘文字之脫誤也。唐有詳正學士，宋有秘閣校理，顧名思義，皆可證其職
務未必限於校勘。且校書所撰之目錄，自《七錄》聚爲《簿錄部》後，《古今
書錄》又改爲目錄類，倘使類名即爲學科之名，則校讎整理之學，古人已認

〔註21〕〔清〕朱一新：《無邪堂答問》（廣雅書局刊，光緒二十一年二月），卷二，頁33。
〔註22〕參見余嘉錫：《余嘉錫講目錄學・目錄學發微》（南京：鳳凰出版社，2009年
　　　　4月第1版），頁8～9。
〔註23〕姚名達：《中國目錄學史》（臺北：商務印書館，1965年7月臺一版），頁5。

爲目錄學矣。」〔註24〕姚名達認爲廣義校讎學之目錄學所應負責之事,古人早已名爲目錄學,應正名爲目錄學較爲適宜,不必拘守鄭樵、章學誠之狹義校讎學之校勘學。王叔岷以「校讎學」簡單說,即爲訂正古書字句之學。概括說,即爲恢復古書本來面目之學,以章學誠的校讎之義欠妥當:

> 章氏謂「劉向父子部次條別,將以辨章學術,考鏡源流」,是也;惟以此爲「校讎之義」,則恐未安矣。部,分類。次,分時。條,編目。別,旨意。分類、分時、旨意,屬於錄。編目,屬於目。是「部次條別」,當爲目錄之學。目錄學與校讎學有關,但不當以目錄學爲校讎學。其稱鄭樵「有會向、歆討論之旨,」而爲〈校讎略〉,說亦有據;惟既言校讎,「魚魯、豕亥之細」,亦即校訂字句之細,是否可略而不論,則當重加論定矣。〔註25〕

其以部次條例爲目錄之學,而校訂字句之細爲校讎學。胡楚生亦認爲,以劉向整理圖書命之爲「校讎之學」,未免以偏蓋全。其事屬「目錄」,雖「校讎」、「目錄」二事發軔於劉向,但二者確有不同之畛域,至近世,固不必以「校讎」而廣包「目錄」;亦不得以「目錄」而兼賅「校讎」,二者爲相互輔益。」〔註26〕揆諸所論,學者所歧義者,乃廣義、狹義之別。

(二)正 名

「校讎」有廣義、狹義者,學者所論皆有理,惟若就章學誠所言校讎之義,非簡單簿錄之記,亦非從事魚魯、豕亥之細。張爾田於《劉向校讎學纂微·序》云:

> 目錄之學,其重在周知一代學術,及一家一書之宗趣,事乃與史相緯。而爲此學也,亦非殫見洽聞,疏通知遠之儒不爲功。乃世之號稱目錄學家者,一再傳後,寖失其方,百宋千元,標新炫異。其善者爲之,亦不過如吾所謂鰓鰓於寫官之異同,官私著錄之攷訂而止;剖析條流,以爲綱紀,固概乎未之有聞。〔註27〕

張爾田所言之目錄即章學誠之「校讎」之義,且以千載以來,惟鄭樵、章學

〔註24〕姚名達:《中國目錄學史》,頁7。
〔註25〕王叔岷:《斠讎學 斠讎別錄》(北京:中華書局,2007年6月第1版),頁2。
〔註26〕參見胡楚生:《中國目錄學·緒論》(臺北:文史哲出版社,1995年9月初版、2004年10月二刷),頁3。
〔註27〕楊家駱編:《校讎學系編·劉向校讎學纂微·序》(臺北:鼎文書局,1977年10月初版),頁21。

誠能繼其學。校讎一詞，沿用至今，定義已多變，學者各舉其義，其中「校讎」、「目錄」界線有合之，亦有分之。王重民認為章學誠之校讎學是一種高度水準的目錄，而不只是徒為甲乙紀錄之需的簡單目錄。〔註 28〕張舜徽於《廣校讎略》云：

> 目錄、板本、校勘，皆校讎家事也。但舉校讎，自足該之。語其大用，固在辨章學術，考鏡原流。後世為流略之學者，多不識校讎，而好言目錄，此大謬也。稽之古初，因校書而敘目錄，自劉《略》、荀《簿》、王《志》、阮《錄》，靡不皆然。蓋舉其學斯為校讎，論其書則曰目錄，二者相因，猶訓詁之與傳注，訓詁者其學也，傳注者其書也。目錄而可自立為學，將傳注箋解義疏之流亦可別自為學乎？〔註29〕

此論即言，傳注、注疏、義疏之類乃因訓詁而來，不可自言為學，如現有學者將目錄稱之學，不以校讎而稱。程千帆以「蓋始有校讎目錄之事，繼有校讎目錄之名，終有校讎目錄之學。其始也相別，其繼也相亂，其終也相蒙。」〔註 30〕析論《校讎通義》章學誠所言，有「七經」、「九經」等之稱，其主從應析明，如論及劉敞《七經小傳》、黃敏《九經餘義》即批評本非計部之數，而不依六藝之名，不知本也。〔註 31〕章學誠針對其書名為「七經」有異議，謂劉敞不知流源，經主傳附之義。「經之有六，著於《禮記》，標於《莊子》，損為五而不可，增為七而不能，所以為常道也。」〔註 32〕故劉歆《七略》、班固《漢志》部次條列，乃依「六藝」之名，其《論語》、《孝經》、《爾雅》雖與「六經」相表裡，但不得與之並列。後世之人或稱「七經」、「九經」、「十三經」，可謂不知本。劉敞之《七經小傳》及黃敏之《九經餘義》既不是紀甲乙部數，其命名應回歸「六經」之本。

　　又主張經為主傳為附，如評謝枋得之《檀弓》、蘇洵之《孟子》、孫鑛之

〔註28〕參見〔清〕章學誠著、王重民通解：《校讎通義通解》，頁 5。

〔註29〕張舜徽：《廣校讎略》（武漢：華中師範大學出版社，2004 年 3 月 1 版），卷一，頁 8。案洪湛侯亦同意張舜徽之見解。見氏著：《中國文獻學新編》，（杭州：杭州大學出版社，1994 年 5 月第 1 版，1997 年 9 月第 3 次印刷），頁 425～426。

〔註30〕程千帆、徐有富著：《校讎廣義目錄編·序》（濟南：齊魯書社，1988 年 8 月第 1 版、2007 年 1 月第 6 次印刷），頁 3。

〔註31〕參見〔清〕章學誠著、楊家駱編：《文史通義等三種·校讎通義·漢志六藝第十三》，頁 248。

〔註32〕〔清〕章學誠著、楊家駱編：《文史通義等三種·校讎通義·漢志六藝第十三》，頁 248。

《毛詩》，豈可復歸經部乎？章學誠認爲評點之書，皆是論文之末流，品藻之下乘，不可復歸經部。案《蘇評孟子》，《宋志》不著錄，《四庫總目》則入四書類存目，計二卷。〔註33〕《四庫總目》既將茅坤之《史記鈔》入史鈔類，則《蘇評孟子》復歸經類，豈類例不統一。案若爲研究《孟子》，則當羅列所有《孟子》之研究，此書當列於專科目錄《孟子》之評點類。若爲四部之分類，則宜入文史評似較爲宜。

再者，章學誠互見之論，一書有二用者，可互見兩處，惟仍要有主從關係，如儒家《虞氏春秋》十五篇，「以《春秋》標題，而撰著之文，則又上采《春秋》，下觀近世而定著爲書，抑亦《春秋》之支別也。法當附著《春秋》，而互見於諸子。」〔註34〕故《虞氏春秋》入《春秋》之部，而互見儒家。

職是，目錄既爲校讎而來，要在辨章百家，條別學術異同，進而推闡大義，以明大道，故曰「校讎學」。故否認校讎學外別有目錄學。章學誠所言，非深明於道術精微，群言得失者，不足與言，實屬甚是。若非明瞭其大義，就不得知章學誠用心之切。以張濤平所云最符合《校讎通義》之意，其云：「鄭樵得劉氏《別錄》、《七略》之旨而爲校讎，章氏補鄭樵之失誤而爲通義。」〔註35〕因此，「校讎」一義，亦應有主從之別，既由推論劉向、劉歆之旨而來，其「目錄」爲從，附於「校讎」，旨爲「辨章學術，考鏡流別」，本文討論章學誠之《校讎通義》，故命題以章學誠之原意定爲「校讎學」。

二、校讎目的——治學之鑰

章學誠極以推崇劉歆《七略》，蓋繼其志者，惟《漢志》矣。王鳴盛《十七史商榷》卷二十二云：「不通《漢藝文志》，不可以讀天下書。《藝文志》者，天下之眉目，著述之門戶也。」〔註36〕、又云「凡讀書最切要者，目錄之學。

〔註33〕〔清〕紀昀：《欽定四庫全書總目·經部三十七·四書類存目》（北京：中華書局，1997年1月第一版），卷三十六，頁481。《四庫總目》考其《蘇評孟子》有洪邁之語，在洵以後，知出於依託。又此本乃康熙三十三年杭州沈李云所校，其子心友刻之，考其評點方式非北宋人筆。又評語全以時文行之，詞意庸淺，非洵語，亦非宋人語。

〔註34〕〔清〕章學誠著、楊家駱編：《文史通義等三種·校讎通義·漢志諸子第十四》，卷三，頁251。

〔註35〕劉咸炘：《續校讎通義》（臺北縣：廣文書局有限公司，1990年1月初版、2005年2月再版），頁2。

〔註36〕〔清〕王鳴盛：《十七史商榷·漢書十六》（北京：中國書店據上海涵瑞樓影印，1987年8月第1版），卷二十二，頁5。

目錄明，方可讀書；不明，終是亂讀。」〔註37〕以此，《漢志》當是治學途徑之要，其承劉向、劉歆校讎成果《別錄》、《七略》而來；因此，治學之鑰當在校讎學。此「校讎學」當是章學誠所言之校讎學，前已正名。惟今日多數學者仍稱目錄學。故本論文以下所述，所引仍以各學者之原稱。

王鳴盛「嘗謂好著書者，不如多讀書，欲讀書必先精校書，校之未精而遽讀，恐讀亦多誤矣。」〔註38〕古籍流傳至今，難免多訛誤，若不知何者為善，多讀恐誤。張之洞亦謂「讀書不知要領，勞而無功；知某書宜讀而不得精校精注本，事倍功半。」〔註39〕中國典籍，汗牛充棟，何以知精校、精注本、善本？實以前人校讎而來。

劉向領校秘書，蓋校讎完畢殺青可繕寫後，則條舉篇目，撮其旨意，寫成敘錄以上奏，後依「七略」之義例，部次各書籍。其《七略》除「輯略」外，尚分「六藝」、「諸子」、「詩賦」、「兵書」、「數術」、「方技」等六大類，各略下又區分小類，如下表：

表四：劉歆《七略》分類類目表

部　別	類　　　別	合　計
輯略	諸書之總要	
六藝略	易、書、詩、禮、樂、春秋、論語、孝經、小學	九類
諸子略	儒、道、陰陽、法、名、墨、縱橫、雜、農、小說	十類
詩賦略	屈原等賦、陸賈等賦、荀卿等賦、雜賦、歌詩	五類
兵書略	權謀、形勢、陰陽、技巧	四類
數術略	天文、曆數、五行、蓍龜、雜占、形法	六類
方技略	醫經、經方、房中、神仙	四類
合計六部三十八類		
附記：班固《漢志》：「大凡書，六略三十八種，五百九十六家，萬三千二百六十九卷。入三家，五十篇，省兵十家。」		

上述共七大類三十八小類，從上表清楚得知各學術之脈絡，縱向即為一部學術史，橫向觀之，即為古籍之目錄。故王鳴盛云：「目錄之學，學中第一緊要事，必從此問途，方能得其門而入。然此事非苦學精究，質之良師，未易

〔註37〕〔清〕王鳴盛：《十七史商榷·漢書一》，卷七，頁1。
〔註38〕〔清〕王鳴盛：《十七史商榷·序》，頁5。
〔註39〕〔清〕張之洞撰、范希曾補正：《書目答問補正·略例》（上海：上海古籍出版社，2010年8月第1版），頁1。

明也。」〔註40〕然此目錄非現今圖書之目錄，只見書名與作者。蓋目錄之書分為三類：一為部類之後有小序，書名之下有解題者，如已亡佚者：齊王儉《七志》、梁阮孝緒《七錄》、隋許善心《七林》、唐元行沖《群書四部錄》、毋煚《古今書錄》。今存者：宋晁公武《郡齋讀書志》、陳振孫《直齋書錄解題》、元馬端臨《文獻通考經籍考》、清《四庫全書總目》。另有宋《崇文總目》，其原有敘錄，但今流傳之本無敘錄。二為有小序無解題者，如《漢志》、《隋志》、明焦竑《國史經籍志》。三為小序解題並無，只著書名者。如兩《唐志》、《宋志》、《明志》等。余嘉錫《目錄學發微》云：

> 屬於第一類者，在論其指歸，辨其訛謬。屬於第二類者，在窮源至委，竟其流別，以辨章學術，考鏡源流。屬於第三類者，在類例分明，使百家九流，各有條理，並究其本末，以見學術之源流沿襲。
>
> 若欲便於讀者，則當令其門徑秩然，緩急易見。〔註41〕

一般來說，第三類即為兩《唐書》、《宋史》、《明史》等諸史之藝文志，無解題與小序，只載四部分類、書名、作者、卷帙；此類無洞徹學術流別之用。而目錄學其最大功用除可辨章學術，以委源流，此外，又有辨別古書之眞偽，析明篇章數，以下列舉《荀子》於諸志之著錄論析：

（一）《前漢書藝文志》

《孫卿子》三十三篇。名況，趙人，為齊稷下祭酒，有列傳。師古曰：「本曰荀卿，避宣帝諱，故曰孫。」〔註42〕

（二）《隋書經籍志》

《孫卿子》十二卷楚蘭陵令荀況撰。梁有王孫子一卷，亡。〔註43〕

（三）《舊唐書經籍志》

《孫卿子》十二卷荀況撰。〔註44〕

（四）《崇文總目輯釋》

《荀子》二十卷荀況撰，楊倞注。

〔註40〕〔清〕王鳴盛：《十七史商榷・史記一》，卷一，頁1。

〔註41〕余嘉錫：《余嘉錫講目錄學・目錄學發微》，頁10。

〔註42〕〔漢〕班固、〔唐〕顏師古注：《前漢書藝文志》，頁23。

〔註43〕〔唐〕長孫無忌、魏徵等撰：《隋書經籍志》（上海：商務印書館，1967年7月第2版），卷三，頁71。

〔註44〕〔後晉〕劉昫等撰：《舊唐書經籍志》（上海：商務印書館，1936年6月初版），卷下，頁59。

《荀卿子》十二卷。

〔侗按：唐以前著錄家惟《漢志》《孫卿子》三十二篇，餘並作十二卷，至楊倞為注，始分為二十卷，則此書乃原本也，應列於前。〕〔註45〕

（五）《唐書經籍志》

《荀卿子》十二卷荀況。〔註46〕

（六）《郡齋讀書志》

《楊倞荀子》二十卷

右趙荀況撰。漢劉向校定，除其重複，著三十二篇，為十二卷，題曰《新書》。稱：卿，趙人，名況。當齊宣王、威王之時，聚天下賢士稷下。是時，荀卿為秀才，年十五始來遊學。至齊襄王時，荀卿最為老師。後適楚，楚相春申君以為蘭陵令。已而歸趙。按威王死，其子嗣立，是為宣王。楚考烈王初，黃歇始相。《年表》自齊宣王元年至楚考烈王元年，凡八十一年，則荀卿去楚時僅百歲矣。楊倞，唐人，始為之注。且更《新書》為《荀子》，易其篇第，析為二十卷。其書以性為惡，以禮為偽，非諫諍，傲災祥，尚強伯之道。論學術，則以子思、孟軻為「飾邪說、文姦言」，與墨翟、惠施同詆焉。論人物，則以平原、信陵為輔拂，與伊尹、比干同稱焉。其指往往不能醇粹，故後儒多疵之云。〔註47〕

（七）《直齋書錄解題》

《荀子》二十卷

楚蘭陵令趙國荀況撰。《漢志》作《孫卿子》，云齊稷下祭酒。其曰「孫」者，避宣帝諱也。至楊倞始改為荀卿。

《荀子注》二十卷

唐大理評事楊倞注。案劉向序，校中書三百二十二篇，以校除複重二百九十篇，定著三十二篇。《隋志》為十二卷。至倞始分為二十卷而注釋之。淳熙中，錢佃耕道用元豐監本參校，刊之江西漕司，其同異著之篇末，凡二百

〔註45〕 〔宋〕王堯臣、〔清〕錢東垣：《崇文總目輯釋》（臺北：商務印書館，1967年），卷三，頁128。

〔註46〕 〔唐〕歐陽修、宋祁：《唐書經籍志》（上海：商務印書館，1936年6月初版），卷三，頁41。

〔註47〕 〔宋〕晁公武著，孫猛校證：《郡齋讀書志校證》（上海：古籍出版社，1990年10月第一版），卷十，頁422。

二十六條，視他本最為完善。〔註48〕

（八）《通志二十略》

《荀卿子》十二卷楚蘭陵令荀況撰。

《荀卿子》二十卷楊倞注。〔註49〕

（九）《宋史藝文志》

《荀卿子》二十卷戰國趙人荀況書。

楊倞注《荀子》二十卷。

黎錞《校勘荀子》二十卷。〔註50〕

（十）《文獻通考經籍考》

楊倞注《荀子》二十卷。

晁氏曰（略）。

昌黎韓氏曰：荀氏書，考其辭，時若不粹，要其歸，與孔子異者鮮矣，抑猶在軻、雄之間乎？孔子刪《詩》，筆削《春秋》，合於道者著之，離於道者黜去，故《詩》、《春秋》無疵。余故削荀氏之不合者，附於聖人之籍，亦孔子之志歟！孟子，醇乎醇者也。荀與揚，大醇而小疵。

東坡蘇氏曰：昔者常怪李斯事荀卿，既而焚滅其書，大變古先聖王之法，於其師之道，不啻若寇讎。及今觀荀卿之書，然後知李斯之所以事秦者，皆出於荀卿，而不足怪也。荀卿者，喜為異說而不讓，敢為高論而不顧者。其言，愚人之所驚，小人之所喜也。子思、孟軻，世之所謂賢人君子也，荀卿獨曰，亂天下者，子思、孟軻也。天下之人，如此其眾也，仁人義士，如此其多也，荀卿獨曰，人性惡，桀、紂，性也，堯、舜，偽也。由是觀之，意其為人，必也剛愎不遜，而自許太過。彼李斯者，又特甚者耳。今夫小人之為不善，猶必有所顧忌。是以夏、商之亡，桀、紂之殘暴，而先王之法度、禮樂、刑政，猶未至於絕滅而不可考者，是桀、紂猶有所存而不敢盡廢也。彼李斯者，獨能奮而不顧，焚燒夫子之《六經》，烹滅三代之諸侯，破壞周公之井田，此亦必有所恃者矣。彼見其師歷詆天下之賢人，自是其愚以為古

〔註48〕 〔宋〕陳振孫：《直齋書錄解題》（上海：古籍出版社，1987年11月第一版），卷九，頁270

〔註49〕 〔宋〕鄭樵撰、王樹民點校：《通志二十略・藝文略第六》，頁1597。

〔註50〕 〔元〕脫脫等撰：《宋史藝文志》（上海：商務印書館，1936年6月初版），卷四，頁63。

先聖王皆無足法者。不知荀卿特以快一時之論，而荀卿亦不知其禍之至於此也。其父殺人報仇，其子必且行劫。荀卿明王道，述禮樂，而李斯以其學亂天下，其高談異論，有以激之也。孔、孟之論，未嘗異也，而天下卒無有及者。苟天下果無有及者，則向安以求異爲哉？

　　程子曰：荀卿才高，其過多；揚雄才短，其過少。韓子稱其大醇，非也。若二子，□□大駁矣。且性惡一句，大本已失。

　　《朱子語錄》曰：《荀子》儘有好處，勝似《揚子》，然亦難看。看來荀卿亦是剛明底人，只是粗。

　　陳氏曰（略）。〔註51〕

　　（十一）《國史經籍志》

　　《荀卿子》十二卷。

　　《荀卿子》二十卷楊倞注。〔註52〕

以上所舉十一家，即可知各家之利弊，《郡齋讀書志》、除知作者外，其思想梗概，另考篇目之卷數，其分合之經過。而《直齋書錄解題》載作者、篇章之析合、版本。《文獻通考》則舉各家之說。《漢志》、《隋志》、《國史經籍志》則於各類之小序中敘明，如《隋志》載：

> 儒者，所以助人君明教化者也。聖人之教，非家至而戶說，故有儒者宣而明之。其大抵本於仁義及五常之道，黃帝、堯、舜、禹、湯、文、武，咸由此則，《周官》，太宰以九兩繫邦國之人，其四曰儒，是也。其後陵夷衰亂，儒道廢闕。仲尼祖述前代，修正《六經》。三千之徒，並受其義。至於戰國，孟軻、子思、荀卿之流，宗而師之，各有著述，發明其指。〔註53〕

惟只針對各家之源流，但較兩《唐志》只著書名、作者、卷數，其功能亦非常顯著。《隋志》針對無解題無序之目錄批評：「漢時劉向《別錄》、劉歆《七略》，剖析源流，各有其部，推尋事迹，疑則古之制也。自是以後，不能辨其

〔註51〕〔元〕馬端臨：《文獻通考經籍考》（上海：華東大學師範出版社，1985年6月第一版），卷三十五，頁826～828。另□□查中華書局版本，缺字爲「可謂」。見《文獻通考・經籍考三十五》（北京：中華書局，1986年9月初版），卷二百八，頁1714。

〔註52〕〔明〕焦竑：《國史經籍志》（上海：商務印書館，1939年12月初版），附錄二，卷四上，頁119。

〔註53〕〔唐〕長孫無忌、魏徵等撰：《隋書經籍志》，卷三，頁72～73。

流別，但記書名而已。博覽之士，疾其渾漫，故王儉作《七志》，阮孝緒作《七錄》，並皆別行。大體雖準向歆，而遠不逮矣。」〔註54〕此類章學誠亦視爲甲乙部次而已，其云：

> 古人著錄，不徒爲甲乙部次計。如徒爲甲乙部次計，則一掌故令史足矣。何用父子世業，閱年二紀，僅乃卒業乎？蓋部次流別，申明大道，敍列九流百氏之學，使之繩貫珠聯，無少缺逸；欲人即類求書，因書究學。……

> 古人最重家學，敍列一家之書，凡有涉此一家之學者，無不窮源至委，竟其流別，所謂著作之標準，群言之折衷也。如避重複而不載，則一書本有兩用而僅登一錄，於本書之體，既有所不全；一家本有是書，而缺而不載，於一家之學，亦有所不備矣。〔註55〕

反觀劉向之《孫卿・書錄》（其書錄即爲敍錄），首先析定篇名，定篇章：

《孫卿新書》十二卷三十二

> 〈勸學篇第一〉、〈修身篇第二〉、〈不苟篇第三〉、〈榮辱篇第四〉、〈非相篇第五〉、〈非十二子篇第六〉、〈仲尼篇第七〉、〈儒效篇第八〉、〈王制篇第九〉、〈富國篇第十〉、〈王霸篇第十一〉、〈君道篇第十二〉、〈臣道篇第十三〉、〈致士篇第十四〉、〈議兵篇第十五〉、〈強國篇第十六〉、〈天論篇第十七〉、〈正論篇第十八〉、〈禮論篇第十九〉、〈樂論篇第二十〉、〈解蔽篇第二十一〉、〈正名篇第二十二〉、〈性惡篇第二十三〉、〈君子篇第二十四〉、〈成相篇第二十五〉、〈賦篇第二十六〉、〈大略篇第二十七〉、〈宥坐篇第二十八〉、〈子道篇第二十九〉、〈法行篇第三十〉、〈哀公篇第三十一〉、〈堯問篇第三十二〉。

> 護左都水使者光祿大夫臣向言所校讎中書《孫卿》書凡三百二十二篇以相校，除復重二百九十篇，定著三十二篇，皆已定以殺青，簡可繕寫。

二則明其作者生平及事蹟：

> 孫卿，趙人，名況。方齊宣王、威王之時，聚天下賢士于稷下，尊寵之，若鄒衍、田騈、淳于髡之屬甚眾，號曰列大夫，皆世所稱，

〔註54〕〔唐〕長孫無忌、魏徵等撰：《隋書經籍志》，卷三，頁70。

〔註55〕〔清〕章學誠著、楊家駱編：《文史通義等三種・校讎通義・互著第三》，卷一，頁231～232。

咸作書刺世。是時孫卿有秀才，年五十，始來游學，諸子之事皆以爲非先王之法也。孫卿善爲《詩》、《禮》、《易》、《春秋》，至齊襄王時，孫卿最爲老師，齊向修列大夫之缺，而孫卿三爲祭酒焉，齊人或讒孫卿，乃適楚，楚相春申君以爲蘭陵令。人或謂春申君曰：「湯以七十里，文王以百里，孫卿賢者也，今與之百里地，楚其危乎？」

三則明其師承：

李斯嘗爲弟子，已而相秦，及韓非號韓子，又浮邱伯，皆受業名儒。

四則明其書中要旨：

孫卿道守禮義，行應繩墨，安貧賤，孟子者亦大儒，以人之性善，孫卿後孟子百餘年，以爲人性惡，作〈性惡〉一篇，以非孟子。蘇秦、張儀以邪道說諸侯，以大貴顯，孫卿退而笑之曰：「夫不以其道進者，必不以其道亡。」

五則明其學術源流：

趙亦有公孫龍爲堅白異同之辨，虞子之言，魏有李悝盡地力之教，楚有尸子、長盧子、芉子皆著書，然非先生之法也，皆不循孔氏之術，唯孟軻、孫卿爲能尊仲尼，蘭陵多善爲學，蓋以孫卿也。

六則明其評價：

如人君能用孫卿，庶幾于王，然世終莫能用，而六國之君殘滅，秦國大亂，卒以亡。觀孫卿之書，其陳王道甚易行，疾世莫能用，其言悽愴，甚可痛也，嗚呼，使斯人卒終于閭巷，而功業不得見于世，哀哉，可爲實涕。〔註56〕

以上六點可考證《荀子》一書之原委，釐定篇章，可辨別古籍之眞僞，析合篇章之載，亦可知歷代著錄卷數之原由。檢覈一書或有兩名、考論作者，古書版本、知其書內容要旨、評價等，皆爲治學之途徑。故汪辟疆指出：「目錄學者，提要鉤元，治學涉徑之學也。學術萬端，詎能遍識？亡書軼籍，無補觀摩。故必有目錄爲之指示其途徑，分別其後先，使學者得此一編，而後從事於四部之書，不難識其指歸，辨其緩急。此目錄學之本旨也。」〔註57〕昌彼得、潘美月綜整目錄學之功用最爲詳盡：「一、治學涉徑的指導。二、

〔註56〕以上均出自劉向《孫卿·書錄》，見〔清〕姚振宗：《師石山房叢書·別錄七錄佚文》，頁8～9。

〔註57〕汪辟疆：《目錄學研究·目錄與目錄學》（臺北：文史哲出版社，1934年5初版、1990年12四版），頁3～4。

鑒別古籍的真偽。三、可考典籍的存佚。四、藉知佚書的概略內容。五、可核書名的異同。六、檢覈古書篇名的分合及卷帙的增減。七、可考古書的完缺。八、可考古籍的版刻源流，而識其優劣異同。」〔註58〕上述所析論，皆為有序錄，相當於各書之總要，即提要。鄭樵云：

> 類例既分，學術自明，以其先後本末具在。觀圖譜者，可以知圖
> 譜之所始；觀名數者，可以知名數之相承，讖緯之學盛於東都，
> 音韻之學傳於江左。傳注起於漢、魏，義疏盛於隋唐。觀其書可
> 以知其學之源流，或舊無其書而有其學者，是為新出之學，非古
> 道也。〔註59〕

鄭樵數語即說明了序錄之功用。今具規模之提要，當為《四庫全書總目提要》，若有能力將《四庫全書總目提要》讀過一遍，即可略知學術門徑。

第二節　《校讎通義》之內容

一、義　例

　　章學誠校讎宗劉氏之法，以部次區分求得學術之源，因而對其分類、目錄、提要等類例，甚而輯佚之工夫都特別講求，以便求得書之原貌。所謂「類例」以今之言即為圖書之分類。古之劉向、劉歆父子整理古籍即以《六藝》為分類標準，後世因典籍繁多，難以《七略》標準規範之，故以四部為類目，區分經、史、子、集，遂至《四庫》。類例之主要目的即在使龐大繁雜之典籍依其學術系統部次，各歸其位，使後學便於尋找檢索。故章學誠以劉氏《七略》之旨能追源學術流別，因而主張以其為義例，主在辨別學術異同。類例不明，學術難明，故強調後代圖書均要追本溯源，推見古人之大體。

　　章學誠的理想與現實總有落差，透過編修《和州志》，發現許多典籍難以部次，如諸子一家之言，以《七略》理想應部次九流十家裡，以王安石文集，於《和州志》入禮，於《校讎通義》卻入法家，理由是文集之論說異於諸子一家之言，由此不但無法釐清反使人混淆，因而不再堅持復古，惟校讎

〔註58〕昌彼得、潘美月：《中國目錄學》（臺北：文史哲出版社，1986年9月初版、1991年10初版二刷），頁19～27。

〔註59〕〔宋〕鄭樵撰、王樹民點校：《通志二十略·校讎略·編次必謹類例論六篇》，頁1806。

之目的不能放棄，故四部須附以辨章之義。質言之，類例宜明，宜詳，部次有法，方明學術源流。

二、敍　錄

　　章學誠強調，敍錄乃討論群書之旨，爲諸書之總要，其又稱提要，或稱解題，〔註 60〕而校讎之所益重要，亦爲敍錄，能辨章學術，考鏡源流，此最爲明道之要，其〈敍〉云：

> 校讎之義，蓋自劉向父子部次條別，將以辨章學術，考鏡源流；非深明於道術精微、群言得失之故者，不足與此。後世部次甲乙，紀錄經史者，代有其人；而求能推闡大義，條別學術異同，使人由委溯源，以想見於墳籍之初者，千百之中，不十一焉。〔註 61〕

《隋志》云：「至於孝成，祕藏之書，頗有亡散，乃使謁者陳農，求遺書於天下。命光祿大夫劉向校經傳諸子詩賦，步兵校尉任宏校兵書，太史令尹咸校數術，太醫監李杜國校方技。每一書就，向輒撰爲一錄，論其指歸，辨其訛謬，敍而奏之。向卒後，哀帝使其子歆嗣父之業。乃徙溫室中書於天祿閣上。歆遂總括群篇，撮其指要，著爲《七略》。」〔註 62〕其爲我國最早之敍錄。至於《詩經》、《書》之序雖早，但作者各有所主，如《隋志·簿錄序》云：「古者史官既司典籍，蓋有目錄，以爲綱紀，體制堙滅，不可復知。孔子刪書，別爲之序，各陳作者所由。韓、毛二《詩》，亦皆相類。」〔註 63〕以致今日各家所論皆推原至劉向之「敍錄」，劉歆繼之成《七略》。《七略》爲部次分類諸書之總要，而每類書目後有小序，以說明其源流，此外每略又有總序，藉以表明此略各書之總數及學術源流。但至《隋志》刪除各書之敍錄，只保留了總序、小序之體例，而兩《唐志》則只剩書名、卷數、作者，其他則無。

　　敍錄重要性，有孟子所謂知人論世之功用。其須涵括何者：一爲此書作者；二爲篇章之增減或析合；三爲著書之原委；四爲內容述要；五爲學派之

〔註 60〕 程千帆云：「敍錄，或稱提要，或稱解題。目錄中凡功用在于幫助讀者了解一書內容、價值，及作者生平事迹等的介紹性文字都可稱爲敍錄或提要。」見氏著：《校讎廣義目錄編·目錄的結構及其功用》，頁 31。
〔註 61〕 〔清〕章學誠著、楊家駱編《文史通義等三種·校讎通義·序》，頁 227。
〔註 62〕 〔唐〕長孫無忌、魏徵等撰：《隋書經籍志》，頁 3。
〔註 63〕 〔唐〕長孫無忌、魏徵等撰：《隋書經籍志》，頁 70。

考索；六爲校讎之底本；七爲評價等。如以劉向《別錄‧管子敘錄》例之：

《筦子》八十六篇

護左都水使者光祿大夫臣向言，所校讎中《筦子》書三百八十九篇，大中大夫卜圭書二十七篇，臣富參書四十一篇，射聲校尉立書十一篇。太史書九十六篇，凡中外書五百六十四篇以校，除復重四百八十四篇，定著八十六篇，殺青而書可繕寫也。《筦子》者，潁上人也，名夷吾，仲父。少時嘗與鮑叔牙遊，鮑叔知其賢。……孔子曰：微筦仲，吾將被髮左矣。太史公曰：余讀筦氏〈牧民〉、〈山高〉、〈乘馬〉、〈輕重〉、〈九府〉，詳哉言之也。又曰：將順其美，匡救其惡，故上下能相親愛也。豈管仲之謂乎？〈九府〉書民間無有〈山高〉一名形勢，凡《筦子》書務富國安民，道約言要，可以曉，合經義，向謹第錄。〔註64〕

從劉向敘錄觀之，《筦子》之作者爲管仲，並要略介紹作者及生平，另有其重要之思想，考其思想入諸子。收錄之版本有大中大夫卜圭書二十七篇，臣富參書四十一篇，射聲校尉立書十一篇。太史書九十六篇，凡中外書五百六十四篇以校，除復重四百八十四篇，定著八十六篇。即蒐羅異本，校讎訛誤，互相補充，除去重複，條別篇章，以寫成定本。最後乃有孔子與司馬遷對管仲及《筦子》一書之評價。以上七點，就可讓讀者一明此書之概要。

　　書海浩瀚，人生有限，在有限時間內，無法全覽中國之典籍，若每部書皆有敘錄，至少能一窺學術的門徑。惜爾後諸志有敘錄者實少，甚要完全符合劉向敘錄之義例者稀矣。《隋志》針對荀勗《中經新簿》之評爲「但錄題及言，盛以縹囊，書用緗素，至於作者之意，無所論辯。」〔註65〕又評王儉《七志》爲「然亦不述作者之意，但於書名之下每立一傳。而又作九篇條例，編乎首卷之中。文義淺近，未爲典則。」〔註66〕評阮孝緒《七錄》爲「其分部題目，頗有次序。割析辭義，淺薄不經。」〔註67〕上述評論，不僅說明其重點在於抄錄內容，未析論作者之意及著書原委，或以己意剖析辭義，可謂淺薄之目錄。惟《隋書》論及許善心之《七林》云：「十七年，除

〔註64〕〔清〕姚振宗：《師石山房叢書‧別錄七錄佚文》，頁10～11。
〔註65〕〔唐〕長孫無忌、魏徵等撰：《隋書經籍志》，頁4。
〔註66〕〔唐〕長孫無忌、魏徵等撰：《隋書經籍志》，頁5。
〔註67〕〔唐〕長孫無忌、魏徵等撰：《隋書經籍志》，頁5。

秘書丞。于時秘藏圖籍尙多淆亂，善心放阮孝緒《七錄》更製《七林》，各爲總敍，冠於篇首。又於部錄之下，明作者之意，區分其類例焉。」〔註68〕除此，宋代則有晁公武《郡齋讀書志》、陳振孫《直齋書錄解題》於每書之下皆有提要，但亦無劉向敍錄之詳贍，僅於作者、篇數、書旨、得失論之。而後至清乾隆，即有《四庫全書總目提要》，已較詳盡，惟參考各史書所載，不能廣採異本，所載作者之生平亦爲述略，無其事蹟。

所以章學誠推崇劉向父子之業，並將《七略》視爲可宣明大道，不徒爲甲乙紀數之狹義目錄學，王重民闡釋云：「章學誠把《七略》看作是我國古代具有很高水平的目錄典型，所以他要我們向這種有錄有序（大小序）、有提要、有思想性的系統目錄學習。」〔註69〕並將此種稱之爲校讎學。

三、溯其原委

章學誠論及校讎之義例，非常重視學術源流，〈敍〉曰：「校讎之義，蓋自劉向父子部次條別，將以辨章學術，考鏡源流。」〔註70〕肯定劉向父子之校讎貢獻，乃是其能推原至六藝，並深明古人無私人著述，乃爲官帥合一，其於《校讎通義・原道第一》云：

> 劉歆蓋深明乎古人官師合一之道，而有以知乎私門初無著述之故也。何則？其敍《六藝》，而後次及諸子百家，必云某家者流，蓋出古者某官之掌，其流而爲某氏之學，失而爲某氏之弊；其云某官之掌，即法具於官，官守其書之義也。其云流而爲某家之學，即官司失職，而師弟傳業之義也。其云失而爲某氏之弊，即孟子所謂「生心發政，作政害事」，辨而別之，蓋欲庶幾於知言之學者也。由劉氏之旨，以博求古今之載籍，則著錄部次，辨章流別，將以折衷《六藝》，宣明大道，不徒爲甲乙紀數之需，亦已明矣。〔註71〕

以章學誠視野觀之，至清代，學術之師承、家學已逐漸不見，故劉歆之《七略》，能溯及學術源頭，是一件很重要的事。諸子評述，始於《莊子・天下》篇，次爲《荀子・非十二子》，再者有司馬談〈論六家要旨〉，後者班固繼《七

〔註68〕〔唐〕魏徵：《隋書・列傳第二十三》，卷五十八，頁1427。
〔註69〕〔清〕章學誠著、王重民通解：《校讎通義通解》，頁5。
〔註70〕〔清〕章學誠著、楊家駱編：《文史通義等三種・校讎通義・序》，頁227。
〔註71〕〔清〕章學誠著、楊家駱編：《文史通義等三種・校讎通義・原道第一》，卷一，頁229。

略》，於《漢志》，因而有「九流十家」之說，以諸子百家出於王官。所謂的「九流十家」，計儒家、道家、陰陽家、法家、名家、墨家、縱橫家、農家、雜家、小說家等十家；其九流為「儒家者流，蓋出於司徒之官」、「道家者流，蓋出於史官」、「陰陽家者流，蓋出於羲和之官」、「法家者流，蓋出於理官」、「名家者流，蓋出於禮官」、「墨家者流，蓋出於清廟之守」、「縱橫家者流，蓋出於行人之官」、「雜家者流，蓋出於議官」、「農家者流，蓋出於農稷之官」、「小說家者流，蓋出於稗官」等十家，惟其以小說家為「街談巷語，道聽塗說者之所造也」，故以為「諸子十家，其可觀者，九家而已。」〔註72〕是以，部次條例，知諸子源流，以判別入何家是非常重要的，再者推而向前，知官師合一之原由。章學誠甚以古無私人著述，官守之分職，即羣書之部次。即言《周官》即部次之群書分類，故《六藝》存在《周官》：

> 後世文字，必溯源於《六藝》，《六藝》非孔子之書，乃周官之舊典
> 也。《易》掌太卜，《書》藏外史，《禮》在宗伯，《樂》隸司樂，《詩》
> 頌於太師，《春秋》存乎國史，夫子自謂：「述而不作。」〔註73〕

以為「三代之衰，治教既分，夫子生於東周，有德無位，懼聖王法積道備，至於成周，無以續且繼者，而至於論失也，於是取周公之典章，所以體天人之撰，而存治化之迹者，獨與其徒，相與申而明之，此《六藝》之所以雖失官守，而猶賴有師教也。」〔註74〕是以官司失職後，孔子乃取周官之舊典，經整理闡發後而有《六經》之名；這其間名義雖經演變，但本義不變，藉由官守其職、師傳其學而脈脈相傳，亦成為爾後君王政教典章綱維天下之所依。

　　章學誠以為秦朝焚書坑儒，禁偶語《詩》、《書》，因而欲學法令者，只能以吏為師，又恢復以吏為師的官守其職之學業合一作法，推見三代盛時：

> 《禮》以宗伯為師，《樂》以司樂為師，《詩》以太師為師，《書》以
> 外史為師，《三易》、《春秋》，亦若是則已矣！〔註75〕

因此，千載之後，歷代諸志僅簿錄書名、作者、卷數、入四部之分，無敘錄、解題等，使後世之學者不明其源，無以明家學；得知，實以條別源流，方為

〔註72〕以上九流十家所述，見〔漢〕班固撰、〔唐〕顏師古注：《前漢書藝文志》，頁27～45。

〔註73〕〔清〕章學誠著、楊家駱編：《文史通義等三種·校讎通義·原道第一》，卷一，頁228。

〔註74〕〔清〕章學誠著、楊家駱編：《文史通義等三種·經解上》，頁18。

〔註75〕〔清〕章學誠著、楊家駱編：《文史通義等三種·校讎通義·原道第一》，卷一，頁228。

孟子之知言之學。

第三節　校讎之方法

一、部次條別

　　部次，非僅爲甲乙簿錄，而成之簡單目錄。蓋部次流別，有申明大道，使諸子百家之學，繩貫珠聯之功。故著錄部次，首當於校讎完畢，辨嫌名後始可依部撰寫。若事先校讎功夫不紮實，即會導致篇次錯謬，以致於重複著錄，或一書兩入之情況，章學誠云：

> 部次有當重複者，有不當重複者。《漢志》以後，既無互注之例，則著錄之重複，大都不關義類，全是編次之錯謬爾。篇次錯謬之弊有二，一則門類疑似，一書兩入也；一則一書兩名，誤認二家也。〔註76〕

故部次條例，則常深究載籍，詳考史傳。鄭樵《通志‧校讎略》之〈編次必謹類例論〉對部次之重要及功用，多所論述：

> 學之不專者，爲書之不明也；書之不明者，爲類例之不分也。有專門之書，則有專門之學；有專門之學，則有世守之能。人守其學，學守其書，書守其類。人有存沒，而學不息；世有變故，而書不亡。以今之書，校古之書，百無一存，其故何哉？士卒之亡者，由部伍之法不明也；書籍之亡者，由類例之法不分也。類例分，則百家九流，各有條理，雖亡而不能亡也。〔註77〕

又云：

> 十二野者，所以分天地之綱，則十二野不可以明天。九州者，分地之紀，即九州不可以明地。《七略》者，所以分書之次，即《七略》不可以明書。欲明天者，在於明推步；欲明地者，在於明遠通；欲明書者，在於明類例。噫！類例不明，圖書失紀，有自來矣。〔註78〕

是以，章學誠所論之《校讎通義》其主軸亦以部次類例，求得學術之源。劉

〔註76〕〔清〕章學誠著、楊家駱編：《文史通義等三種‧校讎通義‧辨嫌名第五》，卷一，頁234。
〔註77〕〔宋〕鄭樵撰、王樹民點校：《通志二十略‧校讎略‧編次必謹類例論》，頁1804。
〔註78〕〔宋〕鄭樵撰、王樹民點校：《通志二十略‧校讎略‧編次必謹類例論》，頁1804。

咸炘亦以「部類一事，於目錄學中最爲重要，蓋所謂辨章學術，考鏡源流，關諸群學，此爲最大。中有原理，辨論所聚，非如他件之僅有考證成例而已也。部中分類，類分子目，明揭之中，復有暗敘，支條流派，繁密比於律例。」〔註79〕實言之，校讎者要有博覽群書、深入研究歷代史志，及疏通致遠之能力。誠如劉向父子用盡一生之力，校其所閱書籍，書於《別錄》、《七略》，爲校讎之業奠定基礎，並啓後學之津逮。

　　《七略》爲部次之義例，其分爲七略三十八類，而輯略爲諸書之總要，實爲六藝略、諸子略、詩賦略、兵書略、數術略、方技略等六略。班固《漢志》乃承《七略》略而增補。至魏鄭默著《中經》、荀勖之《新簿》分爲四部。據《隋志》載：

> 魏秘書郎鄭默，始制《中經》，秘書監荀勖，又因《中經》，更著《新簿》，分爲四部，總括群書。一曰甲部，紀六藝及小學等書；二曰乙部，有古諸子家、近世子家、兵書、兵家、術數；三曰丙部，有史記、舊事、皇覽簿、雜事；四曰丁部，有詩賦、圖贊、汲塚書。〔註80〕

東晉李充以勖舊簿校之，「遂總沒眾篇之名，但以甲乙爲次。自爾因循，無所變革。」〔註81〕宋王儉別撰《七志》：

> 一曰《經典志》，紀六藝、小學、史記、雜傳；二曰《諸子志》，紀今古諸子；三曰《文翰志》，紀詩賦；四曰《軍書志》，紀兵書；五曰《陰陽志》，紀陰陽圖緯；六曰《術藝志》，紀方技；七曰《圖譜志》，紀地域及圖書。其道、佛附見，合九條。〔註82〕

梁阮孝緒參校官簿，更爲《七錄》：

> 一曰《經典錄》，紀六藝；二曰《記傳錄》，紀史傳；三曰《子兵錄》，紀子書、兵書；四曰《文集錄》，紀詩賦；五曰《技術錄》，紀數術；六曰《佛錄》；七曰《道錄》。〔註83〕

自荀勖《新簿》分爲四部以降，《隋志》、兩《唐志》及爾後諸志皆沿四部，惟其各部小類時分時合之不同，遂至清朝乾隆命紀昀等修《四庫全書》亦是

〔註79〕　〔清〕劉咸炘：《劉咸炘論目錄學·部類第六》（上海：上海科學技術文獻出版社，2008 年 1 月第一版），頁 47。
〔註80〕　〔唐〕長孫無忌、魏徵等撰：《隋書經籍志》，卷一，頁 4。
〔註81〕　〔唐〕長孫無忌、魏徵等撰：《隋書經籍志》，卷一，頁 4。
〔註82〕　〔唐〕長孫無忌、魏徵等撰：《隋書經籍志》卷一，頁 4～5。
〔註83〕　〔唐〕長孫無忌、魏徵等撰：《隋書經籍志》卷一，頁 5。

以四部爲分類，汪辟疆總結目錄之學，創始於兩漢《七略》，改進於魏晉四部，極盛於六朝。由宋至隋，《七略》與四部互競，[註84]「四部」，乃成爲後世不祧之成法。雖其中仍有突出四部窠臼者，如北宋李淑《邯鄲圖書十志》除四部，另有藝術、道書、書志、畫志共八目、[註85] 南宋鄭樵《通志·藝文略》分十二，爲一經、二禮、三樂、四小學、五史、六諸子、七星數、八五行、九藝術、十醫方、十一類書、十二文。[註86] 鄭寅《七錄》則有經、史、子、藝、方技、文、類，[註87] 凡十四家。[註88] 章學誠云，《七略》亡而爲四部，是師失其傳也。《七略》爲四部乃勢也，故須附以辨章流別之義，方可不以書籍亂部次，此乃部次之義也。

二、繩貫珠聯

　　蓋校讎之意在於使後人可明學術之源流，尋其書而知百家之學，明一家之學，知其師承，爲此，其於著錄部次條別時，可以互著、別裁之法以求完整。章學誠一再強調：

　　　蓋部次流別，申明大道，敘列九流百氏之學，使之繩貫珠聯，無少
　　　缺逸；欲人即類求書，因書究學。[註89]

爲使學術一條鞭，便後人考索，其以司馬遷《史記·十二諸侯年表》敘《春秋》之學爲例，提出了《春秋》主流、支系、旁證等觀點：

　　　遷於〈十二諸侯表敘〉，既推《春秋》爲主，則左邱、鐸椒、虞卿、
　　　呂不韋諸家，以次論其體例，則《春秋》之支系也。至於孟、荀、
　　　公孫固、韓非諸書，命意各殊，與《春秋》之部，不相附麗；然論

〔註84〕　見汪辟疆：《目錄學研究·目錄學研究》，頁 29。
〔註85〕　見〔宋〕晁公武著，孫猛校證：《郡齋讀書志校證》，卷九，頁 405。
〔註86〕　見〔宋〕鄭樵撰、王樹民點校：《通志二十略·校讎略·編次必謹類例論》，頁 1804。
〔註87〕　見〔宋〕陳振孫：《直齋書錄解題》，卷八，頁 236～237。
〔註88〕　據李曰剛考爲十四家：北宋李淑《邯鄲圖書十志》、南宋鄭樵《通志·藝文略》、鄭寅《七錄》、元莊肅《蓼塘藏書目錄》、明葉盛《菉竹堂書目》、陸深《江東藏書目》、晁瑮《寶文堂書目》、孫樓《博雅堂藏書目錄》、沈節甫《玩易樓藏書目錄》、陳第《世善堂藏書目錄》、茅元儀《白華樓書目》、趙用賢《趙定宇書目》、趙琦美《脈望館書目》、毛扆《汲古閣珍藏祕本書目》，見氏著：《中國目錄學》（臺北：明文書局，1983 年 8 月初版），頁 6～7、190～191。
〔註89〕　〔清〕章學誠著、楊家駱編：《文史通義等三種·校讎通義·互著第三》，卷一，頁 231。

辨紀述，多及春秋時事，則約略紀之，蓋《春秋》之旁證也。張蒼
歷譜五德，董仲舒推《春秋》義，乃《春秋》之流別，故終篇推衍
及之。則觀斯表者，求《春秋》之折衷，無遺憾矣。〔註90〕

觀司馬遷〈十二諸侯年表〉之原文：

孔子……西觀周室，論史記舊聞，興於魯而次《春秋》，上記隱，下
至哀之獲麟，……七十子之徒口受其傳指，爲有所刺譏褒諱挹損之
文辭不可以書見也。魯君子左丘明懼弟子人人異端，各安其意，失
其真，故因孔子史記具論其語，成《左氏春秋》。鐸椒爲楚威王傅，
爲王不能盡觀《春秋》，采取成敗，卒四十章，爲《鐸氏微》。趙孝
成王時，其相虞卿上采春秋，下觀近勢，亦著八篇，爲《虞氏春秋》。
呂不韋者，秦莊襄王相，亦上觀尚古，刪拾《春秋》，集六國時事，
以爲八覽、六論、十二紀，爲《呂氏春秋》。及如荀卿、孟子、公孫
固、韓非之徒，各往往捃摭《春秋》之文以著書，不同勝紀。漢相
張蒼曆譜五德，上大夫董仲舒推《春秋》義，頗著文焉。〔註91〕

據此，章學誠以《春秋》爲主流，左丘、鐸椒、虞卿、呂不韋諸家，爲《春
秋》之支系也。孟、荀、公孫固、韓非諸書，爲《春秋》之旁證也。張蒼曆
譜五德，董仲舒推《春秋》義，爲《春秋》之流別，因而主張將《呂氏春秋》、
《虞氏春秋》著錄於《春秋》類。意即將《春秋》之學繩貫珠連，使後人一
目瞭然，乃著錄部次之目的。

三、互著別裁

章學誠認爲校讎之業，非簡單甲乙簿錄，必使後人可即類求書，因書可
明學術之原，故一書若理有互通或涉及兩個主題，當不避重複，使用互著之
法，以明一家之學，其云：

至理有互通、書有兩用者，未嘗不兼收並載，初不以重複爲嫌；其
於甲乙部次之下，但加互注，以便稽檢而已。古人最重家學，敘列
一家之書，凡有涉此一家之學者，無不窮源至委，竟其流別，所謂
著作之標準，群言之折衷也。如避重複而不載，則一書本有兩用而

〔註90〕〔清〕章學誠著、楊家駱編：《文史通義等三種・校讎通義・漢志諸子第十四》，
卷三，頁252。

〔註91〕〔漢〕司馬遷著、裴駰集解、司馬貞索隱、張守節正義：《史記・諸侯十二年
表第二》（北京：中華書局，1959年7月），卷十四，頁509～510。

僅登一錄，於本書之體，既有所不全；一家本有是書，而缺而不載，

於一家之學，亦有所不備矣。〔註92〕

並將互著之法，推原劉歆《七略》，其義例見於《漢志》，如兵書一略即爲互著之法：

> 兵書權謀家有《伊尹》、《太公》、《管子》、《荀卿子》（《漢書》作《孫卿子》）、《鶡冠子》、《蘇子》、《蒯通》、《陸賈》、《淮南王》九家之書，而儒家復有《荀卿子》、《陸賈》二家之書，道家復有《伊尹》、《太公》、《管子》、《鶡冠子》四家之書，縱橫家復有《蘇子》、《蒯通》二家之書，雜家復有《淮南王》一家之書。兵書技巧家有《墨子》，而墨家復有《墨子》之書。〔註93〕

即此十家之一書兩載，則可明古人中明流別，獨重家學，而不避重複著錄之用。但《漢志》互著之法僅見於兵書略，章學誠以爲這是由於有散逸失傳之文。另於著錄部次時常遇兩岐牽掣之處，即是書之易淆者與書之相資者，鄭樵認爲書之易淆者有傳記、雜家、小說、雜史、故事五類，與詩話、文史之二類，而章學誠進一步指出尚有：

> 經部《易》家與子部之五行陰陽家相出入。樂家與集部之樂府、子部之藝術相出入。小學家之書法與金石之法帖相出入。史部之職官與故事相出入。譜牒與傳記相出入。故事與集部之詔誥奏議相出入。集部之詞曲與史部之小說相出入。子部之儒家與經部之經解相出入。史部之食貨與子部之農家相出入。〔註94〕

就書之相資者：

> 《爾雅》與《本草》之書相資爲用，地理與兵家之書相資爲用，譜牒與歷律之書相資爲用。〔註95〕

以上例舉兩家或三家有相關者，亦可利用互著之法，以免後學牴牾，無以究古人之源委。以此法擴充求之，如有金石、圖譜、藝文三類，亦可以互著之

〔註92〕〔清〕章學誠著、楊家駱編：《文史通義等三種‧校讎通義‧互著第三》，卷一，頁231～232。

〔註93〕〔清〕章學誠著、楊家駱編：《文史通義等三種‧校讎通義‧互著第三》，卷一，頁232。

〔註94〕〔清〕章學誠著、楊家駱編：《文史通義等三種‧校讎通義‧互著第三》，卷一，頁232～233。

〔註95〕〔清〕章學誠著、楊家駱編：《文史通義等三種‧校讎通義‧互著第三》，卷一，頁233。

法著錄。

又如別類敘書，列傳中一人載於不同處，詳略互見，亦是由互著之法追溯家學，與所論之互著法的意義相同，章學誠以為：

> 部次群書，標目之下，亦不可使其類有所闕；故詳略互載，使後人溯家學者，可以求之無弗得，以是為著錄之義而已。〔註96〕

如子貢在〈仲尼弟子〉為正傳，其經商之事蹟即入〈貨殖〉，是互見也。另者〈儒林傳〉之董仲舒、王吉、韋賢，記載傳經之事，而另專傳則是記載其文學為主，蓋以事義標篇，人名離合其間，有所主從。

此外，與互著體用相資者為別裁法之運用，其目的亦是使後學者可明一家之旨，但別裁法須權衡主從之間，避免鉤析割裂，章學誠云：

> 其所採之書，別有本旨，或歷時已久，不知所出，又或所著之篇，於全書之內，自為一類者；並得裁其篇章，補苴部次，別出門類，以辨著述源流；至其全書，篇次具存，無所更易，隸於本類，亦自兩不相妨；蓋權於賓主重輕之間，知其無庸互見者，而始有裁篇別出之法耳。〔註97〕

強調「採成取說，襲用故事者」得裁篇別出，補苴部次，別出門類，如《弟子職》自《管子》裁篇別出入《孝經》類，《孔子三朝記》自《禮》經所部《記》一百三十一篇裁篇別出入《論語》類，《月令》自《呂氏春秋》裁篇別出入《禮》類。但若《夏小正》、《小爾雅》之情況則不能視為別裁法。其云：

> 《夏小正》在《戴記》之先，而《大戴記》收之，則時令而入於《禮》矣。《小爾雅》在《孔叢子》之外，而《孔叢子》合之，則小學而入於子矣。〔註98〕

又認為《隋志》別出《小爾雅》入《論語》類，《文獻通考》別出《夏小正》入時令類，此乃幸而偶中，或《小爾雅》、《夏小正》有別出行世之本，不能視為別裁法。案章學誠所謂「古人校讎，於書有訛誤，更定其文者，必注原

〔註96〕〔清〕章學誠著、楊家駱編：《文史通義等三種・校讎通義・互著第三》，卷一，頁233。

〔註97〕〔清〕章學誠著、楊家駱編：《文史通義等三種・校讎通義・互著第三》，卷一，頁233。

〔註98〕〔清〕章學誠著、楊家駱編：《文史通義等三種・校讎通義・別裁第四》，卷一，頁234。

文於其下：其兩說可通者，亦兩存其說；刪去篇次者，亦必存其闕目，所以備後人之采擇，而未敢自以謂必是也。」〔註 99〕但不管是《弟子職》、《孔子三朝記》、《月令》，劉、班皆無注其所自出，雖符合其所論「採取成說，襲用故事者」，但還是不能視爲有意識的使用別裁之法。此辨析見第四章。

所謂別裁法之運用，主要是欲使後人即類求書，明其學術原委而使會通於大道，故有辨於學術源流者皆歸於同類，如專科目錄，章學誠亦例舉如下：

> 且如敘天文之書，當取《周官・保章》、《爾雅・釋天》，鄒衍言天、《淮南》天象諸篇，裁列天文部首，而後專門天文之書，以次列爲類焉，則求天文者，無遺憾矣。敘時令之書，當取《大戴禮・夏小正》篇、《小戴記・月令》篇，《周書・時訓解》諸篇，裁列時令部首，而後專門時令之書，以次列爲類焉。敘地理之書，當取〈禹貢〉、〈職方〉、《管子・地圓》、《淮南・地形》、諸史地志諸篇，裁列地理部首，而後專門地理之書，以次列爲類焉；則後人求其學術源流，皆可無遺憾矣。〔註 100〕

如此著錄於同一類，則後人可明天文、時令、地理之學術源流，與其割裂全書，使破碎支離之情況不同。亦非類書「章而鈲之，句而釐之，牽率名義，紛然依附」〔註 101〕之纂輯，此皆不是訴求著錄源流。因此，別裁法之使用，乃須把握「學貴專家，旨存統要，顯著專篇，明標義類者，專門之要，學所必究，乃掇取於全書之中焉。」〔註 102〕之要點，否則恐其無當也。

四、辨嫌名

此次於《校讎通義》經典校讎考證過程中，《漢志》著錄之部分書籍，於各史志遍尋不著，若非依各朝代之史志檢閱，實不知後世是否有此書。雖劉向校定書名，而至後世，仍有校讎者或因避諱、援引從略、易樸爲華、當世俗稱、著書之便、憑己意刪、增改等原因，造成一書兩名或書同名但實異

〔註 99〕〔清〕章學誠著、楊家駱編：《文史通義等三種・校讎通義・校讎條理第七》，卷一，頁 237。

〔註 100〕〔清〕章學誠著、楊家駱編：《文史通義等三種・校讎通義・焦竑誤校漢志第十二》，卷二，頁 245。

〔註 101〕〔清〕章學誠著、楊家駱編：《文史通義等三種・校讎通義・焦竑誤校漢志第十二》，卷二，頁 246。

〔註 102〕〔清〕章學誠著、楊家駱編：《文史通義等三種・校讎通義・焦竑誤校漢志第十二》，卷二，頁 246。

者。尤以文集，有以作者之名、字號、或諡號爲名，又有以其所任職務之官名或住所，再有以寫作其及出版時間等等。如文天祥，其集則有《文山集》、《文文山先生》、《文丞相全集》、《廬陵文丞相全集》、《文信國公全集》、《文忠烈公全集》，令人目不暇給，未深究甚無法辨別。

　　章學誠於《文史通義》及《校讎通義》皆有論及這個問題，其於《文史通義‧繁稱》云：

> 古人著書，往往不標篇名。後人較讎，即以篇首字句名篇；不標書名，後世較讎，即其人名書，此見古人無意爲標榜也。其有篇名書名者，皆明白易曉，未嘗有意爲弔詭也。然而一書兩名，先後文質，未能一定，則皆較讎諸家，易名著錄，相沿不察，遂開歧異，初非著書之人，自尚新奇爲弔詭也。〔註103〕

《校讎通義‧辨嫌名》云：

> 《太史公》百三十篇，今名《史記》。《戰國策》三十三篇，初名《短長語》。《老子》之稱《道德經》，《莊子》之稱《南華經》，《屈原賦》之稱《楚辭》，蓋古人稱名樸，而後人入於華也。自漢以後，異名同實，文人稱引，相爲弔詭者，蓋不少矣。《白虎通德論》刪去德論二字；《風俗通義》刪去義字；《世說新語》刪去新語二字；《淮南鴻烈解》刪去鴻烈解，而但曰《淮南子》，《呂氏春秋》有十二紀八覽六論，不稱《呂氏春秋》，而但曰《呂覽》；蓋書名本全，而援引者從簡略也，此亦足以疑誤後學者也。〔註104〕

上舉《史記》、《老子》、《莊子》、《楚辭》、《白虎通義》、《風俗通義》、《世語新語》、《淮南子》、《呂氏春秋》等書，渠等皆書名與古不同。揆其所論，造成書名異同之原因：大約書名本偏而後人全稱者爲其一也，如《史記》；有古人著書不標篇名，後人校讎遂標篇首字句爲篇名，或以作者爲名爲其二也，如《離騷》；古人稱名樸，後人入於華也爲其三也，如《老子》、《莊子》；後人援引從略或以偏舉者也此其四也，如《呂氏春秋》；後人自行刪改爲其五也，如《白虎通義》、《風俗通義》、《世語新語》。章學誠進而深論書名古樸今華之例：

〔註103〕〔清〕章學誠著、楊家駱編：《文史通義等三種‧繁稱》，頁88。案「較讎」當爲「校讎」。
〔註104〕〔清〕章學誠著、楊家駱編：《文史通義等三種‧校讎通義‧辨嫌名第五》，卷一，頁234。

本名質而著錄從文者，《老子》本無經名，而書尊《道德》；《莊子》本以人名，而書著《南華》之類是也。（漢稱《莊子》，唐則敕尊《南華真經》，在開元時，《隋志》已有《南華》之目。）本名文而著錄從質者，劉安之書，本名《鴻烈解》，而《漢志》但著《淮南內外》；蒯通之書，本名《雋永》，而《漢志》但著《蒯通》本名之類是也。（《雋永》一十八首，見本傳，與志不符。）〔註105〕

又有書名本全而為人偏舉與書名本偏而為人全稱者：

書名本全而為人偏舉者，《呂氏春秋》有十二紀八覽六論，而後人或稱《呂覽》；《屈原》二十五篇，《離騷》其首篇，而後世竟稱《騷賦》之類是也。（劉向名之《楚辭》，後世遂為專部。）書名本偏而為人全稱者，《史記》為書策紀載總名，而後人專名《太史公書》；孫武八十餘篇，有圖有書，而後人即十三篇稱為《孫子》之類是也。〔註106〕

葉德輝又談到一個狀況為明人刻書有改換名目之謬，「明人刻書有一種惡習，往往刻一書而改頭換面，節刪易名。如唐劉肅《大唐新語》，馮夢禎刻本改為《唐世說新語》；先少保公《巖下放言》，商維濬刻《稗海》本改為鄭景望《蒙齋筆談》；郎奎金刻《釋名》，改作《逸雅》，以合《五雅》之目。全屬臆造，不知其意何居。」〔註107〕劉咸炘又指出，「常見書肆中簿記、籤題、書名皆為三字本，四字以上者則減之，本兩字者，則加紙色地名一字以足之，割裂不通，殊堪笑噱。因知《白虎通》、《風俗通》之稱，正是此類。」〔註108〕案歷代又有避諱之因，以致書名或作者不同名，如唐顏師古所著《匡謬正俗》，至宋《崇文總目》稱之為《刊謬正俗》，《通志》、《宋史》、《國史經籍志》亦為《刊謬正俗》。至《文獻通考》為《匡繆正俗》。是宋代為避太祖諱，故書本作「刊謬」或為「糾繆」、「糺繆」。是以辨嫌名，學者不可不知也。另有蒯通，本名蒯徹；鄭元，本名鄭玄，皆為避諱等。鄭樵之論有〈見名不見書論〉，編書者亦當避免之，校讎之業實屬不易，章學誠就指出鄭樵、晁公武

〔註105〕〔清〕章學誠著、楊家駱編：《文史通義等三種‧繁稱》，頁88。案本傳載《雋永》八十一首，《校讎通義》亦載八十一首，此當筆誤。

〔註106〕〔清〕章學誠著、楊家駱編：《文史通義等三種‧繁稱》，頁88。

〔註107〕〔清〕葉德輝：《書林清話》（臺北：世界書局，1987年6月五版），楊家駱主編中國學術名著第三輯、中國目錄學名著第二集，卷七，頁182。

〔註108〕劉咸炘：《劉咸炘論目錄學‧名目第四》（上海：上海科學技術文獻出版社，2008年1月第1版），頁38。

精於校讎亦有疏失：

> 鄭樵精於校讎，然〈藝文〉一略，既有《班昭集》，而復有《曹大家集》，則一人而誤爲二人矣。晁公武善於考據，然《郡齋》一志，張君房《脞說》，而題爲張唐英，則二人而誤爲一人矣。此則人名字號之不一，亦開歧誤之端也。然則校書著錄，其一書數名者，必當歷注互名於卷帙之下；一人而有多字號者，亦當歷注其字號於姓名之下，庶乎無嫌名歧出之弊矣！〔註109〕

實則，章學誠自己因疏於考據，以致所舉之例亦有誤，如他以爲平原君即是戰國公子趙勝，〈漢志諸子第十四〉云：「儒家之《魏文侯》、《平原君》，未必非儒者之徒，篇名偶用其人。……不然，則劉、班篇次雖疏，何至以戰國諸侯公子稱爲儒家之書歟？」〔註110〕案《平原君》，班固注朱建也，《史記》、《漢書》皆有其列傳，〔註111〕當是章學誠未查明即予引述。由此可見，辨嫌名亦爲校讎之要，以免部次不當，則有門類疑似，一書兩入，或一書實爲兩名，誤入二家也。

第四節　校讎學與文獻之典藏索引

一、求書與治書

文獻之典藏，有賴平日之管理與治書，論其源頭，則於求書。鄭樵所論其求書之道有八，其〈校讎略〉云：

> 求書之道有八：一曰即類以求，二曰旁類以求，三曰因地以求，四曰因家以求，五曰求之公，六曰求之私，七曰因人以求，八曰因代以求，當不一於所求也。〔註112〕

鄭樵所論八種求書之道已囊括古代圖書之官藏與私藏，以官府藏書與私人藏書爲兩大主軸，進而即類以求、旁類以求、因地以求、因家以求、因人以求、

〔註109〕〔清〕章學誠著、楊家駱編：《文史通義等三種·校讎通義·辨嫌名第五》，卷一，頁234～235。

〔註110〕〔清〕章學誠著、楊家駱編：《文史通義等三種·校讎通義·漢志諸子第十四》，卷三，頁254。

〔註111〕見《史記·酈生陸賈列傳第三十七》，卷九十七，頁2701～2703。《漢書·酈陸朱劉叔孫傳第十三》，卷四十三，頁2116～2118。

〔註112〕〔宋〕鄭樵《通志二十略·校讎略·求書之道有八論》，頁1813。

因代以求，不拘泥於一種方法，以廣求各類、各家、各人、各代，全面將我國古代政府及私人訪書求書之途徑一一列出。

古代私人求書之重要來源為購書，清代藏書家孫從添嘗云購書有六難：

> 購求書籍是最難事亦最美事、最韻事、最樂事。知有此書而無力購求，一難矣。力足以求之矣，而所好不在是，二難也。知好之而求之矣，而必欲較其值之多寡大小焉，遂致坐失於一時，不能復購於異日，三難也。不能搜之於書傭，不能求之於舊家，四難也。但知近求而不知遠購，五難也。不知鑒識眞偽，檢點卷數，辨論字紙，貿貿購求，每多缺軼，終無善本，六難也。有此六難，雖有愛書之人，而能藏書者，鮮矣！〔註113〕

此外，針對古逸典籍之求書，亦可以輯佚之法探之，章學誠云：

> 昔王應麟以《易》學獨傳王弼，《尚書》止存《偽孔傳》，乃采鄭玄《易》注《書》注之見於群書者，爲《鄭氏周易》，鄭氏《尚書》注。又以四家之《詩》，獨《毛傳》不亡，乃采三家《詩》說之見於群書者，爲《三家詩考》。嗣後好古之士，踵其成法，往往綴輯逸文，搜羅略遍。〔註114〕

以《易》而言，《周易》後世較盛行有鄭玄與王弼兩家，其卷次各代有所不同。宋《易》仍宗王弼，於是王應麟乃輯各書，采鄭注而成《周易鄭康成注》。王應麟《周易鄭康成注・跋》云：「康成注《易》九卷，多論互體，江左與王輔嗣學竝立，荀崧謂其書根源顏延之爲祭酒。黜鄭置王，齊陸澄詒王儉書云，《易》自商瞿之後，雖有異家之學，同以象數爲宗，數年後乃有王弼之說。」〔註115〕陳振孫云：「自漢以來，言《易》者多溺於象占之學。至弼始一切掃去，暢以義理，於是天下宗之，餘家盡廢。然王弼好老氏，魏、晉談元，自弼輩倡之。」〔註116〕而鄭玄與王弼所注之《周易》，王弼誤者多，全釋人事易道，偏滯於天人者；鄭玄多參照天象，合象象於經，自康成始。〔註117〕

〔註113〕〔清〕孫從添：《藏書記要・購求》（清嘉慶十六辛未年 1811 士禮居刊本），頁 1。

〔註114〕〔清〕章學誠著、楊家駱編：《文史通義等三種・校讎通義・補鄭第六》，卷一，頁 235。

〔註115〕〔宋〕王應麟：《欽定四庫全書・周易鄭康成注・跋》，經部一易類，頁 7～146。

〔註116〕〔宋〕陳振孫：《直齋書錄解題》，卷一，頁 1。

〔註117〕李鼎祚之言，參見〔宋〕王應麟：《欽定四庫全書・周易鄭康成注・經部一易

《四庫總目提要》考證：「《隋志》載鄭元《周易註》九卷，又稱鄭元王弼二註。梁陳列於國學。齊代，惟傳鄭義。至隋，王註盛行，鄭學浸微。然《新唐書》著錄十卷。是唐時，其書猶在，故李鼎祚集解多引之。宋《崇文總目》惟載一卷，所存者僅〈文言〉、〈序卦〉、〈說卦〉、〈雜卦〉四篇，餘皆散佚。至《中興書目》，始不著錄（案《中興書目》今不傳。此據馮椅《易學》所引）。則亡於南北宋之間。故晁說之、朱震尚能見其遺文，而淳熙以後，諸儒罕所稱引也。應麟始旁摭諸書，裒爲此帙，經文異字亦皆並存。其無經文可綴者，則總錄於末簡。又以元註多言互體，并取《左傳》、《禮記》、《周禮正義》中論。互體者八條，以類附焉。考元，初從第五，元先受京氏《易》，又從馬融，受費氏《易》，故其學出入於兩家。然要其大旨，費義居多，實爲傳《易》之正脈。齊陸澄與王儉書曰：『王弼註《易》，元學之所宗，今若崇儒，鄭註不可廢。』其論最篤。唐初，詔修正義，仍黜鄭崇王，非達識也。應麟能於散佚之餘，蒐羅放失，以存漢《易》之一線，可謂篤志遺經。研心古義者矣，近時惠棟，別有考訂之本。體例較密，然經營剙始，實自應麟。其掊拾之勞亦不可泯。今並著於錄，所以兩存其功也。〔註118〕」古代之書多有亡佚，可自歷代文人所引采輯而出，雖有時無法恢復全貌，但仍可窺見一般。

又以《詩》爲例，《漢志》於詩部著錄《詩經》二十八卷。〔註119〕其所指爲齊、魯、韓三家詩。各代史志皆無著錄，已亡佚。《隋志》載：「《齊詩》魏代已亡，《魯詩》亡於西晉。《韓詩》雖存，無傳之者。」〔註120〕王應麟云：「漢言《詩》者四家，師異指殊，賈逵撰〈齊魯韓與毛氏異同〉，梁崔靈恩采三家本爲《集注》。今唯《毛傳》、《鄭箋》孤行，韓僅存《外傳》，而魯齊詩亡久矣。諸儒說詩，壹以毛鄭爲宗，未有參攷三家。獨朱文公《集傳》閎意眇指，卓然千載之上。……竊觀傳記所述三家緒言尚多有之，岡羅遺軼，傳以《說文》《爾雅》諸書，稡爲一編，以扶微學，廣異義，亦文公之意云。」〔註121〕是以，王應麟輯佚三家著成《詩考》。《四庫總目提要》云：「應麟檢

類跋》，頁7～146。
〔註118〕〔宋〕王應麟：《欽定四庫全書·周易鄭康成注·跋》，頁7～129。
〔註119〕〔漢〕班固著、〔唐〕顏師古注：《前漢書藝文志》，頁6。
〔註120〕〔唐〕長孫無忌、魏徵等撰：《隋書經籍志》，卷一，頁14。
〔註121〕〔宋〕王應麟、王雲五主編：《叢書集成初編·詩考》（上海：商務印書館，1937年12初版），頁1～2。

諸書所引，集以成帙，以存三家逸文。又旁搜廣討，曰詩異字異義，曰逸詩，以附綴其後。每條各著其所出。所引《韓詩》較夥，齊、魯二家，僅寥寥數條，蓋《韓詩》最後亡，唐以來注書之家，引其說者多也。卷末別為補遺，以掇拾所闕，其搜輯頗為勤摯。」〔註122〕又云：「後人踵事增修，較創始易於為力。篳路襤縷，終當以應麟為首庸也。」〔註123〕

　　古書亡佚，搜采為難，以清代而言，由於考據訓詁之風盛行，輯佚引起學者的興趣，如清儒重鄭學，開始輯佚之作，據洪湛侯統計，計有黃奭輯《高密遺書》十四種、孔廣森輯《通德遺書》十七種、袁鈞輯《鄭氏佚書》二十一種、陳鱣輯《六藝論》、錢東垣、王復等輯《鄭志》；鄭玄《尚書大傳注》、《駁五經異義》更有多種輯本。〔註124〕朱筠提出《永樂大典》輯佚問題，得到乾隆認可，詔令校核，因而成就了《四庫全書》的編纂，四庫館臣從《永樂大典》中輯得入《四庫全書》者計經部六十六種，史部四十一種，子部一百三種，集部一百七十五種，總共三百八十五種，四千九百二十六卷。〔註125〕馬國翰《玉函山房輯佚書》當屬規模最大，該書輯佚書 594 種，使後人求書多了一條途徑。

　　如章學誠云：

> 今按緯候之書，往往見於《毛詩》、《禮記》注疏及《後漢書注》；漢魏雜史，往往見於《三國志注》；摯虞《流別》及《文章志》，往往見於《文選注》；六朝詩文集，多見採於《北堂書鈔》、《藝文類聚》；唐人載籍，多見采於《太平御覽》、《文苑英華》；一隅三反，充類求之，古逸之可采者多矣。〔註126〕

職是，古代之散逸典籍，仍可得於後世學者之輯佚書；惟輯佚實為一浩大工程，典籍繁多，須有紮實工夫，歸納輯佚的具體步驟一為摘錄佚文，並在文句下注明出處。二為選擇底本，挑選成書早、記載較詳的典籍。三為注明異同，各書引文，互有詳略，輯錄佚書應加以整理。四為校正文字，針對簡略、首尾不全、訛奪等須詳加校勘。五為恢復篇第，多參照他書，考其體例，分

〔註122〕〔清〕紀昀：《欽定四庫全書總目・經部十五・詩類一》，卷十五，頁197。
〔註123〕〔清〕紀昀：《欽定四庫全書總目・經部十五・詩類一》，卷十五，頁197。
〔註124〕參見洪湛侯：《中國文獻學新編》，370。
〔註125〕參見洪湛侯：《中國文獻學新編》，371。
〔註126〕〔清〕章學誠著、楊家駱編：《文史通義等三種・校讎通義・補鄭第六》，卷一，頁235。

類排比，方可成編，此為最重要的工序。〔註 127〕因此，輯佚者須有見識，須有耐心。張舜徽亦論及輯佚應注意五事項，一者輯佚之依據、二者古人援引舊文不可盡據、三者輯佚之難於別擇、四者輯佚之必須有識、五者輯佚為學成以後之事。〔註 128〕何以輯佚為學成以後之事，當與史家之涵養有關，首要以「學」為基礎，進而有「識」有「才」。故章學誠方云輯佚實屬不易，〔註 129〕輯佚時要多參照諸本，注名原書出處，運用時參照各家之說，校定文字，釐定成編，此乃名雖亡而實不亡者也。

此外，章學誠認為鄭樵論求書遺官，校書久任之說得校讎要義，惟未論及治書之道，求書固不可間斷，治書益顯重要。古代校讎之業，終身守官，父子相傳，而今則出自眾人之手，章學誠主張采輯補綴書掌於官，將治書之道委由州縣學校老師儒者負責，蓋因古書非一時互求所能彙集，亦非一時討論所能精詳；此一論點類似今日圖書館之概念，如地方所屬之文獻館，責由專人負責，積極主動求書，以當時而言，責成州縣學校老師負責，除可考其正之外，一則所求之書統一置於此，二則辟奇衰淫詖之說，三則按書而稽訪，最重要的可將中央與地方藏書相互校正。如此，求書與治書並重，相輔相成，以便後人尋繹。

二、藏　書

文獻之典藏極其重要，而藏書之法，自古有之矣。據《左傳》襄公十一年：「夫賞，國之典也，藏在盟府。」《墨子・天志》：「書之竹帛，藏之府庫。」《莊子・天道》：「孔子西藏書於周室。子路謀曰：『由聞周之徵藏史有老聃者，免而歸居，夫子欲藏書，則試往因焉。』」〔註 130〕又司馬遷撰《史記》時，有謂「藏之名山，副在京師。」〔註 131〕司馬貞《索隱》云：「言正本藏之書府，副本留至京師也。《穆天子傳》云：『天子北征，至于羣玉之山，河

〔註 127〕參見洪湛侯：《中國文獻學新編》，203～205。
〔註 128〕參見張舜徽：《廣校讎略・搜輯佚書論五篇》，卷四，頁 83～87。
〔註 129〕章學誠云：「若求之於古而不得，無可如何，而旁求於今有之書，則可矣。如云古書雖亡而實不亡，談何容易耶？」見氏著：《文史通義等三種・校讎通義・補鄭第六》，卷一，頁 235。
〔註 130〕〔晉〕郭象註：《莊子・天道》（台北：藝文印書館，1990 年 12 月第一版），頁 272。
〔註 131〕〔漢〕司馬遷著、裴駰集解、司馬貞索隱、張守節正義：《史記・太史公自序第七十》，卷一三十，頁 3320。

平無險，四徹中繩，先王所謂策府。』郭璞云：『古帝王藏策之府。』則此謂藏之名山是也。」〔註132〕是以自古即有藏書之管理。藏書之處除政府、地方、私人外，亦有特定專門單位，如鄭樵以為凡性命道德之書可以求之道家，小學文字之書可以求之釋氏。就道、釋二氏而言，以其特性「夫道藏必於洞天，而佛藏必於叢刹。」〔註133〕藉其藏書，反能得二氏之書以補中秘不逮。

　　雖古已有典籍之管理，但經過秦的焚書，使先秦以前的書籍除醫藥、卜筮、種樹之書得以保管，餘皆已焚之。幸得漢代廣開獻書之道，方始先秦文獻漸漸恢復舊貌，又經過劉向、劉歆父子校讎整理，今日得以見之。章學誠主張藏書應廣儲副本，其云：

> 校書宜廣儲副本。劉向校讎中秘，有所謂中書，有所謂外書，有所謂太常書，有所謂太史書，有所謂臣向書，臣某書。夫中書與太常太史，則官守之書不一本也。外書與臣向臣某，則家藏之書不一本也。夫博求諸本，乃得讎正一書，則副本固將廣儲，以待質也。〔註134〕

歷代分分合合，每每戰亂，若不廣儲副本，古籍經久傳，即使政府藏書亦損壞散佚。故乾隆編纂《四庫全書》，蒐羅保存了大量的古籍善本，繕寫七套，分別藏於北京故宮文淵閣、瀋陽故宮文溯閣、北京圓明園文源閣、承德避暑山莊文津閣、鎮江金山寺文宗閣、揚州大觀堂文匯閣、杭州聖因寺文瀾閣，幾經戰火，目前僅存三套半，而文淵閣本目前存放於我國故宮博物院，是目前保存較完整的一部。

　　此外，廣儲副本亦可提供校讎家勘別異同，以校其誤，張舜徽云：

> 讎校文字，首必廣儲副本，以勘異同，次則據宋、元舊本以訂譌誤，二者固校書家用力之端。然有識之士，率能不偏主，不曲從，備載諸本，為校記考異之屬，附於其末，俾學者自別擇之，猶不失慎重

〔註132〕〔漢〕司馬遷著、裴駰集解、司馬貞索隱、張守節正義：《史記‧太史公自序第七十》，卷一三十，頁3321。

〔註133〕葉瑛注「道藏，有正統、萬曆二刻，其中所收多古子書，雖刻於明代，而實根源於宋。故清乾、嘉學者，多據之校訂俗本。佛藏，則經、律、論各一，謂之三藏。宋、元、明皆有雕本，鴻編鉅帙，搜羅詳備。」見氏著：《校讎通義校注‧藏書第九》，頁991。

〔註134〕〔清〕章學誠、楊家駱編：《文史通義等三種‧校讎通義‧校讎條理第七》，卷一，頁236～237。

之意。〔註135〕

從另一角度言之，文獻典藏亦是一門大學問，以目前文書檔案管理層面觀之，其空間設立須防火、防水，溫度溼度要設置常溫，防潮防蟲除溼等工作不可疏忽，如今日圖書館，若無用心管理，若干年後，不可想像。而藏書需要空間、財力、物力，周永年設置籍書園時，章學誠云：「周君之志，蓋欲構室而藏，托之名山，又欲強有力者為之贍其經費，立為紀事，而使學者於以習其業，傳鈔者於以流通其書，故以籍書名園。又感於古人藏書之義，著《儒藏說》一十八篇，冠於書首，以為永久法式。」〔註136〕古人藏書非常講究，書櫃質料、標示牌、封書式、存放空間位置、窗櫺、鎖匙等皆有規範，如孫從添云：

> 收藏書籍，不獨安置得法，全要時常檢點開看，乃為妙也。若安置雖妥，棄置不管，無不遺誤。至於書櫃，須用江西杉木，或川柏、銀杏木為之。紫檀、花梨小木，易於泛潮，不可用。做一封書式，樸素精雅，兼備為妙。……四面窗櫺，須要透風。窗小櫃大，樓門堅實，鎖要緊密，式要精工。鎖匙上挂小方牌，或牙或香，將經史子集釋道字刻於正面……古有石倉，藏書最好，可無火患……，將書分新舊鈔刻，各置一室，封鎖匙鑰，歸一經管。〔註137〕

甚連如何防蛀、防火、防潮、書架之擺放等方式亦有所法，其云：

> 接連內室、廚竈、衙署之地，則不可藏書，而卑濕之地，不待言矣。藏書斷不可用套，常開看，則不蛀。櫃頂用皂角炒為末，研細鋪一層，永無鼠耗。恐有白蟻，用炭屑、石炭、鍋鏽鋪地，則無蟻。櫃內置春畫、辟蠹石，可辟蠹魚，供血經於中，以辟火。書放櫃中，或架上，俱不可竝，宜分開寸許，放後亦不可放足。書要透風，則不蛀不霉。書架……下隔要高，四柱略粗，不可太狹，亦不可太闊，約放書二百本為率。安置書架，勿於近窗竝壁之處。〔註138〕

有關辟火之說，因其污穢以避火神乃取其意象，而芸草辟蠹自古已有；雖上述問題今日科技皆可解決，於古代卻實屬不易。黃宗羲在《天一閣藏書記》

〔註135〕張舜徽：《廣校讎略‧校書方法論六篇》，卷四，頁73。

〔註136〕〔清〕章學誠著、史城編：《章學誠遺書‧籍書園書目敘》，卷八，頁67。

〔註137〕〔清〕孫從添：《藏書記要‧收藏》，頁14～15。

〔註138〕〔清〕孫從添：《藏書記要‧收藏》，頁15～16。

中說：「嘗歎讀書難，藏書尤難，藏之久而不散，則難之難矣！」〔註139〕況且藏書者需要有龐大財力，以建置各項設備，後續贍養費用更是長遠之事，時間、空間、智慧等都是重要因素，最重要是兼負文化傳遞者的任務，因爲藏書基本要件除妥善典藏書籍外，並透過管理與流通，方能達到傳承文化之目的。

三、建立索引

藏書之用爲傳承文化，提供世人借閱，以理不解之惑，或供校讎家索考，無論政府、地方、甚或私人藏書若無分類，藏書僅是故紙堆，不流通就無經世致用的價值。將所藏之書好好典藏屬靜態管理，若要流通，不管借閱、傳鈔等，尋繹資料要有所法則，部次依四部，經史子集外，亦要建立索引，章學誠云：

> 竊以典籍浩繁，聞見有限，在博雅者，且不能悉究無遺，況其下乎？以謂校讎之先，宜盡取四庫之藏，中外之籍，擇其中之人名地號，官階書目，凡一切有名可治，有數可稽者，略倣《佩文韻府》之例，悉編爲韻，乃於本韻之下，注明原書出處，及先後篇第，自一見再見，以至數千百，皆詳注之，藏之館中，以爲群書之總類。〔註140〕

編纂群書綜合索引工程浩大，紮實完成索引工作，必使校讎時省下不少功夫，即名求其編韻，進而因韻檢其本書，相互參校，是以其爲校讎之先前工作。古者著錄須辨嫌名，避免一書兩入，亦可依書名與作者按韻編之，章學誠云：

> 欲免一書兩入之弊，但須先作長編，取著書之人與書之標名，按韻編之，詳注一書源委於其韻下；至分部別類之時，但須按韻稽之，雖百人共事，千卷雷同，可使疑似之書，一無犯複矣。〔註141〕

章學誠亦力行編錄《明史列傳人名韻編》、《歷代紀元韻覽》，落實於專科目錄也採此法，於〈論修史籍考要略〉提示「取諸書名目，倣《佩文韻府》之例，

〔註139〕駱兆平：《天一閣藏書史志·天一閣藏書記》（上海：上海古籍出版社，2005年3月第一版），頁321。

〔註140〕〔清〕章學誠、楊家駱編：《文史通義等三種·校讎通義·校讎條理第七》，卷一，頁237。

〔註141〕〔清〕章學誠、楊家駱編：《文史通義等三種·校讎通義·辨嫌名第五》，卷一，頁234。

依韻先編檔簿，以俟檢覈，庶幾編次之時，乃無遺漏復疊之患。」〔註142〕又於〈與族孫守一論史表〉云：「僕在和州時，病諸史列傳人名錯雜，難於稽檢，曾令人將《明史》列傳人名，編韻為書。初意欲取全史人名，通編為韻，更取諸篇人名重複互見者，徧注其下，則不特為讀史要領，且為一切考訂關人事者作資糧也。」〔註143〕此真為校讎之良法。以今觀之，若在圖書館未有電腦化前，其圖書分類與索引非常重要，讀者可迅速便利找尋所要之圖書；科技電子化後，讀者可以關鍵字尋繹資料，惟電腦尚不能辨別嫌名，判讀一書兩名之問題，且無法探求版本，遑論考辨源流；以今日而言，詳實的索引與專科目錄，仍是提供學者研究一家之學的便捷治學途徑。

〔註142〕〔清〕章學誠著、史城編：《章學誠遺書·論修史籍考要略》，卷十三，頁116。
〔註143〕〔清〕章學誠著、史城編：《章學誠遺書·與族孫守一論史表》，卷九，頁91。

第四章　《校讎通義》與《漢書藝文志》

　　追溯最早部次分類之法為《七略》，《七略》已亡佚，惟班固依《七略》增補而成《漢志》，其〈輯略〉即為各略之序錄；一般學者認為章學誠尊二劉之義例，《校讎通義》亦有〈宗劉〉一篇，但深入分析後，發現章學誠並未全盤接受，他自己也說，二劉初創之例難免有疏失，而《漢志》又從之，因此提出許多不同看法。或許囿於當時之學術風氣，抑或以《七略》之分類，無法部次現今龐雜繁多之典籍，且易造成混淆；故章學誠有與《漢志》所見不同者，又以互著、別裁可求學術流別，以為《漢志》僅有〈諸子略〉有互見之例，部分典籍應運用互著、別裁之法部次區分而無者；本章針對《校讎通義》所論及《漢志》之典籍，以經典本身論析，案頭索查，明瞭諸志之歸類，溯及源流，並探析《漢志》互著、別裁之用，以辨正《校讎通義》所論。

第一節　與《漢志》不同者

一、六藝略

（一）《世本》則當入於歷譜：[註1]

　　劉向云：「《世本》，古史官明於古事者之所記也，錄黃帝已來帝王諸侯及卿大夫謚名號，凡十五篇也與左氏合也。馬本、嚴本。」[註2]《隋志》

[註1]　〔清〕章學誠著、楊家駱編：《文史通義等三種‧校讎通義‧焦竑誤校漢志第十二》，卷二，頁243。
[註2]　〔清〕姚振宗：《師石山房叢書‧七略別錄佚文》，頁7。

著錄《世本》二卷劉向撰，案孫星衍以爲撰者乃「撰集古書，非如後世之作而不述也。」〔註 3〕顏之推以皇甫謐之說「《世本》爲左丘明所書，而有燕王喜、漢高祖。」〔註 4〕孫馮翼謂非本文也。孫星衍云：「謐言多不足信。此又誤讀班彪傳之文。按：彪傳言左邱明作《左氏傳》三十篇，又撰異同號曰《國語》二十篇，下云，又有記錄黃帝已來至春秋時帝王公侯卿大夫號，曰《世本》，一十五篇。稱又有者，別有人撰此書，不必左氏。若彪以爲左氏撰，其子固作《藝文志》，何云古史官乎，其書十五篇、即太史公所採。故漢書司馬遷傳贊以爲遷采《世本》，班彪以爲遷刪《世本》者也。」〔註 5〕又其燕王喜、漢高祖等事，乃宋衷依《太史公》補其缺。職是，顏之推所見爲宋衷本。又《史通・正史》：「楚、漢之際，有好事者，錄自古帝王公卿大夫之世，終乎秦末，號曰《世本》，十五篇。」〔註 6〕案劉向謂錄其黃帝已來帝王諸侯及卿大夫謚名號、《漢志》云則至春秋時，據陳夢家考《世本》爲蓋戰國末趙人所作，其書成於趙政稱帝前十餘年。因《世本》有稱趙王遷爲今王遷者，乃因其爲趙人之書。故其書作於秦始皇十三年至十九年（公元前二三四至前二二八），較《竹書紀年》晚七八十年。〔註 7〕《隋志》、兩《唐志》又有宋衷撰《世本》四卷、又有宋均注帝譜《世本》十卷、王氏注《世本》譜二卷。而有《世本》及注本兩種版本。南宋高似孫云：「《世本》敘歷代君臣世家，是書已不復見；猶有傳者，劉向、宋衷、宋均三家而已。余閱諸經疏，惟《春秋左氏傳疏》所引《世本》者不一，因採掇彙次成一書，題曰《古世本》。」〔註 8〕據此，至南宋亡佚爲《古世本》。而劉向本及三家注本似至南宋尚見，惟宋代僅《通志》著錄，復見於《國史經籍志》。清代學者王謨、孫馮翼、錢大昭、王梓材、洪飴孫、陳其榮、秦嘉謨、張澍、雷學淇、茆泮林等人各有輯本，而以雷、茆本爲佳。1957 年，商務印書館合輯

〔註 3〕〔漢〕宋衷注、〔清〕秦嘉謨等輯：《世本八種・孫馮翼集本・重集世本序》（上海：商務印書館 1957 年 12 月），頁 1。

〔註 4〕〔北齊〕顏之推撰、〔清〕趙曦明註：《抱經堂本顏氏家訓・書證》（臺北縣：漢京文化事業有限公司，1981 年 4 月初版），卷六，頁 323。

〔註 5〕〔漢〕宋衷注、〔清〕秦嘉謨等輯：《世本八種・孫馮翼集本・重集世本序》，頁 1。

〔註 6〕〔唐〕劉知幾撰、〔清〕浦起龍釋：《史通通釋・古今正史》（臺北：里仁書局，1993 年 6 月），卷十二，頁 336。

〔註 7〕陳夢家撰：《尚書通論・西周年代考・六國紀年・世本考略》（石家莊：河北教育出版社，2002 年，）頁 618。

〔註 8〕〔宋〕高似孫：《史略子略》（上海：商務印書館，1939 年 12 月初版），頁 110。

《世本八種》，合印上述八人輯本。〔註9〕章學誠以爲「《世本》則當入於歷譜，《漢志》既有歷譜專門，不當猶附《春秋》耳；然歷譜之源，本與《春秋》相出入者也。」〔註10〕案《漢志·歷譜序》云：「歷譜者，序四時之位，正分至之節，會日月五星之辰，以考寒暑殺生之實。故聖王必正歷數，以定三統服色之制，又以探知五星日月之會。凶厄之患，吉隆之喜，其術皆出焉。此聖人知命之術也，非天下之至材，其孰與焉！道之亂也，患出於小人而強欲知天道者，壞大以爲小，削遠以爲近，是以道術破碎而難知也。」〔註11〕以此，歷譜既關日月五星之辰，但其十八家又著錄《帝王諸侯世譜》二十卷、《古來帝王年譜》五卷，其義例不統一，案此入《春秋》類較爲恰當。

（二）《秦大臣奏事》附之《春秋》，稍失其旨：〔註12〕

查章學誠所云《秦大臣奏事》爲《漢志》春秋類之《奏事》，此書已亡，但尙存金石刻文中。〔註13〕沈欽韓於《漢書藝文志疏證》考：「此漢魏名臣奏事所始。按《始皇本紀》，奏事如王綰、李斯等所議也。泰水刻石，一；琅邪刻石，二；之罘刻石，三；東觀刻石，四；刻碣石門，五；三十六年，黔首刻石，深疾惡之，而效其刻石之事。會稽刻石，六。二世元年，東行郡縣，到碣石，南至會稽，而盡刻始皇所立刻石，石旁著大臣從者名，以章先帝成功盛德焉。丞相斯請具刻詔書，刻石凡七也。……《本紀》『二十八年，上鄒嶧山立石』，不載其辭。……自《元和志》、《寰宇記》等所載，並不言有文辭。疑未能定也。」〔註14〕姚振宗云：「按嚴氏可均輯《全秦文》，王綰有〈議帝號〉、〈議封號〉二篇。李斯有〈上書諫逐客〉、〈上書言治驪山〉、〈陵、議廢封建〉、〈議刻金石〉、〈議燒詩書百家語〉、〈上書對二世〉、〈上書言趙高〉、〈獄中上書〉八篇；又公子高秦之諸公子也有〈上書請從死〉一篇；又僕射周青臣〈進頌〉一篇；士淳于越〈議封建〉一篇，諸儒生〈議封禪〉

〔註9〕〔漢〕宋衷注、〔清〕秦嘉謨等輯：《世本八種·出版說明》，頁4～5。

〔註10〕〔清〕章學誠著、楊家駱編：《文史通義等三種·校讎通義·鄭樵誤校漢志第十一》，卷二，頁243。

〔註11〕〔清〕章學誠著、王重民通解：《校讎通義通解》，頁62。

〔註12〕〔清〕章學誠著、楊家駱編：《文史通義等三種·校讎通義·焦竑誤校漢志第十二》，卷二，頁243。

〔註13〕顧實曰：「亡，今存金石刻文尚不鮮。羅振玉有刊行《秦金石刻辭》。」氏著：《漢書藝文志講疏》，頁67

〔註14〕〔清〕沈欽韓撰、尹承整理：《二十五史藝文經籍考補萃編·漢書藝文志疏証》，頁56。

一篇，羣臣〈議尊始皇廟〉一篇，李斯獄中上書云：『更剋畫、平斗斛、度量、文章布之下，以樹秦之名。』則刻石名山文，皆斯手筆也。……惟嶧山刻石，《始皇本紀》不載，凡刻石文八。……又有句曲山〈白璧刻文〉、〈玉璽文〉、〈金狄銘〉、〈秦權文〉四篇，凡是類皆當在此二十卷中。」〔註15〕張舜徽以爲此二十卷書涵括甚廣，總題爲《奏事》，由漢代學者裒錄而成，而以秦大臣上書者爲首，故曰《奏事》。〔註16〕章學誠認爲《秦大臣奏事》在後史當歸故事，而《漢志》亦無專門，附之《春秋》，稍失其旨。其當與《漢高祖傳》、《孝文傳》（注稱論述冊詔。）諸書，同入《尚書》部次。以《奏事》之內容，當爲秦大臣上書之體，以本質爲故事，以文體而言爲《尚書》，故爲互見，則更能釐清。

（三）《五經雜議》與《爾雅》之屬，皆緣經起義：〔註17〕

《五經雜議》之作者有三說，一爲孫暢之，二爲劉向，三爲孫明暢。其《漢志》最早著錄但無作者，其《五經雜議》，又名石渠論。考《隋志》首有作者孫暢之，《國史經籍志》亦然。疑《通志》之孫明暢爲誤植。然兩《唐志》遂著作者爲劉向。疑其錄石渠閣會議參加者之一劉向爲名之。本書之卷亦有異動，《漢志》著錄爲十八篇、《隋志》爲六卷，後世著爲六卷；唯兩《唐志》著錄爲七卷。《文獻通考》於《孝經·序》云：「《漢志》：八家，一十二篇。（本志十一家，五十九篇。今削《五經雜議》以下，見《經解門》）。」〔註18〕又於《孝經》類末，著錄「《漢志》：一家，十八篇。（《五經雜講》）。」〔註19〕似爲《五經雜議》。此書已亡佚，《四庫全書》亦無收錄，故無得窺見本書之全貌。本書首入《漢志》經部之《孝經》類，《隋志》入經部之《論語》類，餘以經解類爲多，焦竑亦認爲應入經解。唯章學誠以《漢志》無經解類，故應以入子部之儒家，其互見經解與儒家則更能符合著錄原則；案《漢志》之《孝經》類尚有《雜傳》四篇、《安昌候說》一篇、《爾雅》、《小爾雅》、

〔註15〕 〔清〕姚振宗：《師石山房叢書·漢書藝文志條理》，頁40。
〔註16〕 參見〔漢〕班固撰、張舜徽通釋：《漢書藝文志通釋》（湖北：湖北教育出版社，1990年3月），頁69。
〔註17〕 〔清〕章學誠著、楊家駱編：《文史通義等三種·校讎通義·焦竑誤校漢志第十二》，卷二，頁245。
〔註18〕 〔元〕馬端臨：《文獻通考經籍考》（上海：華東大學師範出版社，1985年6月），卷十二，頁302。
〔註19〕 〔元〕馬端臨：《文獻通考經籍考》，卷十二，頁309。

《弟子職》等書，然《孝經》、《爾雅》歸為同一類，學者之見各有不同，如王先謙《漢書補注》認為《五經雜議》：「此經總論也。《爾雅》、《小爾雅》諸經通訓，《古今字》，經字異同；皆附焉。」〔註20〕《漢志》之《孝經》、《爾雅》等歸《孝經》類，曾有《孝經》為六藝之大本，五經之總會，故列入同類。〔註21〕或有《孝經》本與小學部次相連誤合之。《四庫全書》思考如何訂定類目時：「漢代經師，如韓嬰治《詩》兼治《易》者，其訓故皆各自為書。宣帝時始有《石渠五經雜義》十八篇，《漢志》無類可隸，遂雜置之《孝經》中。《隋志》錄許慎《五經異義》以下諸家，亦附《論語》之末。《舊唐書志》始別名《經解》，諸家著錄因之，然不見兼括諸經之義。朱彝尊作《經義考》別目曰《羣經》，蓋覺其未安，而採劉勰正緯之語以改之，然又不見為訓詁之文。徐乾學刻《九經解》，顧湄兼採總集經解之義，名曰《總經解》，何焯復斥其不通（語見沈廷芳所刻何焯點校《經解目錄》中），蓋正名若是之難也。考《隋志》於統說諸經者雖不別為部分，然《論語》類末稱，《孔叢》、《家語》、《爾雅》諸書併五經總義附於此篇，則固稱『五經總義』矣。今準以立名，庶猶近古。《論語》、《孝經》、《孟子》雖自為書，實均五經之流別，亦足以統該之。其校正文字及傳經諸圖併約畧附焉，從其類也。」〔註22〕以此《隋志》有「五經總議」之稱，唯併入《論語》類。章學誠談到本書時，是針對《漢志》著錄之部次問題。其強調經主傳附，石渠《雜議》之屬，（班固《藝文志》、《五經雜議》十八篇。）始離經而別自為書。然既《漢志》無經解，則石渠之議乃為各位儒者總《五經》之要，辨六藝之文，實應歸為子部儒家類。〔註23〕若以四部則歸之經解類。案石渠閣會議之講論五經，應指《詩》、《書》、《禮》、《易》、《春秋》（今文經學家

〔註20〕〔清〕王先謙撰：《漢書補注》（北京：中華書局影印清光緒二十六年長沙王氏虛受堂刊本，1983年），卷三十，頁875。

〔註21〕《隋志‧孝經序》：「孔子既敘六經，題目不同，指意差別，恐斯道離散，故作孝經，以總會之，明其枝流雖分，本萌於孝者也。」見〔唐〕長孫無忌、魏徵等撰：《隋書經籍志‧經‧孝經類序》，卷一，頁27。

〔註22〕〔清〕紀昀：《欽定四庫全書總目‧經部三十三‧五經總義類》，卷三十三，頁422。

〔註23〕《文史通義等三種‧釋通》：「總《五經》之要，辨《六藝》之文，石渠《雜議》之屬，（班固《藝文志》、《五經雜議》十八篇。）始離經而別自為書，則通之為義，所由仿也。」見〔清〕章學誠著、楊家駱編：《文史通義等三種‧釋通》，頁81。

的排序），依《漢志》的記載爲石渠論有《書》、《禮》、《春秋》，無《詩》和
《易》之議奏，但有《論語》議奏、《五經雜議》，或以《詩》及《易》議論
太少，故併入總論之《五經雜議》；以此，《五經雜議》仍屬五經之講議。《漢
志》若無經解類，溯至學術之源，以入子部儒家類爲宜。

（四）《爾雅》、《小爾雅》入《孝經》爲非：〔註24〕

《爾雅》，《漢志》無撰作者。今本《爾雅》爲十九篇。據邢昺之《爾雅
疏》，其計有〈釋詁〉、〈釋言〉、〈釋訓〉等十九篇，若加上〈序〉則有二十
篇。〔註25〕晁公武云：「世傳《釋詁》，周公書也。仲尼、子夏、叔孫通、梁
文增補之。」〔註26〕陳振孫云：「璞序亦但稱興於中古，隆於漢氏而已。至
陸氏《釋文》始謂《釋詁》爲周公所作，其說蓋本於魏張揖所上〈廣雅表〉，
言：『周公制禮以道天下，著《爾雅》一篇，以釋其義；今俗所傳三篇，或
言仲尼所增，或言子夏所益，或言叔孫通所補，或言沛郡梁文所考，皆解家
所說，先師口傳，疑莫能明也。』」〔註27〕《爾雅》乃訓詁通古今字義之書，
〔註28〕案章學誠以爲《爾雅·釋草》應與方技略之經方相互參考；其又是辨名
正物的名家之支別；實不宜入《孝經》部或《論語》之部次。而《漢志》之《孝
經》與小學部次相連，或許是繕書者誤合流傳至今，職是宜入小學部門。

《小爾雅》一篇，《漢志》著錄但無撰作者。其《藝文志》本於劉歆《七
略》，推測西漢時當已有此書。後世著錄，《舊唐志》著錄作者爲李軌。案依
《隋志》所載李軌解，故《舊唐志》應著李軌解。自《崇文書目》始題作者
爲孔鮒。《直齋書錄解題》云《館閣書目》云孔鮒撰。案《崇文書目》早於
《中興館閣書目》，今日所傳之《小爾雅》乃爲《孔叢子》之第十一篇抄出
別行，已非《漢志》所載之原書。又後世考證，《孔叢子》爲既僞書，是否
都是出自王肅僞託？或是爲好事者纂輯而成書？今日之《小爾雅》雖爲《孔
叢子》之一篇，論作者，晁公武之注「右孔氏古文也。見於孔鮒書。」似較

〔註24〕 〔清〕章學誠著、楊家駱編：《文史通義等三種·校讎通義·焦竑誤校漢志第
十二》，卷二，頁245。
〔註25〕 參見〔清〕阮元校勘：《十三經注疏·爾雅注疏》，頁1。
〔註26〕 〔宋〕晁公武著、〔宋〕晁公武著、孫猛校證：《郡齋讀書志校證》，卷四，
頁145。
〔註27〕 〔宋〕陳振孫：《直齋書錄解題》（上海：古籍出版社，1987年11月第一版），
卷三，頁85～86。
〔註28〕 參見徐朝華注：《爾雅今注·前言》（天津：南開大學出版社，1987年7月第
1版），頁6～8。

為宜。《四庫全書》考證《小爾雅》已非《漢志》之原本，如「〈廣衡〉曰：
『兩有半曰捷，倍捷曰舉，倍舉曰鋝。』《公羊傳》疏引賈逵稱『俗儒以鋝
重六兩』者，蓋即指此。使漢代小學遺書果有此語，逵必不以俗儒目之矣。」
〔註 29〕又「漢儒說經，皆不援及，迨杜預注《左傳》始稍見徵引，明是書
漢末晚出，至晉始行，非《漢志》所稱之舊本。」〔註 30〕《小爾雅》一書
於唐以前有三名，據宋翔鳳考證《小爾雅》乃其本名，有作「《爾雅》」者乃
以與《爾雅》同一家，故冒《爾雅》之號。有作「《小雅》者」，省文。臧君
庸據宋本《漢書藝文志》，但稱《小雅》一篇，無「爾」字，斷「爾」字為
後人所增。此言未當。王伯厚為宋人，所見《漢書》是宋本，而《漢志攷正》
作「《小爾雅》」。又《經典釋文》及注疏中亦多引《小爾雅》文。故《漢書》
宋本偶脫此文，難為確證。〔註 31〕戴東原以此書乃後人皮傳掇拾而成，非
古小學遺書，王煦按《小爾雅》本文證以漢魏諸儒傳注之義，知其說為非也。
〔註 32〕又宋翔鳳認為宋室南渡，李軌之書已不傳。當時錄館閣書，從《孔
叢》採出此篇，此後方有孔鮒撰。而《孔叢》既為偽作託名孔鮒，故不知撰
人名氏。李軌所解《小爾雅》自然不是王肅輩所竄定，而是漢代孝經家相傳
之本。〔註 33〕因此《小爾雅》自古即有別行之本。本書除《漢志》入《孝
經》類、《隋志》入《論語》類，餘皆入經之小學類，《通志》將「爾雅」別
出經後之自成一小類。案本書乃分〈廣詁〉、〈廣言〉、〈廣訓〉、〈廣義〉、〈廣
名〉、〈廣服〉、〈廣器〉、〈廣物〉、〈廣鳥〉、〈廣獸〉、〈廣度〉、〈廣量〉、〈廣衡〉
共十三章。前十章補《爾雅》所不足，解釋字義，辨名物。後三章釋度、量、
衡，為《爾雅》所無。頗可以資考據，故入經之小學。

（五）《古今字》必當依《史籀》、《蒼頡》諸篇為類：〔註34〕

《漢志》於孝經部著錄《古今字》一卷。歷代史志皆不著錄，亡佚甚早。

〔註 29〕〔清〕紀昀：《欽定四庫全書總目·經部四十三·小學類存目一》，卷四十三，
頁 572～573。

〔註 30〕〔清〕紀昀：《欽定四庫全書總目·經部四十三·小學類存目一》，卷四十三，
頁 573。

〔註 31〕參見遲鐸注釋：《小爾雅集釋·小爾雅訓纂攷》（上海：中華書局，2008 年 9
月第 1 版），附錄二，頁 421。

〔註 32〕參見遲鐸注釋：《小爾雅集釋·小爾雅一篇疏》，附錄二，頁 418～420。

〔註 33〕參見遲鐸注釋：《小爾雅集釋·小爾雅訓纂攷》，附錄二，頁 421。

〔註 34〕〔清〕章學誠著、楊家駱編：《文史通義等三種·校讎通義·漢志六藝第十三》，
卷三，頁 250。

姚振宗云：「《古今字》分別古今言其同異耳。《毛詩疏》引《爾雅·序》篇云：《釋詁》言通古今之字，古與今異言也，《釋訓》言，形貌也，則古今字與《爾雅》、《小雅》一類之學相爲表裏者也，故附于其後，又《爾雅》、《小雅》、《古今字》三書，漢時皆不以小學，故附于《五經雜議》之後。」〔註35〕又「《古今字》一卷，謝氏《小學考》失載，今考唐釋元《應一切經音義》引張揖《古今字詁》曰古文愍今作閔，同眉殞反，愍憐也；古文捷今作接同子葉反，古文針箴二形，今作鍼同支淫反，古文裹橐二形，今作阿同烏可反。其言古今字形相同者意即此古今字，其下反音及訓釋，則張揖之《詁揖書》三卷，今不可見此，雖非碻證然亦相去不遠。」〔註36〕姚振宗於《隋書經籍志考證》云：「《古今文》等書一卷，日本書目有古今字一卷，不著撰人，似即此書。」〔註37〕案此書入小學無所疑。僅章學誠於小學部再細分《古今字》爲隸類也，主於形體，必當依《史籀》、《蒼頡》諸篇爲類，而不當與《爾雅》、《小爾雅》同一類。

二、諸子略

（一）《晏子》當入墨家

《晏子》一書，劉向校錄除復重後定著八篇。〔註38〕故《漢志》於儒家著錄《晏子》八篇。《隋志》及爾後諸子皆不見。惟《隋志》始有《晏子春秋》，《崇文總目》云：「《晏子》八篇今亡，此書後人采嬰行事爲之，以爲嬰撰則非也。」〔註39〕又《直齋書錄解題》云：「《漢志》八篇，但曰《晏子》。《隋》、《唐》七卷，始號《晏子春秋》。今卷數不同，未知果本書否？」〔註40〕《四庫總目》云：「《漢志》惟作《晏子》，《隋志》乃名《春秋》，蓋二名兼行也。《漢志》、《隋志》皆作八篇，至陳氏、晁氏書目，乃皆作十二卷，蓋篇帙已多有更改矣。此爲明李氏綿眇閣刻本，內篇分〈諫上〉、〈諫下〉、〈問上〉、〈問下〉、〈雜上〉、〈雜下〉六篇，外篇分上、下二篇，與〈漢志〉八篇之數相合。若世所傳烏程閔氏刻本，以一事而內篇、外篇複見，所記大

〔註35〕〔清〕姚振宗：《師石山房叢書·漢書藝文志考證》，頁49。
〔註36〕〔清〕姚振宗：《師石山房叢書·漢書藝文志考證》，頁49～50。
〔註37〕〔清〕姚振宗：《師石山房叢書·隋書經籍志考證》，頁187。
〔註38〕參見〔清〕姚振宗：《師石山房叢書·別錄七錄佚文》，頁8。
〔註39〕〔清〕王堯臣著、〔清〕錢東桓輯釋：《崇文總目輯釋》，卷三，頁127。
〔註40〕〔宋〕陳振孫：《直齋書錄解題》，卷九，頁269～270。

同小異者，悉移而夾註內篇下，殊爲變亂無緒，今故仍從此本著錄，庶幾猶略近古焉。」〔註41〕案《晏子》八篇至《隋志》不錄，反始有《晏子春秋》，疑爲一書二名。1972 年銀雀山出土了《晏子》十六章、1973 年西漢中山懷王墓葬出土《晏子春秋》殘文、1977 年西漢汝陰夏侯灶墓亦出土了《晏子春秋》殘文，這些經專家的考證，《晏子春秋》成書於戰國時期，且非一人一時所作，大約與稷下大夫有關。〔註42〕《晏子春秋》始入儒家，至《郡齋讀書志》入墨家，《文獻通考》、《國史經籍志》從之，章學誠亦主是說。柳宗元《辯晏子春秋》云：「司馬遷《讀晏子春秋》高之，而莫知其所以爲書。或曰晏子爲之而人接焉，或曰晏子之後爲之，皆非也。吾疑其墨子之徒有齊人者爲之。墨好儉，晏子以儉名於世，故墨子之徒尊著其事，以增高爲已術者。且其旨多尚同、兼愛、非樂、節用、非厚葬久喪者，是皆出墨子。又非孔子、好言鬼事、非儒、明鬼，又出墨子。」〔註43〕故以其書爲墨子之道而入墨家。但有王鳴盛、劉師培等否之。〔註44〕洪亮吉考墨子於晏子後，否定了柳宗元之說法，認爲管子晏子應自成一家。〔註45〕然《四庫總目》以「《晏子》一書，由後人摭其軼事爲之。雖無傳記之名，實傳記之祖也。」〔註46〕入史部之傳紀類。陳直則駁之曰：「案列國以來，『春秋』名書之義有三：有紀一人之事者，《晏子春秋》是也；有成一家之言者，《虞氏春秋》、《呂氏春秋》是也；有記一時之事者，《楚漢春秋》、《吳越春秋》是也。名雖同，而派別微異，此書（《晏子春秋》）即後代別傳之胚胎，實爲子部支流，紀昀《四庫全書》提要入於史部，未免循名而失實矣。」〔註47〕案《晏子春秋》一書，各篇皆爲晏子之語，或諫曰、或對曰，其間實有春秋

〔註41〕　〔清〕紀昀：《欽定四庫全書總目·史部十三·傳記類一》，卷五十七，頁 797。

〔註42〕　參見楊艷華：〈出土文獻對《晏子春秋》研究的意義〉，《漳州師範學院學報（哲學社會科學版）》第 1 期，2009 年，頁 50～53。

〔註43〕　〔春秋〕晏嬰撰、吳則虞集釋：《晏子春秋集釋·辯晏子春秋》（上海：中華書局，1962 年 1 月第 1 版），頁 602。

〔註44〕　〔春秋〕晏嬰撰、吳則虞集釋：《晏子春秋集釋·晏子春秋、晏子非墨家辨》，頁 600～602。

〔註45〕　洪亮吉云：「惟宗元以晏子爲墨氏之徒，微誤。考墨在晏子之後，當云其學近墨氏，或云開墨氏之先則可耳」（漢書藝文志墨子在孔子後）。見〔春秋〕晏嬰撰、吳則虞集釋：《晏子春秋集釋·新刻晏子春秋書後》，頁 605～607。

〔註46〕　〔清〕紀昀：《欽定四庫全書總目·史部十三·傳記類一》，卷五十七，頁 797。

〔註47〕　嚴挺之〈晏子春秋辨證〉引陳直則語。見〔春秋〕晏嬰撰、吳則虞集釋：《晏子春秋集釋·晏子春秋辨證》，頁 618。

史事，雖章學誠云以爲墨子之徒有齊人者爲之而入墨家，但據出土文獻之考證結果，非一人一時之作，大約與稷下大夫有關。又此書，雖有墨家之思想，然經嚴挺考證，言儒者多，言墨者少。〔註48〕職是，既爲一子之論，又有春秋之史事，宜入於子之儒家並互見於史部。章學誠云「譜牒通於歷數，紀傳合乎小說，則史而子矣。」〔註49〕由此觀之，《晏子春秋》亦爲史亦爲子。

（二）《六弢》果有夫子之問，問在兵書，安得遂歸儒家部次：〔註50〕

《漢志》儒家著錄之周史《六弢》，班固自注曰：「惠、襄之間，或曰顯王時，或曰孔子問焉。」顏師古注即爲當今之《六韜》。案梁玉繩之《人表考》：「太史大弢惟見《莊子・則陽》。案大弢、伯常騫與孔子論衛靈公，未知何國之史。此云周史者，豈亦如騫之去周適齊歟？《藝文志》有《周史大弢》六篇，或曰孔子問焉。又《廣韻》弢平義切，弢土刀切，音義俱別，疑此譌。〔註51〕」王利器《古今人表疏證》除梁玉繩之說法，另又引述錢大昕與翟云升之論，錢大昕云：「『大弢』當作『六弢』，《藝文志》儒家有《周史大弢》六篇。或曰孔子問焉。」翟云升云：「『弢』當作『弢』，《莊子・則陽》作太史大弢，《漢書・藝文志》《周史大弢》六篇，蓋太史作書六篇，謂之《六弢》也。」〔註52〕沈濤《銅熨斗齋隨筆》考「案今《六韜》乃文王武王問太公兵戰之事，而此列儒家，則非今《六韜》也。六蓋大字之誤，《古今人表》有周史大弢。古字書無弢字，篇韻始有之，當爲弢字之誤，《莊子・則陽》篇仲尼問於太史大弢，蓋即其人。此乃其所著書，故班氏有孔子問焉之說。顏以爲太公《六韜》，誤矣。今之《六韜》，當在《太公》二百三十七篇之內。」〔註53〕姚振宗云：「周史大弢，見《人表》第六等中下，列周景王、悼王時，爲春秋魯昭公之世，與孔子同時。上距惠襄之間，下至顯王之

〔註48〕 參見〔春秋〕晏嬰撰、吳則虞集釋：《晏子春秋集釋・晏子春秋辨證》，頁620～623。

〔註49〕 〔清〕章學誠著、楊家駱編：《文史通義等三種・校讎通義・宗劉第二》，卷一，頁229。

〔註50〕 〔清〕章學誠著、楊家駱編：《文史通義等三種・校讎通義・漢志諸子第十四》，卷三，頁251。

〔註51〕 〔清〕梁玉繩等：《史記漢書諸表訂補十種・人表考》（北京：中華書局1982年7月第一版），頁789。

〔註52〕 〔漢〕班固撰、王利器、王貞珉：《漢書古今人表疏證》（濟南：齊魯書社，1988年8月第一版），頁540。

〔註53〕 〔清〕沈濤撰、章壽康輯：《銅熨斗齋隨筆》（據清光緒會稽章氏刻本，式訓堂叢書），（一），卷四，頁14。

際，皆一百數十年，實不相及。惟云孔子問焉，則與《人表》敘次時代相合，又《莊子》有孔子問于太史大弢，則確爲大弢無疑，沈氏所考，信有徵矣。」〔註54〕姚明煇云：「師古曰即今之《六韜》也，蓋言取天下及軍旅之事，弢字與韜字同也。案今本《六韜》六卷自隋《經籍志》及《四庫總目》皆載兵家，《四庫提要》謂《六韜》非《六弢》，別爲一書，則今佚。沈濤曰今之《六韜》，當在《太公》二百三十七篇之內。」〔註55〕案《莊子·則陽》確有仲尼問於太史大弢之事，〔註56〕可見其太史大弢與周史大弢應爲同一人。顏師古以爲其爲太公之《六韜》則爲非。王重民認爲班固引「孔子問焉」是想證明書的時代，並不是以此做分類。進而言之，顏師古認爲《六弢》即爲《六韜》，是言軍旅之事，應不入儒家。〔註57〕章學誠引劉恕之言，既《漢志》入儒家，就應當不是兵書。〔註58〕章學誠主張書當以求名實，不以人名分部次，不應《太公》有武王問或《內經》有黃帝問，就入《春秋》類或儒家類；相同之道，若《六韜》果有夫子問在兵書，豈可歸儒家類，實以問之內容定之。因此，《周史大弢》有夫子問，不問在兵家，當入儒家。

（三）《周政》、《周法》入於儒家非也：〔註59〕

《漢志》著錄於儒家著錄《周政》六篇，注云：「周時法度政教。」又《周法》九篇，注云：「法天地，立百官。」爾後諸志均不著錄，可見亡佚甚早。章學誠以《周政》、《周法》屬職官、故事、章程、法度之類，此乃《禮》之遺，爲當世之實跡，非爲一子立言，故不宜儒家，應入《禮》經之下。姚振宗云：「按班氏仍錄略之舊刻于儒家，必有其故，後人未見其書，未可斷以爲非。」〔註60〕張舜徽按云：「古之周名書者，本有二義：一指朝代；一謂周備。故凡包羅甚廣而寓周備、周普、周遍之意，如後世叢鈔、雜纂之屬，皆可以周名之。在〈六藝略〉中，若官制彙編之名《周官》，其尤顯著

〔註54〕〔清〕姚振宗：《師石山房叢書·漢書藝文志條理》，頁63。

〔註55〕〔漢〕班固撰、姚明煇：《漢書藝文志注解姚氏學》（上海：江南印刷局，1924年12月），頁94。

〔註56〕〔晉〕郭象註：《莊子》，頁476。

〔註57〕參見〔清〕章學誠著、王重民通解：《校讎通義通解》，頁87。

〔註58〕章學誠於《校讎通義·漢志諸子第十四》云：「儒家部《周史六弢》六篇，兵家之書也。劉恕以謂《漢志》列於儒家，恐非兵書。今亦不可考矣。」見楊家駱編：《文史通義等三種·校讎通義·漢志諸子第十四》，卷三，頁251。

〔註59〕〔清〕章學誠著、楊家駱編：《文史通義等三種·校讎通義·漢志諸子第十四》，卷三，頁251。

〔註60〕〔清〕姚振宗：《師石山房叢書·七略別錄佚文》，頁63。

者也。遠古文獻，散在四方。自官制彙編之外，遺言逸制未經收錄者猶多。儒生各取所見，分類輯比以存之。儒家之《周政》、《周法》，蓋所載乃布政立法之餘論。以其同出儒生之手，故列之儒家。若道家之《周訓》，以小說家之《周紀》、《周說》，猶後世雜鈔、叢考、說林之類耳。學者當推此意以求之，不必拘泥爲專言姬周一代之書也。」〔註61〕案《周政》、《周法》早已亡佚，若依班固自注，似爲周時職官、故事、章程、法度之屬，實爲當代遺跡，入之禮類似較爲宜，〔註62〕若以四部分類，當類歸史部之職官、故事、形法等之屬。誠如章學誠所感，不能一一見其書以校正。

（四）《高祖傳》、《孝文傳》入儒家，《漢志》疎略，由於書類不全，勉強依附：〔註63〕

沈欽韓於《漢高祖》十三篇著錄「《隋志》：梁有《漢高祖手詔》一卷。魏相奏《高皇帝所述書》。」〔註64〕姚振宗云：「嚴可均《全漢文》敘錄曰：《漢志》儒家《高帝傳》十三篇，魏相表奏《高皇帝所述書天子所服第八》即十三篇之一也，其他見於諸史傳記者，有詔二十二篇，手敕、賜書、告諭、令答、鐵券、盟誓等十五篇，總凡三十八篇。」〔註65〕顧實云：「亡。高祖嘗手敕太子曰：吾遭亂世，當秦禁學，自喜謂讀書無益。洎踐阼以來，時方省書，乃使人知作者之意。追思昔所行，多不是。見《古文苑》。由此觀之，漢高與明祖先後輝映矣。」〔註66〕楊樹達云：「《古文苑》載高祖敕太子五事。」〔註67〕張舜徽云：「古之以傳名書者，既可以稱紀錄，亦可以名論述。褚少孫稱《太史公書》爲《太史公傳》，其明徵也。昔人論著中常稱『傳曰』或『傳有之』，亦謂傳爲古書耳。漢高祖初起事時，雖質樸無文，鄙棄儒學；及天下既定，與諸大臣謀治安之道，遂不得不及書史。……蕭何、張蒼、叔孫通、陸賈之流，皆儒生也。高帝既常與之述古又時頒詔策以論國政。簡牘

〔註61〕 〔漢〕班固撰、張舜徽通釋：《漢書藝文志通釋》，頁108。
〔註62〕 王重民亦以入儒家不很妥當，而附之禮經下爲宜。參見氏著：《校讎通義通解》，頁89。
〔註63〕 〔清〕章學誠著、楊家駱編：《文史通義等三種·校讎通義·補校漢志第十》，卷二，頁241。
〔註64〕 〔清〕沈欽韓撰、尹承整理：《二十五史藝文經籍考補萃編·漢書藝文志疏証》，頁75。
〔註65〕 〔清〕姚振宗：《師石山房叢書·漢書藝文志條理》，頁67。
〔註66〕 〔漢〕班固撰、顧實：《漢書藝文志講疏》，頁108。
〔註67〕 〔漢〕班固撰、楊樹達：《漢書窺管》（上海：上海古籍出版社，1984年1月1版），卷三，頁226。

漸多，故有人裒輯以爲《高祖傳》十三篇。嚴可均謂……總凡三十八篇。然則《漢志》著錄之十三篇，蓋其中之尤要者也。所載言論，多與儒近，故列之儒家。」〔註68〕

《孝文傳》，《漢志》於儒家著錄《孝文傳》十一篇，孝文即爲漢文帝的謚號。王應麟云：「《史記‧文帝紀》凡詔皆稱『上曰』，以其出於帝之實意也。」〔註69〕姚振宗云：「嚴可均《全漢文》編曰：《史》、《漢》本紀、〈封禪書〉、〈律書〉、〈郊祀志〉、〈刑法志〉、〈淮南王傳〉、〈周勃傳〉、〈鼂錯傳〉、〈賈損之傳〉、〈匈奴傳〉、〈續漢禮儀志注〉引《宋書‧禮志》引文帝〈制〉兩篇、〈詔〉三十四篇、〈賜書〉、〈璽書〉、〈酎金律〉等文六篇，凡四十二篇。」〔註70〕顧實云：「亡。《史記‧文帝》凡詔皆稱上。蓋即此類之文，文帝黃老之治，而入儒家，道儒固相通也。」〔註71〕張舜徽云：「文帝在位二十餘年，行事言論多矣。其見於《史》、《漢》本紀、〈封禪書〉、〈律書〉、〈郊祀志〉、〈刑法志〉、〈淮南工傳〉、〈周勃傳〉、〈鼂錯傳〉、〈賈損之傳〉、〈匈奴傳〉以及他書所載文帝制詔、賜書之類甚夥，《漢志》僅著錄《孝文傳》十一篇，固未足以盡之，其爲不備，與高祖傳同。即此十一篇之書，亦已早佚，《隋志》已不著錄。」〔註72〕

章學誠以爲《高祖傳》十三篇，《孝文傳》十一篇，皆屬故事之書，應列入《尚書》部門。因君上之詔誥，臣下之章奏，尋其源皆《尚書》之訓誥。焦竑以《漢志》之《高祖》與《孝文》二傳入儒家爲非，因改入於制詔，此說有理，但主張將制詔入集部則爲非也。案《尚書》孔穎達〈序〉曰即云：「夫書者，人君辭誥之典，右史記言之策。」〔註73〕又《尚書‧序》說：「典、謨、訓、誥、誓、命之文。」〔註74〕職是，制詔與表章之類實爲《尚書》屬，後世入集實爲非。雖張舜徽所云甚是，亦有其理，但《太史公書》亦入史部之正史，又依班固自注《漢高祖》十三篇乃爲高祖與大臣述古語及詔策，故若依其源，應入《尚書》之部，而四部分類後，則入史部，方得其宜。誠如章學誠所云，職官故事章程法度，則屬當世實跡，非儒家之一家言。

〔註68〕〔漢〕班固撰、張舜徽通釋：《漢書藝文志通釋》，頁114。
〔註69〕〔宋〕王應麟：《欽定四庫全書‧漢藝文志考證》，卷五，頁11。
〔註70〕〔清〕姚振宗：《師石山房叢書‧漢書藝文志條理》，頁68。
〔註71〕〔漢〕班固撰、顧實：《漢書藝文志講疏》，頁110。
〔註72〕〔漢〕班固撰、張舜徽通釋：《漢書藝文志通釋》，頁116。
〔註73〕〔清〕阮元校勘：《十三經注疏‧尚書‧序（孔穎達）》，頁3。
〔註74〕〔清〕阮元校勘：《十三經注疏‧尚書序》，頁8。

（五）《劉向所序》、《揚雄所序》，以人類書為《漢志》之疏：〔註75〕

《劉向所敘》六十七篇依《漢志》記載爲《新序》、《說苑》、《世說》、《列女傳頌圖》，並以人類書，部錄於儒家。查《漢志》載有《揚雄所敘》三十八篇亦是以人書類，故爲鄭樵譏之，其混收揚雄一家爲無倫類，謂其班氏不能學《七略》之徵。劉歆《七略》所載，《新序》爲三十篇、《說苑》二十篇、《列女傳》八篇；前皆有「臣向所序」，因而班固合而爲之爲《劉向所序》，惟《世說》無載。〔註76〕依顧實考曰：「稱所序者，蓋猶今之叢書也。本傳曰：『向采傳記，著《新序》、《說苑》凡五十篇，序次《列女傳》凡八篇，著〈疾讒〉、〈摘要〉、〈救危〉及〈世頌〉凡八篇。』《別錄》曰：『臣向與黃門侍郎歆所校《列女傳》種類相從爲七篇。』蓋合〈頌義〉一篇爲八篇也。〈疾讒〉、〈摘要〉、〈救危〉、〈世頌〉蓋爲《世說》中篇目，即《世說》也。《隋志》《新序》三十卷、《說苑》二十卷，卷即是篇，是五十篇。合《世說》八篇、《列女傳》八篇，凡十六篇，又《列女傳圖》一篇，恰符《漢志》六十七篇之數。今《世說》八篇亡，《列女傳圖》一篇亦亡。《新序》亡二十篇，存十篇，凡餘三十八篇。」〔註77〕《劉向所序》劉向部錄於儒家，班固收其所序總其名爲《劉向所序》，統其篇章六十七篇，亦部錄於儒家；今《世說》已亡，《新序》、《說苑》惟《宋志》入雜家，而《隋志》乃有史部之分，故將《列女傳》入史，各代史志從之。按章學誠以爲《說苑》、《新序》雜舉春秋時事，當互見於《春秋》。《世說》依本傳所云乃〈疾讒〉、〈摘要〉、〈救危〉及〈世頌〉諸篇，乃爲依歸古事，悼己及同類也，亦可互見《春秋》矣。於此，章學誠進而將上述三部書互見於《春秋》類，使後世學者更明《春秋》之源與支流。而針對《列女傳》，《漢志》未有史部，列之《春秋》可，惟其采《詩》、《書》所載婦德可垂法戒之事以諷之，引《風》綴《雅》興六義，又當互注於《詩》，非入儒家。嚴格論之，部錄應以書類人，不應以人類書，此乃《漢志》之疏，因而有鄭樵所論；然班固總其名計其篇數，又從劉向入儒家，不能如《太公》二百三十七篇列總目，下析《謀》八十一篇、《言》七十一篇、《兵》八十五篇，也就可以免除以人類書之失。

《揚雄所序》，《漢志》著錄三十八篇，爲《太玄》十九，《法言》十三，

〔註75〕 〔清〕章學誠著、楊家駱編：《文史通義等三種・校讎通義・漢志兵書第十六》，卷三，頁263。
〔註76〕 〔清〕姚振宗：《師石山房叢書・漢書藝文志條理》，頁9～10。
〔註77〕 〔漢〕班固撰、顧實：《漢書藝文志講疏》，頁113～114。

《樂》四，《箴》二。案陳振孫云：「《漢志》，《揚雄所敘》三十八篇，《太玄》十九。本傳三方、九州、二十七部、八十一家、七百二十九贊，分爲三卷，有〈首〉、〈衝〉、〈錯〉、〈測〉、〈攡〉、〈瑩〉、〈數〉、〈文〉、〈掜〉、〈圖〉、〈告〉十一篇，皆以解剝《玄》體，蓋與本經三卷，共爲十四。今《志》云十九，未詳。初，宋、陸二家各依舊本解釋，范望折中長短，或加新意，既成此注，乃以〈玄首〉一篇，加經贊之上；〈玄測〉一篇，附〈贊〉之下，爲九篇，列爲四卷。〈首測〉一序，仍載之第一卷之首。蓋猶王弼離合《古易》之類也。卷首有陸績〈述玄〉一篇。」〔註78〕又《法言》「凡十三篇，篇各有序，本在卷末，如班固《敘傳》。今本分冠篇首，自宋咸始也。」〔註79〕今《樂》未詳，經顧實考證，「或曰雄有《琴清英》，《後書》曰：『揚雄依《虞》箴作十二州二十五官箴，其九箴亡闕。』則尚餘二十八箴。沈欽韓曰：『箴二下有脫字。』或曰指十二州二十五官兩種箴言之。」〔註80〕揚雄准《易》作《太玄》，又擬《論語》作《法言》，若不以人類書而分述，《太玄》應入《易》類；《法言》入諸子之儒家應當各得其位。然《樂》未詳暫不論，《箴》，如章學誠所論，《箴》則《官箴》；於《漢志》無職官類，入官《禮》則可。《漢志》之疏，以人類書，方將《太玄》十九，《法言》十三，《樂》四，《箴》二，總其名計其篇數著錄爲《揚雄所序》三十八；然以上四種書不同類別，若僅入儒家則當有鄭樵所言班固之混收揚雄一家而爲無倫類，理應如《太公》二百三十七篇列總目，下析《謀》八十一篇、《言》七十一篇、《兵》八十五篇，也就可以免除以人類書之失。

（六）《老子》不載本書篇次，則劉、班之疎：〔註81〕

《漢志》無著錄《老子》，惟劉向《七略》曰：「《老子》臣向定著二篇八十章。上經三十四章，下經第四十七章。」〔註82〕案《老子》歷代史志皆著錄二卷，班固《漢書・揚雄傳》云「昔老聃著虛無之言兩篇。」〔註83〕故後世二卷當爲二篇。案《七略》所言上經三十四章、下經四十七章，應爲八十

〔註78〕　〔宋〕陳振孫：《直齋書錄解題》，卷九，頁272～273。
〔註79〕　〔宋〕陳振孫：《直齋書錄解題》，卷九，頁272。
〔註80〕　〔漢〕班固撰、顧實：《漢書藝文志講疏》，頁114～115。
〔註81〕　〔清〕章學誠著、楊家駱編：《文史通義等三種・校讎通義・漢志諸子第十四》，卷三，頁254。
〔註82〕　〔清〕姚振宗：《師石山房叢書・七略別錄佚文》，頁11。
〔註83〕　〔漢〕班固撰、〔唐〕顏師古注：《漢書・揚雄傳第五十七下》，卷八十七下，頁3585。

一章。與現行版本相章數相同。由此可知,《老子》又稱《道德經》,惟《漢志》無載《老子》之本書,但卻著錄《老子鄰氏經》四篇、《傳氏經說》三十七篇、《徐氏經說》六篇。章學誠以爲明學術之原,著錄者應以時代先後、本書與傳、注之區分。如其所言:「凡書有傳注解義諸家,離析篇次,則著錄者,必以本書篇章原數,登於首條。」〔註84〕著錄當有經、傳之分,傳乃解經之書,經主傳附,如此,經傳之分乃明,方能析其源流,考其原委。此外針對一書數名者,更必須註記於卷帙之下,避免一書兩入,以便後世查考;若作者有許多字號者,亦應註明,以辨嫌名。

(七) 今按《管子》當入法家,著錄部次之未審也: 〔註85〕

《管子》,《漢志》將《管子》入道家,隋唐及爾後諸志皆入法家,《管子》既非一時一人之作,故內容涵括戰國時各學派的言論。案現存七十六篇中內容分爲八類:《經言》九篇,《外言》八篇,《內言》七篇,《短語》十七篇,《區言》五篇,《雜篇》十篇,《管子解》四篇,《管子輕重》十六篇。朱熹云:「《管子》之書雜。……如《弟子職》之爲,全似《曲禮》。它篇有似莊老。」〔註86〕羅根澤《管子探源》亦云:「《管子》八十六篇,今亡者才十篇,在先秦諸子,裒爲巨帙,遠非他書所及。〈心術〉、〈白心〉詮釋道體,老莊之書未能遠過;〈法法〉、〈明法〉究論法理,韓非〈定法〉、〈難勢〉未敢多讓;〈牧民〉、〈形勢〉、〈正世〉、〈治國〉多政治之言;〈輕重〉諸篇又多爲理財之語;陰陽則有〈宙合〉、〈侈靡〉、〈四時〉、〈五行〉;用兵則有〈七法〉、〈兵法〉、〈制分〉;地理則有〈地員〉;《弟子職》言禮;〈水地〉言醫;其它諸篇亦皆率有孤詣。」〔註87〕鍾肇鵬分析上述篇數,得出《管子》乃「齊稷下管仲學派之叢著,也即是齊法家之叢著。」〔註88〕案職是,如章學誠所云《管子》當入法家,而《漢志》入道家,乃著錄部次未審也。

〔註84〕 〔清〕章學誠著、楊家駱編:《文史通義等三種‧校讎通義‧漢志諸子第十四》,卷三,頁254。

〔註85〕 〔清〕章學誠著、楊家駱編:《文史通義等三種‧校讎通義‧漢志諸子第十四》,卷三,頁257。

〔註86〕 〔宋〕黎靖德編:《朱子語類‧戰國漢唐諸子》(北京:中華書局,1986年3月第一版),卷第一百三十七,頁2352～3253。

〔註87〕 羅根澤:《羅根澤說諸子‧管子探源》(上海:上海古籍出版,2001年12月第1版),頁288。

〔註88〕 鍾肇鵬等:《管子簡釋‧前言》(山東:齊魯書社,1997年6月第一版),頁7。

（八）《呂氏春秋》入於雜家，非也：〔註89〕

　　《呂氏春秋》又名《呂覽》。乃呂不韋召集其門人集體編纂而成。其爲十二紀、八覽、六論，共二十六卷。又各紀下有五篇、各覽下有八篇、各論下有六篇，實一百六十篇。章學誠說《呂氏春秋》，亦《春秋》家言而兼存典章者。此書應互見於《春秋》與《尚書》，入雜家爲非。又意以《呂氏春秋》爲《春秋》之支系。案《史記》云：「呂不韋者，秦莊襄王相，亦上觀尚古，刪拾春秋，集六國時事，以爲八覽、六論、十二紀，爲《呂氏春秋》。」〔註90〕又於〈序〉云：「不韋遷蜀，世傳《呂覽》。」〔註91〕馮友蘭云：「此書不曰《呂子》，而曰《呂氏春秋》，蓋文信侯自以其書爲史也。《史記》謂呂不韋以其書爲備天地萬物古今之事，號曰《呂氏春秋》，亦以呂不韋以其書爲史耳。《史記‧十二諸侯年表》敘以《呂氏春秋》與《左氏春秋》、虞氏《春秋》並列，是以史公亦以此書爲史也。……此書雖非諸子之要籍，而實乃史家之寶庫也。」〔註92〕孫人和云：「十二紀初爲一部，蓋以秦勢彊大，行將統一，故不韋延集賓客，各據所聞，撰月令，闡圓道證人事，載天地陰陽四時日月星晨五行禮義之屬，名口《春秋》。欲以定天下，施政教，故以序意殿其後焉。」〔註93〕以上雖可說明《呂氏春秋》之所以「春秋」爲名，支持章學誠之論點。但多數爲《呂氏春秋》注解的學者多主入雜家。如高誘云：「此書所尚，以道德爲標的，以無爲爲綱紀，以忠義爲品式，以公方爲檢格，與《孟軻》、《荀卿》、《淮南》、《揚雄》相表裏也。」〔註94〕畢沅注〈序〉云：「其書沈博絕麗，彙儒墨之恉，合名法之源，古今帝王天地名物之故。」〔註95〕《四庫總目》云：「不韋固小人，而是書較諸子之言獨爲醇正。大抵以儒爲主，而參以道家、墨家。故多引六籍之文與孔子、曾子之言。」

〔註89〕〔清〕章學誠著、楊家駱編：《文史通義等三種‧校讎通義‧補校漢藝文志第十》，卷二，頁241。

〔註90〕〔漢〕司馬遷著、裴駰集解、司馬貞索隱、張守節正義：《史記‧諸侯十二年表第二》，卷十四，頁510。

〔註91〕〔漢〕司馬遷著、裴駰集解、司馬貞索隱、張守節正義：《史記‧太史公自序第七十》，卷一三十，頁3300。

〔註92〕〔秦〕呂不韋編、許維遹集釋：《呂氏春秋集釋‧序（馮序）》（北京：中國書店，1985年5月第1版），據清華大學1935年版影印，頁1。

〔註93〕〔秦〕呂不韋編、許維遹集釋：《呂氏春秋集釋‧序（馮序）》，頁1。

〔註94〕〔漢〕高誘注：《呂氏春秋注‧呂氏春秋序》（上海：上海書局，1985年7月第1版、1992年6月第2次印刷），頁2。

〔註95〕〔漢〕高誘注：《呂氏春秋注‧呂氏春秋新校正序（畢沅序）》，頁1。

〔註96〕顧實云：「夫秦本無儒，異國之士，輻湊於秦，形成帝業，於是雜家之學大盛。《由余》、《尸子》、《尉繚》、《呂覽》，先後踵輝，此之一時之奇觀也。」〔註97〕案《呂氏春秋》之內容，雖引述六經、《周書》、孔子、曾子等之言，表達各篇之大義，但非《春秋》藉史事之記載以表之的微言大義。惟《呂氏春秋》保留春秋時期六籍、諸子等之文獻，亦足茲參閱。職是，《呂氏春秋》雜以各家之說，入雜家為宜。案章學誠所欲「辨章學術，考鏡源流」，以《春秋》為主流，左丘、鐸椒、虞卿、呂不韋諸家，為《春秋》之支系也。孟、荀、公孫固、韓非諸書，為《春秋》之旁證也。張蒼曆譜五德，董仲舒推《春秋》義，為《春秋》之流別，故終篇推衍及之。如此求《春秋》之折衷，無遺憾矣。這個觀點是很值得深入思考的。以章學誠互著理論，《呂氏春秋·任地》等諸篇，俱當以裁篇別出之法，冠於農家之首。案《呂氏春秋》之〈任地〉於〈土容論第六〉裡，尚有〈上農〉、〈辯土〉、〈審時〉亦可裁篇別出置於農家之首。另其〈月令〉已被裁篇別出入《禮記》。案本書既一書多名，蓋援引者須辨嫌名，若從簡略則須加注，以免疑誤後學者也。

（九）《公檮生終始》在《鄒子終始》之前，豈可使創書之人，居傳書之人後乎：〔註98〕

《漢志》著錄《鄒子》四十九篇、《終始》五十六篇，今皆已亡佚。案劉向云：「鄒衍之所言五德終始，天地廣大，其書言天事，故曰談天。」、「方士傳言，鄒衍在燕，燕有谷地，美而寒不生五穀，鄒子居之吹律而溫氣至而黍生，今名黍谷。」〔註99〕、「鄒子有五德終始，言土德從所不勝，木德繼之，金德次之，火德次之，水德次之。」〔註100〕案《史記》載：「齊宣王時，騶子之徒，論述終始五德之運，及秦帝、齊人奏之。」〔註101〕顧實云：「蓋其言出

〔註96〕 〔清〕紀昀：《欽定四庫全書總目·子部二十七·雜家類一》，卷一百十七，頁1568。

〔註97〕 〔漢〕班固撰、顧實：《漢書藝文志講疏》，頁161。王重民更認為章學誠此說已流於偏激。見〔清〕章學誠著、王重民通解：《校讎通義通解》，頁112。

〔註98〕 〔清〕章學誠著、楊家駱編：《文史通義等三種·校讎通義·漢志諸子第十四》，卷三，頁255。

〔註99〕 以上見〔清〕姚振宗：《師石山房叢書·七略別錄佚文》，頁12。

〔註100〕 〔清〕姚振宗：《師石山房叢書·七略別錄佚文》，頁12。

〔註101〕 〔漢〕司馬遷著、裴駰集解、司馬貞索隱、張守節正義：《史記·封禪書第六》，卷二十八，頁1368。

於五帝之運行也。」〔註 102〕章學誠以爲《漢志》部分敘例缺而不詳，失之疏；觀其易、陰陽家、兵陰陽、天文、歷譜、五行、蓍龜、雜占、數術之敘例，其有同有異者，同異者未敘明其因，致後世不免混淆。如其中陰陽家與數術略蓋云出於羲和之官，案《尚書·堯典》有「乃命羲和，欽若昊天，曆象日月星辰·敬授民時。」〔註 103〕由此可知，羲和之官掌天文、歷譜。而天文「序二十八宿，步五星日月，以紀吉凶之象，聖王所以參政也。」〔註 104〕歷譜「序四時之位，正分至之節，會日月五星之辰，以考寒暑殺生之實。故聖王必正歷數，以定三統服色之制，又以探知五星日月之會。」〔註 105〕是爲數術，故班固將天文、歷譜入數術略，爲之器。反觀陰陽家，同出於羲和之官，其類入《宋司星子韋》、《公檮生》、《公孫發》等二十一家，其所言皆是理而不徵其數，其於敘例蓋應有所發明、有所別之，以道器分述論之，益更符合學術之體用合一。而章學誠史主張諸子陰陽家應敘明源出於《易》，因《易》以道陰陽，如此，官守師承之離合，不可因是而考其得失。「陰陽」，推究其原，《繫辭》云·「一陰一陽之謂道。」又云：「易有太極，是生兩儀·」〔註 106〕以此，陰陽之道，使成一家；其太極、四象、八卦，乃至定吉凶、生大業。故章學誠認爲陰陽家之敘例回歸道與器，而陰陽、蓍龜、雜占又常附《易》經之下爲部次。雖此說受到文廷式質疑，爲此，兩人所持之立場、角度不同。〔註 107〕又陰陽家與兵陰陽家實同名異術，運用不同。兵陰陽「順

〔註 102〕〔漢〕班固撰、顧實：《漢書藝文志講疏》，頁 135。
〔註 103〕〔清〕阮元校勘：《十三經注疏·尚書·堯典》，卷第二，頁 21。
〔註 104〕〔漢〕班固撰、〔唐〕顏師古注：《前漢書藝文志》（上海：商務印書館，1936年 6 月初版），頁 64。
〔註 105〕〔漢〕班固撰、〔唐〕顏師古注：《前漢書藝文志》，頁 66。
〔註 106〕〔清〕阮元校勘：《十三經注疏·周易·周易繫辭上第七》，頁 148、156。
〔註 107〕文廷式云：「《漢書藝文志》九流皆略有考見之書，惟陰陽家者流則二十一家之書悉皆亡佚。余嘗推九流之說蓋皆欲以治天下也。陰陽家者流既與儒、道、名、法並列，則與數術六種之書，必不相類。班孟堅以爲蓋出於羲和之官，敬順昊天，歷象日月星辰，敬授民時，尋繹其說，則《明堂陰陽》一篇乃古陰陽家之正宗也；《禮記》之《月令》、《管子》之《幼官》，乃陰陽家之遺說也。賈誼之《五曹官制》殆此類也。其廣言之，則以一代之興，必秉五德，由是而有鄒子《終始》、《黃帝泰素》諸書，蓋皆欲以陰陽家言定一朝之制作也，其所以異於兵陰陽家及數術六種者，必繇於此。章實齋《校讎通義》不得其故，奮然改作敘例云：陰陽家者流，其原蓋出於《易》云云。夫推本於《易》，已大非《漢志》原本官守之義，且如此，則與數術家何別歟？章氏精於目錄之學，何至此懵然不察歟？」見氏著：《純常子枝語》（臺北：文海出

時而發，推刑德，隨斗擊，因五勝（師古曰：五勝，五行相勝也），假鬼神而爲助者也。」〔註108〕又「五行」敘例：「五行者，五常之形氣也。《書》云『初一曰五行，次二曰羞用五事』，言進用五事以順五行也。貌、言、視、聽、思心失，而五行之序亂，五星之變作，皆出於律曆之數而分爲一者也。其法亦起五德終始，推其極則無不至。而小數家因此以爲吉凶，而行於世，浸以相亂。」〔註109〕蓋兩者皆言「五行」，亦以五德終始之義而用。章學誠一貫主張官師合一，方能溯及學術之源，但因後世官失其守，師失其承，百家之言蠭起，而「談天雕龍」之說就是因此而起，其道支離破碎。雖其說離道益遠，惟著錄於同一類，則知其得失，亦使後人警惕。暫不論鄒衍、鄒奭之說是否爲陰陽家之弊，以學術編次目錄，同列得失、正反之道，可爲後世探究之人在這同一範疇內先行釐清、明瞭學術脈胳，這更可讓學者瞭解流別之義，亦省卻許多時間，實屬便利。

　　公檮生《終始》，《漢志》著錄十四篇，今亡佚。其下注「傳鄒奭《始終》書」。〔註110〕案錢大昭《漢書辨疑》考：「案下有鄒子《終始》五十六篇，則此《始終》，當作《終始》矣，奭字亦誤，作《終始》者，是鄒衍非鄒奭也。別有《鄒奭子》十二篇，非《終始》書。」〔註111〕沈欽韓云：「按言《終始》者鄒衍，非鄒奭，亦不當在鄒子前。《律曆志》：『丞相屬寶、長安單安國、安陵梧育治《終始》，言黃帝已來三千六百二十九歲。』」〔註112〕又姚振宗《漢書藝文志條理》：「按此條據鄧名世所引，則班氏原注當爲傳黃帝《終始》書，此云鄒奭《始終》書寫誤也。」〔註113〕案鄧名世《古今姓氏書辨證》載公檮氏《漢藝文志》有公檮生《終始》十四篇，傳黃帝終始之術。〔註114〕章學誠云：「而公檮下注：『鄒奭《始終》。』名既互異，而以終始爲始終，亦必有錯

　　　　版社有限公司，1983年10月），卷四，頁239～240。另王重民亦支持文廷式之看法，見氏著：《校讎通義通解》，頁100。
〔註108〕〔漢〕班固撰、〔唐〕顏師古注：《前漢書藝文志》，頁60。
〔註109〕〔漢〕班固撰、〔唐〕顏師古注：《前漢書藝文志》，頁69。
〔註110〕〔漢〕班固撰、〔唐〕顏師古注：《前漢書藝文志》，頁32。
〔註111〕〔清〕錢大昭：《漢書辨疑》（三）（上海：商務印書館，1936年12月初版），卷十六，頁271。
〔註112〕〔清〕沈欽韓撰、尹承整理：《二十五史藝文經籍考補萃編·漢書藝文志疏証》，頁91。
〔註113〕〔清〕姚振宗：《師石山房叢書·漢書藝文志條理》，頁89～90。
〔註114〕〔宋〕鄧名世撰、王力平點校：《古今姓氏書辯證》，卷二，頁20～21。

訛也。……又觀終始五德之運，則以爲『始終』誤也。」〔註115〕以上足證，
其《漢志》所注「傳鄒奭《始終》書」應爲鄒衍《終始》；而據班固所注，公
檮生乃爲傳書之人，故於著錄應於鄒衍《始終》之後，以有師承及時代區別，
便於後人探查。

（十）《五曹官制》五篇當入於官《禮》：〔註116〕

《五曹官制》注云漢制，似賈誼所條。章學誠以爲《五曹官制》依班固
注爲漢制，且若爲《賈誼傳》載「誼以爲當改正朔，易服色，定制度，定官
名，興禮樂，草具其儀法，色尙黃，數用五，爲官名。」〔註117〕應入官《禮》，
不應入陰陽家。大約有終始五德之意，故附於陰陽。又以《周官》六典，取
象天地四時，亦可入於曆譜家矣。姚振宗云：「此《五曹官制》本陰陽五行以
爲言，而義和官守所有事，故《七略》入此門。」〔註118〕楊樹達於《漢志窺
管·賈誼傳》云：「疑其草具儀法即爲《漢志》陰陽家之《五曹官制》五篇。」
〔註119〕又沈欽韓於《五曹官制》下注即《五曹算經》。〔註120〕顧實則疑之。
〔註121〕章學誠另一說以《周官》六典既取象天地四時，亦可入曆譜家。王重
民以此說爲《五曹官制》之例爲不當。其云：「《周官》六典雖象天地四時而
只講官制不講四時，自應入官《禮》；《五曹官制》的主題若是專講陰陽的，
分入陰陽，也就完全夠了！問題是《五曹官制》原書已亡，現在無法評定它
的內容。」〔註122〕案《五曹官制》若實爲漢制，應入《禮》類爲宜；若又有
陰陽之說當可互見。兩者並重者，則互著於《禮》類與陰陽家，惜《五曹官
制》早佚，故僅能闕疑記之。

（十一）申子爲名家者流，而《漢志》部於法家，失其旨矣：〔註123〕

〔註115〕〔清〕章學誠著、楊家駱編：《文史通義等三種·校讎通義·漢志諸子第十四》，
卷三，頁 255～256。
〔註116〕〔清〕章學誠著、楊家駱編：《文史通義等三種·校讎通義·漢志諸子第十四》，
卷三，頁 256。
〔註117〕〔漢〕班固、〔唐〕顏師古注：《漢書·賈誼傳第十八》，卷四十八，頁 2222。
〔註118〕〔清〕姚振宗：《師石山房叢書·漢書藝文志條理》，頁 92。
〔註119〕〔漢〕班固撰、楊樹達：《漢書窺管》，卷三，頁 365～366。
〔註120〕〔清〕沈欽韓撰、尹承整理：《二十五史藝文經籍考補萃編·漢書藝文志疏証》，
頁 93。
〔註121〕〔漢〕班固撰、顧實：《漢書藝文志講疏》，頁 137。
〔註122〕參見〔清〕章學誠著、王重民通解：《校讎通義通解》，頁 102。
〔註123〕〔清〕章學誠著、楊家駱編：《文史通義等三種·校讎通義·漢志諸子第十四》，

　　《漢志》著錄《申子》六篇，《隋志》、新、舊《唐志》乃著錄三卷，《史記》則載《申子》二篇，餘爾後諸志皆無著錄，應亡於南宋。依劉向《別錄》云：「今民間所有上、下兩篇，中書六篇，皆合二篇已備。過太史公所記也。」、「申子學號曰刑名，刑名者，循名以責實，其尊君卑臣，崇上抑下合于六經也。宣帝好觀其〈君臣篇〉。」〔註124〕又查《淮南子》載申不害有〈三符篇〉、〔註125〕《群書治要》載有〈大體篇〉，〔註126〕乃今可見之篇目。《史記》云申子卑卑，施之于名實。司馬遷認為申子之學本於黃老而主刑名，而以學術干韓昭侯，即刑名之法術也。案荀卿子以申子蔽於勢而不知智。韓非子說申不害徒術而無法。《韓非子·定法》釋申不之「術」為：「術者，因任而授官，循名而責實，操殺生之柄，課群臣之能也；此人主之所執也。法者，憲令著於官府，賞罰必於民心，賞存乎慎法，而罰加乎姦令者也；此人臣之所師也。」〔註127〕故劉向《別錄》云「申子學號刑名，以名責實，尊君卑臣，崇上抑下。」〔註128〕所以章學誠認為《漢志》入法家乃失其旨，循名責實，應為名家。王重民以為章學誠眼光銳利，但贊成王棻之看法，申不害其學雖以名為主，但其書必言法居多，所以劉向、班固入法家。〔註129〕此書已亡佚不傳，不得見其內容，惟今《群書治要》載申子有《大體篇》，兼論名法，若以章學誠互注之論，則可互見於法、名兩家。

（十二）《隨巢子》、《胡非子》應敘於《墨子》之後：〔註130〕

　　《漢志》於墨家著錄《我子》一篇、《隨巢子》六篇、《胡非子》三篇，並敘列於《墨子》之前。《我子》一書，《隋志》及爾後諸志皆無著錄。亡佚甚早。案《我子》劉向《別錄》謂為墨子之學。《風俗通義》載：「我氏，我

〔註124〕以上見〔清〕姚振宗：《師石山房叢書·七略別錄佚文》，頁12。

〔註125〕何寧：《淮南子集釋·泰族訓》（北京：中華書局，1988年10月第1版），卷二十，頁1424。

〔註126〕〔唐〕魏徵：《王雲五叢書集成初編·群書治要七》（上海：商務印書館，1936年3月初版），卷三十六，頁629～630。

〔註127〕陳奇猷：《韓非子新校注·定法》（上海：上海古籍出版社，2000年10月初版），頁957。

〔註128〕以上見〔清〕姚振宗：《師石山房叢書·七略別錄佚文》，頁12。

〔註129〕〔清〕章學誠著、王重民通解：《校讎通義通解》，頁104。

〔註130〕〔清〕章學誠著、楊家駱編：《文史通義等三種·校讎通義·漢志諸子第十四》，卷三，頁257。

子，六國時人，著書號我子。」〔註131〕孫詒讓〈墨學傳授考〉亦云我子「六國時人，爲墨子之學，著書二篇。」〔註132〕梁玉繩《人表考》依序列我子、田俅子、隨巢子、胡非子。「《廣韻》注云：我姓。……隨巢當是氏，或是當氏隨名巢，無據。胡非複姓，《廣韻》注云：胡公之後有公子非，因以爲氏，則胡非子，齊人也。」〔註133〕《文心雕龍》云：「墨翟隨巢，意顯而語質。」〔註134〕王應麟：「洪氏曰二書今不復存。馬總《意林》所述隨巢兼愛明鬼而墨之徒可知。胡非言勇有五等，其說亦早陬無過人處。《藝文類聚》引《隨巢子》曰昔三苗大亂天命，夏禹於玄宮，有大人面鳥身，降而福之，司祿益食而民不饑，司金益富而國家實，司命益年而民不夭，四方歸之，禹乃克三苗而神民不遠。《史記索隱》引《隨巢子》云夷羊在牧，飛拾滿野，天鬼不顧亦不賓滅。《太平御覽》引昔三苗大亂，龍生於廟，犬哭於市，天賜武王黃鳥之旗以代殷，愚謂此即墨氏之明鬼也。」〔註135〕沈欽韓：「《容齋隨筆》云：『馬總《意林》有鬼神賢於堅人之論。《諸子彙函‧隨巢子》曰：『執無鬼者曰越蘭，問隋巢曰：『鬼神之智何如？』曰：『聖也。』越蘭曰：『治亂由人，何謂鬼神邪？』隋巢子曰：『聖人生於天下，未有所資，鬼神爲四時八節以化育之，乘雲雨潤澤以繁長之，皆鬼神所能也。豈不謂賢於聖人？』」〔註136〕又云：「《意林》所引云『胡非子修墨以教。有屈將子好勇，聞墨者非鬭，帶劍危冠往見胡非子而問之。胡非言勇有五等』云云。按其言與《說苑‧善說篇》林既語齊景公同。無稽之談，彼此般演，以是名家，一錢不直！始皇烈火，惜其不分皁白。若此輩，恨不盡空之！」〔註137〕張舜徽：「此疑胡姓非名，其書則稱《胡非子》，猶韓非之書稱《韓非子》耳。考《隋志》云：『《隨巢子》一卷，巢似墨翟弟子；《胡非子》一卷，非似墨翟弟子。』

〔註131〕〔漢〕應劭著、王利器校注：《風俗通義校注‧佚文》（北京：中華書局，1981年1月第1版），頁535。
〔註132〕〔清〕孫詒讓：《墨子閒詁‧墨學傳授考》，頁718。
〔註133〕參見〔清〕梁玉繩等：《史記漢書諸表訂補十種‧人表考》，卷四，頁671～672。
〔註134〕〔南朝梁〕劉勰著、黃淑琳注：《文心雕龍注‧諸子》（臺北：大明王氏出版公司，1975年9月三版），卷四，頁309。
〔註135〕〔宋〕王應麟：《欽定四庫全書‧漢藝文志考證》，卷七，頁5。
〔註136〕〔清〕沈欽韓撰、尹承整理：《二十五史藝文經籍考補萃編‧漢書藝文志疏証》，頁100。
〔註137〕〔清〕沈欽韓撰、尹承整理：《二十五史藝文經籍考補萃編‧漢書藝文志疏証》，頁100。

並以巢、非為其人之名，必有所受矣。《唐志》亦一卷，久佚。」〔註138〕案《隨巢子》、《胡非子》為墨子弟子。而《我子》據孫詒讓置於相里氏弟子五侯子之後，應為墨子弟子的弟子。〔註139〕職是應著錄於《墨子》之後。案著錄部次當以時序、人次、師承家學為原則，上述各家所考，則墨家著錄之序，為《伊佚》、《墨子》、《隨巢子》、《胡非子》，其《田俅子》、《我子》書早亡，既無法知為本人或託名所作，誠如章學誠所云其書今既不傳，存疑即可。

（十三）《蒯通》五篇，而本傳八十一首，其由不詳，劉、班之疎也：
〔註140〕

《漢志》著錄《蒯通》兩家，一為縱橫家《蒯子》五篇；另一為兵權謀，其注省《伊尹》、《太公》、《蒯通》等家。《蒯通》至《隋志》及爾後諸皆不著錄，可見亡佚甚早。依《史記》所載：「從蒯通者，善為長短說，論戰國之權變，為八十一首。」〔註141〕又《漢書》：「通論戰國時說士權變，亦自序其說，凡八十一首，號曰《雋永》。」〔註142〕蒯通自序其說有八十一首，惟《漢志》著錄僅五篇，且又省兵權謀之《蒯通》。張舜徽云：「蓋蒯通自著之書甚多而自視甚高，徒以口給不在儀秦下，為世所輕，諱學其術，故其書早佚。著錄於《漢志》之五篇，殆時人所傳錄，如蘇張之例，題曰《蒯子》耳。自是二書，未可混同也。書亡甚早，馬國翰有輯本。」〔註143〕職是，張說應為可信，惜劉、班未加以說明。另兵權謀省《蒯通》一家，當是班固重複而省去，應於《蒯子》五篇內。針對篇、章、首之論，案《文心雕龍》云：「夫人之立言，因字而生句，積句而成章，積章而成篇。」〔註144〕大抵先有字、次為句、次為章、再者為篇。而篇則無一定數之章。章學誠以為《漢志》如此著錄，恐劉、班當日，亦未有深意。而以首計之，獨見《蒯通》之傳，誠如章學誠所

〔註138〕〔漢〕班固撰、張舜徽通釋：《漢書藝文志通釋》，頁171。
〔註139〕參見〔清〕孫詒讓：《墨子閒詁・墨學傳授考》，頁712、718。
〔註140〕〔清〕章學誠著、楊家駱編：《文史通義等三種・校讎通義・漢志諸子第十四》，卷三，頁258。
〔註141〕〔漢〕司馬遷著、裴駰集解、司馬貞索隱、張守節正義：《史記・田儋列傳第三十四》，卷九十四，頁2649。
〔註142〕〔漢〕班固撰、〔唐〕顏師古注：《漢書・蒯伍江息夫列傳第十五》（北京：中華書局，1964年12月第2版），卷四十五，頁2167。
〔註143〕〔漢〕班固撰、張舜徽通釋：《漢書藝文志通釋》，頁176。
〔註144〕〔南朝梁〕劉勰著、黃淑琳注：《文心雕龍注・章句第三十四》，卷七，頁570。

疑，不知首之爲章計或是以篇計？《漢志》著錄既未有深意又不詳其所由，故後世之人，應以《傳》、《志》互考，以求其眞。

　　（十四）《尸子》部次雜家，恐有誤也：〔註145〕

　　《漢志》於雜家著錄《尸子》二十篇，《隋志》、兩唐書皆錄二十卷，據王應麟考《李淑書目》存四卷，《館閣書目》止存二篇爲一卷，〔註146〕至宋已殘缺，後全書佚散。今有孫星衍、汪培纘之輯本。〔註147〕《史記》載「楚有尸子」，〔註148〕劉向云：「《尸子》書晉人也，名佼，秦相衛鞅客也，衛鞅商君謀事畫計立法理民，未嘗不與佼規也，商君被刑，佼恐併誅乃亡逃入蜀，自爲造此二十篇，凡六萬餘言，卒因葬蜀。」〔註149〕王應麟云：「《後漢書》注尸佼作書二十篇，內十九篇陳道德仁義之紀，內一篇言九州險阻水泉所起。《隋志》二十卷，其九篇亡，魏黃初中續。《爾雅》疏引《廣澤》、《仁意》、《綽子篇》，《宋書・禮治》引禹治水爲喪法，《穀梁傳》引《尸子》曰。」〔註150〕梁玉繩「《尸子》始見《穀梁・隱五》，名佼，商君師之，鞅死，逃入蜀，卒，因葬蜀。案《史集解》引劉向《別錄》云：佼，晉人。《後書・呂強傳》注同，當是也。乃《史》作楚人，《藝文志》作魯人，蓋因其逃亡在蜀，而魯後屬楚故耳。」〔註151〕沈欽韓云：「《公》、《穀》兩家，並引尸子，未知即其人否也。……宋初猶未亡，故疏能據其篇章。今惟《勸學》一篇稍完，而《御覽》所引頗多。〔註152〕」案尸子當爲梁玉繩所言，其因逃亡至蜀，故《史記》載爲楚人。另章學誠以爲尸子爲商君之師，其書當入法家。針對此，梁啓超認爲依《穀梁傳》所引，尸子似爲儒家經師，今所存佚

〔註145〕〔清〕章學誠著、楊家駱編：《文史通義等三種・校讎通義・漢志諸子第十四》，卷三，頁259。

〔註146〕〔漢〕司馬遷著、裴駰集解、司馬貞索隱、張守節正義：《史記・孟子荀卿列傳第十四》，卷七十四，頁2349。

〔註147〕〔清〕孫星衍輯：《尸子集本》（平津館刊藏，嘉慶丙寅夏五月）、〔清〕汪繼培輯：《二十二子・尸子》（光緒三年據湖海樓刻，上海：上海古籍出版社，1986年3月第1版，縮印浙江書局彙刻本），頁367。

〔註148〕〔宋〕王應麟：《欽定四庫全書・漢藝文志考證》，卷七，頁12。

〔註149〕〔清〕姚振宗：《師石山房叢書・七略別錄佚文》，頁13。

〔註150〕〔宋〕王應麟：《欽定四庫全書・漢藝文志考證》，卷七，頁12。

〔註151〕〔清〕梁玉繩等：《史記漢書諸表訂補十種・人表考》，卷五，頁748。

〔註152〕〔清〕沈欽韓撰、尹承整理：《二十五史藝文經籍考補萃編・漢書藝文志疏証》，頁106～107。

文，無一言與商君一派相近。〔註153〕張舜徽亦認爲其二十篇其學多方，既富儒家之言，又有水地之記〔註154〕。案誠如《文心雕龍・諸子篇》所謂尸佼「兼總於雜術」、「術通而文鈍」，〔註155〕以此，當入兼總儒墨名法之雜家爲宜。

（十五）雜家《子晚子》應入兵家：〔註156〕

《漢志》於雜家著錄《子晚子》三十五篇，隋唐及爾後諸志皆不錄，現已亡佚。依鄧名世《古今姓氏書辯證》載「《英賢傳》云：子俀子，齊人，著書五篇，論兵法與穰苴同。按此即爲俀姓，不必爲複姓，解見子扁氏。」〔註157〕姚振宗以爲按此五篇缺三十字，而子晚子不知爲複姓爲別號，或爲弟子錄其書皆不得而知。〔註158〕章學誠以爲《子晚子》既似《司馬法》，就入兵家。孫德謙云：「若《子晚子》者書亦散佚久矣，然《司馬法》者，古之軍禮也，以《司馬法》之爲軍禮，則《子晚子》之宗旨必亦詳於軍禮明矣。且雜家之中，若《伍子胥》、若《尉繚》、若《吳子》皆互見兵家，《子晚子》者，以《子墨子》證之，蓋兵家大師也，列之雜家者以其學術博通，而所長則在兵耳，由是以觀此書與彼書宗旨相似，編《藝文》者，不可不表出之，蓋一經表出，而後讀其書者較易領悟也。」〔註159〕張舜徽云：「《諸子略》中，有著錄其書於某家，而其術兼擅他家之長者，其例甚多。故一人既有此家之著述，亦可有他家之著述，似未能以一方一隅限之。子晚子好議兵，特其術之一耳。《漢志》著錄之三十五篇，蓋所包甚廣，故列之雜家也。」〔註160〕案《子晚子》今已亡佚，孫德謙與張舜徽所論有理。另王重民認爲章學誠之前主張《司馬法》應入禮，而《子晚子》既相似，何不主張入《禮》歟？似有矛盾之處。〔註161〕以章學誠之論，《司馬法》原爲《軍禮司馬法》，溯及至

〔註153〕梁啓超：《飲冰室專集之八十四・漢書藝文志諸子略之考釋》（上海：中華書局，1936 年 4 月印刷），頁 39。

〔註154〕〔漢〕班固撰、張舜徽通釋：《漢書藝文志通釋》，頁 183。

〔註155〕〔南朝梁〕劉勰著、黃淑琳注：《文心雕龍注・諸子第十七》，卷四，頁 308～309。

〔註156〕〔清〕章學誠著、楊家駱編：《文史通義等三種・校讎通義・漢志諸子第十四》，卷三，頁 259。

〔註157〕〔宋〕鄧名世撰、王力平點校：《古今姓氏書辯證》，卷二十二，頁 335。

〔註158〕參見〔清〕姚振宗：《師石山房叢書・漢書藝文志條理》，頁 107。

〔註159〕〔清〕孫德謙：《二十五史考補編・漢書藝文志舉例》，頁 8。

〔註160〕〔漢〕班固撰、張舜徽通釋：《漢書藝文志通釋》，頁 181。

〔註161〕〔清〕章學誠著、王重民通解：《校讎通義通解》，頁 110。

其源爲《周禮》，本就應入《禮》，互見於兵家，而《子晚子》已佚不見內容，故難判斷是否有其軍禮，但以其互見理論入兵家亦宜矣。

（十六）《周考》、《青史子》非《尚書》所部，即《春秋》所次：

〔註162〕

　　《漢志》於小說家著錄《周考》七十六篇，隋唐及爾後諸志皆不錄，亡佚甚早。章學誠以爲《漢志》既注考周事，當入《尚書》所部或《春秋》。《周考》今已亡佚，無從知其原貌，姚振宗認爲章學誠所言部於《尚書》不可爲訓。〔註163〕張舜徽亦云：「此云《周考》，猶言叢考也。周乃周遍、周普無所不包之意，《漢志》禮家之《周官》，儒家之《周政》、《周法》，道家之《周訓》，皆當以此解之，已具論於前矣。小說家之《周考》，蓋雜記叢殘小語，短淺瑣事以成一編，故爲書至七十六篇之多。其中或及周代軼聞者，見者遽目爲專考周事，非也。下文猶有《周紀》、《周說》，悉同此例。」〔註164〕案《周考》班固僅注考周事，其「事」，或與《尚書》、或與《春秋》、又或與小說有關；不似《周政》注云：「周時法度政教。」《周法》注云：「法天地，立百官。」所陳述清楚；故當如班固所部次即可。

　　《漢志》於小說家著錄《青史子》五十七篇，《隋志》著錄梁有《青史子》一卷。後世僅有《通志》、《國史綆籍志》著錄，餘無，現已佚散，馬國翰有輯本。〔註165〕《文心雕龍·諸子篇》謂「青史曲綴以街談，承流而枝附者，不可勝算。」〔註166〕依鄧名世《古今姓氏書辯證》載「《英賢傳》云：晉太史董狐之子，受封於青史，因氏焉。《漢藝文志》有《青史氏》，其書五十七篇。世以史書總謂之青史，其說蓋起於此。」〔註167〕王應麟云：「《風俗通義》引《青史子》書。《大戴禮·保傳篇》青史氏子之記曰：古者胎教。《隋志》梁有《青史子》一卷。」〔註168〕章學誠以爲《漢志》既注是古史官之紀事，又依《大戴禮》所引，《青史子》不應入小說家，應入《尚書》部或《春秋》部。

〔註162〕〔清〕章學誠著、楊家駱編：《文史通義等三種·校讎通義·漢志諸子第十四》，卷三，頁260。
〔註163〕參見〔清〕姚振宗：《師石山房叢書·漢書藝文志條理》，頁113。
〔註164〕〔漢〕班固撰、張舜徽通釋：《漢書藝文志通釋》，頁196。
〔註165〕〔清〕馬國翰：《續修四庫全書·玉函山房輯佚書》（北京：上海古籍出版社，2002年3月第一版）補校七五卷二，頁435～437。
〔註166〕〔南朝梁〕劉勰著、黃淑琳注：《文心雕龍注·諸子第十七》，卷四，頁308。
〔註167〕〔宋〕鄧名世撰、王力平點校：《古今姓氏書辯證》，卷十七，頁243。
〔註168〕〔宋〕王應麟：《欽定四庫全書·漢藝文志考證》，卷七，頁16。

梁玉繩竊疑「古史官之職，四時分掌之，故有青史氏、南史氏。青史主春，南史主夏。」〔註169〕非爲史書之總稱。〔註170〕以《大戴禮》、《新書》、《風俗通義》所引之佚文觀之，皆與禮有關，如姚振宗所云，不應以殘文判斷全部。〔註171〕雖魯迅質疑既與禮有關，不知爲何入小說。〔註172〕但王重民卻認爲古代小說爲經史之餘的叢殘譬論，其《保傳篇》所引之胎教，是爲治身理家的可觀之辭，不應對古代小說估計過低，更應避免以古論今之失。〔註173〕案《青史子》今既留佚文，不能窺見全貌，不應以偏蓋全入《尙書》部或《春秋》部。

三、詩賦略

（一）《秦時雜賦》《淮南王群臣賦》當隸雜賦、《孝景皇帝頌》
當入詩歌總部或與銘箴贊誄：〔註174〕

《漢志》於詩賦略之孫卿賦之屬著錄《秦時雜賦》九篇、李思《孝景皇帝頌》十五篇，此二種今已亡佚。《文心雕龍・詮賦》云：「秦世不文，頗有雜賦。」〔註175〕姚振宗云：「《文心雕龍・頌贊篇》容告神明謂之頌，頌主告神，義必純美。漢之惠景，亦有述容。注《漢藝文志》李思《孝景皇帝頌》十五篇。」〔註176〕章學誠以爲《秦時雜賦》不宜入專門之家，當入雜賦條下；又推測《漢志》將《秦時雜賦》，列於《孫卿賦》後，而《孝景皇帝頌》前，所謂以時次也。更主張著錄部次，應以明家學，同一家中再以人次或時次編列，以免類例不通，後人不明其意。又以《孝景皇帝頌》十五篇，不應入第三種賦內，當入詩歌總部或與銘箴贊誄爲同部錄。案此兩種，今已不可

〔註169〕〔清〕梁玉繩等：《史記漢書諸表訂補十種・人表考》，卷三，頁599。
〔註170〕張舜徽認爲青史之由來，是古人以簡寫書，需經過殺青與汗青之手續而來。參見氏著：《漢書藝文志通釋》，頁197。
〔註171〕參見〔清〕姚振宗：《師石山房叢書・漢書藝文志條理》，頁113。
〔註172〕參見魯迅：《中國小說史略》，頁14。參見〔清〕姚振宗：《師石山房叢書・漢書藝文志條理》，頁113、〔漢〕班固撰、顧實：《漢書藝文志講疏》，頁168、朱一玄等編著：《中國古代小說總目提要》（北京：人民文學出版社，2005年12月第1版），頁4。
〔註173〕參見〔清〕章學誠著、王重民通解：《校讎通義通解》，頁114。
〔註174〕〔清〕章學誠著、楊家駱編：《文史通義等三種・校讎通義・漢志詩賦第十五》，卷三，頁261～262。
〔註175〕〔南朝梁〕劉勰著、黃淑琳注：《文心雕龍注・詮賦第八》，卷二，頁134。
〔註176〕〔清〕姚振宗：《師石山房叢書・漢書藝文志條理》，頁123。

見，若以名判別，頌與賦當區分，以《屈原賦》內有《橘頌》，亦難於篇名斷其內容。而章學誠主張辨別學術源流，應將冒賦的雅頌體有所區隔，以正其名。〔註177〕又《漢志》詩賦略之屈原賦之屬著錄《淮南王賦》八十二篇、《淮南王群臣賦》四十四篇。案《淮南王群臣賦》屬集體之作，不屬一子之學，應入雜賦之屬。案章學誠所云，著錄應先明家學，同一家之中，再以人次或時次區分部錄為宜。

（二）《荀卿賦》取其《賦篇》與否，著錄不為明析，其疏也：
〔註178〕

《荀子》，《漢志》稱《孫卿子》；又一名為《荀卿子》。劉向校《荀子》定為《荀卿新書》三十二篇。〔註179〕《漢志》誤為三十三篇。另《漢志》詩賦略之孫卿賦之屬著錄《孫卿賦》十篇，《孫卿賦》已涵括於《荀子》之第二十五、二十六篇中。〔註180〕惟《漢志》未標明篇第之所自。

（三）《成相雜辭》、《隱書》次於雜賦之後，未為得也：〔註181〕

《成相雜辭》，《漢志》於詩賦略之雜賦之屬著錄《成相雜辭》十一篇，今已亡佚。朱熹謂此為荀子所作，「雜陳古今治興亡之效，託聲詩以風時君。」〔註182〕王應麟云《淮南王》亦有《成相篇》；〔註183〕王先謙以為此《成相雜辭》十一篇列於漢人雜賦之後，非《荀子》之《成相》。〔註184〕沈欽韓云：「《荀子》有〈成相篇〉。楊倞云：『雜論臣治亂之事，以自見其意。故下云：

〔註177〕王重民認為這在圖書分類上有著很重要之義意和作用。見氏著：《校讎通義通解》，頁120。
〔註178〕〔清〕章學誠著、楊家駱編：《文史通義等三種‧校讎通義‧漢志詩賦第十五》，卷三，頁261～262。
〔註179〕〔清〕姚振宗：《師石山房叢書‧七略別錄佚文》，頁9。
〔註180〕〔清〕王先謙著、沈嘯寰、王星賢點校：《荀子集解》（北京：中華書局，1988年9月第1版），卷十八，頁455、472、〔漢〕班固撰、顧實：《漢書藝文志講疏》，頁183～184。〔漢〕班固撰、張舜徽通釋：《漢書藝文志通釋》，219～220、〔戰國〕荀況著、駱瑞鶴補正：《荀子補正》，頁178、184。
〔註181〕〔清〕章學誠著、楊家駱編：《文史通義等三種‧校讎通義‧漢志詩賦第十五》，卷三，頁262。
〔註182〕〔宋〕朱熹：《楚辭集注‧楚辭後語》，頁209。案章學誠所引朱熹文「雜陳古今治亂興之效，託之風聲以諷時君。」
〔註183〕〔宋〕王應麟：《欽定四庫全書‧漢藝文志考證》，卷八，頁6。
〔註184〕〔清〕王先謙著、沈嘯寰、王星賢點校：《荀子集解‧成相篇第二十五》（北京：中華書局，1988年9月第1版），卷十八，頁455。〔戰國〕荀況著、駱瑞鶴補正：《荀子補正‧賦篇》，頁178。

託於成相以喻意。』按《樂記》：『治亂以相』。鄭云：『相即拊也，亦以節樂。拊者，以韋爲之，裝之以糠。糠，一名相，因以名焉。』此則瞽矇之諷誦，持此器以爲節，故名『成相』，亦歌賦之流。」〔註185〕顧實云：「《藝文類聚》引〈成相〉篇曰『莊子貴支離，悲木槿。』注云『〈成相〉出《淮南子》。』然則此《成相雜辭》十一篇者，淮南王之所作也，蓋從其本書別出。」〔註186〕案《成相雜辭》已佚，不知其爲荀子或淮南王所作，另章學誠以爲《成相雜辭》爲賦體，又是「戰國諸子流別，後代連珠韻語之濫觴也。」〔註187〕當入諸子雜家，互見於歌詩之後。

《隱書》，《漢志》於詩賦略之雜賦之屬著錄《隱書》十八篇。今已亡佚。劉向云：「《隱書》者，疑其言以相問，對者以慮思之，可以無不諭。」〔註188〕案章學誠云「謂疑其言以相問對，通以思慮，可以無不喻。」其引劉向《別錄》之言疑爲句讀標點錯誤與漏字。《文心雕龍·詮賦》云：「讔者，隱也。遯辭以隱意，譎譬以指事也。昔還社求拯于楚師，喻智井而稱麥麯；叔儀乞糧于魯人，歌珮玉而呼庚癸；伍舉刺荊王以大鳥，齊客譏薛公以海魚；莊姬託辭于龍尾，臧文謬書於羊裘；隱語之用，被于紀傳。大者興治濟身，其次弼違曉惑。蓋意生於權譎，而事出於機急，與夫諧辭，可相表裡者也。」〔註189〕王應麟云：「《晉語》有秦客廋辭於朝。《新序》宣王發《隱書》而讀之。」〔註190〕姚振宗云：「《新序》引大鳥不蜚不鳴似即《隱書》中之一則，東方朔傳載朔與郭舍人互爲隱語，亦似出于十八篇中。」〔註191〕章學誠以爲《隱書》乃賦體，又是「戰國諸子流別，後代連珠韻語之濫觴也。」當入諸子雜家，互見於歌詩之後。張舜徽亦認爲此其體與歌爲近。〔註192〕案劉勰所言，其體爲歌，又云「昔楚莊齊威，性好隱語。至東方曼倩，尤巧辭述。」〔註193〕故章學誠所見爲是。

〔註185〕〔清〕沈欽韓撰、尹承整理：《二十五史藝文經籍考補萃編·漢書藝文志疏證》，頁119。

〔註186〕〔漢〕班固撰、顧實：《漢書藝文志講疏》，頁190。

〔註187〕〔清〕章學誠著、楊家駱編：《文史通義等三種·校讎通義·漢志詩賦第十五》，卷三，頁262。

〔註188〕〔清〕姚振宗：《師石山房叢書·七略別錄佚文》，頁14。

〔註189〕〔南朝梁〕劉勰著、黃淑琳注：《文心雕龍注·諧讔第十五》，卷三，頁271。

〔註190〕〔宋〕王應麟：《欽定四庫全書·漢藝文志考證》，卷八，頁6～7。

〔註191〕〔清〕姚振宗：《師石山房叢書·漢書藝文志條理》，頁126。

〔註192〕〔漢〕班固撰、張舜徽通釋：《漢書藝文志通釋》，頁226。

〔註193〕〔南朝梁〕劉勰著、黃淑琳注：《文心雕龍注·諧讔第十五》，卷三，頁271。

四、數術略

《山海經》與相人書為類，《漢志》之授人口實處：〔註194〕

《漢志》於形法著錄《山海經》十三篇。劉向云：「所校《山海經》凡三十二篇，今定為一十八篇已定，《山海經》者出于唐虞之際，昔洪水洋溢漫衍中國，民人失據崎嶇于邱陵，巢于樹木，鯀既無功，而帝堯使禹繼之，禹乘四載，隨山刊木，定高山大川。蓋與伯翳主驅禽獸，命山川，類草木，別水土，四岳佐之，以周四方，逮人迹之所希至，及舟輿之所罕到，內別五方之山，外分八方之海，紀其珍寶奇物，異方之所生，水土草木禽獸昆蟲鱗鳳之所止……朝士由是多奇《山海經》者，文學大儒多讀學以為奇，可以考禎祥變怪之物，見遠國異人之謠俗。」〔註195〕案劉向校定《山海經》所錄之篇目，計有《南山經第一》、《西山經第二》、《北山經第三》、《東山經第四》、《中山經第五》、《海外南經第六》、《海外西經第七》、《海外北經第八》、《海外東經第九》、《海內南經第十》、《海內西經第十一》、《海內北經第十二》、《海內東經第十三》，應為十三篇。沈欽韓云：「至劉歆增《大荒經》四篇，《海內經》一篇，故為十八篇。宋人著錄，既不能考其篇第所由，而陳振孫引朱熹言，以為《山海經》本解《楚辭·天問》而作，殆於庸妄者也。」〔註196〕顧實云：「據劉歆、王充、趙曄皆云『禹、益作《山海經》』其書頗似《禹貢》，當作在舜世，禹治水之時也。惟《五藏山經》後有禹曰天下名山云云，亦見《管子·地數篇》，確為禹、益作。海外以下等經，則非禹、益書。多為圖說之辭，其圖蓋即禹鼎。《海外》、《海內》二經，有周時說山海圖之文，以其有湯文王葬所也。又有漢所傳圖，以其有餘暨、彭澤、朝陽、淮浦等漢縣也。《大荒經》以下五篇，則更為釋《海內》、《海外》二經之文，本不在《漢志》十三篇，又無劉歆校進款識，其文體亦為圖說，當為漢時所傳之圖，出劉歆等所述也。後人往往據圖說雜出周漢地名，以疑此經。顏之推所謂『《山海經》，禹、益所記，而有長沙、零陵、桂陽、諸暨』，此由未嘗分別觀之也。若司馬遷曰『《禹本紀》、《山海經》所有怪物，余不敢言也。』則《世本》、《山經》皆古史，

〔註194〕〔清〕章學誠著、楊家駱編：《文史通義等三種·校讎通義·補校漢藝文志第十》，卷二，頁240。

〔註195〕〔清〕姚振宗：《師石山房叢書·七略別錄佚文》，頁14～15。

〔註196〕〔清〕沈欽韓撰、尹承整理：《二十五史藝文經籍考補萃編·漢書藝文志疏證》，頁165。

此老乘時趨勢，不信古史而欲考信於六藝，故有此違心之論也。」〔註197〕章
學誠以爲焦竑評《山海經》應入地理類，其說是也，惟《漢志》無該類入形
法是也，而班固將相人類之書入《山海經》之後，實難以相類。而以其道器
合一之論，若將地理類自成一門，則其《山海經》爲其器。案《隋志》已將
《山海經》入史之地理專門。

第二節　《校讎通義》論《漢志》之互著探析

　　章學誠於《校讎通義》著錄部次要旨爲「辨章學術，考鏡源流」，不徒爲
甲乙紀數，故「互著」、「別裁」之用，實敘列一家之學，窮源至委之方法。「互
著」、「別裁」溯自何人之用，學者多有不同見解。章學誠將互著之法推原至
劉歆《七略》啓其端，其義例見《漢志》，茲將《漢志》同書名著錄兩家者，
考證如下：

一、書名相同，作者不同內容亦無關

（一）儒家之《景子》與〈兵書略〉之《景子》：

　　《漢志》著錄於儒家著錄《景子》三篇，兵書略著錄《景子》十三篇。
爾後諸志均不著錄，可見亡佚甚早。顧實以儒家與兵形勢之《景子》非同一
書，以儒家之景子「或曰此景子爲景陽也，見《楚策》及《淮南子‧氾論》
篇。」〔註198〕馬國翰輯本〈序〉曰：「《漢志》儒家有《景子》三篇，說宓子
語，似其弟子。隋唐志不著錄，佚已久，考《韓詩外傳》、《淮南子》載宓子
語各一節，俱有論斷與班固所云說宓子語者正合。據補《漢志》與宓子比次，
明其淵源有自云。」〔註199〕案《漢志》著錄《景子》於儒家與兵書略，其篇
數不相同，且入不同家，案此應爲不同書。

（二）儒家之《孟子》與〈兵書略〉之《孟子》：

　　《孟子》，《漢志》著錄《孟子》兩家，一爲儒家《孟子》十一篇；另一

〔註197〕〔漢〕班固撰、顧實：《漢書藝文志講疏》，頁 241。另顏之推以爲「史之闕
　　　　文爲日久矣，加復秦人滅學，董卓焚書，異籍錯亂非止於此。」見〔北齊〕
　　　　顏之推撰、〔清〕趙曦明註：《抱經堂本顏氏家訓‧書證》，頁 322。又司馬遷
　　　　所言見《史記‧大宛列傳第六十三》，卷一二三，頁 3179。
〔註198〕〔漢〕班固撰、顧實：《漢書藝文志講疏》，頁 205。
〔註199〕〔清〕馬國翰：《續修四庫全書‧玉函山房輯佚書》，補校六四卷五五，頁 65。

為兵陰陽之《孟子》一篇。考姚振宗《漢書藝文志條理》，兵陰陽之《孟子》「此列東父、師曠之前，則其人遠在孟子之先，疑即五行家之猛子。」〔註200〕則此二書同名實為不同書。《漢志》兵陰陽之《孟子》已亡佚，至《隋志》已不著錄；但憑幾語或排列年代推論，是以著錄之人應詳加注，以知為互注、或別裁之行，或者為同名實異者。

（三）儒家之《公孫尼子》與雜家之《公孫尼》：

《漢志》著錄儒家《公孫尼子》二十八篇，又於雜家著錄《公孫尼》一篇。《隋志》、《唐志》、《通志》、《國史經籍志》皆於儒家著錄一卷，餘皆無。《漢志》云公孫尼，為七十子之弟子，入儒家。依馬國翰《玉函山房輯佚書》云：「《公孫尼子》一篇，周公孫尼撰。《漢志·儒家·公孫尼子》二十八篇注「七十子之弟子」。《隋志》一卷，注「尼，似孔子弟子」。《唐志》亦一卷。馬總《意林》引六節，標目云《公孫文子一卷》，以《太平御覽》所引與《意林》同者，參校知文為尼字之誤也。《隋書·音樂志》引沈約奏答謂《樂記》取《公孫尼子》；《禮記正義》引劉瓛云《緇衣》公孫尼子作。除二篇，今存《戴記》外，餘皆佚矣。茲從《意林》、《御覽》及《春秋繁露》、《北堂書鈔》、《初學記》諸書輯錄。王充《論衡》謂其說情性與世碩相出入，皆言性有善有惡，似與孟子性善之旨不合。然其論十氣之害歸本於反中，董廣川取與孟子養氣互相發明，則其同異可攷也。中有兩引《尼書》即《樂記》語者，可證沈說之有據。朱子嘗舉《樂記》天高地下六句以為漢儒醇如仲，舒如何說得到這裏去，想必古來流傳得此個文字如此。此雖不以沈說為信，而觀於廣川誦述，則當日之心實見折服，以斯斷《尼書》焉，可矣。」〔註201〕姚振宗云：「公孫尼似即公孫尼子，別有書二十八篇。」〔註202〕顧實認為此兩家非同一書，《緇衣》為子思子作，劉瓛之說為非。郭沫若更進一步考證「公孫尼子可能是孔子直傳弟子，當比子思稍早。雖不必怎樣後於子貢、子夏，但其先于孟子、荀子，是毫無問題的。《藝文志》列他的書在魏文侯、李克之後，孟子、孫卿之前，看來也有用意。」〔註203〕據《史記》載孔子弟子

〔註200〕〔清〕姚振宗：《師石山房叢書·漢書藝文志條理》，頁137。
〔註201〕〔清〕馬國翰：《續修四庫全書·玉函山房輯佚書》，補校六五卷九，頁79。
〔註202〕〔清〕姚振宗：《師石山房叢書·漢書藝文志條理》，頁110。
〔註203〕郭沫若：《青銅時代·公孫尼子與其音樂理論》（北京：科學出版社，1957年9月第1版），頁187。

當爲公孫龍（字子白），〔註204〕「尼」字爲「龍」之誤，是孔子直傳弟子，當比子思稍早。張舜徽以爲儒家與雜家同屬一人。〔註205〕陳國慶亦以兩書爲同一撰者，〔註206〕雜家《公孫尼》一篇乃屬雜論。又按後世學者田君考證，「公孫尼一篇，按形式分類，可歸雜家；若按內容性質判定，亦爲儒家學說，作者同爲一人。」〔註207〕又「公孫尼即公孫龍，其人親炙孔子之門，從學以五年以上，屬於孔子晚年弟子，是春秋戰國之際儒學派傳人。」〔註208〕案此兩書皆亡佚。依學者考證推論公孫尼子即是公孫尼，而公孫尼依班固注語，孔子七子弟子，應爲公孫龍。

（四）道家之《孫子》與〈兵書略〉之《吳孫子兵法》：

《孫武兵法》又名《孫子兵法》、《孫子》、《吳孫子兵法》，舊題曰孫武撰，亦爲《武經七書》之一。《孫子兵法》之成書與作者，歷來皆有學者考證。孫武其人最早見於《史記》：「孫子武者，齊人也，以兵法見吳王闔閭。闔閭曰：子之十三篇吾盡觀之矣。」〔註209〕其《漢志》著錄爲八十二篇，今傳本則與《史記》同，爲十三篇。針對《孫子兵法》之作者及成書，學者各有所見，張守節《史記正義》載「《七錄》云『《孫子兵法》三卷，』案十三篇爲上卷，又有中下三卷。」〔註210〕又陳振孫、葉適、〔註211〕姚際恆〔註212〕以其名不見於《左傳》，所言爲戰國之事及兵法，疑爲後人所爲。晁公武同意杜牧所云：「『武書數十萬言，魏武削其繁剩，筆其精粹，成此書』云。其序略曰：

〔註204〕〔漢〕司馬遷著、裴駰集解、司馬貞索隱、張守節正義：《史記・仲尼弟子列傳第七》，卷六十七，頁2219。

〔註205〕〔漢〕班固撰、顧實：《漢書藝文志講疏》，頁103、163。參見〔漢〕班固撰、張舜徽通釋：《漢書藝文志通釋》，頁103、188。

〔註206〕陳國慶：《漢書藝文志注釋彙編》（北京：中華書局，1983年6月第一版），頁102～103。

〔註207〕田君：〈公孫尼子與《樂記》新考〉，《交響——西安音樂學院學報（季刊）》第28卷第3期，2009年9月，頁16。

〔註208〕田君：〈公孫尼子與《樂記》新考〉，頁16。

〔註209〕〔漢〕司馬遷著、裴駰集解、司馬貞索隱、張守節正義：《史記・《史記・孫子吳起列傳第五》，卷六十五，頁2161。

〔註210〕〔漢〕司馬遷著、裴駰集解、司馬貞索隱、張守節正義：《史記・《史記・孫子吳起列傳第五》，卷六十五，頁2162。

〔註211〕〔南宋〕葉適：《習學記言序目》（北京：中華書局，1977年10月第一版），頁675～681。

〔註212〕〔清〕姚際恆著、顧頡剛標點：《古今偽書考》（北京：樸社，1933年11月再版），頁68～70。

『吾讀兵書戰策多矣，武所著深矣。』」〔註213〕又有錢穆〔註214〕及日本學者齊藤拙堂、武內義雄皆認爲孫武、孫臏爲同一人。宋濂、紀昀則認爲其書爲孫武所撰。〔註215〕案1972年銀雀山同時出土的漢簡，《孫子兵法》、《孫臏兵法》各一部，已否定爲同一人之說。此外，出土資料尙有《吳問》、《見吳王》茲可證《史記》所言。〔註216〕章學誠認爲，《孫子兵法》之十三篇爲經語，餘當是法度名數編次於中下卷，爲後世亡逸。非爲杜牧所言爲曹操所刪。案銀雀山之漢簡，有一枚相關《孫子》篇名的木牘，上有十三篇篇名，而無五篇逸文的篇名，又五篇逸文內容較似《孫子兵法》的注釋。〔註217〕推論其書十三篇在西漢時就廣爲流傳。《史記》之成書比《漢志》早，但《漢志》著錄八十二篇，疑是否於西漢時任宏校兵書時將有關論述者併之。案《漢志》諸子略之道家亦有《孫子》十六篇，班固注云六國時。但無著錄撰者，顧實則以非兵權謀家之吳、齊二孫子。〔註218〕《漢志》著錄《孫子兵法》外，又有圖九卷，依《隋志》云《七錄》有《孫子八陣圖》一卷，亡。不知是否與《漢志》所錄和同？故著錄圖名，以知所用。其圖《通志》、《國史經籍志》亦有錄，餘諸志則無。《漢志》道家著錄《孫子》十六篇。六國時。考梁玉繩《人表考》「孫子惟見《莊子‧達生》篇。名休。同上」〔註219〕案《莊子‧達生》孫休與扁子之對話，無論及兵學〔註220〕。又《人表考》將孫子列於田太公之後，列子、魏武候之前，應爲六國時期人。推論此爲道

〔註213〕〔宋〕晁公武著，孫猛校證：《郡齋讀書志校證》，卷第十四，頁632。

〔註214〕錢穆：《先秦諸子繫年考辨》（上海：上海書店，1992年1月第一版），頁10〜11、246〜247。

〔註215〕見〔元〕馬端臨：《文獻通考》，卷四十八，頁1105、〔清〕紀昀：《欽定四庫全書總目‧子部九‧兵家類》，頁1296。〔漢〕班固撰、顧實：《漢書藝文志講疏》，頁200。張心澂：《僞書通考》（上海：上海書店，1998年1月第一版，據商務印書館1939年版影印），頁797〜801。〔漢〕班固撰、張舜徽通釋：《漢書藝文志通釋》，頁234〜235。

〔註216〕參見熊劍平：〈從銀雀山漢墓竹簡看《孫子》早期的注釋情況〉，《軍事歷史》第3期，2011年3月，頁28〜34。田旭東：《《孫子兵法》善本考〉，《濱州學院學報》21卷第5期，2005年10月，頁88〜90。

〔註217〕吳九龍：〈銀雀山漢簡兵書的意義及影響〉，《濱州學院學報》21卷第5期，2005年10月，頁80〜83。宋開霞：〈銀雀山漢簡的文化價值〉，《濱州學院學報》21卷第5期，2005年10月，頁84〜87。

〔註218〕〔漢〕班固撰、顧實：《漢書藝文志講疏》，頁131。

〔註219〕〔清〕梁玉繩等：《史記漢書諸表訂補十種‧人表考》，頁741。

〔註220〕〔晉〕郭象註：《莊子》（臺北：藝文印書館，1990年12月第一版），頁368〜370。

家之孫子。與春秋之孫武有別。〔註221〕此書至《隋志》已亡佚無著錄。另諸志著錄道家（或雜家）之《孫子》十二卷，乃爲三國時之孫綽。

（五）道家之《力牧》與〈兵書略〉之《力牧》：

《漢志》於道家著錄《力牧》二十二篇，兵書略著錄《力牧》十五篇。隋唐及諸志皆不著，可見亡佚甚早。顧實於兵家之《力牧》云：「道家《力牧》二十二篇，蓋非同書。《抱朴子》曰：『黃帝精推步，則訪山稽、力牧』〈極言〉篇。」〔註222〕張舜徽則云道家之《力牧》，劉向、班固審定爲偽書。〔註223〕然於兵家之《力牧》云：「力牧有書二十二篇，見諸子略道家，道家與兵家，固相通也。」〔註224〕案《文心雕龍・諸子》云：「昔風后、力牧、伊尹，咸其流也。篇述者，蓋上古遺語，而戰伐所記者也。」〔註225〕故力牧非親自撰書，乃戰國人所依託。是以班固云兩家皆託名力牧所作。然《漢志》將兩書入道家與兵書略，其篇數不相同，且入不同家，案此應爲不同書。

（六）法家之《商君》與兵書略之《公孫鞅》：

《漢志》於法家著錄《商君》二十九篇，兵書略著錄《公孫鞅》二十七篇。自舊《唐志》始名《商子》並有五卷。爾後諸志稱《商君》、《商君書》或《商子》。然《公孫鞅》《隋志》已不著錄，可見亡佚甚早。《郡齋讀書志》、《通志略》曰亡三篇，《直齋書錄解題》曰亡一篇，案至宋代晁公武、鄭樵與陳振孫所見已不屬同版本。《四庫》考證云：「此本自〈更法〉至〈定分〉，目凡二十有六，似即晁氏之本。然其中第十六篇、第二十一篇又皆有錄無書，則並非宋本之舊矣。《史記》稱讀鞅〈開塞〉書，在今本爲第七篇，文義甚明。司馬貞作《索隱》，乃妄爲之解，爲晁公武所譏。知其書唐代不甚行，故貞不及睹。」〔註226〕《商君》一書舊題商鞅撰，然案其〈開法〉篇，三稱秦孝公之諡，商鞅刻正逃命，應無暇著書。又〈徠民〉有自魏襄以來、周軍之勝、華軍之勝、長沙之勝等，皆於商君死後之事，則非出於鞅之手。但

〔註221〕參見〔漢〕班固撰、王利器、王貞珉：《漢書古今人表疏證》，頁447。〔漢〕
　　　　班固撰、張舜徽通釋：《漢書藝文志通釋》，頁146。
〔註222〕〔漢〕班固撰、顧實：《漢書藝文志講疏》，頁207。
〔註223〕〔漢〕班固撰、張舜徽通釋：《漢書藝文志通釋》，頁146。
〔註224〕〔漢〕班固撰、張舜徽通釋：《漢書藝文志通釋》，頁246。
〔註225〕〔南朝梁〕劉勰著、黃淑琳注：《文心雕龍注》，頁308。
〔註226〕〔清〕紀昀：《欽定四庫全書總目・子十一・法家類》，卷一百一，頁1315。

觀其詞峻厲而深刻，應出自法家之徒。〔註227〕然此書與兵書略之《公孫鞅》是否爲同書，沈欽韓於《公孫鞅》下注：「《荀子·議兵》『田之齊單，楚之莊蹻，秦之衛鞅，燕之繆蟣。』」〔註228〕章學誠似以兩書爲同一書，故云：「兵書之《公孫鞅》二十七篇，與法家之《商君》二十九篇，名號雖異而實爲一人，亦當著其是否一書也。」〔註229〕姚振宗云：「一在法家，一在兵家，家數既殊，篇數亦異，又何用著其是否一書耶。」〔註230〕顧實云：「法家《商君》二十九篇，蓋非同書，荀子曰『秦之商鞅，世之所謂善用兵者也。』」〔註231〕張舜徽云：「今觀《商君書》中，〈算地〉、〈賞刑〉、〈畫策〉、〈戰法〉諸篇中論兵之語，至爲精要，知其沉研於此道者深矣。《漢志》著錄之《公孫鞅》二十七篇，不必皆其手著，而散亡亦早，故已不見《隋志》。」〔註232〕案《漢志》著錄《商君》與《公孫鞅》篇數不相同，且入不同家，此應爲不同書。於《漢志》這兩書作者應屬同一人，但《商君書》部分篇章應出於法家之徒，故考證後爲不同作者。故若遇書爲不同名實爲同一撰者，或書同名實則非同一撰者，則當如章學誠所云「辨嫌名」後明注於下。

（七）雜家之《尉繚》與〈兵書略〉之《尉繚》：

《漢志》之《尉繚》著錄兩處，爲兵家《尉繚》三十一篇與雜家《尉繚》二十九篇，尉繚，史上有兩位，一爲戰國中期梁惠王時的尉繚。另一爲戰國末期魏國大梁人。依《史記·秦始皇本紀》〔註233〕記載秦王政十年（公元前

〔註227〕《商君書》除〈更法〉、〈徠民〉之外，更有〈弱民〉：「秦師至鄢郢，舉若振槁。唐蔑死於垂沙、莊蹻發於內楚」，此爲秦昭王時事。〈錯法〉、〈定分〉篇亦有商鞅死之事，故非商鞅親撰。見〔清〕紀昀：《欽定四庫全書總目·子十一·法家類》，卷一百一，頁 1315、〔清〕姚振宗：《師石山房叢書·漢書藝文志條理》，頁 94、〔漢〕班固撰、顧實：《漢書藝文志講疏》，頁 139、陳國慶：《漢書藝文志注釋彙編》，頁 134。顧實亦以爲《商君》與《公孫鞅》非同一書，見氏著：《漢書藝文志講疏》，頁 139。
〔註228〕〔清〕沈欽韓撰、尹承整理：《二十五史藝文經籍考補萃編·漢書藝文志疏証》，頁 125。
〔註229〕〔清〕章學誠著、楊家駱編：《文史通義等三種·校讎通義·漢志兵書第十六》，卷三，頁 264～265。
〔註230〕〔清〕姚振宗：《師石山房叢書·漢書藝文志條理》，頁 130。
〔註231〕〔漢〕班固撰、顧實：《漢書藝文志講疏》，頁 201。
〔註232〕〔漢〕班固撰、張舜徽通釋：《漢書藝文志通釋》，頁 236。
〔註233〕《史記》記載：「大梁人尉繚來，說秦王曰：『以秦之強，諸侯譬如郡縣之君，臣但恐諸侯合從，翕而出不意，此乃智伯、夫差、湣王之所以亡也。原大王

237 年）入秦游說，秦王從之，因而被任爲國尉，因稱尉繚，尉爲官名。案《漢志》雜家類之尉繚，應爲秦之尉繚。兵形勢不著撰者。今本《尉繚子》二十四篇疑爲兩者之著作併之；《尉繚子》經考證爲僞書之說居多，但隨著 1972年銀雀山出土之《尉繚子》六篇簡本，〔註234〕其資料證明其書非僞書。案鄭良樹、劉春生〔註235〕等人考證，現行《尉繚子》傳本應是宋神宗時整理兩位尉繚之作而成《武經七書》之一，乃爲今本二十四篇。《隋志》著錄時，兵形勢之《尉繚》已佚，其云《七錄》之六卷，應屬雜家。隋唐因之。至宋時雜家之《尉繚子》亦有亡佚，宋神宗時將兩者殘本併之。案今本《尉繚》〈天官〉至〈戰權〉等十二篇與書末〈兵令〉上下篇，其言梁惠王與尉繚子對問，應爲大梁之尉繚（兵形勢）。餘爲〈重制令〉、〈伍制令〉等篇論及軍法禁令及軍陣，應爲秦之尉繚（雜家）。案《漢志》著錄之兩家，無省，推論劉向得雜家《尉繚》一書二十九篇，故《別錄》云繚爲商君學。任宏校兵書屬兵形勢之《尉繚》一書三十一篇；劉歆《七略》將兩者分別著之可能性極大，因此胡應麟、紀昀、顧實等人皆謂兩者非同一人同一書。〔註236〕章學誠亦云《漢志》無重複並省，疑本非一書也。職是，鄭樵、焦竑認爲《漢志》入雜家爲非，因改入兵家此說非也。惟今本《尉繚子》應是宋神宗時整理兩位尉繚之古本而成《武經七書》之一，乃爲今本二十四篇。

（八）小說家《師曠》與〈兵書略〉之《師曠》：

《漢志》於小說家著錄《師曠》六篇，兵書略著錄《師曠》八篇。《隋志》於五行類著錄《師曠書》三卷，遂至《唐書》爲《師曠占書》。姚振宗云：「師曠有書六篇，見諸子小說家。《後漢書·蘇竟傳》竟與劉歆兄子龔書曰，猥以師曠雜事，輕自炫惑。說士作書亂夫大道爲可信哉。章懷注曰師曠

母愛財物，賂其豪臣，以亂其謀，不過亡三十萬金，則諸侯可盡。』秦王從其計，見尉繚亢禮，衣服食飲與繚同。」見〔漢〕司馬遷著、裴駰集解、司馬貞索隱、張守節正義：《史記·秦始皇本紀第六》，卷六，頁 230。

〔註234〕 宋開霞：〈銀雀山漢簡的文化價值〉，《濱州學院學報》21 卷第 5 期，2005 年10 月，頁 84～87。

〔註235〕 〔戰國〕尉繚著、劉春生譯注：《尉繚子全譯·序》（貴州：貴州人民出版社，1993 年 8 月第一版），頁 1～10。許保林：《中國兵書通覽》，頁 141～147。李桂生：〈兵家《尉繚》與雜家《尉繚》關系新探〉，《黃岡師範學院學報》第26 卷第 4 期，2006 年 8 月，頁 66～69。

〔註236〕 見（清）紀昀：《欽定四庫全書總目·子部九·兵家類》，卷九十九，頁 1297。〔漢〕班固撰、顧實：《漢書藝文志講疏》，頁 204。

雜事,雜占之書也。前書云陰陽書十六家有《師曠》八篇也。」〔註237〕又云《禽經》一卷舊題爲師曠,疑小說家之《師曠》六卷之佚出者,或以爲因《說文》之鳥部引,影附之不得而詳。〔註238〕顧實於小說家《師曠》云:「兵陰陽家《師曠》八篇,蓋非同書。師曠曰:『南方有鳥,名曰羌鷲,黃頭赤目,五色皆備。《說文·鳥部引》』或在此書。師曠事詳《周書·太子晉解》、《左傳·襄十四年、昭八年》、《國語·晉語八》、《韓非·十過篇》、《呂覽·長見篇》、《說苑·建本篇》諸書。」〔註239〕又於兵家之《師曠》云:「李賢曰:『雜占之書也。』」〔註240〕張舜徽云兩家標題雖同,所言各異。周末僞造者依託之。〔註241〕案《漢志》著錄兵陰陽家之《師曠》或爲諸志之五行類之《師曠書》三卷、《師曠占書》一卷。〔註242〕此兩書入小說家與兵書略,班固云小說家之其言淺薄,似因託之。其篇數不相同,且入不同家,案此應爲不同書。

二、書名相同或相近,內容相關

(一)道家之《伊尹》與小說家之《伊尹說》:

《漢志》於道家著錄《伊尹》五十一篇,小說家著錄《伊尹說》二十七篇,於兵權謀注省《伊尹》、《太公》、《管子》等諸家。《隋志》及爾後諸志皆不著錄,可見亡佚甚早。姚振宗「道家之言,託始黃帝。史言伊尹從湯,言素王之事,蓋亦述黃虞之言爲多。此其所以爲道家之祖,而老子猶其後起者也。」〔註243〕顧實云:「《呂覽·本味》篇述伊尹之言,當出此書。司馬遷曰:『伊尹從湯言素王九主之事,則所謂君人南面之術也。〈殷本紀〉』。馬國翰有輯佚。」〔註244〕又云此兩家非同一書,猶爲「禮家之《明堂陰陽》與《明堂

〔註237〕〔清〕姚振宗:《師石山房叢書·漢書藝文志條理》,頁138。
〔註238〕參見〔清〕姚振宗:《師石山房叢書·漢書藝文志條理》,頁114。
〔註239〕〔漢〕班固撰、顧實:《漢書藝文志講疏》,頁168。
〔註240〕〔漢〕班固撰、顧實:《漢書藝文志講疏》,頁208。
〔註241〕〔漢〕班固撰、張舜徽通釋:《漢書藝文志通釋》,頁197。
〔註242〕姚振宗:「按王儉《七志》所載與本志同,似猶爲《七略》原編。《隋志》五行家有《師曠書》三卷,在歲占諸書中,又占夢書中云,梁有《師曠占》五卷,亡。或在此書,或在兵陰陽家,無以加詳。」見氏著:《師石山房叢書·漢書藝文志條理》,頁114。
〔註243〕〔清〕姚振宗:《師石山房叢書·漢書藝文志條理》,頁77。
〔註244〕〔漢〕班固撰、顧實:《漢書藝文志講疏》,頁116。

陰陽說》爲二書，可比證。然亦可明道家小說家一本矣。」〔註245〕張舜徽云「諸子之書，例多託古。」〔註246〕後世學者王齊洲以爲小說家之《伊尹說》爲解釋道家之《伊尹》大義，輔以閭巷傳說，〔註247〕案《漢志》所云道家之《伊尹》、小說家之《伊尹說》亡佚甚早，雖有云《呂覽‧本味篇》爲小說家之一篇，〔註248〕但今已不可考，案班固所云《伊尹說》其語淺薄，似依託也，推論兩者非同一書。應非章學誠所論爲《漢志》互著之例，又《漢志》於兵權謀省《太公》、《伊尹》、《淮南王》等諸家，未註明篇數，案《伊尹》一書已佚，很難斷定，但班固既省去，其應有與道家之《伊尹》五十一篇同，故重複省去。

（二）道家《鬻子》與小說家之《鬻子說》：

《漢志》著錄《鬻子》有道家《鬻子說》二十二篇、小說家《鬻子說》十九篇。《隋志》無小說家之《鬻子說》，兩《唐志》分於著錄於道家、小說家。爾後諸志，除《宋志》將注本入小說家，餘皆錄道家之《鬻子》一卷，是以自唐後則無見小說家，《四庫》則入雜家。《四庫總目》云唐逢行珪之《鬻子注》十四篇，即《崇文總目》所著錄也。考「《列子》引《鬻子》凡三條，皆黃、老清靜之說，與今本不類。疑即道家二十二篇之文。今本所載與賈誼《新書》所引六條文格略同，疑即小說家之《鬻子》說也。」〔註249〕而今本是當時本有二書。姚際恆云：「是其人之事已謬悠莫考，而況其書乎！論之者葉正則、宋景濂，皆以兩見《漢志》爲疑，莫知此書誰屬。胡元瑞則以屬小說家，亦臆測也。高似孫以爲漢儒綴緝。李仁父以爲後世依託。王弇州疑其『七大夫』之名。楊用修歷引賈誼書及《文選註》所引《鬻子》，今皆無之。此足以見其大略矣。」〔註250〕案考今本《鬻子注》其語氣不似三代，且篇名長，內容數語。〔註251〕顧實認爲唐逢珪行之注本乃「去其妄爲標題，猶古本

〔註245〕〔漢〕班固撰、顧實：《漢書藝文志講疏》，頁168。
〔註246〕參見〔漢〕班固撰、張舜徽通釋：《漢書藝文志通釋》，頁128。
〔註247〕參見王齊洲：〈《漢志》著錄之小說家《伊尹說》《鬻子說》考辨〉，《武漢大學學報（人文科學版）》第59卷第5期，2006年9月，頁562。
〔註248〕陳國慶：《漢書藝文志注釋彙編》，頁159。
〔註249〕〔清〕紀昀：《欽定四庫全書總目‧子二十七‧雜家類一》，卷一百十七，頁1564。
〔註250〕〔清〕姚際恆著、顧頡剛標點：《古今偽書考》，頁26。
〔註251〕《四庫全書總目》云：「觀其標題甲乙，故爲佚脫錯亂之狀，……且其篇名冗贅，古無此體，又每篇寥寥數言，詞旨膚淺，決非三代舊文。」見〔清〕紀昀：《欽定四庫全書總目‧子二十七‧雜家類一》，卷一百十七，頁1564。

殘帙，而非僞作。故與《僞列子》所引三條不類，而與《賈子》所引六條相類也。」〔註252〕案其言昔者文王問於鬻子，〔註253〕是以非親出於鬻熊之手，乃爲後人裒輯而成。《隋志》始無著錄於小說家，兩《唐志》皆爲一卷，推論爲同一書入之部次不同，《新唐書》始著錄逢行珪注本。案應爲《崇文》所著錄之本。出注本後，自而不見《漢志》道家所錄原本。其小說家之《鬻子說》十九篇，《漢志》云後世所加，可能產於漢初黃老盛行時，因而隋唐已不著錄。亡於魏晉六朝時。〔註254〕案後世學者王齊洲考證，以爲小說家《鬻子說》當爲解說道家《鬻子》之書。〔註255〕兩者非同一書亦非同一作者也。

（三）雜家之《伍子胥》與〈兵書略〉之《伍子胥》：

《漢志》著錄《伍子胥》有雜家、兵家等兩家，胡應麟云：「《伍子胥》兩見《漢志》，一雜家八篇，一兵家十篇，今皆不傳。而《越絕書》稱子胥撰，蓋東漢據二書潤飾爲此。其遺言逸事，大事本之。其文辭氣法出於東漢人手裁。故與戰國異。」〔註256〕洪頤煊則認爲《漢志》無《越絕書》疑即雜家之《伍子胥》八篇。今本《越絕》無水戰，且篇次錯亂，以末篇證之，《越絕》本八篇，即與雜家之《伍子胥》相同。〔註257〕張舜徽考證，「今所傳《越絕書》，乃後漢袁康所作。其篇末詳記撰述人爲袁康，刪定者爲吳平，既顯著名氏如此，後人孰從而疑異之？其謂爲子胥作者，乃傅會之辭，亦託古之意耳。著錄於《漢志》之《伍子胥》八篇，不得以今本《越絕》之八篇等同之。即《漢志》之八篇，亦在伍員既死之後，時人裒錄其言論行事而成，而題爲《伍子胥》也。書雖早亡，其言行見於《左傳》、《國語》、《呂氏春秋》、《吳越春秋》、《史記吳》、《越世家》及《本傳》者詳矣。固猶可稽考也。」〔註258〕顧實云此兩家非同一書。〔註259〕張舜徽認爲：「《伍子胥》有書八篇，

〔註252〕〔漢〕班固撰、顧實：《漢書藝文志講疏》，頁118～119。

〔註253〕〔周〕鬻熊著、逢行珪注：《鬻子》（上海：古籍出版社，1990年9月第一版）。

〔註254〕參見王齊洲：〈《漢志》著錄之小說家《伊尹說》《鬻子說》考辨〉，《武漢大學學報（人文科學版）》第59卷第5期，2006年9月，頁561～565。

〔註255〕參見王齊洲：〈《漢志》著錄之小說家《伊尹說》《鬻子說》考辨〉，頁563。

〔註256〕見〔明〕胡應麟撰，顧頡剛點校：《四部正譌·伍子胥》（北平：樸社，1933年12月再版），卷中，頁35。

〔註257〕參見〔清〕洪頤煊：《讀書叢錄》（上海：商務印書館，1939年12月初版），四，頁61。

〔註258〕見〔漢〕班固撰、張舜徽通釋：《漢書藝文志通釋》，頁180～181。

〔註259〕參見〔漢〕班固撰、顧實：《漢書藝文志講疏》，頁158。

見諸子略雜家，《隋志》五行家有《遯甲決》一卷，吳相伍子胥撰。又有《遯甲文》一卷、《遯甲孤虛記》一卷，均題伍子胥撰。唐《經籍》、《藝文志》兵家皆有《伍子胥兵法》一卷，五行家有《遯甲文》一卷，諸書所言，必有在此十篇之內者，而今不可考矣。」〔註260〕案《伍子胥》始見《漢志》著錄雜家、兵家，雜家《伍子胥》自隋代已不著錄，是以亡佚甚早，今兩家之關係，應非同一書，雜家之《伍子胥》如張舜徽所考，爲時人裒錄其言論行事所成，亦非《越絕書》，其與兵技巧之《伍子胥》雖非同一書者，惟內容應有與其相關者。

三、書名相同，內容可能部分相重

（一）墨家之《墨子》與〈兵書略〉之《墨子》：

《漢志》著錄《墨子》兩家，一爲墨家《墨子》七十一篇；另一爲兵技巧省《墨子》重複，入《蹵》也。《漢志》著錄《墨子》爲七十一篇，《四庫》時已佚八篇，爲六十三篇，〔註261〕而至清光緒時，孫詒讓爲之注時已佚十八篇，所見爲五十三篇。〔註262〕此書非親出墨子之手，畢沅云：「今惟〈親士〉、〈修身〉及〈經上〉、〈經下〉，疑翟自著，餘篇稱子墨子，〈耕柱篇〉並稱子禽子，則是門人小子，記錄所聞，以是古書不可忽也。」〔註263〕俞樾云：「墨子死，而墨分爲三，有相里氏之墨，有相夫氏之墨，有鄧陵氏之墨。今觀〈尙賢〉、〈尙同〉、〈兼愛〉、〈非攻〉、〈節用〉、〈節葬〉、〈天志〉、〈明鬼〉、〈非樂〉、〈非命〉，皆分上中下三篇，字句小異，大旨無殊，意者此乃相里相夫鄧陵三家相傳之本不同，後人合以成書，故一篇有三乎。」〔註264〕案班固既注省重，因此兵技巧之《墨子》已入墨家之七十一篇，故內容部分相

〔註260〕 參見〔漢〕班固撰、張舜徽通釋：《漢書藝文志通釋》，頁249。
〔註261〕 參見〔清〕紀昀：《欽定四庫全書總目・子部第二十七・雜家類一》，卷一百十七，頁1564。
〔註262〕 〔清〕孫詒讓：《墨子閒詁・序》（上海：商務書局，1935年7月初版），頁1。
〔註263〕 〔清〕孫詒讓：《墨子閒詁・畢沅墨子校序》，頁445。《四庫總目》亦云：「其書有多稱『子墨子』，則門人之言，非所自著。又諸書多稱墨子名翟。」見〔清〕紀昀：《欽定四庫全書總目・子部第二十七・雜家類一》，卷一百十七，頁1564。
〔註264〕 〔清〕孫詒讓：《墨子閒詁・俞序》，頁1。參見錢穆：《錢賓四文集・墨子》（臺北：聯經出版事業公司，1994年9月1日初版），頁19～30。

重。

（二）法家之《李子》與〈兵書略〉之《李子》：

《史記・貨殖傳》云：「當魏文侯時，李克務盡地力。」依《索隱》云：「今此及《漢書》言克，皆誤也。劉向《別錄》則云『李悝』也。」〔註265〕《漢書・食貨志》云：「李悝爲魏文侯作盡地力之教。」〔註266〕姚振宗「按《韓非子・內儲說》引李悝習射令，疑是李悝。悝相魏文侯富國強兵，別有書三十二篇，見諸子法家。又案本志法家於李悝書，亦曰李子與此相同。班氏以明注於前，故此不復贅，習射令或即是書之一則歟。」〔註267〕張舜徽同意姚說云：「法家重在耕戰，講求兵事。李悝有法家書，又有兵家書；猶商鞅爲法家之宗，復有兵書二十七篇耳。」〔註268〕顧實云：「儒家《李克》七篇、兵權謀家《李子》十篇，蓋俱非同書。」〔註269〕案《漢志》所云法家之《李子》、兵權謀家之《李子》諸志皆不著錄，可見亡佚甚早。誠如姚振宗與張舜徽所言，法家講求兵事，法家《李子》三十二篇與兵權謀之《李子》 | 篇，疑部分內容有相同。

（三）縱橫家之《龐煖》與〈兵書略〉之《龐煖》：

《漢志》於縱橫家著錄《龐煖》二篇，兵書略著錄《龐煖》三篇。隋唐及諸志遂不著錄，可見亡佚甚早。梁玉繩云：「《龐煖》始見《鶡冠子》〈世賢篇〉、〈趙世家〉、〈李牧傳〉。又作援。《韓子・世邪》。亦曰龐子。」〔註270〕張舜徽云：「龐煖之言見《鶡冠子》者，乃節文，非即《漢志》之二篇也。」〔註271〕又云：「兵書略權謀家又有《龐煖》三篇，其所言者，蓋各有在者，此二篇書早亡。」〔註272〕又「龐煖有書二篇，見諸子縱橫家，縱橫與兵，固有相通處。」〔註273〕顧實以兩家非同一書。〔註274〕案《漢志》著錄《龐煖》於

〔註265〕 以上見〔漢〕司馬遷著、裴駰集解、司馬貞索隱、張守節正義：《史記・貨殖列傳第六十九》，卷129，頁3259。
〔註266〕 〔漢〕班固撰、〔唐〕顏師古注：《漢書・食貨志第四上》，卷二十四，頁1124。
〔註267〕 〔清〕姚振宗：《師石山房叢書・漢書藝文志條理》，頁131。
〔註268〕 〔漢〕班固撰、張舜徽通釋：《漢書藝文志通釋》，頁238。
〔註269〕 〔漢〕班固撰、顧實：《漢書藝文志講疏》，頁139。
〔註270〕 〔清〕梁玉繩等：《史記漢書諸表訂補十種・人表考》，頁812。
〔註271〕 〔漢〕班固撰、張舜徽通釋：《漢書藝文志通釋》，頁175。
〔註272〕 〔漢〕班固撰、張舜徽通釋：《漢書藝文志通釋》，頁175。
〔註273〕 〔漢〕班固撰、張舜徽通釋：《漢書藝文志通釋》，頁239。
〔註274〕 〔漢〕班固撰、顧實：《漢書藝文志講疏》，頁202。

縱橫家與兵書略。依《史記》所載，龐煖精通兵法，又縱橫與兵法有相通，疑部分內容有相同。

（四）道家之《太公》與〈兵書略〉之《太公》：

《太公》又稱《太公兵法》、《六韜》、《太公六韜》，舊題周初太公望（即呂尚、姜子牙）所著。《漢志》題爲《太公》，並無「兵法」二字與撰者，至《隋志》始有《太公六韜》姜望撰；諸志皆因之；經學者考證，〔註275〕此書爲僞書，其爲後人依託，作者已不可考。案《漢志》儒家著錄之周史《六弢》，班固自注曰：「惠、襄之間，或曰顯王時，或曰孔子問焉。」顏師古注即爲當今之《六韜》爲非。依沈濤《銅熨斗齋隨筆》考「案今《六韜》乃文王武王問太公兵戰之事，而此列儒家，則非今《六韜》也。六蓋大字之誤，《古今人表》有周史大弢。古字書無弢字，篇韻始有之，當爲弢字之誤，《莊子·則陽》篇仲尼問於太史大弢，蓋即其人。此乃其所著書，故班氏有孔子問焉之說。顏以爲太公《六韜》，誤矣。今之《六韜》，當在《太公》二百三十七篇之內。」〔註276〕案 1972 年銀雀山出土的漢簡，《六韜》亦在其列，楊朝明因此認爲《六韜》是漢代以後託名太公之說爲非，〔註277〕案其於漢代前之何時，仍未有定案。歷來諸志皆將《太公》益「兵法」二字，皆入兵家。案本書之六韜爲《文》、《武》、《虎》、《豹》、《龍》、《犬》也。以周文王、武王與姜太公對話的形式寫成。內容多論及兵權謀，前三略爲戰略之討論，後三略則多爲戰術，爲《武經七書》之一。史遷曾言「後世之言兵及周之陰權，皆宗太公爲本謀。」〔註278〕章學誠緣於《漢志》道家著錄《太公》，班固注「呂望爲周師尚父，本有道者。或有近世又以爲太公術者所增加也。」

〔註275〕見〔元〕馬端臨：《文獻通考》，卷四十八，頁 1104～1105、（清）紀昀：《欽定四庫全書總目·子部九·兵家類》，卷五十一，頁 1295～1296。〔清〕姚際恆著、顧頡剛標點：《古今僞書考》，頁 37～38。張心澂：《僞書通考》、余嘉錫：《古書通例》（上海：古籍出版社，1985 年 7 月第一版），頁 47～48。許保林：《中國兵書通覽》，頁 147～154。其言騎戰、避正殿乃戰國以後之事；又「將軍」二字始見《左傳》，周初亦無此名。大抵詞意淺近，不類古書。

〔註276〕〔清〕沈濤撰、章壽康輯：《銅熨斗齋隨筆》（據清光緒會稽章氏刻本，式訓堂叢書），卷四，頁 14。〔清〕梁玉繩等：《史記漢書諸表訂補十種·人表考》，頁 789。〔漢〕班固撰、王利器、王貞珉：《漢書古今人表疏證》，頁 540。

〔註277〕楊朝明：〈關於《六韜》成書的文獻學考察〉，《中國文化研究》春之卷，2002年，頁 58～65。

〔註278〕〔漢〕司馬遷著、裴駰集解、司馬貞索隱、張守節正義：《史記·齊太公世家第二》，卷三十二，頁 1478～1479。

〔註279〕又本書有武王問，不得因武王而出其書於兵家也。且兵刑權術本於道，故認爲入道家互見於兵家，如此不避重複著錄，乃爲申明流別之要道。案《漢志》著錄《太公》二百三十七篇，注〈謀〉八十一篇、〈言〉七十一篇、〈兵〉八十五篇。又於兵權謀注省《伊尹》、《太公》、《管子》、《孫卿子》等諸家，則〈兵權謀〉之八十五篇已涵括在子部《太公》二百三十七篇中。

（五）道家之《鶡冠子》與兵書略之《鶡冠子》：

　　《漢志》著錄《鶡冠子》僅一篇，《隋志》及爾後諸志多錄爲三卷。而《郡齋讀書志》、《文獻通考》、《國史經籍志》則錄八卷。唐代韓愈《讀鶡冠子》云十六篇。至宋時，陸佃注〈序〉云十九篇，今傳陸注本即爲三卷十九篇。其篇數至後世反增爲多，學者多以爲兵家之《龐煖》併入《鶡冠子》。胡應麟考「《七略》兵家有《鶡冠子》。雖班氏省之，而漢世尚傳。後人混而爲一。」〔註280〕顧實云：「道家與兵家相通，本志〈兵權謀〉家原有《鶡冠子》言兵之篇。此亦後世誤合兵家《龐煖》爲一歟。」〔註281〕黃懷信更指出「今本《鶡冠子》當是《漢志》道家《鶡冠了》與兵權謀《龐煖》之合編。」〔註282〕《鶡冠子》一書，以柳宗元與韓愈之說最爲著名，而柳宗元認爲《鶡冠子》盡鄙淺言也，反用賈誼《鵩賦》以文飾之，爲僞書。韓愈則反稱之，如〈博選篇〉「四稽五至」之說，〈學問篇〉一壺千金之語。然多數學者皆傾向柳說。而1973年長沙馬王堆帛書《黃帝四經》出土後，柳之僞書說已被推翻。李學勤經與《黃帝書》對比，確證是先秦古書，實出自楚人之筆，屬黃老一派道家著作。〔註283〕且《鶡冠子》〈王鈇〉亦有「柱國」、「令伊」等楚國官名與官制。案《漢志》道家著《鶡冠子》一篇，於兵權謀著錄省《鶡冠子》，雖未說明篇數，但班固既省兵權謀之《鶡冠子》，故應爲其道家之《鶡冠子》一篇。章學誠認爲

〔註279〕〔漢〕班固、〔唐〕顏師古注：《前漢書藝文志》，頁28。

〔註280〕〔明〕胡應麟著、顧頡剛點校：《四部正譌》，頁38～39。

〔註281〕〔漢〕班固撰、顧實：《漢書藝文志講疏》，頁127～128。

〔註282〕黃懷信：《鶡冠子滙集注·前言》（北京：中華書局，2004年10月初版），頁1～17。

〔註283〕李學勤：〈讀《鶡冠子》研究〉，《人文雜誌》第3期，2002年，頁160。又參見孫以楷：〈鶡冠子河淮西楚人考〉，《安徽大學學報（哲學社會科學版）》第25卷第4期，2001年7月，頁93～95。蕭洪恩：〈鶡冠子研究概述〉《湖北民族學院學報（哲學社會科學版）》第20卷第3期，2002年，頁39～46。楊兆貴：〈近年《鶡冠子》研究簡述〉，《山東師範大學學報（人文社會科學版）》第47卷第1期，2002年，頁74～77。

《漢志》分別於道家與兵家著錄《鶡冠子》乃爲互著之例，似以此例而已。但〈兵書略〉中之兵書乃爲任宏整理，應爲別裁本更爲合理，因未有意識使用互著法。〔註284〕《鶡冠子》《四庫》入雜家，〔註285〕但經1973年長沙馬王堆帛書《黃帝四經》出土後，考證確屬當黃老之著作，故當入道家與兵家互見。

（六）道家之《筦子》與兵書略之《管子》：

《管子》一書，《漢志》作《筦子》，並於兵權謀注省《管子》。劉向校讎《管子》定爲八十六篇。〔註286〕今本亦八十六篇，亡十篇。朱熹認爲非管仲所作，戰國時人收拾管仲言行，併附以他書。〔註287〕葉適云：「管子非一人之筆，非一時之書。以其言毛嬙、西施、吳王好劍推之，當是春秋末年。」〔註288〕宋濂與朱熹看法同，亦認爲疑戰國時人采掇仲之言行附以他書成之。〔註289〕姚際恆亦同，其云：「《管》未見《春秋》也。《漢志》八十六篇；今篇數同。大抵參入者皆戰國周末之人，如稷下游談輩；及韓非李斯輩，襲商君之法，借管氏以行其說者也。」〔註290〕章學誠也認爲《管子》一書非管子自撰。1972年銀雀山出土的漢簡文獻，可證明《管子》經言主體部分成於春秋末期。〔註291〕《管子》非一時一人之作，故內容涵括戰國時各學派的言論。其內容有言用兵者，如〈七法〉、〈兵法〉、〈制分〉等篇，推論應與兵家之《管子》相同，故《漢志》重複省去，惟未註明篇名與篇數是較遺憾之處。

〔註284〕王重民亦認爲章學誠的推測過於深刻，「《鶡冠子》只有一篇，經班固對，兩處著錄的內容完全相同，也『省』掉了。但如果按互著法的正確意義來說，十種書中只有這一種是符合的（但不是有意識的）；其餘九種，依據上面的分析，應該是別裁而不是互著。」見氏著：《校讎通義通解》，頁19。

〔註285〕〔清〕紀昀：《欽定四庫全書總目・子部第二十七・雜家類一》，卷一一七，頁1566。

〔註286〕〔清〕姚振宗：《師石山房叢書・七略別錄佚文》，頁10。

〔註287〕參見〔宋〕黎靖德編：《朱子語類・戰國漢唐諸子》（北京：中華書局，1986年3月第一版），卷第一百三十七，頁2352。

〔註288〕〔宋〕葉適：《習學記言序目・管子》（北京：中華書局，1977年10月第一版），卷第四十五，頁663。

〔註289〕〔明〕宋濂著、顧頡剛標點：《諸子辨》（北京：樸社，1928年3月三版），頁3。

〔註290〕〔清〕姚際恆著、顧頡剛標點：《古今偽書考》，頁58。

〔註291〕參見郭麗：《管子文獻學研究・銀雀山《王兵》與《管子》的互証》（青島：中國海洋大學出版社），2007年3月第一版，頁21～38。

（七）儒家之《孫卿子》與〈兵書略〉之《孫卿子》：

《荀子》，《漢志》稱《孫卿子》；又一名爲《荀卿子》。劉向校《荀子》定爲《荀卿新書》三十二篇。〔註292〕《漢志》誤爲三十三篇。《隋志》、《唐志》爲十二卷，至楊倞注《荀子》始析爲二十卷，爲今本。《荀子》一書大部分出自荀子，案〈堯問〉最後一段「爲說者曰」，楊倞謂「自爲說者已下或荀卿弟子之辭也。」〔註293〕梁啓超考證「〈君子〉、〈大略〉、〈宥坐〉、〈子道〉、〈法行〉、〈哀公〉、〈堯問〉七篇，疑非盡出荀子手，或門弟子所記，或後人所附益也。」〔註294〕《荀子》一書雖有些篇章爲其弟子或後人所附益，但經駱瑞鶴考證至遲不晚於漢武帝，也許在秦併諸國前即有定本，隨後有增加。〔註295〕《漢志》於兵權謀省《孫卿子》諸家，未註明篇數，案《荀子》有〈議兵〉、〈強國〉諸篇，推論應與兵家相同，故重複省去。

（八）雜家之《淮南子》與〈兵書略〉之《淮南子》：

《淮南子》，《漢志》稱《淮南》，又名《淮南子》、《淮南鴻烈解》。今本爲《漢志》之《淮南內》，《淮南外》已亡佚。乃淮南王劉安召集門客所成。案《淮南子》廣涉道家、天文、地理、草木、兵略等方面，而《漢志》於兵權謀省《淮南王》，未註明篇數，案《淮南子》有〈兵略訓〉，推論應與兵家相同，故重複省去。

（九）儒家之《陸賈》與〈兵書略〉之《陸賈》：

《漢志》著錄《陸賈》者有二處，一爲儒家《陸賈》二十三篇；另一爲兵權謀，其注省《陸賈》一家。《陸賈》二十三篇至《隋志》、兩《唐書》遂著錄《新語》二卷於儒家，《郡齋讀書志》、《直齋書錄解題》不著錄，後宋史著錄於雜家。至明《國史經籍志》復入儒家。案《史記》、《漢志》所載，《新語》爲十二篇，《漢志》著錄乃二十三篇，似併陸賈其他著作。〔註296〕王利器

〔註292〕〔清〕姚振宗：《師石山房叢書・七略別錄佚文》，頁9。

〔註293〕《四部叢刊初編・荀子（二十卷）》，景上海涵芬樓藏黎氏景宋刊本，第317冊，頁230。

〔註294〕梁啓超：《飲冰室專集・漢書藝文志諸子略考釋》（上海：中華書局，1936年4月），八十四集，頁10。

〔註295〕參見〔戰國〕荀況著、駱瑞鶴補正：《荀子補正・前言》（武昌：武漢大學出版社，1997年8月第1版），頁3～4。

〔註296〕案《四庫總目》、顧實、王利器等皆主是說。見〔清〕紀昀：《欽定四庫全書總目・子部一・儒家類一》，卷九十一，頁1196。〔漢〕班固撰、顧實：《漢書藝文志講疏》，頁108。

以爲《漢志》爲辨明學術流別，故省兵權謀之《陸賈》而入儒家，則省十一篇。其於儒家之省併二十三篇中，既有《新語》、《陸賈兵法》。〔註297〕

（十）縱橫家之《蒯子》與〈兵書略〉之《蒯通》：

《漢志》著錄《蒯通》兩家，一爲縱橫家《蒯子》五篇；另一爲兵權謀注省《蒯通》其辨析見前節。案兵權謀省《蒯通》，當是班固重複而省去，應於《蒯子》五篇內。

（十一）道家之《伊尹》與〈兵書略〉之《伊尹》：

《漢志》著錄分別於道家、小說家著錄《伊尹》，又於兵權謀省《伊尹》，其辨析見前節，案《伊尹》已佚，班固既省去，其應有與道家之《伊尹》五十一篇同，故重複省去。

經上述考證，非唯章學誠所提之《伊尹》、《太公》、《管子》、《孫卿子》、《鶡冠子》、《蘇子》、《蒯通》、《陸賈》、《淮南王》九家之書，檢閱《漢志》其兵書一略，尚有《景子》、《李子》、《力牧》、《師曠》、《公孫尼》、《龐煖》、《尉繚》、《吳孫子兵法》、《伍子胥》、《孟子》亦與諸子各家有書名相同或相近者，又有道家《鬻子》與小說家之《鬻子說》、道家《伊尹》與小說家之《伊尹說》、法家之《商君》與兵家《公孫鞅》。

據上情況，其第一種書名相同，作者不同內容亦無關，與第二種書名相同或相近，內容相關，不得謂爲互著法，因爲實爲兩種不同之書。第三種書名相同，內容可能部分相重，可能性較大；惟各家於諸子著錄之篇數多於兵書一略著錄之篇數，如《太公》一書，著錄於道家著錄《太公》二百三十七篇，爲其總目，其下再析〈謀〉八十一篇、〈言〉七十一篇、〈兵〉八十五篇。顯然屬兵書略爲〈謀〉八十一篇、〈兵〉八十五篇，凡一百六十六篇。由於兵書是任宏所校，推論這些自古即有單行本，王重民認爲可能是張良、韓信申軍法，楊樸整理兵書時就已經別行。〔註298〕而這些兵書的單行本爲諸子所著錄全本的篇數之一，故應視爲別裁。此外，諸子與兵書略之篇數相同僅《鶡冠子》一書，皆爲一篇。既諸子道家著錄爲一篇，又兵權謀省去《鶡冠子》，且視爲省去一篇，是符合章學誠所謂的互著之法，但這其中僅有一例，又兵書略，班固於重複省去皆未明言省去幾篇或明註情況，故可言未有意識使用

〔註297〕參見〔漢〕陸賈撰、王利器校注：《新語校注・前言》（北京：中華書局，1986年8月第一版），頁5。

〔註298〕〔清〕章學誠著、王重民通解：《校讎通義通解》，頁19。

互著法，應不能視爲互著，應講別裁法更爲合理。所以王重民說，章學誠互著法歸功於劉歆《七略》，乃是一種錯覺。〔註299〕

這種美麗的錯誤也讓學者多有抨擊，嚴重的甚認爲章學誠有愧於史德。一般學者認爲互著之用於明人祁承㸁《庚申整書略例》之「因、益、通、互」，但又有溯及至元人馬端臨。王國強則認爲明代高儒編制《百川書志》是最早發明別裁與互著成法的書籍。〔註300〕呂紹虞《中國目錄學史稿》總結《七略》既無互著，也沒有別裁。〔註301〕舉以最具代表性文廷式之意見爲例：

> 章實齋《校讎通義》立一書互見及裁篇別出之說，目錄家頗謂刱獲。余閱明祁承㸁《書目略例》實開其端。《略例》云：「古人解經，存者十一，如歐陽公之《易童子問》、王荊公之《卦名解》、曾南豐之《洪範傳》皆有別本，而今僅見於文集之中，惟各摘其目列之本類，使窮經者有所考求，……苟非爲標其目，則二書竟無從考矣，凡若此類，今皆悉爲分載特明注原在某集之內，以便簡閱，按此即章氏所謂裁篇別出者也。又云：同一書也，於此則爲本類，爲彼亦爲應收。同一類也，收其半於前，有不得不歸其半於後，如《皇明詔制》，制書也，國史之中固不可遺，而詔制之中亦所應入；《五倫全書》，敕纂也，既不敢不遵王而入制書，亦不可不從類而入纂訓；……至若《木鐘臺集》、《閒雲館別編》、《歸雲別集》、《外集》、范守己之《御龍子集》，如此之類，一部之中，名籍不可勝數，故往往有一書而彼此互見者，同集而名類各分者。按此即爲章氏所謂一書互見者也。章氏與祁氏近同里閈，不容不見其書，乃遠述弱侯，而近遺夷度，殆不欲著其相襲之迹乎？若然，則《文史通義》特重史德，實齋爲有愧也。〔註302〕

此種指控過於嚴苛，文廷式未將《校讎通義》閱讀完畢，章學誠強調，互著乃遠紹於劉歆《七略》，並未歸功於自己，且說不敢掠美於前賢，怎可說是抄襲。雖清代之印刷術已經非常發達，按理說，章學誠應該見過祁承㸁的書，

〔註299〕〔清〕章學誠著、王重民通解：《校讎通義通解》，頁 17。
〔註300〕王國強：〈中國古代書目著錄中的互著法和別裁法〉，《鄭州大學學報（哲學社會科學版）》第 35 卷第 4 期，2002 年 7，頁 130。
〔註301〕呂紹虞：《中國目錄學史稿》（臺北：丹青圖書有限公司，1986 年台一版），頁 39。
〔註302〕〔清〕文廷式：《純常子枝語》，卷二十六，頁 1541～1544。

但章學誠為其志業、為生活奔波，無法一直待在鄉里，所以不見得讀過祁承㸁之書。王重民說「馬端臨的《文獻通考・經籍志》作為濫觴，到祁承㸁才純熟的使用，到章學誠才提到一個較高的理論程度。……互著、別裁法在編制藏書目錄中使用較少，也較晚；而在專科目錄則極有用。正由於章學誠是編專科目錄（如《史籍考》）的人，所以他對互著、別裁法看得非常重要，在理論上也講得非常透徹。」〔註303〕王重民持平之論，不但瞭解了真相，也為章學誠申了屈，這一點，張舜徽也是贊同的。

第三節　《校讎通義》互著辨析

　　章學誠認為《漢志》之〈諸子略〉與〈兵書略〉是互著之關係外，於《校讎通義》亦論述許多應互著而《漢志》未著錄之書籍，如《五曹官制》部次於陰陽家，應入《禮》，亦可入歷譜家；韓嬰《詩外傳》部次於《詩》部，應當互見於《春秋》；司馬穰苴《軍禮司馬法》部次於《禮》部，應互見於兵法等，以下就應互著之處論析，以見學術淵源。

　　《校讎通義》論及互見之書，茲先就章學誠所論述之處羅列如下，再予以一一辨析：

表五：《校讎通義》之「互見」論述

一、互見於《書》			
書名	部次	互見	章學誠論述
《鹽鐵論》	儒家	《尚書》	桓寬《鹽鐵論》六十篇，部於儒家，此亦良允。第鹽鐵之議，乃孝昭之時政，其事見〈食貨志〉。桓寬撰輯一時所謂文學賢良對議，乃具當代之舊事，不盡為儒門見風節也。法當互見於故事；而《漢志》無故事之專門，亦可附於《尚書》之後也。《校讎通義・漢志諸子第十四》，卷三，頁253。
二、互見於《詩》			
《雅樂詩》	樂部	《詩》部及《詩賦略》之雜歌詩	《樂》部《雅樂歌詩》四篇，當互見於《詩》部，及《詩賦略》之雜歌詩。《校讎通義・漢志六藝第十三》，卷三，頁250。

三、互見於《禮》			
《五曹官制》	陰陽家	《五曹官制》入《禮》亦可入歷譜家。	《五曹官制》五篇，列陰陽家，其書今不可考。然觀班固注云：「漢制，似賈誼所條。」按《誼傳》：「誼以為當改正朔，易服色，定制度，定官名，興禮樂，草具其儀法，色尚黃，數用五為官名。」此其所以為五曹官制歟？」如此，則當入於官《禮》；今附入陰陽家言，豈有當耶？大約此類，皆因終始五德之意，故附於陰陽，然則《周官》六典，取象大地四時，亦可入於歷譜家矣。《校讎通義·漢志諸子第十四》，卷三，頁256。
四、互見於《樂》			
《鍾律災應》	五行家	《樂》	五行家之《鍾律災應》，當與《六藝略》《樂》經諸書互注；《鍾律叢辰日苑》、《鍾律消息》、《黃鍾》三書亦同。《校讎通義·漢志數術第十七》，卷三，頁265。
《鍾律叢辰日苑》			
《鍾律消息》			
《黃鍾》			
五、互見於《春秋》			
《孟子》	儒家	《春秋》	至於孟、荀、公孫固、韓非諸書，命意各殊，與《春秋》之部，不相附麗；然論辨紀述，多及春秋時事，則約略紀之，蓋《春秋》之旁證也。《校讎通義·漢志諸子第十四》，卷三，頁252。
《荀子》			
《公孫固》			
《韓非子》	法家	《春秋》	至於孟、荀、公孫固、韓非諸書，命意各殊，與《春秋》之部，不相附麗；然論辨紀述，多及春秋時事，則約略紀之，蓋《春秋》之旁證也。《校讎通義·漢志諸子第十四》，卷三，頁252。
		《韓非·解老、喻老》諸篇互見道家	《韓非·解老、喻老》諸篇，可互見於道家之《老子》經。《校讎通義·漢志諸子第十四》，卷三，頁256。

《虞氏春秋》	儒家	入《春秋》互見於諸子	儒家《虞氏春秋》十五篇，司馬遷〈十二諸侯年表序〉作八篇；或初止八篇，而劉向校書，爲之分析篇次，未可知也。然其書以《春秋》標題，而撰著之文，則又上采春秋，下觀近世而定著爲書，抑亦《春秋》之支別也。法當附著《春秋》，而互見於諸子。班《志》入僅著於儒家，惜其未習於史遷之敘列爾。 《校讎通義·漢志諸子第十四》，卷三，頁251。
《呂氏春秋》	雜家	互見於《春秋》、《尚書》	《呂氏春秋》，亦《春秋》家言而兼存典章者也。當互見於《春秋》、《尚書》，而猥次於雜家，亦錯誤也。 《校讎通義·漢志諸子第十四》，卷三，頁259。
《董仲舒》之〈玉杯〉、〈繁露〉、〈清明〉、〈竹林〉	儒家	《春秋》	《董仲舒》百二十三篇，部於儒家，是矣。然仲舒所著，皆明經術之意。至於說《春秋》事，得失間舉，所謂〈玉杯〉、〈繁露〉、〈清明〉、〈竹林〉之屬，則當互見《春秋》部次者也。 《校讎通義·漢志諸子第十四》，卷三，頁253。
《詩外傳》	《詩》	《春秋》	《詩》部韓嬰《詩外傳》，其文雜記春秋時事，與詩意相去甚遠，蓋爲比興六義，博其趣也。當互見於《春秋》類，與虞卿、鐸椒之書相比次可也。 《校讎通義·漢志六藝第十三》，卷三，頁250。
《劉向所序》之《說苑》《新序》、〈世說〉、〈疾讒〉、〈摘要〉、〈救危〉、〈世頌〉、《列女傳》	儒家	《春秋》《列女傳》附《春秋》互注於《詩經》	按《說苑》、《新序》，雜舉春秋時事，當互見於《春秋》之篇。《世說》今不可詳，本傳所謂〈疾讒〉、〈摘要〉、〈救危〉及〈世頌〉諸篇，依歸古事，悼己及同類也，似亦可以互見《春秋》矣。惟《列女傳》，本採《詩》、《書》所載婦德，可垂法戒之事，以之諷諫宮闈，則是史家傳記之書，而《漢志》未有傳記專門，亦當附次《春秋》之後可矣。至其引風綴雅，託興六義，又與《韓詩外傳》相爲出入，則互注於《詩經》部次，庶幾相合；總非諸子儒家書也。 《校讎通義·漢志諸子第十四》，卷三，頁253～254。

《天下忠臣》	陰陽家	入《春秋》互見於陰陽家	于長《天下忠臣》九篇，入陰陽家，前人已有議其非者。或曰：「其書今已不傳，無由知其義例。」然劉向《別錄》云：「傳天下忠臣。」則其書亦可以想見矣。縱使其中參入陰陽家言，亦宜別出互見，而使觀者得明其類例，何劉、班之無所區別耶？蓋《七略》未立史部，而傳記一門之撰著，惟有劉向《列女》，與此二書耳。附於《春秋》，而別爲之說，猶愈於攙入陰陽家言也。 《校讎通義‧漢志諸子第十四》，卷三，頁256。

六、互見小學

《五經雜議》 《爾雅》	《孝經》	經解、小學、儒家三類	《五經雜議》與《爾雅》之屬，皆緣經起義，類從互注，則益善矣。（經解、小學、儒家三類） 《校讎通義‧焦竑誤校漢志第十》，卷二，頁245。

七‧互見於儒家

〈中庸〉	《禮》	儒家	《禮》部〈中庸〉說，當互見〈諸子略〉之儒家類。 《校讎通義‧漢志六藝第十三》，卷三，頁250。

八、互見於道家

《淮南了》	雜家	道家	《淮南內》二十一篇，本名爲《鴻烈解》，而止稱《淮南》，則不知爲地名與？人名書名與？此著錄之苟簡也。其書則當互見於道家，志僅列於雜家非也。（外篇不傳，不復置論。） 《校讎通義‧漢志諸子第十四》，卷三，頁259。

九、互見於法家

《賈誼》	儒家	法家	《賈誼》五十八篇，收於儒家，似矣；然與法家當互見也。考《賈誼傳》，初以通諸家書，召爲博士，又出河南守吳公門下；吳公嘗學事李斯，以治行第一，召爲廷尉，乃薦賈誼；誼所上書，稱說改正朔，易服色制度，定官興禮樂，草具儀法。文帝謙讓未遑。然諸法令所更定，及列侯就國，其說皆自誼發之。又司馬遷曰：「賈

			生、晁錯明申商。」今其書尚可考見；宗旨雖出於儒，而作用實本於法也。 《校讎通義‧漢志諸子第十四》，卷三，頁252。
《公羊董仲舒治獄》	《春秋》	法家	《春秋》部之《董仲舒治獄》，當互見於法家，與律令之書，同部分門。 《校讎通義‧漢志諸子第十四》，卷三，頁250。

十、互見雜家

《成相雜辭》 《隱書》	雜賦	當隸於雜家 互見歌詩	《成相雜辭》十一篇，《隱書》十八篇，次於雜賦之後，未爲得也。按楊倞注《荀子》，「〈成相〉蓋亦賦之流也。」朱子以爲雜陳古今治亂興亡之效，託之風詩以諷時君，命曰雜辭，非竟賦也。《隱書》注引劉向《別錄》，謂疑其言以相問對，通以思慮，可以無不喻。是則二書之體，乃是戰國諸子流別，後代連珠韻語之濫觴也。法當隸於諸子雜家，互見其名，爲說而附於歌詩之後可也。 《校讎通義‧漢志詩賦第十五》，卷三，頁262。

十一、互見於農家

《禳祀天文》 《請雨止雨》 《泰壹雜子候歲》 《子贛雜子候歲》 《神農教田相土耕種》	雜占家	農家	雜占家之《禳祀天文》、《請雨止雨》、《雜子候歲》（泰一、子貢二家。）《神農教田相土耕種》諸書，當與諸子農家互注。 《校讎通義‧漢志數術第十七》，卷三，頁266。

十二、互見於詩賦略

《黃帝銘》 《荊軻論》 《孔甲盤盂》	道家 雜家	互見於詩賦略	道家《黃帝銘》六篇，與雜家《荊軻論》五篇，其書今既不可見矣。考《皇覽‧黃帝金人器銘》，及《皇王大紀》所謂興几之箴，巾几之銘，則六篇之旨，可想見也。《荊軻論》下注「司馬相如等論之」，而《文心雕龍》則云：「相如屬詞，始贊荊軻。」是五篇之旨，大抵史讚之類也。銘箴頌讚有韻之文，例當互見於詩賦，與詩賦門之《孝景皇帝頌》，同類編次者也。（《孔甲盤盂》二十六篇，亦是其類。） 《校讎通義‧諸子第十四》，卷三，頁260。

十三、互見於兵書略			
《軍禮司馬法》	《禮》	權謀家	按《司馬法》百五十五篇，今所存者，非故物矣。班固自注：「出之兵權謀中，而入於《禮》。」 《校讎通義·鄭樵誤校漢志第十一》，卷二，頁242。
《商君·開塞、耕戰》諸篇	《法》		《商君·開塞、耕戰》諸篇，可互見於兵書之權謀條。 《校讎通義·漢志諸子第十四》，卷三，頁256。
《戰國策》	《春秋》	權謀家 再互見 縱橫家	以劉歆、任宏重複著錄之理推之，《戰國策》一書，當與兵書之權謀條，諸子之縱橫家，重複互注，乃得盡其條理。 《校讎通義·鄭樵誤校漢志第十一》，卷二，頁243。
《蘇子》 《張子》	縱橫家	權謀家	縱橫者，詞說之總名也。蘇秦合六國為縱，張儀為秦散六國為橫，同術而異用，所以為戰國事也。既無戰國，則無縱橫矣。而其學具存，則以兵法權謀所參互，而抵掌談說所取資也。是以蘇、張諸家，可互見於兵書。 《校讎通義·漢志諸子第十四》，卷三，頁258。
《五音奇胲用兵》 《五音奇胲刑德》	五行	陰陽家	《五音奇胲用兵》二十三卷，《刑德》二十一卷，當與兵書陰陽家互注。 《校讎通義·漢志數術第十七》，卷三，頁265～266。
十四、互見於數術略			
劉向《五行傳記》 許商《五行傳記》	《書》	五行	《書》部劉向、許商二家，各有《五行傳記》，當互見於五行類。夫《書》非專為五行也，五行專家，則本之於《書》也；故必互見，乃得原委。 《校讎通義·漢志六藝第十三》，卷三，頁249。
《古五子》	《易》	陰陽	《易》部《古五子》注云：「自甲子至壬子，說《易》陰陽。」其書當互見於術數略之陰陽類。 《校讎通義·漢志六藝第十三》，卷三，頁249。

《災異孟氏京房》		雜占或五行	《災異孟氏京房》，當互見於術數略之雜占，或五行類。 《校讎通義·漢志六藝第十三》，卷三，頁249。

綜上分析，以縱向互見之書，於學術領域屬同一類別，清楚可見其源流，下列就互見之處舉例論述：

一為互見於《書》，《春秋》僅儒家《鹽鐵論》，當代舊事及詔誥類皆屬《尚書》類。

《鹽鐵論》，《四庫全書總目》云：「昭帝始元六年，詔郡國舉賢良文學之士，問以民所疾苦。皆請罷鹽鐵、榷酤，與御史大夫桑宏羊等建議相詰難。寬集其所論，為書凡六十篇，篇各標目。實則反覆問答，諸篇皆首尾相屬。後罷榷酤，而鹽鐵則如舊，故寬作是書，惟以鹽鐵為名，蓋惜其議不盡行也。書末雜論一篇，述汝南朱子伯之言，記賢良茂陵唐生、文學魯萬生等六十餘人，而最推中山劉子雍、九江祝生，於桑宏羊、車千秋深著微詞。蓋其著書之大旨，所論皆食貨之事，而言皆述先王，稱六經，故諸史皆列之儒家。黃虞稷《千頃堂書目》改隸史部食貨類中，循名而失其實矣。」〔註304〕張舜徽亦以《鹽鐵論》為桓寬裒錄賢良文學之士所言皆述先王、稱六經，故自《漢志》以下，皆列於儒家。〔註305〕王重民云《鹽鐵論》：「是論鹽鐵國營和酒類專賣的問題。由所謂文學、賢良依據儒家思想提出反對意見，由政府的丞相和御史大夫及其屬吏來答辯，桓寬站在文學、賢良方面，把當時的辯論整理成這部書。章學誠說它『具當代之舊事，不盡為儒門見風節』，又載於《漢書》的〈食貨志〉，擬互見於故事，附於尚書之後，當然還是有道理。」〔註306〕《鹽鐵論》雖有儒家之思想，但其事見於《漢書·食貨志》，實屬儒家之立言，又其事實屬當代之舊事，故如章學誠所言，宜入儒家並互見於尚書之故事，若以四部分類則為史部之故事類。

二為互見於《詩》與《詩賦略》，僅有樂部《雅樂詩》。

《雅樂詩》，劉向云：「漢興以來，善雅歌者，魯人虞公發聲清哀，遠動梁塵，受學者莫能及也。」〔註307〕王應麟云：「《晉志·杜夔傳》舊雅樂四曲，

〔註304〕〔清〕紀昀：《欽定四庫全書總目·子部一·儒家類一》，卷九十一，頁1197～1198。

〔註305〕參見〔漢〕班固撰、張舜徽通釋：《漢書藝文志通釋》，頁123。

〔註306〕〔清〕章學誠著、王重民通解：《校讎通義通解》，頁95。

〔註307〕〔清〕姚振宗：《師石山房叢書·七略別錄佚文》，頁6。

一曰《鹿鳴》、二曰《騶虞》、三曰《伐檀》、四曰《文王》，皆古聲辭，此四篇豈即四曲歟？當考。」〔註308〕沈欽韓考《晉志》與《宋志》：「《琴操》，古琴曲，有歌詩五曲，一曰《鹿鳴》，二曰《伐檀》，三曰《騶虞》，四曰《鵲巢》，五曰《白駒》，此別是琴曲，非歌詩也。」〔註309〕姚振宗云：「史言河間獻王獻雅樂，此四篇似即河間雅樂之歌詩歟？」〔註310〕張舜徽以劉向之言推論擅長雅樂確有其人，其雅樂以別鄭音。章學誠以爲《雅樂詩》四篇，當互見於《詩》部，及《詩賦略》之雜歌詩。案今日《雅樂詩》已無可考，學者亦無法肯定其爲曲，抑或是歌詩？如此，當不宜互見。

　　三爲互見於《禮》與歷譜家者，僅有陰陽家《五曹官制》：論述見上一節。

　　四爲互見於《樂》者，計有五行家之《鍾律災應》、《鍾律消息》、《鍾律叢辰日苑》、《黃鍾》。

　　《鍾律災應》、《鍾律消息》，《漢志》於數術略之五行著錄《鍾律災應》二十六卷、《鍾律消息》二十九卷，今已亡佚。王應麟云《鍾律災應》：「隋《牛弘傳》：劉歆《鍾律書》云：春宮秋律百卉必凋，秋宮春律百物必榮，夏宮冬律雨雹必降，冬宮夏律雷必發聲。」〔註311〕沈欽韓云《鍾律災應》、《鍾律消息》：「蓋京房之術。《續律曆志》：『京房以六十律分期之日，黃鍾自冬至始，及冬至而復，陰陽寒燠風雨之占生焉。』《風俗通‧聲音篇》按劉歆《鍾律書》宮、商、角、徵、羽義云云，小其事也。《易通卦驗》：『迎日至之禮，人主致八能之士，或調黃鍾，或調六律、五聲，或調五行、陰陽，乃縱八能之士，擊黃鍾之鍾。人敬稱善言以相之。黃鍾之音得，蕤賓之律應，則公卿大夫列士，以德賀於人主。因諸政所請，行五官之府，各受其當聲。諸氣和，則人主以禮賜公卿大夫列士。』」〔註312〕姚振宗云《鍾律災應》：「《續漢‧百官志》劉昭補注曰：靈臺侍詔四十二人七人候鍾律，又《律志》云：殿中候鍾律用玉律十二。」〔註313〕又云：「按災異皆屬五行伏生、董仲舒、劉向、劉歆皆著書傳世，班氏取以爲《志》，此與《十二典災異應》、《務

〔註308〕〔宋〕王應麟：《欽定四庫全書‧漢藝文志考證》，頁2。
〔註309〕〔清〕沈欽韓撰、尹承整理：《二十五史藝文經籍考補萃編‧漢書藝文志疏証》，頁46。
〔註310〕〔清〕姚振宗：《師石山房叢書‧漢書藝文志條理》，頁31。
〔註311〕〔宋〕王應麟：《欽定四庫全書‧漢藝文志考證》，卷九，頁15。
〔註312〕〔清〕沈欽韓撰、尹承整理：《二十五史藝文經籍考補萃編‧漢書藝文志疏證》，頁150。
〔註313〕〔清〕姚振宗：《師石山房叢書‧漢書藝文志條理》，頁151。

成子災異應》皆其類也。」〔註314〕又《鍾律消息》云:「《史‧曆書》黃帝考定星曆,建立五行,起消息,《正義》皇侃云:乾者陽生為息,坤者陰死為消也。蔡邕《月令章句》曰:古之為鍾律者以耳齊其聲後不能則假數以正其度,度數正則音亦正矣,度數者可以文載口傳與眾共知然,不如耳決之明也。」〔註315〕案此二書與五行、鍾律有關,是以鍾律候災異;故章學誠以為應互注於《六藝略》樂經,此說當是。

　　《鍾律叢辰日苑》,《漢志》於數術略之五行著錄《鍾律叢辰日苑》二十二卷,今已亡佚。王應麟云:「《日者傳》叢家曰大凶。」〔註316〕沈欽韓云:「《日者列傳》:『孝武帝時,聚會占家,問之,某日可娶婦乎?五行家曰可,堪輿家曰不可,天一家曰小吉,太一家曰大吉。辯訟不決,以狀聞。制曰:避諸死忌,以五行為主,人取於五行者也。按此數家雖總名五行,所占又不同若此。』」〔註317〕王先謙云《鍾律叢辰日苑》:「按此數雖總名五行,所占又不同若此,朱一新曰汪本作二十二卷,先謙曰官本作二十二。」〔註318〕姚振宗云:「按本《志》序言,五行皆出于律曆之數,故此類有《鍾律》、《黃鍾》之書,《叢辰日苑》全氏以為即是日者。《後漢‧方術傳》注云:日者卜筮掌日之術也,是卜筮之家亦稱日者,故太史公敘司馬季主以為《日者傳》。《續漢‧百官志》注引漢官太史令之屬有日時待詔四人,蓋其職守。《論衡‧譏日篇》言時日之書眾多非一亦即此類之書。」〔註319〕案此書與五行、鍾律有關,是以鍾律候災異;故章學誠以為應互注於《六藝略》樂經,此說當是。

　　《黃鍾》,《漢志》於數術略之五行著錄《黃鍾》七卷,今已亡佚。沈欽韓云:「《隋志》:《黃鍾律》一卷。《管子‧五行篇》:『黃帝以政五鍾,然後立五行。』」〔註320〕姚振宗云:「本書《律志》曰:五聲之本生于黃鍾之律,黃者中之色,君之服也,鍾者種也,陰陽相生自黃鍾始,又曰:數者一十百千

〔註314〕〔清〕姚振宗:《師石山房叢書‧漢書藝文志條理》,頁151。
〔註315〕〔清〕姚振宗:《師石山房叢書‧漢書藝文志條理》,頁152。
〔註316〕〔宋〕王應麟:《欽定四庫全書‧漢藝文志考證》,卷九,頁15。
〔註317〕〔清〕沈欽韓撰、尹承整理:《二十五史藝文經籍考補萃編‧漢書藝文志疏證》,頁150～151。
〔註318〕〔清〕王先謙撰:《漢書補注》,卷三十,頁900。
〔註319〕〔清〕姚振宗:《師石山房叢書‧漢書藝文志條理》,頁152。
〔註320〕〔清〕沈欽韓撰、尹承整理:《二十五史藝文經籍考補萃編‧漢書藝文志疏證》,頁151。

萬也，所以算數事物順性命之理也，《書》曰：先其籌命。（師古曰《逸書》也，言王者統業先立算數以命百事也。）本起于黃鍾之數，始于本一而三之，三三積之，歷十二辰之數，十有七萬七千一百四十七，而五數備矣。孟康曰：黃鍾，子之律也。子數一。泰極元氣含三為一，是以一數變而為三。初以子一乘丑三，餘則轉因其成數以三乘之，歷十二辰，得是積數也，五行陰陽變化之數備于此矣。」〔註 321〕張舜徽云：「下文敘論已言五行皆出於律曆之數，故此類有《鍾律》、《黃鍾》之數。」〔註 322〕案此書與五行、鍾律有關，是以鍾律候災異；故章學誠以為應互注於《六藝略》樂經，此說當是。

五為互見於《春秋》者，計有孟、荀、公孫固、韓非諸家、《虞氏春秋》、《呂氏春秋》、《十二諸侯表敘》、《董仲舒》之〈玉杯〉、〈繁露〉、〈清明〉、〈竹林〉、韓嬰《詩外傳》、《劉向所序》之《說苑》《新序》、〈疾讒〉、〈摘要〉、〈救危〉、〈世頌〉、《列女傳》、于長《天下忠臣》，此類最多，從上述可看出《春秋》一家之脈絡，《春秋》之支別，縱向、橫向均有兼顧，使後人可明瞭《春秋》之流別。

《孟子》，其辨正見前一節，案儒家之《孟子》皆著錄於子部，或歸經部。《直齋書錄解題》、《國史經籍志》入經部。陳振孫云「前志《孟子》本列於儒家，然趙岐固嘗以為則象《論語》矣。自韓文公稱孔子傳之孟軻，軻死，不得其傳。天下學者咸口孔、孟。孟子之書，固非荀、揚以降所可同日語也。今國家設科取士，《語》、《孟》並列為經，而程氏諸儒訓解二書常相表裏，故今合為一類。」〔註 323〕至《四庫全書》乃有經之四書類。而章學誠以為其多論及春秋時事可為《春秋》之旁證也。

《荀子》一書與《禮記》多有相同，如《小戴禮記・三年問》、《大戴禮・禮三本》與《荀子・禮論》同、《小戴禮記・樂記、鄉飲酒義》與《荀子・樂論》同、《小戴禮記・聘義》與《荀子・法行》同、《大戴禮・勸學》與《荀子・勸學》同、《大戴禮・曾子立事》與《荀子・修身、大略》同；〔註 324〕案大、小戴《禮》應成書於漢時，且是裒集而成。《荀子》部分篇章雖為其弟

〔註 321〕〔清〕姚振宗：《師石山房叢書・漢書藝文志條理》，頁 152。
〔註 322〕〔漢〕班固撰、張舜徽通釋：《漢書藝文志通釋》，頁 270。
〔註 323〕〔宋〕陳振孫：《直齋書錄解題》，卷三，頁 72。
〔註 324〕參見〔清〕王先謙著、沈嘯寰、王星賢點校：《荀子集解・考證上》（北京：中華書局，1988 年 9 月第 1 版），13、〔漢〕班固撰、顧實：《漢書藝文志講疏》，頁 104。

子附益，但成書最晚應於漢武帝前，或是在秦併諸國前即有定本。職是不得謂《荀子》剽襲《禮記》。是以《荀子》當入儒家之流，又敘事多春秋時事，蓋可為春秋之旁證，互見《春秋》。

　　《公孫固》，《漢志》於儒家著錄一篇，下注十八章。爾後諸志均不著錄，今已亡佚。《史記・十二諸侯年表》載「荀卿、孟子、公孫固、韓非之徒，各往往捃摭《春秋》之文以著書，不可勝紀。」〔註325〕案姚振宗推論公孫固為齊人，其書約成於周赧王三十一年。〔註326〕梁啟超云，〈十二諸侯表〉所云之公孫固當為《漢志》所著錄《公孫固》。〔註327〕張舜徽考證：「《荀子・強國篇》中有引公孫子曰一段文字，凡二百八十言，論楚子發克蔡辭賞事。注云：『公孫子，齊相也。』與馬班所言正合，其為公孫固書無疑。公孫論子發辭賞，以為矜私廉而亂國法。且發揮尚賢使能、賞當刑稱之義，與荀子論治正同，故荀子具述其說。是公孫子亦儒家言也，故《漢志》列之儒家。」〔註328〕案《公孫固》敘事多春秋時事，應互見於《春秋》，以為旁證。

　　《漢志》於法家著錄《韓子》五十五篇。後世史志皆為《韓子》二十卷。目前所見《韓非子》亦為五十五篇。可見《漢志》所見之版本，不分卷數尚刻於竹簡，《隋志》乃有卷數，研判為魏晉以後重新抄錄，故《韓子》又稱為《韓非子》。依《史記》載韓非「悲廉直不容於邪枉之臣，觀往者得失之變，故作〈孤憤〉、〈五蠹〉、〈內外儲〉、〈說林〉、〈說難〉十餘萬言」、又載「人或傳其書至秦。秦王見〈孤憤〉、〈五蠹〉之書。」〔註329〕故其書似為入秦之前所作，惟司馬遷又於〈自序〉云：「韓非囚秦，〈說難〉、〈孤憤〉」，〔註330〕據《四庫全書》考證，史遷自序乃史家駁文，不足為據；又以〈存韓〉一篇而論：「終以李斯駁非之議，及斯上韓王書。其事與文，皆為未畢。疑非所著書本各自為篇，非歿之後，其徒收拾編次，以成一帙。故在韓、在秦之作，均為收錄，並其私記未完之稿，亦收入書中。名為非撰，實非非所手定也。以

〔註325〕〔漢〕司馬遷著、裴駰集解、司馬貞索隱、張守節正義：《史記・十二諸侯年表第二》，卷十四，頁510。
〔註326〕參見〔清〕姚振宗：《師石山房叢書・漢書藝文志條理》，頁64。
〔註327〕梁啟超：《飲冰室專集之八十四・漢書藝文志諸子略之考釋》，頁12。
〔註328〕〔漢〕班固撰、張舜徽通釋：《漢書藝文志通釋》，頁110。
〔註329〕以上見〔漢〕司馬遷著、裴駰集解、司馬貞索隱、張守節正義：《史記・老子韓非列傳第三》，卷六十二，頁2146～2152。
〔註330〕〔漢〕司馬遷著、裴駰集解、司馬貞索隱、張守節正義：《史記・太史公自序第七十》，卷一三十，頁3300。

其本出於非，故仍題非名，以著於錄焉。」〔註331〕又據陳奇猷考：「雖今〈存韓篇〉後附有李斯駁韓非書及李斯上韓王書二篇，諒係劉向編錄時，因李斯二書及韓非上書言存韓有關，故錄之以供參考。」〔註332〕章學誠以爲《韓非子》之書應列爲《春秋》之旁證，主要是因爲其論辨紀述，多載及春秋時事，以探求學術之源流觀點，凡是論及春秋時事者，當互見之。韓非喜刑名法術之學，集法家之大成，總結法家商鞅、申不害、慎到的思想，倡應以「法」、「術」、「勢」三者治理國家，但歸本於黃老。尤以其〈解老〉、〈喻老〉諸篇，所言要爲《道德》之意，則可互見於道家之《老子》。

　　《虞氏春秋》，《漢志》著錄十五篇於儒家，《隋志》及諸志皆不著錄，可見亡佚甚早。復見於《通志》、《國史經籍志》亦皆爲十五篇。馬國翰有輯本，其於《虞氏春秋・序》云：「明詹景鳳《明辨類函》云：『近見京師李氏所藏鈔本，旨殊劣，必贗作也。』今亦不傳。攷《戰國策》載其論割六城與秦之失及許魏合從二篇，《史記》取之入本傳，劉向《新序》亦採二篇於《善謀上篇》。蕭本書《謀》篇之遺文也。茲據訂正錯簡，互考異同，錄爲一卷。大旨主於合從，亦未離戰國說士之習。《班志》列人儒家者，其以傳《左氏春秋》，而荀況、張蒼、賈誼之學，淵源有自乎。」〔註333〕然《十二諸侯年表序》作八篇，不知是否爲劉向校書之分析篇次？未知。章學誠以爲《虞氏春秋》當入《春秋》，而互見於儒家。因其名爲《春秋》，又上采《春秋》，下觀近世，乃《春秋》之支別。據《史記》載：「虞卿既以魏齊之故，不重萬戶侯卿相之印，與魏齊閒行，卒去趙，困於梁。魏齊已死，不得意，乃著書，上采《春秋》，下觀近世，曰〈節義〉、〈稱號〉、〈揣摩〉、〈政謀〉，凡八篇。以刺譏國家得失，世傳之曰《虞氏春秋》。」〔註334〕沈欽韓云：「《孔叢・執節篇》：「虞卿著書，名曰《春秋》。魏齊曰：子無然也。《春秋》，孔聖所以名經。今子之書，大抵談說而已。」按《史記》，虞卿著在魏齊死後，且韓宣子至魯觀《春秋》，《春秋》之名久矣。《韓非・備內篇》引《桃左春秋》曰：『人主之疾死者不能處半。』以《春秋》名，何怪乎虞卿？殆孔氏子孫，

〔註331〕〔清〕紀昀：《欽定四庫全書總目・子部十一・法家類》，卷一〇一，頁1316。
〔註332〕陳奇猷：《韓非子新校注》（上海：上海古籍出版社，2000年10月初版），頁1200～1201。
〔註333〕〔清〕馬國翰：《續修四庫全書・玉函山房輯佚書》，補校六五卷六二，頁105。
〔註334〕〔漢〕司馬遷著、裴駰集解、司馬貞索隱、張守節正義：《史記・平原君虞卿列傳第十六》，卷七十四，頁2375。

傳聞失實耳。」〔註335〕案《春秋》以爲經，故經有常道不變之理，且《春秋》之名已久，又虞氏乃上采《春秋》，下觀近世而成書，實乃獨樹心裁，故曰《春秋》亦可。且史遷於〈十二諸侯年表〉云：「魯君子左丘明懼弟子人人異端，各安其意，失其眞，故因孔子史記具論其語，成《左氏春秋》。鐸椒爲楚威王傅，爲王不能盡觀《春秋》，採取成敗，卒四十章，爲《鐸氏微》。趙孝成王時，其相虞卿上采《春秋》，下觀近勢，亦著八篇，爲《虞氏春秋》。」〔註336〕故史遷將此亦歸於《春秋》之體，當入《春秋》。則後人求《春秋》之源流可以無憾矣。案張舜徽云：「本志《六藝略》春秋家，著錄《虞氏微傳》二篇。知其長於《春秋》之學，學醇於儒，故此十五篇亦列入儒家也。」〔註337〕既虞卿爲儒者，當又可互見於儒家。

《董仲舒》之〈玉杯〉、〈繁露〉、〈清明〉、〈竹林〉，《漢志》於儒家著錄《董仲舒》百二十三篇，《董仲舒》爲書名僅《通志》著錄，《隋志》及爾後諸志無著錄此名。《隋志》始著錄爲《春秋繁露》十七卷。沈欽韓以爲百二十三篇即爲《春秋繁露》，其云：「今本題《春秋繁露》，其首數卷即公羊家言，何休注亦竊取之。以後則支詞雜說，掇拾三代遺事野文，駁多醇少，與《春秋》義無涉。《隋》、《唐志》混列《春秋》類，非也。宋《崇文總目》有八十二篇。晁武公曰：『今通名《繁露》，未詳。』南渡後亡。紹興間，董某進十卷。程大昌謂其書辭意淺薄，非董氏本書，後胡榘得三十七篇，刻於萍鄉縣學。嘉定中，樓鑰得潘景憲本，增得四十二篇，凡七十九篇，爲十七卷，不足者三篇而已。《隋志》又有《董仲舒集》一卷。梁二卷。近人江都凌曙爲《繁露注》。」〔註338〕蘇輿云：「《漢書‧董仲舒傳》云：『仲舒所著，皆明經術之意，及上疏條教，百二十三篇，而說《春秋》事得失，〈聞舉〉、〈玉杯〉、〈繁露〉、〈清明〉、〈竹林〉之屬，復數十篇，十萬餘言，皆傳於後世。』是〈蕃（蕃通繁）露〉只一篇名。《漢書藝文志》有《董仲舒》百二十三篇，《公羊董仲舒治獄》十六篇。《後漢書‧應劭傳》：『仲舒作《春秋決

〔註335〕見〔清〕沈欽韓撰、尹承整理：《二十五史藝文經籍考補萃編‧漢書藝文志疏証》，頁74。案《孔叢子‧執節篇》之語見〔漢〕孔鮒、〔唐〕臣軌注：《孔叢子註》（江蘇：古籍出版社，1988年2月第1版），卷五，頁239。

〔註336〕〔漢〕司馬遷著、裴駰集解、司馬貞索隱、張守節正義：《史記‧十二諸侯年表第》，卷十四，509～510。

〔註337〕〔漢〕班固撰、張舜徽通釋：《漢書藝文志通釋》，頁113～114。

〔註338〕〔清〕沈欽韓撰、尹承整理：《二十五史藝文經籍考補萃編‧漢書藝文志疏証》，頁77～78。

獄》二百二十三事。』當即《藝文志》之十六篇，並在此書外，而無《春秋繁露》名。至《隋》、《唐志》始有《春秋繁露》十七卷。而百二十三篇者已佚，疑是後人雜採董書，綴輯成卷，以篇名總全書耳。」〔註339〕又云「《繁露》非完書也。而其說《春秋》者，又不過十之五六。」〔註340〕顧實云：「本傳仲舒所著，皆明經術之意，及上疏條教，百二十三篇，而說《春秋》事得失，〈聞舉〉、〈玉杯〉、〈繁露〉、〈清明〉、〈竹林〉之屬復數十篇。是百二十三篇，在《繁露》之外，書早亡矣。惟〈賢良〉、〈三策〉當在其內。」〔註341〕梁啓超云：「今《春秋繁露》有〈玉杯〉、〈蕃露〉、〈竹林〉等三篇，具本傳文似即所謂『說《春秋》事』之數十篇，在百二十三篇之以外，然《漢志》不應不著錄其書，而其所著錄者百二十三篇亦不應一字不傳於後。疑今本《繁露》八十三篇即在此百二十三篇中也。」〔註342〕章學誠云：「《董仲舒》百二十三篇，部於儒家，是矣。然仲舒所著，皆明經術之意。至於說《春秋》事，得失間舉，所謂〈玉杯〉、〈繁露〉、〈清明〉、〈竹林〉之屬，則當互見《春秋》部次者也。」案《漢書・董仲舒傳》，章學誠之語有誤，應爲「說《春秋》事得失，〈聞舉〉……」。又以爲《春秋繁露》乃有《春秋》之義，爲《春秋》之流別。案章學誠所言當是〈玉杯〉、〈繁露〉、〈清明〉、〈竹林〉之屬。諸家皆以爲《春秋繁露》云《春秋》之事十乃四五，其發揮春秋大義者，爲〈楚莊王第一〉至〈俞序第十七〉篇；故沈欽韓以爲《隋》、《唐志》混列《春秋》類，非也。然凌曙云：「原書亦皆失次，然就其完善者讀之，識禮義之宗，達經權之用，行仁爲本，正名爲先，測陰陽五行之變，明制禮作樂之原，體大思精，推見至隱，可謂善發微言大義者已。」〔註343〕《四庫全書總目》未將此書入《春秋》，而是入春秋類之附錄，其云：「《春秋繁露》雖頗本《春秋》以立論，而無關經義者多，實《尚書大傳》、《詩外傳》之類。向來列之經解中，非其實也。今亦置之於《附錄》。」〔註344〕案若便於後世學者考索《春秋》之源流，則〈玉杯〉、〈繁露〉、〈清明〉、〈竹林〉爲

〔註339〕〔清〕蘇輿撰、鐘哲點校：《春秋繁露義證・春秋繁露義證卷第一》（北京：中華書局，1992 年 12 月第 1 版），頁 1。

〔註340〕〔清〕蘇輿撰、鐘哲點校：《春秋繁露義證・自序》，頁 1。

〔註341〕〔漢〕班固撰、顧實：《漢書藝文志講疏》，頁 111。

〔註342〕梁啓超：《飲冰室專集之八十四・漢書藝文志諸子略之考釋》，頁 16。

〔註343〕〔清〕蘇輿撰、鐘哲點校：《春秋繁露義證・凌曙春秋繁露注序》，頁 507。

〔註344〕〔清〕紀昀：《欽定四庫全書總目・經部二十九・春秋類四》，卷二十九，頁 383。

《春秋》事，可裁篇別出於《春秋》類。又若〈天人三策〉亦以裁篇別出於故事類，並以爲理論之「道」也，後再著錄張蒼《章程》故事之書，以求道器合一，知學術源流。然《春秋繁露》本書宜入儒家爲宜。

《詩外傳》，《四庫總目提要》云：「其書雜引古事古語，證以詩詞，與經義不相比附，故曰《外傳》。所采多與周秦諸子相出入。班固論三家之《詩》，稱其或取《春秋》，采雜說，咸非其本義，殆即指此類歟？……是書之例，每條必引詩詞，而未引詩者二十八條；又『吾語汝』一條，起無所因，均疑有闕文。」〔註345〕章學誠認爲《韓詩外傳》，其內容以爲《詩》之六義喻事，故部次於《詩》類，但其文雜記春秋時事，故應互見於《春秋》。而孟子所講的「《詩》亡，然後《春秋》作。」《春秋》與《詩》相表裏，正是《韓詩外傳》所表達之旨。所以司馬遷《史記》之義，正符《詩》之六義，故史家《春秋》之義，亦是《詩》義，兩者互爲表裡。

《劉向所序》，其《說苑》、《新序》既雜舉春秋時事，當互見於《春秋》。而《世說》之〈疾讒〉、〈摘要〉、〈救危〉及〈世頌〉諸篇，乃爲依歸古事，悼己及同類也，亦可互見《春秋》矣。其《列女傳》因《漢志》未有史部，列之《春秋》可，惟其采《詩》、《書》所載婦德可垂法戒之事以諷之，引《風》綴《雅》興六義，又當互注於《詩》，非入儒家（辨正見本章第一節）。

《天下忠臣》，《漢志》於陰陽家著錄九篇，今亡佚，隋唐諸志皆不錄。劉向《別錄》云傳天下忠臣。〔註346〕章學誠以爲于長《天下忠臣》宜附於《春秋》互見陰陽家，案劉向注爲「傳天下忠臣」，顯見爲傳記，而《七略》未立史部，但亦未入《春秋》類；入陰陽家，此議前人已有論之，其前人經考證爲王應麟。案王應麟《困學紀聞·考史》云：「《藝文志》：于長《天下忠臣》九篇。劉向《別錄》云：『傳天下忠臣。』愚謂：《忠臣傳》當在《史記》之錄，而列於陰陽家何也？《七略》，劉歆所爲，班固因之。歆漢之賊臣，其抑忠臣也則宜。」〔註347〕章太炎則不贊成王應麟、章學誠之說。案章太炎評章學誠不見其書，並以古者言忠孝傳諸五行，又例以《淮南子·泰族訓》、《春秋繁露》之〈五行對〉與〈五行之義〉之言，得其總結爲「自騶衍以陰陽消息，止乎君臣上下六親之施，漢興益著。至董生則此傳經義，以

〔註345〕〔清〕紀昀：《欽定四庫全書總目·經部十六·詩類二》，卷十六，頁214。
〔註346〕見〔清〕姚振宗：《師石山房叢書·七略別錄佚文》，頁12。
〔註347〕〔宋〕王應麟著、〔清〕翁元圻等注：《困學紀聞·考史》，卷十二，頁1423。

五行說忠臣。今《於長書》雖放失，擬儀其旨，以是根株，故入陰陽家，無所惑也！」〔註348〕姚明輝云：「陶憲曾曰：《長書》今不傳，其列陰陽家自別有意怡，後人不見其書無從臆測，案章一山師棧，謂此係傳天下忠臣之以陰陽風鑑而殺身者。」〔註349〕張舜徽云：「古之所謂忠臣，多見於諫諍；諫諍之言，多發於奏議。今觀漢世大臣所上疏奏，率舉陰陽災變以警戒其上，引天道以切人事，如董仲舒、匡衡之所爲皆是也。《漢志》著錄之《天下忠臣》九篇，蓋好事者裒集名流奏議而成，名之曰《天下忠臣》。亦兼述其人之生平行事，有似乎傳記。其中言論，涉及陰陽五行，故列之於陰陽家耳。」〔註350〕王重民也認爲章學誠不贊同入陰陽家，是由於在書名上的主觀猜測。〔註351〕案章太炎等人所論亦是不見其書，惜《天下忠臣》已亡佚，今僅能存疑。

六爲互見小學、儒家與經解者爲《五經雜議》、《爾雅》，辨正見本章第一節。

七爲互見於儒家，僅《禮》部之《中庸說》。

《漢志》於禮部著錄《中庸說》二篇，隋唐及爾後諸志或有著錄《禮記中庸記》、《中庸講疏》、《中庸傳》等名稱，大抵皆緣於《禮》經。而《漢志》所著錄《中庸說》，顏師古注曰：「今《禮記》有《中庸》一篇，亦非本《禮》經，蓋此之流。」〔註352〕王應麟考云：「孔子之孫子思伋作《中庸》，程氏曰《中庸》之書是孔門傳授成於子思，傳於孟子，《白虎通》謂《禮》之《中庸》記《孔叢子》云：子思年十六，撰《中庸》之書四十九篇，東萊呂氏曰未冠既非著書之時，而《中庸》之書亦不有四十九篇也，此蓋戰國流傳之妄。」〔註353〕沈欽韓云：「《鄭目錄》云：孔子之孫子思伋作之，以昭明聖祖之德。此於《別錄》屬通論。按《孔叢·居衛篇》『子思選《中庸》之書四十九篇。』疑彼說妄也。云《中庸說》者，鄭注『仲尼祖述』以下以《春秋》之義說孔子之德，鄭當有所本，蓋此說也。《隋志》有戴顒《中庸傳》，梁武帝《中庸

〔註348〕章太炎認爲「章學誠故竺信《七略》，猶繩纆爲異論。」參見氏著：《章太炎全集（四）·文錄卷一》（上海：人人出版社，1985年9月第1版），頁43～44。
〔註349〕〔漢〕班固撰、姚明輝：《漢書藝文志注解姚氏學》，頁115。
〔註350〕〔漢〕班固撰、張舜徽通釋：《漢書藝文志通釋》，頁157。
〔註351〕參見氏著：〔清〕章學誠著、王重民通解：《校讎通義通解》，頁103。
〔註352〕〔漢〕班固著、〔唐〕顏師古注：《前漢書藝文志》，頁8。
〔註353〕〔宋〕王應麟：《欽定四庫全書·漢藝文志考證》，卷二，頁13。

講疏》，則自來《中庸》有說也。」〔註354〕姚振宗針對王應麟所言，考證云：「按十六或是六十之誤，四十九篇或其原編如此，《孔叢子》記其先世遺文軼事，此等處皆可信。《禮記》自大小戴慶氏而後東京馬盧鄭各有其本，各有取去其《中庸》一篇，保無有刪存於其間，未可以諸家輾轉鈔襲之本，信其必是也。」〔註355〕又云：「按顏注殆以《禮記》之外，別有此《中庸》之書，而不知此乃說《中庸》之書也。」〔註356〕顧實云：「以志既有《明堂陰陽》，又有《明堂陰陽說》，則此非今存《戴記》中之《中庸》明也。」〔註357〕張舜徽云：「古書有單篇別行之例，《漢志》著錄《中庸說》二篇，知《中庸》單行甚早，已有爲之講說其義者矣。惜不知爲何人所作，其書又不傳于後世也，可知重視《中庸》而表章之，初不自宋儒始。」〔註358〕案《漢志》所著錄之《中庸說》，是否爲《禮》經中之《中庸篇》，學者所論不一；如王鳴盛云：「《漢志》《中庸說》二篇與上記百三十一篇各爲一條，則今《中庸》乃百三十一篇之一，而《中庸說》二篇，其解詁也，不知何人所作，惜書不傳。」〔註359〕案古書或有單行篇，應屬之。章學誠以爲其《中庸說》，當互見《諸子略》之儒家類，亦以其出於大小戴，其屬通論者，可歸儒家其說。

　　八爲互見於道家，計有法家《韓非・解老、喻老》、雜家《淮南子》。

　　《韓非・解老、喻老》諸篇論述見本節第五點。

　　《淮南子》，章學誠認爲《淮南子》應互見於道家，案《淮南子》廣涉道家、天文、地理、草本、兵略等方面，案高誘〈序〉云此書乃諸儒方士共同講道德，總統仁義之作。「其旨近老子，淡泊無爲，道虛守靜，出入經道。言其大也，則燾天載地，說其細也，則淪於無垠，及古今治亂存亡禍福，世間詭異瑰奇之事。其義也著，其文也富，物事之類，無所不載，然其大較歸之於道。號曰鴻烈。鴻，大也；烈，明也，以爲大明道之言也。」〔註360〕職是，此書大旨思想歸於道家，但班固云：「雜家者流，蓋出於議官。兼儒、

〔註354〕〔清〕沈欽韓撰、尹承整理：《二十五史藝文經籍考補萃編・漢書藝文志疏証》，頁34。

〔註355〕〔清〕姚振宗：《師石山房叢書・漢書藝文志條理》，頁27。

〔註356〕〔清〕姚振宗：《師石山房叢書・漢書藝文志條理》，頁27。

〔註357〕〔漢〕班固撰、顧實：《漢書藝文志講疏》，頁49。

〔註358〕〔漢〕班固撰、張舜徽通釋：《漢書藝文志通釋》，頁49。

〔註359〕〔清〕王鳴盛：《蛾術編・說錄六》（北京：商務印書館，1958年10月初版），卷六，頁107。

〔註360〕何寧：《淮南子集釋・敘目（高誘序）》，頁5。

墨，合名、法。」故《淮南子》既不專指一家，入雜家爲宜。

九爲互見於法家者，計有儒家《賈誼》與部次《春秋》之《公羊董仲舒治獄》。

《賈誼》，章學誠謂《賈誼》一書入儒家，並與法家互見，其因有二：一爲其師承關係，二爲漢代諸法令源於賈誼發之。據《史記》、《漢書》所載，賈誼出於吳公門下，吳公師學於李斯。又《漢書》云：「誼以爲漢興二十餘年，天下和洽，宜當改正朔，易服色制度，定官名，興禮樂。乃草具其儀法，色上黃，數用五，爲官名悉更，奏之。文帝廉讓未皇也。然諸法令所更定，及列侯就國，其說皆誼發之。」〔註361〕案王應麟《新書》乃有賈誼撰雜論治道國體及〈治安策〉等言。職是，其書宗旨雖出於儒，而作用實本法也，故《新書》又應與法家互見。再此，儒於名法本其原出一，名家源於《周官》之禮典，法家於《周官》之刑典，儒家則總約刑而折衷於道。章學誠云：「賈生之言王道，深識本原，推論三代，其爲儒效，不待言矣。然其立法創制，條列禁令，則是法家之實。其書互見法家，正以明其體用所備。」〔註362〕如此，方可知源流，以求名實相副。

《董仲舒治獄》，《漢志》於《春秋》類著錄《公羊董仲舒治獄》，《隋志》及爾後諸志始稱《春秋決獄》、《春秋決事比》，兩《唐志》、《宋史》入法家。當互見於法家與律令之書，既以《春秋》之義審判其案，成爲斷獄之法與制度，當又互見於法家，而法與律書固相通矣。

十爲互見雜家者計有雜賦《成相雜辭》、《隱書》。

《成相雜辭》與《隱書》兩書，章學誠皆認爲其爲賦體，又爲「戰國諸子流別，後代連珠韻語之濫觴也。」〔註363〕當入諸子雜家，互見於歌詩之後（辨正見本章第一節）。

十一爲互見農家計有雜占家之《禳祀天文》、《請雨止雨》、《泰壹雜子候歲》、《子贛雜子候歲》《神農教田相土耕種》諸書，當與諸子農家互注。

《禳祀天文》，《漢志》於數術略之雜占著錄《禳祀天文》十八卷，今已亡佚。沈欽韓云：「《晏子·諫篇》：『景公睹彗星，召柏常騫，使禳去之。』

〔註361〕〔漢〕班固撰、〔唐〕顏師古注：《漢書·賈誼傳第十八》，卷四十八，頁 2222。

〔註362〕〔清〕章學誠著、楊家駱編：《文史通義等三種·校讎通義·漢志諸子第十四》，卷三，頁 252～253。

〔註363〕〔清〕章學誠著、楊家駱編：《文史通義等三種·校讎通義·漢志詩賦第十五》，卷三，頁 262。

鄭《女祝》注：『四禮，惟禳其遺像今存。』」〔註364〕王先謙云：「葉德輝曰：『《說文》祭，設絲絏爲營，以禳風雨雪霜水旱癘疫於日月星辰山川也』此即禳祀天文之遺法。」〔註365〕姚振宗云：「《周禮·天官》塚宰之屬，女祝掌以時招梗檜禳之事以除疾殃。鄭氏注卻變異曰：『禳禳，攘也，四禮唯禳其遺象今存。』賈公彥疏此四禮至漢時招梗及檜不行，唯禳一禮漢日猶存其遺象，故云今存也。《史記·天官書》曰：『日變脩德，月變省刑，星變結和，凡天變過度乃占大上脩德，其次脩政，其次脩救，其次脩禳。』……按《周禮》禳爲四禮之一，宋司星子韋官熒惑可移于相，可移于民，于歲即禳祀天文之一事。兩漢有典禳待詔隸太常爲太史令之屬，則此書是其職業歟？」〔註366〕顧實云：「今道士有齋醮之術，俗曰打醮，打即禳字之古音。」〔註367〕張舜徽云：「後世鄉僻之區，遇天災癘疫，禍殃不絕時，每延致道士設壇場，營齊醮，以禳除災疫，亦即此意。」〔註368〕案章學誠以爲雜占家之《禳祀天文》當與諸子農家互注。其書既爲禳祀天文之遺法以求安，古以農立國，當與農家互注，章學誠所言甚是。

　　《請雨止雨》，《漢志》於數術略之雜占著錄《請雨止雨》二十六卷，今已亡佚。王應麟云：「《董仲舒傳》以春秋災異之變推陰陽所以錯行故求雨，閉諸陽縱諸陰，其止雨反是行之一國，未嘗不得所欲，《隋志》梁有董仲舒《請禱圖》三卷，《後漢·輿服志》注引仲舒《止雨書》，《初學記》引《淮南子》曰：董仲舒請雨秋用桐木魚。」〔註369〕沈欽韓云：「《繁露》有《求雨篇》、《止雨篇》。止雨祝曰：『嗟！天生五穀以養人，今淫雨太多，五穀不和。敬進肥牲清酒，以請社靈，幸爲止雨，除民所苦，無使陰滅陽。』《御覽》五百二十六《漢舊儀》曰：『五鳳元年，儒術奏施行董仲舒請雨事。始令丞相以下求雨雪，曝城南，舞童女禱天神五帝。五年，始令諸官止雨，朱繩縈社，擊鼓助。』又三十五《神農求雨書》：『春甲乙不雨，東爲青龍，又爲大龍，東方，老人舞之。壬癸黑，北不雨，命巫祝暴之日；不雨，禱山神，積薪具擊鼓而焚之。』

〔註364〕〔清〕沈欽韓撰、尹承整理：《二十五史藝文經籍考補萃編·漢書藝文志疏證》，頁162。

〔註365〕〔清〕王先謙撰：《漢書補注》，卷三十，頁902～903。

〔註366〕〔清〕姚振宗：《師石山房叢書·漢書藝文志條理》，頁160。

〔註367〕〔漢〕班固撰、顧實：《漢書藝文志講疏》，頁238。

〔註368〕〔漢〕班固撰、張舜徽通釋：《漢書藝文志通釋》，頁280。

〔註369〕〔宋〕王應麟：《欽定四庫全書·漢藝文志考證》，卷十，頁1～2。

按其文有斷爛，《繁露》亦引《神農》，然則古法如此。」〔註370〕馬國翰輯佚
序云：「攷董仲舒《春秋繁露》七十五有〈求雨篇〉，七十六有〈止雨篇〉，說
四時求雨爲龍以舞，各按方色酒脯陳祝皆依時數，蓋古有其法。董氏取以明
春秋雩祭之義，他皆散失而略指猶賴以存其〈止雨篇〉，祝一人皆齋下，宋本
有闕文數行。考王充《論衡·順鼓篇》曰：『俗圖畫女媧之象爲婦之形，又其
號曰女，仲舒之意殆謂古婦人帝王者也，男陽而女陰，陰氣爲害，故祭女媧
求福祐也云云。』則原書當有禱祠女媧一節附載其說以備參稽。」〔註371〕姚
振宗云：「《說苑·辯物篇》口：『夫水旱俱天下陰陽所爲也。大旱則雩祭而請
雨，大水則鳴鼓而劫社。大旱者，陽氣太盛以厭于陰，惟陰之太甚，使陰不
能起也，亦雩祭拜請而已，無敢加也。至于大水陰氣太盛而上減陽精，以賤
乘貴，以卑陵尊，大逆不義，故鳴鼓而儡之，朱絲縈而劫之。』……按王充
《論衡》〈明雩篇〉、〈遭虎篇〉、〈商蟲篇〉、〈感虛篇〉數言變復之家……，爲
陰陽五行家之一術。」〔註372〕案章學誠以爲雜占家之《請雨止雨》當與諸子
農家互注。古以農立國，故天候關係五穀，故有請雨及止雨之儀式，故當與
農家互注，章學誠所言甚是。

　　《泰壹雜子候歲》、《子贛雜子候歲》，《漢志》於數術略之雜占著錄《泰
壹雜子候歲》二十二卷、《子贛雜子候歲》二十六卷，今已亡佚。王應麟云：
「《天官書》有候歲災惡漠之爲天數者，占歲則魏鮮。《隋志》東方朔《歲占》
一卷。」〔註373〕沈欽韓於《泰壹雜子候歲》云：「《天官書》：『凡候歲美惡，
謹候歲始。四始者，候之日。漢魏鮮集臘明、正月旦決八風。』按《易通卦
驗》亦以卦氣候歲。《御覽》十七《師曠占》曰：『黃帝問師曠曰：「吾欲知
歲苦樂善惡，可以否？」師曠對曰：「歲欲豐，甘草先生，薺也；歲欲飢，
苦草先生，亭歷也；歲欲惡，惡草先生，水藻也；歲欲旱，旱草先生，蒺藜
也；歲欲潦，潦草先生，蓬也；歲欲病，病草先生，艾也。」』《齊民要術·
雜說》《師曠占·五穀》曰：『正月甲戌日，大風東來折樹者，穀熟。甲寅日，
大風西北來者貴。庚寅日，風從西來者，皆貴。二月甲戌日，風從南來者，
稻熟。乙卯日，不雨晴明，稻上場，不熟。四月四日雨，稻熟；日月珥，天

〔註370〕〔清〕沈欽韓撰、尹承整理：《二十五史藝文經籍考補萃編·漢書藝文志疏證》，
　　　　頁162。
〔註371〕〔清〕馬國翰：《續修四庫全書·玉函山房輯佚書》，補校七八卷四五，頁544。
〔註372〕〔清〕姚振宗：《師石山房叢書·漢書藝文志條理》，頁160～161。
〔註373〕〔宋〕王應麟：《欽定四庫全書·漢藝文志考證》，卷十，頁2。

下喜。十五日、十六日雨，晚稻善；日月蝕。』」〔註374〕又於《子贛雜子候歲》云：「《越絕·外傳》：『夫八穀貴賤之法，必察天之三表。』此《越絕》所本，俗人亦以《越絕》為子貢作。」〔註375〕王先謙於《子贛雜子候歲》云：「葉德輝曰：此因子貢貨殖依託而作。」〔註376〕姚振宗云：「術家以子贛善貨殖，為占書以附託之。而為其術者，又多所增益集為一篇，故曰《子贛雜子》，《開元占經》九十三引魏鮮正月朔旦八風占其文與《天官書》異疑即在此兩書中。」〔註377〕顧實云：「候歲即占歲也。」〔註378〕案《子贛雜子候歲》乃依託為子貢所作，又章學誠以為雜占家之《泰壹雜子候歲》、《子贛雜子候歲》當與諸子農家互注。其書既為占歲以為農用，當與農家互注。

《神農教田相土耕種》，《漢志》於數術略之雜占著錄《神農教田相土耕種》十四卷，今已亡佚。《呂氏春秋·季夏紀第六》：「是月也，樹木方盛，乃命虞人入山行木，無或斬伐。不可以興土功，不可以合諸侯，不可以起兵動眾。無舉大事，以搖蕩於氣。無發令而干時，以妨神農之事。水潦盛昌，命神農，將巡功。舉大事則有天殃。」〔註379〕高誘注：「無發干時之令，畜聚人功，以妨害神農耘耔之事，昔炎帝神農能殖嘉穀神而化之號為神農，後世因名其官為神農，巡行堰畝修治之功，於此時或舉大事妨害農事禁戒之云有天殃之罰。」〔註380〕沈欽韓云：「《御覽》七十八《周書》曰：『神農之時，天雨之栗，神農耕而種之，陶治斤斧，為耒、耝、鉬、耨以墾草莽，然後五穀興。』」〔註381〕姚振宗以《呂氏春秋》所謂神農，「亦古官名，故本志農家篇敘云出于農稷之官。」〔註382〕顧實云：「不入農家，亦主占，馬國翰有《神農書》輯本，兼採不別。」〔註383〕楊樹達云：「《呂氏春秋》卷二十六有〈任地〉、〈辯土〉

〔註374〕〔清〕沈欽韓撰、尹承整理：《二十五史藝文經籍考補萃編·漢書藝文志疏證》，頁162～163。

〔註375〕〔清〕沈欽韓撰、尹承整理：《二十五史藝文經籍考補萃編·漢書藝文志疏證》，頁163。

〔註376〕〔清〕王先謙撰：《漢書補注》，卷三十，頁903。

〔註377〕〔清〕姚振宗：《師石山房叢書·漢書藝文志條理》，頁161。

〔註378〕〔漢〕班固撰、顧實：《漢書藝文志講疏》，頁238。

〔註379〕〔漢〕高誘注：《呂氏春秋注·季夏紀》，卷六，頁55。

〔註380〕〔漢〕高誘注：《呂氏春秋注·季夏紀》，卷六，頁55。

〔註381〕〔清〕沈欽韓撰、尹承整理：《二十五史藝文經籍考補萃編·漢書藝文志疏證》，頁163。

〔註382〕〔清〕姚振宗：《師石山房叢書·漢書藝文志條理》，頁162。

〔註383〕〔漢〕班固撰、顧實：《漢書藝文志講疏》，頁238。

二篇，是此相土耕種之類也。」〔註384〕張舜徽云：「《呂氏春秋·士容論》中〈上農〉、〈任地〉、〈辯土〉、〈審時〉四篇，皆農家言也。與此不同者，彼言耕植理論，此言農家占候。故《漢志》不入此書農家而歸之雜占也。」〔註385〕案章學誠以爲雜占家之《神農教田相土耕種》當與諸子農家互注。古以農立國，此書雖論及農家占候，但仍與農家有關，故當與農家互注，章學誠所言甚是。

十二爲互見於〈詩賦略〉者，計有道家《黃帝銘》、雜家《荊軻論》與《孔甲盤盂》。

《黃帝銘》，《文心雕龍·銘箴篇》云：「昔帝軒刻輿几以弼違」注曰：「《漢書藝文志》道家載《黃帝銘》六篇。蔡邕《銘論》曰『黃帝有巾几之法。』《後漢書·朱穆傳》『古之明君，必有輔德之臣，規諫之官；下至器物，以防遺失。』注曰『黃帝作巾幾之法。』《路史·疏仡紀》載黃帝《巾几之銘曰》。」〔註386〕姚振宗云：「《巾几銘》後漢《朱穆傳》注黃帝作巾几之法，即此金人銘。舊無撰人，據《太公·陰謀》、《太公·金匱》即黃帝六銘之一，《金匱》僅載銘首二十餘字，今取《說苑》足之。」〔註387〕章學誠以爲《黃帝銘》六篇今既已不可見，〔註388〕但約可見其旨可。既是銘箴頌贊之類，爲有韻之文，可互見於詩賦門之《孝景皇帝頌》。案《文心雕龍》釋「銘」，「銘者，名也，觀器必也正名，審用貴乎盛。」〔註389〕其《總術》云：「今之常言，有文有筆，以爲無韻者筆也，有韻者文也。」〔註390〕在《文心雕龍》中，銘箴則屬於「有韻之文」；唯今不見《黃帝銘》，亦不能單以書名判斷。

《荊軻論》，章學誠以爲應互見詩賦略，沈欽韓云：「《文心雕龍·頌贊篇》『相如屬筆，始讚荊軻。』注：『《文章緣起》：司馬相如《荊軻贊》，世已不傳。厥後，班孟堅《漢史》以論爲贊。』按此亦以論爲贊也。」〔註391〕

〔註384〕〔漢〕班固撰、楊樹達：《漢書窺管》，卷三，頁249。
〔註385〕〔漢〕班固撰、張舜徽通釋：《漢書藝文志通釋》，頁281。
〔註386〕〔南朝梁〕劉勰著、黃淑琳注：《文心雕龍注·銘箴第十一》，卷三，頁194～195。
〔註387〕〔清〕姚振宗：《師石山房叢書·漢書藝文志條理》，頁87。
〔註388〕張舜徽以爲《黃帝銘》爲後人所依託，參見氏著：《漢書藝文志通釋》，頁145。
〔註389〕〔魏晉〕劉勰著、黃淑琳注：《文心雕龍注·銘箴第十一》，卷三，頁194。
〔註390〕〔魏晉〕劉勰著、黃淑琳注：《文心雕龍注·總術第四十四》，卷九，頁655。
〔註391〕〔清〕沈欽韓撰、尹承整理：《二十五史藝文經籍考補萃編·漢書藝文志疏証》，

顧實云：「亦謂《荊軻贊》」〔註392〕張舜徽云：「章說非也。史論稱贊，肇於班固。故《漢書》每篇之末，皆有『贊曰』以論其事，率散行之文，非有韻之體。《漢志》著錄《荊軻論》五篇，班氏自注明云：『司馬相如等論之。』則其爲論文無疑。五篇蓋爲五人所作，故云『相如等』也。非止一人之論，而裒爲一書。梁啓超謂『此乃總集嚆矢，《漢志》無集部，故以附雜家。』其說是已。其書早佚，《隋志》不著錄。」〔註393〕案章學誠以爲《荊軻論》爲《荊軻贊》，故當互見於詩賦。若以《漢志》所注，爲司馬相如等論之，似以論爲贊，唯今已不見《荊軻論》，今附之存疑即可。

　　《孔甲盤盂》，《漢志》於雜家著錄二十六篇，隋唐及爾後諸志皆不錄，現已亡佚。《史記》載田蚡學《盤盂》諸書。《集解》注：「應劭曰：『黃帝史孔甲所作銘也，凡二十九篇，書槃盂中，所爲法戒。諸書，諸子文書也。』孟康曰：『孔甲《盤盂》二十六篇，雜家書，兼儒、墨、名、法。』」〔註394〕劉向《七略》云：「黃帝之史或曰夏帝孔甲似皆非，又曰《盤盂》書者其傳言孔甲爲之，孔甲黃帝之史也，書《盤盂》中爲誡法或于鼎名曰銘。」〔註395〕王應麟云：「蔡邕《銘論》黃帝有巾几之法，孔甲有槃杅之誡，梁簡文帝云：《盤盂》寓殷高之辭。」〔註396〕沈欽韓云：「按宋編《御覽》以爲帝孔甲。」〔註397〕案顧實以爲班固非之，似近苛。〔註398〕張舜徽則認爲「《漢志》著錄之二十六篇，蓋漢以前人所搜錄，而託名於孔甲者，非眞出孔甲之手也。秦漢古書，大抵然矣。」〔註399〕此外，晁公武《郡齋讀書志》認爲《孔叢子》即《漢志》孔甲之《盤盂書》，而亡六篇，後世學者已考爲非（見附錄《孔叢子》辨正）。章學誠以爲《孔甲盤盂》既爲銘箴之有韻之文，理當互見於詩賦；今已不見其書，附之存疑即可。

　　　　頁 108。
〔註392〕〔漢〕班固撰、顧實：《漢書藝文志講疏》，頁 163。
〔註393〕〔漢〕班固撰、張舜徽通釋：《漢書藝文志通釋》，頁 187。
〔註394〕〔漢〕司馬遷著、裴駰集解、司馬貞索隱、張守節正義：《史記·魏其侯武安侯列傳第四十七》，卷一〇七，頁 2841～2842。
〔註395〕〔清〕姚振宗：《師石山房叢書·七略佚文》，頁 13。
〔註396〕〔宋〕王應麟：《欽定四庫全書·漢藝文志考證》，卷七，頁 10。
〔註397〕〔清〕沈欽韓撰、尹承整理：《二十五史藝文經籍考補萃編·漢書藝文志疏証》，頁 105。
〔註398〕〔漢〕班固撰、顧實：《漢書藝文志講疏》，頁 158。
〔註399〕〔漢〕班固撰、張舜徽通釋：《漢書藝文志通釋》，頁 179。

十三爲互見〈兵書略〉者，計有《禮》部《軍禮司馬法》、法家《商君‧開塞、耕戰》諸篇、《春秋》部《戰國策》、縱橫家《蘇子》、《張子》互見於兵權謀、五行《五音奇胲用兵》、《五音奇胲形德》互見於陰陽。

《軍禮司馬法》，除《漢志》入禮，餘諸志皆入子部之兵家，章學誠認爲亦當入禮互見於兵家。案今《司馬法》僅五篇內容爲〈仁本〉、〈天子之義〉、〈定爵〉、〈嚴位〉、〈用眾〉，其言主仁義之道，正不獲意，則權出於戰、征伐出於天子是謂有道，其目的平邦國，然不忘好戰必亡；天下雖安，忘戰必危。凡戰之道，用寡固，用眾治等。案雖涉及兵法，也確是兵書，北宋元豐年間，《司馬法》被列爲《武經七書》之一。但若出兵無道，不本仁義、不本禮，或認不清「爲誰而戰，爲何而戰」，則出於權謀淪爲征戰之工具。故《漢志》於兵家〈序〉云：「出《司馬法》百五十五篇入禮也。兵家者，蓋出古司馬之職，王官之武備也。」〔註400〕蓋出兵書略之兵權謀。又如章學誠所云，《司馬法》原有「軍禮」二字，司馬乃《周官》之職掌。案《周禮》大宗伯有「吉、凶、軍、賓、嘉」五禮。其「以軍禮同邦國」，〔註401〕職是《軍禮司馬法》爲入「禮」互見於兵家之部首爲宜。蓋出兵爲不得已，非以求勝爲法。

《商君‧開塞》、〈耕戰〉諸篇，章學誠以爲可互見於兵書之權謀條。案今本《商君》二十六篇中，第十六、二十一篇有錄原文亡，其第七篇爲〈開塞〉，但無〈耕戰〉一篇，應爲第三篇〈農戰〉，除此其餘諸篇概爲第十一〈戰法〉、第十一〈立本〉、第十二〈兵守〉篇。〔註402〕以此均與兵法有關，故可互見。

《戰國策》一書或曰《國策》、《國事》、《短長》、《事語》、《長書》、《修書》，劉向以「戰國時遊士，輔所用之國，爲之策謀，宜名爲《戰國策》，其事繼《春秋》以後訖楚漢之起二百四十五年間之事。」〔註403〕除去重複得三十三篇。高誘爲注時爲二十一卷。曾鞏〈序〉云：「《崇文總目》稱十一篇者闕，臣訪士大夫家，始盡得其書，正其謬誤而疑其不可考者，然後《戰國策》三十三復完。」〔註404〕《四庫總目》云：「《戰國策注》三十三卷。舊

〔註400〕〔漢〕班固撰、〔唐〕顏師古注：《前漢書藝文志》，頁62。
〔註401〕參見〔清〕阮元校勘：《十三經注疏‧周禮注疏‧春官》，頁276。
〔註402〕《四部叢刊初編‧商子（五卷）》，景上海涵芬館藏明天一閣刊本，第349冊。
〔註403〕〔清〕姚振宗：《師石山房叢書‧七略別錄佚文》，頁7。
〔註404〕《四部叢刊史部‧戰國策校注‧曾序》（據上海涵芬樓借江南圖書館藏元至正十五年刊本景印原書版，上海：商務印書館，1922年），頁7。

本題漢高誘注。今考其書實宋姚宏校本也。……而有誘注者僅二卷至四卷、六卷至十卷。……蓋姚宏重校之時，乃並所存誘注入之。」〔註 405〕《戰國策》劉向未云何人所著，至清牟廷相以《史記‧田儋傳》、《漢書‧蒯通傳》所載考爲蒯通所作，近人羅根澤亦同。但經張心澂考證否定爲蒯通。〔註 406〕諸祖耿認爲「不是史家的記載，不全是縱橫家言。……戰國到楚漢之際，一群遊士各自記錄下來的或者雜集抄撮的一部分材料。這期間各家各派都有，而占最多部分的，則是縱橫家的遊說。因此，《戰國策》並不出於一人之手，說他是蒯通所著，這是與事實不符的。」〔註 407〕《戰國策》，《漢志》入《春秋》類，並注記《春秋》後。《隋志》始入史部之雜史類。爾後諸志從之，直至《郡齋讀書志》云：「予謂其紀事不皆實錄，難盡信，蓋出學縱橫者所著，當附於此。」〔註 408〕將之入子部之縱橫家。後或入雜史或入縱橫家。因此，《戰國策》從《春秋》之正史變而雜史，後入子。則入何者方爲適宜。章學誠以爲《漢志》入《春秋》類，乃得《春秋》之家學也。後七略爲四部後，應入史部之正史類，並與兵書之權謀條，諸子之縱橫家，重複互注，乃得盡其條理。張心澂云：「此書兼記事記言，而言多於事實，乃以言爲主；言因事而發，故不能不及事。記言乃《尚書》之體，國別有類《國語》，復以一事爲一章，乃遠承《尚書》，近仿《國語》，而下開紀事本末之濫觴者也。惟是此書所記，不能盡括戰國時事，而記事均無年月，自不能繼春秋接秦漢，而爲戰國史。其所記者，皆策略；其書之目的固在此。故晁公武以之入子部之縱橫家。蓋實爲記『權變術』之專書也。」〔註 409〕但其《偽書通考》仍入史部雜史類。觀其《戰國策》之內容，雖以縱橫家言論爲大部，但其言因戰國事而發，有史事之實，故以史待之，應爲無誤。《四庫總目》云：「按班固稱司馬遷作《史記》，據左氏《國語》，采《世本》、《戰國策》，述《楚漢春秋》，接其後事，迄於天漢。《戰國策》當爲史類，更無疑義。」〔註 410〕

〔註 405〕〔清〕紀昀：《欽定四庫全書總目‧史部七‧雜史類》，卷五十一，頁 713。

〔註 406〕參見張心澂：《偽書通考》，頁 534～542。

〔註 407〕見〔漢〕劉向錄、諸祖耿：《戰國策集注匯考‧前言》（南京：鳳凰出版社，2008 年 12 月第 1 版），頁 12。又既爲戰國游士所著，又非出於一人之手，其中有些可能是蒯通所著，但不完全是，參見氏著：《戰國策集注匯考‧前言》，頁 18。

〔註 408〕〔宋〕晁公武著，孫猛校證：《郡齋讀書志校證》，卷十一，頁 506。

〔註 409〕見張心澂：《偽書通考》，頁 543。

〔註 410〕〔清〕紀昀：《欽定四庫全書總目‧史部七‧雜史類》，卷五十一，頁 714。

職是，《戰國策》宜入史，並互見於兵權謀與縱橫家。則後人求《春秋》之源流可以無憾矣。案本書既一書多名，蓋援引者須辨嫌名，若從簡略則須加注，以免疑誤後學者也。

《蘇子》，《漢志》著錄兩家，一爲縱橫家《蘇子》三十一篇；另一爲兵權謀，其注省《伊尹》、《太公》、《蘇子》等家。沈欽韓云：「今見於《史記》、《國策》者，灼然《蘇秦》者八篇，其短章不與。秦死後，蘇代、蘇厲並有論說，《國策》通謂之『蘇子』，又誤爲《蘇秦》，是三十一篇，容有代、厲併入。」〔註411〕張舜徽則以爲又有後人增益之辭，不止代、厲而已。〔註412〕此外，諸家以爲《蘇子》即爲《鬼谷子》，如班固、司馬遷、王應麟等人之考證。〔註413〕而有些學者持保留態度，顧實引史載諸家「《鬼谷子》曰：『周有豪士居鬼谷，號鬼谷先生，蘇秦、張儀往見之，擇日而學。』《御覽》五百三十引。故《史記》蘇秦、張儀傳皆本此說。……然《說苑》引《鬼谷子》曰：『人之不善，而能矯之者難矣。』或本蘇秦述其師說，故劉向《別錄》原題《鬼谷子》，《班志》本《七略》，從其核實，題名爲《蘇子》，未可知也。」〔註414〕《鬼谷子》有樂壹注，其曰：「蘇儀欲神秘其道，故假名鬼谷。」案《漢志》無著錄《鬼谷子》，《隋志》始有之，然兩《唐書》題爲蘇秦撰，顧實云「其言或有別本。」〔註415〕《四庫總目》皆認爲今莫能詳也。〔註416〕案班固於兵權謀注省《蘇子》，爲使後人更詳盡，宜如章學誠所論，互見兵家。

《張子》，《漢志》於道家著錄《張子》十篇，隋唐及爾後諸志皆不錄，亡佚甚早。王應麟考證云：「東萊呂氏曰：『戰國遊說之風，蘇秦、張儀、公孫衍實倡之，秦周人也，儀與衍皆魏人也，故言權變辯智之士，必曰三晉兩周。』」〔註417〕章學誠以爲張儀、蘇秦同術而異用，所爲戰國事；故應互見兵法權謀。案如此則可使後人更爲詳盡，知戰國其連橫、合縱之事，乃屬兵

〔註411〕〔清〕沈欽韓撰、尹承整理：《二十五史藝文經籍考補萃編・漢書藝文志疏証》，頁103。

〔註412〕參見〔漢〕班固撰、張舜徽通釋：《漢書藝文志通釋》，頁174。

〔註413〕〔宋〕王應麟：《欽定四庫全書・漢藝文志考證》，卷七，頁7。

〔註414〕〔漢〕班固撰、顧實：《漢書藝文志講疏》，頁153。

〔註415〕〔漢〕班固撰、顧實：《漢書藝文志講疏》，頁153

〔註416〕〔清〕紀昀：《欽定四庫全書總目・子部二十七・雜家類一》，卷一百十七，頁1567。又參見陳國慶：《漢書藝文志注釋彙編》，頁145～146。

〔註417〕〔宋〕王應麟：《欽定四庫全書・漢藝文志考證》，卷七，頁7。

法之運用。

《五音奇胲用兵》、《五音奇胲形德》，《漢志》於數術略之五行著錄《五音奇胲用兵》二十三卷《五音奇胲形德》二十一卷，今已亡佚。《淮南王‧兵略訓》載「明於星辰日月之運，刑德奇賌之數，背鄉左右之便，此戰之助也。」〔註418〕何寧注引莊逵吉云：「《說文解字》云：『賅，軍中約也。』又《漢書》有「五音奇胲」，《史記‧倉公傳》作「奇咳」。古字賌、胲、咳皆應賅。《五音奇胲》，兵家書，故許慎以為軍中約。陶方琦云：《漢書藝文志》注引許注：『胲，軍中約也。』案《藝文志》引許君說乃《淮南》注也。「胲」即「賌」字，今注脫此文，當補。《說文》作「賅」，亦曰「軍中約」，與《淮南》訓正合。吳承仕云：朱本注末有『非常之術』四字。案《說文》『奇佹，非常也』。此注與《說文》應，莊本誤奪。」〔註419〕何寧云《道藏》本與朱本同。古殘卷作「非常行也」，「行」即「術」之誤字。〔註420〕王應麟云《五音奇胲用兵》：「《淮南子‧兵略訓》：明於星辰日月之運，刑德奇賌之數，背鄉左右之便，此戰之助也。注奇胲之數奇秘之數非常術。《史記‧倉公傳》：《脈書》上下經五色診，奇咳術。《抱樸子》云：黃帝審攻戰則納音之策。《左傳》史龜曰：是謂沈陽可以興兵利以伐姜，不利于商姓之有五音，蓋已見於此。」〔註421〕王念孫云：「明於奇正賌陰陽刑德五行，望氣候星，龜策譏祥，陳氏觀樓曰：正字後人所加，奇賌以下，皆二字連韻，上文云：明於刑德奇賌之數，高注，奇賌陰陽奇祕之要是其證，《說文》作奇佹，《史記‧倉公傳》作奇咳，《漢書‧藝文志》作奇胲，竝字異而異同。」〔註422〕沈欽韓引《抱樸子‧極言篇》黃帝攻審之戰，則納五音之策，又《御覽》三百二十八《玄女兵法》引黃帝攻蚩尤三年城不下，募求得伍骨，而伍骨運用五行於戰爭，則三日攻下城。又引《周官‧太師》注：「《兵書》曰：王者行師，出軍之日，授將弓矢，士卒振旅，將張弓大呼，太師吹律合音。商則戰勝，軍士強；角則軍擾多變，失士心；宮則軍和，士卒同心；徵則將急數怒，軍士勞；羽則兵弱，少威明。」沈欽韓云《六韜》亦有《五音篇》，兼以五勝之法制敵是

〔註418〕何寧：《淮南子集釋‧兵訓略》，卷十五，頁 1057。

〔註419〕何寧：《淮南子集釋‧兵訓略》，卷十五，頁 1057。

〔註420〕何寧：《淮南子集釋‧兵訓略》，卷十五，頁 1057。

〔註421〕〔宋〕王應麟：《欽定四庫全書‧漢藝文志考證》，卷九，頁 17。

〔註422〕〔清〕王念孫：《讀書雜志‧淮南內篇》（江蘇：江蘇古籍出版社，1985 年 7 月初版），志九之十五，頁 905。

也。〔註423〕王先謙云：「王念孫曰《淮南子・兵略訓》用於刑德奇賌之數，即此所云奇胲刑德。」〔註424〕顧實云：「胲侅咳賌古字通。奇胲，非常也。師古說非也。……顏以奇胲用兵四字連文，遂以胲爲軍中約，不知軍中約之字自作該，非奇胲之義，且奇胲二字，同訓爲非常，若以賌爲軍中約，則與奇字義不相屬矣。」〔註425〕案章學誠以爲《五音奇胲用兵》、《刑德》，當與兵書陰陽家互注。此之《刑德》二十一卷，爲《五音奇胲刑德》，其兩書既言五行又言兵，章學誠所言甚是。

　　十四爲互見〈數術略〉，計有《書》部劉向與許商之《五行傳記》互見於五行、《易》部《古五子》互見於陰陽、《災異孟氏京房》互見於五行或雜占。

　　劉向《五行傳記》，據《漢書》載：「向見《尚書・洪範》，箕子爲武王陳五行陰陽休咎之應。向乃集合上古以來歷春秋六國至秦漢符瑞災異之記，推跡行事，連傳禍福，著其占驗，比類相從，各有條目，凡十一篇，號曰《洪範五行傳論》，奏之。天子心知向忠精，故爲鳳兄弟起此論也，然終不能奪王氏權。」〔註426〕顧實云：「蓋原止十篇，班注入劉向《稽疑》一篇，即併入此中，故十一篇。本傳曰『凡十一篇，號曰《洪範五行傳論》』論亦記也。《隋志》同十一卷。本書《五行志》即向歆父子之遺說。」〔註427〕楊樹達考「《五行志》云：『劉向治《穀梁春秋》，數其禍福，傳以《洪範》，即此書也。』《五行志》多采之，又按下文《春秋》家記，《公羊穀梁經》十一卷，向書蓋依經次列，故其書亦十一卷，與《公羊穀梁經》卷數相同也。」〔註428〕章學誠以爲《書》部劉向、許商二家之《五行傳記》，當互見於五行類。案《洪範》爲《尚書》中之篇章，〔註429〕其內容既爲箕子爲武王陳五行陰陽休咎之應，而後劉向乃集合上古至秦漢之符瑞災異之記，故與《尚書》、五行皆有關，若兩者互見，可讓後人更明瞭學術原委。

　　許商《五行傳記》，據《漢書・儒林傳》載：「周堪字少卿，齊人也。與孔霸俱事大夏侯勝。……堪授牟卿及長安許商長伯。……由是大夏侯有孔、

〔註423〕參見〔清〕沈欽韓撰、尹承整理：《二十五史藝文經籍考補萃編・漢書藝文志疏證》，頁154～155。

〔註424〕〔清〕王先謙撰：《漢書補注》，卷三十，頁901。

〔註425〕〔漢〕班固撰、顧實：《漢書藝文志講疏》，頁231。

〔註426〕〔漢〕班固、〔唐〕顏師古注：《漢書・楚元王傳第六》，卷三十六，頁1950。

〔註427〕〔漢〕班固撰、顧實：《漢書藝文志講疏》，頁30。

〔註428〕〔漢〕班固撰、楊樹達：《漢書窺管》，卷三，頁206。

〔註429〕參見〔清〕阮元校勘：《十三經注疏・尚書》，頁167。

許之學。商善爲算，著《五行論曆》。四至九卿。」〔註430〕又《漢書‧溝洫志》載：「事下丞相、御史，白博士許商治《尚書》，善爲算，能度功用。」〔註431〕王應麟云：「夏侯始昌推《五行傳》，傳族子勝下及許商，其傳與劉向同《儒林傳》，商善於筭，著《五行論》。」〔註432〕沈欽韓疑《漢書‧儒林傳》所載之許商，非與劉向同說災異者。〔註433〕姚振宗云：「許氏仕履，以《溝洫志》公卿表考之，成帝建始時，由博士爲將作大匠，鴻嘉四年爲河隄都尉，永始三年由詹事遷少府，後二年爲侍中光祿大夫，綏和元年爲大司農，數月遷爲光祿，勳表云，四月遷而不見遷何官，疑遷爲卒字。」〔註434〕顧實云：「《洪範五行傳》本伏生《尚書大傳》，蓋劉許皆有所記述而不同也。」〔註435〕章學誠以爲《書》部劉向、許商二家之《五行傳記》，當互見於五行類。案《洪範》爲《尚書》中之篇章，〔註436〕故與《尚書》、五行皆有關，若兩者互見，可讓後人更明瞭學術原委。

《古五子》，《漢志》於《易》部著錄《古五子》十八篇，隋唐及諸志皆不著錄，可見亡佚甚早。劉向校讎《易傳古五子》記云：『臣所校讎中《易傳古五子》書，除復重，定著十八篇。分六十四卦，著之日辰。自甲子至壬子，凡五子，故號曰《五》子。（《嚴本》、《馬本》）』〔註437〕又《七略佚文》云：「自甲子至壬子說《易》陰陽。」〔註438〕馬國翰：「攷《漢書‧律曆志》引傳有曰『有六甲，辰有五子之語』下又引易九厄，孟康注云『易傳也，中言陰九、陽九、陰七、陽七、陰五、陽五、陰三、陽三皆以陰陽之數推歲，以定水旱之災。』如淳注積算甲子甚詳，此蓋《古五子傳》之佚文，漢魏人及見而引述之，茲據補錄。又〈吳都賦〉注引，《易》說陽九一事之文併採錄之，……古帙雖亡，猶可補綴，而得其大要云。」〔註439〕顧實云：「亡，

〔註430〕〔漢〕班固撰、〔唐〕顏師古注：《漢書‧儒林傳第五十八》，卷八十八，頁3604。
〔註431〕〔漢〕班固撰、〔唐〕顏師古注：《漢書‧溝洫傳第九》，卷二十九，頁1688。
〔註432〕〔宋〕王應麟：《欽定四庫全書‧漢藝文志考證》，卷一，頁26。
〔註433〕參見〔清〕沈欽韓撰、尹承整理：《二十五史藝文經籍考補萃編‧漢書藝文志疏証》，頁16。
〔註434〕〔清〕姚振宗：《師石山房叢書‧漢書藝文志條理》，頁18。
〔註435〕〔漢〕班固撰、顧實：《漢書藝文志講疏》，頁30。
〔註436〕參見〔清〕阮元校勘：《十三經注疏‧尚書》，頁167。
〔註437〕〔清〕姚振宗：《師石山房叢書‧七略別錄佚文》，頁5。
〔註438〕〔清〕姚振宗：《師石山房叢書‧七略第二》，頁7。
〔註439〕〔清〕馬國翰：《續修四庫全書‧玉函山房輯佚書》，補校二卷三十，頁518。

名曰古者，以《禮古經》、《春秋古經》、《論語》、《古孝經》、《古孔氏》例之，蓋古文也。劉向《別錄》曰：『所以校讎《中古五子》書，除復重，定著十八篇。分六十四卦，著之日辰。自甲子至壬子，凡五子，故號曰《五子》』《初學記文部引》《隋》、《唐》志咸不著錄。今除見《律歷志》外，間見左思〈吳都賦〉注。」〔註440〕張舜徽云：「齊召南曰：『《易》有先甲、後甲、先庚、後庚、巳日之文。然古人說《易》，未有以甲子配卦爻者，至漢始有。《律歷志》曰：『日有六甲，辰有五子。《注》云：『六甲之中，惟甲寅無子。』然則後世占《易》以六辰定六爻，亦不自京房始也。』……按：《五子》上冠以『古』字，蓋謂其傳說之古也，似不能以古文經傳之古例之。古之以陰陽說《易》者，所起甚早，以視上述自《周氏》至《丁氏》七家之書並爲漢師經說者，其源爲古，故名《古五子》耳。下文錄《古雜》八十篇，亦同此例，不得以古文解之。班氏以《古五子》說《易》陰陽，故列於諸家《易說》之後。全祖望《讀易別錄》謂『《古五子》十八篇，《漢志》誤入經部』，非也。」〔註441〕章學誠以《古五子》又有《易》陰陽之說，則可互見於數術略之陰陽類。

　　《災異孟氏京房》，《漢志》於《易》部著錄《孟氏京房》十一篇，《災異孟氏京房》六十六篇，《五鹿充宗略說》三篇，《京氏段嘉》十二篇。《漢志·儒林傳》載「京房受《易》梁人焦延壽。延壽云嘗從孟喜問《易》。會喜死，房以爲延壽《易》即孟氏學，翟牧、白生不肯，皆曰非也。至成帝時，劉向校書，考《易》說，以爲諸《易》家說皆祖田何、楊叔、丁將軍，大誼略同，唯京氏爲異，黨焦延壽獨得隱士之說，託之孟氏，不相與同。房以明災異得幸，爲石顯所譖誅，自有傳。房授東海殷嘉、河東姚平、河南乘弘，皆爲郎、博士。繇是《易》有京氏之學。」〔註442〕顧實云：「此向校六藝，僅見此疑師說之依託，而非若《班志》於諸子之并原書。斥言其依託也。然孟喜得易家候陰陽災變書，詐言師傳，則此家本獨異也。嚴可均曰：『孟喜受易家陰陽，立十二月辟卦，其說本於氣，以準天時，明人事，授之焦贛。焦贛又得隱士之說，五行消復，授之京房。京房兼而用之，長於災變，布六十四卦於一歲中，卦直六日七分，迭更用事，以風雨寒溫爲候，各有占驗，獨成一家。孝

〔註440〕〔漢〕班固撰、顧實：《漢書藝文志講疏》，頁16。
〔註441〕〔漢〕班固撰、張舜徽通釋：《漢書藝文志通釋》，頁14～15。
〔註442〕〔漢〕班固撰、〔唐〕顏師古注：《漢書·儒林傳第五十八》，卷八十八，頁3601～3602。

元立博士，迄東漢末，費直行而京氏衰。晉代有猶傳習者，至《隋志》亡《段嘉》十二篇，《唐志》又亡《災異》六十六篇之四十三篇，歷宋入明，而《漢志》之八十九篇，僅存三卷，此由士夫隨俗，好言禎祥，諱言災變，占候非利祿所需，故古書日亡。今輯《易傳》、《易占飛》、《候五星風角》等篇，雖《京氏》、《占候》不盡此，亦大端具矣。其世應飛伏建積互游魂歸魂之說，晁說之能言之。至六日七分之法，見《漢書》本傳《孟康注》、《僧一行》、《大衍歷》議，則雖謂《京氏易》亡而不亡，可也。』嚴說頗審。清《四庫》不入經部，而入子部術數類，著錄《京氏易傳》三卷。」〔註443〕《四庫全書》考證：「房所著有《易傳》三卷，《周易章句》十卷，《周易錯卦》七卷，《周易妖占》十二卷，《周易占事》十二卷，《周易守林》三卷，《周易飛候》九卷，又六卷。《周易飛候六日七分》八卷，《周易四時候》四卷，《周易混沌》四卷，《周易委化》四卷，《周易逆刺占災異》十二卷，《易傳積演算法雜占條例》一卷，今惟《易傳》存。考《漢志》作十一篇，《文獻通考》作四卷，均與此本不同。然《漢志》所載古書，卷帙多與今互異。不但此編，《通考》所謂四卷者，以晁、陳二家書目考之，蓋以《雜占條例》一卷合於《易傳》三卷，共爲四卷，亦不足疑。惟晁氏以《易傳》爲即錯卦，《雜占條例》爲即逆刺占災異，則未免臆斷無據耳。」〔註444〕章學誠以爲《孟氏京房》於《漢志》入易部，應互見於數術略之雜占或五行類。以上所述均有關於讖緯，故《四庫全書》入子部之術數類，其言所是。

　　總之，一書涉及兩處，理有互通，一書之易混者與相資者，皆可以重複互著的方法部次，俾使後世學者更清楚其源委。

第四節　《校讎通義》別裁辨析

　　章學誠《校讎通義》有〈別裁〉一篇，認爲其書之某一篇或某一篇章有獨立之思想，權衡主從，知其無庸互見者，可裁篇別出，如《弟子職》、《孔子三朝記》、《月令》三書，認爲是別裁法之運用，其云：

　　　　《管子》，道家之言也。劉歆裁其《弟子職》篇入小學；七十子所記

〔註443〕〔漢〕班固撰、顧實：《漢書藝文志講疏》，頁17～18。另嚴可鈞之說見《續修四庫全書‧鐵橋漫稿》，卷五，頁1。
〔註444〕〔清〕紀昀：《欽定四庫全書總目‧子部十九‧術數類》，卷一○九，頁1435～1436。

百三十一篇，《禮》經所部也，劉歆裁其《三朝記》篇入《論語》。
蓋古人著書，有採取成說，襲用故事者。（如《弟子職》必非管子自
撰，《月令》必非呂不韋自撰，皆所謂採取成說也。）〔註445〕

又例舉了《夏小正》與《小爾雅》為反證，此非別裁法之運用；章學誠認為雖《隋志》將《小爾雅》別出以入《論語》，《文獻通考》將《夏小正》別出以入時令，但未在子注下標明篇第之所自，不能視為別裁法之運用。茲將此五種書，先行列出別裁本與原本，再進行考證。

表六：《校讎通義》別裁辨析

別 裁 本	部 次	原 本	部 次	備 註
《弟子職》	《孝經》類	《管子》	道家	《漢志》載《弟子職》一篇。應劭曰：「管仲所作，在《管子》書。」
《孔子三朝》	《論語》類	《大戴禮》	《禮》部	《漢志》載《孔子三朝》七篇。師古曰：「今《大戴禮》有其一篇，蓋孔子對〔魯〕哀公語也。三朝見公，故曰三朝。」
《月令》	其即為《漢志》所載《明堂陰陽》，入《禮》部	《小戴記》	《禮》部	《漢志》載《明堂陰陽》三十三篇。古明堂之遺事。
		《呂氏春秋》	雜家	
《夏小正》	《隋志》始載並著錄入《禮》部	《大戴記》	《禮》部	《漢志》無著錄《夏小正》
《小爾雅》	《孝經》類	《孔叢子》	《隋志》始載《論語》類	《漢志》載《小爾雅》一篇、《漢志》無載《孔叢子》

一、《弟子職》

　　《弟子職》收錄《管子》書中，《管子》一書經朱熹、葉適、宋濂、姚際恆等人考證非一人之筆，非一時之書，大抵參入者皆戰國周末之人，如稷下學者借管仲以行其說者，章學誠也認為《管子》一書非管子自撰。其辨正見

〔註445〕〔清〕章學誠著、楊家駱編：《文史通義等三種‧校讎通義‧別裁第四》，卷一，頁233。

本章第二節《管子》。案《弟子職》為《管子》第五十九篇,《漢志》入《孝經》類,即漢初即有單行本。王應麟云:「《管子》雜篇第五十九有學則,蚤作受業,饌饋乃食,酒掃、執燭、請衽退習等章。」〔註446〕沈欽韓云:「今為《管子》弟五十九篇,鄭《曲禮注》引之,蓋漢時單行也。」〔註447〕顧實云:「存,在《管子》中,而此其別出者也。」〔註448〕郭沫若云:「《弟子職》當是齊稷下學官之學則,故被收入《管子》書中。」〔註449〕案《弟子職》一書主為言禮,記載弟子對待老師應有的儀節。《弟子職》雖符合章學誠所論「採取成說,襲用故事者」,惟劉、班未著所出,故應不能視為有意識的使用別裁之法。此外,以章學誠別裁之論,《管子·地員》裁篇別出列地理部首,《管子·牧民》則裁列農家之首。

二、《孔子三朝》

　　《孔子三朝》,《漢志》著錄於《論語》類;《隋志》說明其併入《大戴禮記》之經過,並僅著錄《大戴禮記》一書,自此,《孔子三朝》已不單獨記載,後世亦然。劉向《別錄》云:「孔子見魯哀公問政,比三朝退而為此記,凡七篇。」〔註450〕顏師古注:「今《大戴禮》有其一篇,蓋孔子對魯哀公語也。三朝見公,故日三朝。」〔註451〕王應麟云:「並入《大戴禮》,《蜀志》秦宓曰:昔孔子三見哀公言成七卷。裴松之注,案《中經簿》有孔子三朝八卷,一卷目錄,餘者所謂七篇。七篇今考《大戴禮》〈千本〉、〈四代〉、〈虞戴德〉、〈誥志〉、〈小辨〉、〈用兵〉、〈少閒〉。《史記》、《漢志》、《文選注》所引謂之《三朝記》,《爾雅疏》張揖引《禮》《三朝記》皆此書也。」〔註452〕沈欽韓云「今《大戴記·千乘》第六十七、〈四代〉第六十八、〈虞戴德〉第六十九、〈誥志〉第七十、〈小辨〉第七十四、〈用兵〉第七十五、〈少閒〉第

〔註446〕〔宋〕王應麟:《欽定四庫全書·漢藝文志考證》,卷四,頁8。
〔註447〕〔清〕沈欽韓撰、尹承整理:《二十五史藝文經籍考補萃編·漢書藝文志疏証》,頁64。
〔註448〕〔漢〕班固撰、顧實:《漢書藝文志講疏》,頁81。
〔註449〕見〔春秋〕管仲、郭沫若、聞一多、許維遹:《管子集校》(北京:科學出版社,1956年1版),頁956。又參見〔春秋〕管仲、石一參:《管子今詮》(北京:中國書店影印),1988年3月第1版),據商務印書館影印。
〔註450〕〔清〕姚振宗:《師石山房叢書·七略別錄佚文》,頁8。
〔註451〕〔漢〕班固撰、〔唐〕顏師古注:《前漢書藝文志》,頁16。
〔註452〕〔宋〕王應麟:《欽定四庫全書·漢藝文志考證》,卷四,頁21。

七十六。劉向《別錄》云：『孔子三見哀公，作《三朝記》七篇。』今在《大戴記》是也。疑已在《記》百三十一篇中，此為重出。顏籀僅云有一篇，彼蓋未見《大戴記》也，晉《中經簿》亦名《三朝》，八卷。」〔註453〕顧實云：「此在《禮記》中而復別出者也。」〔註454〕得知《孔子三朝》今已入《大戴記》，爾後諸志不獨列。

　　《漢志》之《論語》類序云：「《論語》者，孔子應答弟子時人及弟子相與言而接聞於夫子之語也。當時弟子各有所記。夫子既卒，門人相與輯而論纂，故謂之《論語》。」〔註455〕其《孔子三朝記》既為孔子之語，故《漢志》入《論語》類。後既納入《大戴禮記》，其主為《大戴禮記》，故入《禮》類。章學誠認為《孔子三朝記》乃為《七略》、《漢志》裁篇別出之法，惟無於本篇之下，申別篇第之所自。依《隋志》所載劉向校書，檢得《禮記》所部之《記》一百三十篇時，後又得《明堂陰陽記》三十三篇、《孔子三朝記》七篇、《王史氏記》二十一篇、《樂記》二十三篇，凡五種，合二百十四篇。則《孔子三朝記》古已有單行本。而後劉歆裁其《孔子三朝記》入《論語》類。案此，章學誠於〈別裁第四〉所謂《孔子三朝記》自《禮記》所部之《記》一百三十一篇裁篇別出為非，應是《古文記》二百四篇（依《別錄》所載）。依姚振宗所輯《七略別錄佚文》，於《禮古記》百三十一篇下著「《古文記》二百四篇（嚴本）按二百四篇者五種古文記而言也，其一即此《禮古記》百三十一篇，其二《明堂陰陽記》三十三篇，其三《王史氏記》二十一篇，其四在樂類之《樂記》二十三篇，其五在《論語》類《孔子三朝記》七篇，並見《隋書經籍志》，凡此五種之書，實有二百十五篇，此云二百四篇者，其中篇數或有分合無以詳知。《別錄》七條上下文大抵言此百十一篇為《古文記》二百四篇之一，或中祕書合二百四篇為一種，《別錄》始分別校定為五種。」〔註456〕案嚴可均所記與《隋志》略有出入，其《古文記》二百四篇〔註457〕與劉向校書後所得之二百一十四篇應為同書，推論嚴本為脫「一」。又姚

〔註453〕〔清〕沈欽韓撰、尹承整理：《二十五史藝文經籍考補萃編·漢書藝文志疏証》，頁61。

〔註454〕〔漢〕班固撰、顧實：《漢書藝文志講疏》，頁75。

〔註455〕〔漢〕班固撰、〔唐〕顏師古注：《前漢書藝文志》，頁16。

〔註456〕〔清〕姚振宗：《師石山房叢書·漢書藝文志條理》，頁5。

〔註457〕〔清〕嚴可均：《書目三編·別錄·七略輯本》（臺北：廣文書局有限公司，1969年2月初版）頁21。

振宗所計之二百一十五篇,乃在其計《禮古記》一百三十一篇,《漢志》計劉向所得校書一百三十篇。章學誠以為劉歆裁篇別出,故視為別裁法,符合其所論「採取成說,襲用故事者」,惟劉、班未著所出,故應不能視為有意識的使用別裁之法。

三、《月令》

　　《漢志》載《明堂陰陽》三十三篇,上溯至《別錄》,此乃《月令》,而《月令》已被收錄《小戴禮記》、《呂氏春秋》,故歷代史志均無單獨著錄《月令》。據《隋志》之《禮》類〈序〉記載:「漢初,河間獻王又得仲尼弟子及後學者所記一百三十一篇獻之,時亦無傳之者。至劉向考校經籍,檢得一百三十篇,向因第而敘之。而又得《明堂陰陽記》三十三篇、《孔子三朝記》七篇、《王史氏記》二十一篇、《樂記》二十三篇,凡五種,合二百十四篇。戴德刪其煩重,合而記之,為八十五篇,謂之《大戴記》。而戴聖又刪大戴之書,為四十六篇,謂之《小戴記》。漢末馬融,遂傳小戴之學。融又定《月令》一篇、《明堂位》一篇、《樂記》一篇,合四十九篇;而鄭玄受業於融,又為之注。」〔註458〕推測《月令》於西漢末年已與《小戴禮記》合敘之,惟其云四十六篇與《月令》為馬融所增之說有誤。依《四庫全書總目》於《禮記正義》項下考證云:「考《後漢書‧橋玄傳》云:『七世祖仁,著《禮記章句》四十九篇,號曰橋君學』。仁即班固所謂『小戴授梁人橋季卿』者,成帝時嘗官大鴻臚,其時已稱四十九篇,無四十六篇之說。又孔《疏》稱《別錄》《禮記》四十九篇,《樂記》第十九。四十九篇之首,疏皆引鄭《目錄》。鄭《目錄》之末必云此於劉向《別錄》屬某門。《月令目錄》云:『此於《別錄》屬《明堂陰陽記》。』《明堂位元目錄》云:『此於《別錄》屬《明堂陰陽記》。』《樂記目錄》云:『此於《別錄》屬《樂記》。蓋十一篇今為一篇,則三篇皆劉向《別錄》所有。』」〔註459〕又於《月令解》其下云:「《月令》於劉向《別錄》屬《明堂陰陽記》,當即《漢書‧藝文志》所云古明堂之遺事,在《明堂陰陽》三十三篇之內者。」〔註460〕是以今《小戴禮記》之四十九篇實為戴聖之原書,

---

〔註458〕〔唐〕長孫無忌、魏徵等撰:《隋書經籍志》,卷一,頁20。
〔註459〕〔清〕紀昀:《欽定四庫全書總目‧經部二十一‧禮類三》,卷二十一,頁265。
〔註460〕見〔清〕紀昀:《欽定四庫全書總目‧經部二十一‧禮類三》,卷二十一,頁266。

而《月令》亦不是馬融所增。故《隋志》誤也。依此，《月令》於《別錄》屬《明堂陰陽記》。亦即《漢志》所載《明堂陰陽》三十三篇。古明堂之遺事。

　　《月令》之作者，歷來說法不一，其爲周公之作者有馬融、賈逵、蔡邕、王肅、孔晁、張華。〔註461〕然另一鄭玄認爲本《呂氏春秋》十二章紀之月首章，禮家好事者抄合之。孔穎達《禮記正義》申鄭說，其中官名，如「乃名大尉」，及時事，如「爲來歲授朔日」、服飾車旗依時色等皆不合周法，且《呂氏春秋》之篇首皆有月令與此文同，證明非周公所作。〔註462〕案若爲呂不韋所作，其所本爲何？孫希旦以爲「是篇雖祖述先王之遺，其中多雜秦制，又博採戰國雜家之說，不可盡以三代之制通之。然上察天時，下授民意，有唐、虞欽若之遺意。馬融輩以周公所作者固非，而柳子厚以爲瞽史之語者亦過也。」〔註463〕《月令》以十二個月份爲序，列出每月之天象、氣候狀況與植物、動物之間相應的變化、以及人事之間的關係。是依《夏小正》的體例編成的，至後世諸志均無單獨著錄，是以均入《禮》部。章學誠認爲《月令》、《夏小正》、《周書·時訓解》等，應裁篇而出，列時令之部首，此外時令與農事有關者，列入子之農家。案應入史之時令並互注於子部之農家，以求虛實相應，道器合一。此外，《明堂陰陽記》始自劉向校書收錄，即自古已有單行本。案《禮記》、《呂氏春秋》皆有《月令》，雖符合其所論「採成取說，襲用故事者」，惟劉、班未著所出，故應不能視爲有意識的使用別裁之法。

四、《夏小正》

　　《夏小正》一書之作者及成書時間至今未有明確之答案，《隋志》雖題爲戴德，但又別出《大戴禮記》，似已有單行本，故其戴德爲編纂者。案《史記》之記載，其〈夏本紀〉云：「孔子正夏時，學者多傳《夏小正》。」〔註464〕然《論語·八佾》云：「夏禮，吾能言之，杞不足征也。」〔註465〕又《禮記·禮運》云：「孔子曰：『我欲觀夏道，是故之杞，而不足徵也，吾得《夏時》焉。』」

〔註461〕〔清〕紀昀：《欽定四庫全書總目·經部二十一·禮類三》，卷二十一，頁265。
〔註462〕參見〔清〕阮元校勘：《十三經注疏·禮記正義·月令》，頁278。
〔註463〕孫希旦：《禮記集解》（北京：中華書局，1989年2月第1版），頁399～400。
〔註464〕〔漢〕司馬遷著、裴駰集解、司馬貞索隱、張守節正義：《史記·夏本紀第二》，卷二，頁89。
〔註465〕〔清〕阮元校勘：《十三經注疏·周禮·禮運第九》，卷第二十一，頁418。

〔註466〕因而推測，其《夏時》為《夏小正》。《夏小正》始自〔宋〕傅崧卿為之注，在三國已有傳名，《四庫提要》考吳陸璣《詩草木鳥獸蟲魚疏》曰：「《大戴禮·夏小正傳》云：『繁』，游胡。游胡，旁勃也。」又「疑《大戴禮記》舊本，但有《夏小正》之文，而無其傳。戴德為之作傳別行，遂自為一卷，故《隋志》分著於錄。後盧辯作《大戴禮記注》，始采其傳編入書中，故《唐志》遂不著錄耳。又《隋志》根據《七錄》，最為精核，不容不知《夏小正》為三代之書，漫題德撰。疑《夏小正》下當有『傳』字，或『戴德撰』字當作『戴德傳』字，今本訛脫一字，亦未可定。觀《小爾雅》亦《孔叢》之一篇，因有李軌之注，遂別著錄，是亦旁證矣。崧卿以為隋代誤分，似不然也。惟是篇屢經傳寫，傳與本文混淆為一。」〔註467〕目前《夏小正》為宋朝傅崧卿依關澮藏本及各家集賢所藏《大戴禮記》本參校異同，分別經傳而為之注，其書經傳不分，亦不知原貌。

　　〔清〕人黃叔琳與沈秉成皆認為，《今本竹書紀年》有夏禹元年「頒夏時于邦國」就以為是夏代的文獻。又有學者依「夏小正」之所言星象移動的規律，測出恰和周初即西元前一千年的觀象相合。於是認為在西周初年。案《夏小正》成書年代已成疑案。〔註468〕《夏小正》自《隋志》始有著錄，撰者為戴德，其書為《大戴禮記》第四十七篇，若《隋志》無別裁之意，應是當時已有單行本。《夏小正》為《大戴禮記》中之一卷，《隋志》始單獨著錄，新、舊《唐書》、《崇文總目》、《郡齋讀書志》無著錄，至《直齋書錄解題》又有著錄，其部次有《禮》類、史部時令、子部之農家。因此，《文獻通考》雖將《夏小正》獨立列出在史部之時令，推測馬端臨亦無別裁之意，因為《夏小正》自《隋志》就單獨著錄，應有單行本，且亦無於子注下標明篇第所自出。

　　章學誠認為《夏小正》為《大戴記》收之，則時令而入於《禮》。又云：「《書》之《無逸》，《詩》之《豳風》，《大戴記》之《夏小正》，《小戴記》之《月令》，《爾雅》之《釋草》，《管子》之《牧民》篇，《呂氏春秋·任地》諸篇，俱當用裁篇別出之法，冠於農家之首者也。」〔註469〕案其《史籍考

〔註466〕〔清〕阮元校勘：《十三經注疏·論語·八佾第三》，卷第三，頁27。
〔註467〕以上參見〔清〕紀昀：《欽定四庫全書總目·經部二十一·禮類三》，卷二十一，頁275。
〔註468〕施宣圓、許立言等主編：《中國文化史500年疑案（續）·典籍考證》（鄭州：中州古籍出版社，1996年10月），頁838～389。
〔註469〕〔清〕章學誠著、楊家駱編：《文史通義等三種·校讎通義·漢志諸子第十四》，

總目》其星歷部有時令二卷，又時令乃是記錄二十四節氣之氣象、寒暑時令、陰陽消長等事，如沈秉成《夏小正傳箋》云：「傳：何以謂之小正，以小著名也。陰陽生物之候王事之，次則夏之月令也。箋：夏者代號小正，授時之書謂之爲正者；陰陽代興不恆，其次乃宇宙之大綱不易之正道。禹奉厤數之命作瑞厤夏時頒之邦國，其言天象政令者謂之大正，以告有位；其言人統物候者謂之小正，以告庶民。」〔註470〕按夏曆十二個月的順序，分別記述每個月中的星象、氣象、物候以及所應從事的農事和政事。職是時令宜入史部。然此書又與農事節氣有關，宜以互注於子部之農家。

五、《小爾雅》

《小爾雅》一篇，《漢志》著錄但無撰作者。其《漢志》本於劉歆《七略》，推測西漢時當已有此書，即自古有別行之本（辨正見本章第一節），同樣《隋志》未於子注下標明，故亦不能以別裁法論之。

據上論之，《夏小正》、《小爾雅》自古即有別本行世，其與《弟子職》、《孔子三朝記》、《月令》之情況一樣，重點在於同樣未在其子目下標注所自出，所以《隋志》雖將《小爾雅》別裁入《論語》類，而《文獻通考》將《夏小正》別裁入時令，皆不能謂有意識的使用別裁法。劉歆、班固亦未在《弟子職》、《孔子三朝記》、《月令》其子目下標注篇第之所自，應與魏徵、馬端臨相同，凡是未能注明別裁於原書者，非眞正有見於學術流別而爲之裁制，不能算是別裁法。

透過劉歆、《漢志》互著之分析，章學誠所論兵書一略之十家，對於諸子全本而言，皆是別裁之本，除《鶡冠子》諸子與兵書略皆爲一篇外，但未標明子注，應不能言爲互著之法。又其所認爲別裁法之使用如《弟子職》、《孔子三朝記》、《月令》等，推論於《漢志》裡未將《管子》、《禮》經所部之《記》、《呂氏春秋》省去，而兵書略《太公》、《伊尹》、《太公》、《管子》、《荀卿子》（《漢書》作《孫卿子》）、《鶡冠子》、《蘇子》、《蒯通》、《陸賈》、《淮南王》、《墨子》將重複省去，因此，才使章學誠以爲兵書略之十家爲互著，而未省去全本之《弟子職》、《孔子三朝記》、《月令》乃爲別裁之法。

除上述爲《漢志》所載，章學誠亦認《周官》、《爾雅》、《尚書》、《淮南

卷三，頁 260。
〔註470〕〔清〕沈秉成：《夏小正傳箋》，清同治時沈秉成刻本，紅印本，頁 1。

子》、大小《戴記》、《管子》、《商君》、《呂氏春秋》等書之專門部分須別裁而出：

敘天文之書：當取《周官》之〈保章〉、《爾雅》之〈釋天〉、鄒衍言天、《淮南》之〈天象〉諸篇，裁列天文部首，而後專門天文之書，以次列爲類焉。〔註471〕

敘時令之書，當取《大戴禮·夏小正》篇，《小戴記·月令》篇，《周書·時訓解》諸篇，裁列時令部首，而後專門時令之書，以次列爲類焉。〔註472〕

敘地理之書：當取《書》之〈禹貢〉、〈職方〉、《管子》之〈地圓〉、《淮南》之〈地形〉諸史地志諸篇，裁列地理部首，而後專門地理之書，以次列爲類焉。〔註473〕

敘農家之書：當取《書》之〈無逸〉，《詩》之〈豳風〉，《大戴記》之《夏小正》，《小戴記》之〈月令〉，《爾雅》之〈釋草〉，《管子》之〈牧民〉篇，《呂氏春秋·任地》諸篇，俱當用裁篇別出之法，冠於農家之首者也。〔註474〕

章學誠主張將專門著錄於同一類，並以理論之道與技巧之器分別部次，成爲專科目錄，使求書者可以即器明道，會偏而得全，以便後人可推其學術源流。於學術源流某種程度運用著錄之法來說，互著亦爲別裁之用，如《韓非子》之〈解老〉、〈喻老〉諸篇可互見的道家之《老子》，亦可裁篇別出。又如《商君》之〈開塞〉、〈耕戰〉可互見兵書之權謀，亦可裁篇別出，惟須加注出於何書，以維其原貌。

章學誠又例舉二戴之《記》，認爲可屬一家之言者，可別裁而出，其云：「諸記本非一家之言，可用裁篇別出之法，而文不盡傳，今存大小戴二家之記，亦文繁不可悉舉也。大約取劉向所定，分屬制度者，可歸故事，而附《尚書》之部；分屬通論者，可歸儒家，而入諸子之部。」〔註475〕凡是總集各家

〔註471〕〔清〕章學誠著、楊家駱編：《文史通義等三種·校讎通義·焦竑誤校漢志第十二》，卷二，頁245。
〔註472〕〔清〕章學誠著、楊家駱編：《文史通義等三種·校讎通義·焦竑誤校漢志第十二》，卷二，頁245。
〔註473〕〔清〕章學誠著、楊家駱編：《文史通義等三種·校讎通義·焦竑誤校漢志第十二》，卷二，頁245。
〔註474〕〔清〕章學誠著、楊家駱編：《文史通義等三種·校讎通義·漢志諸子第十四》，卷三，頁260。
〔註475〕〔清〕章學誠著、楊家駱編《文史通義等三種·校讎通義·漢志六藝第十三》，卷三，頁250。

之說，可區分主從，裁篇別出，如《大戴禮記》之〈五帝德〉、〈帝繫姓〉爲制度，可裁入故事部次《尙書》部，而《小戴記》之〈大學〉、〈中庸〉爲通論，可裁入儒家部次子部。質言之，互見與別裁體用相資，惟須把握總持大體之原則，以避免割裂破碎支離而無當。

第五章 《校讎通義》與《通志・校讎略》、《國史經籍志》

　　《校讎通義》特立二章專論鄭樵、焦竑對《漢志》所論之意見，於第十一章爲〈鄭樵誤校漢志〉、第十二章爲〈焦竑誤校漢志〉。章學誠雖認爲千載之後，惟有鄭樵之《通志》尚能追隨劉氏部次之義，但其書仍有不足之處，故又有第六章〈補鄭〉，主要是針對鄭樵《通志・校讎略》中〈書有名亡實不亡論〉與〈闕書備於後世論〉有不同看法，因而提出輯佚書的方法，本章針對其所論提出探討。

第一節　對鄭樵《通志・校讎略》之評述與補充

　　章學誠《校讎通義》有兩章專論鄭樵之《通志・校讎略》，於部分篇章亦有論述，以下就《校讎通義》各篇章之順序分述之：

一、《通志》，〈藝文〉、〈金石〉、〈圖譜〉諸略，牴牾錯出，與其所譏前人著錄之謬，未始徑庭，此不揣本而齊末者之效也。〔註1〕

鄭樵《通志・總序》表明欲立〈圖譜〉、〈金石〉之略的原意，其云：

　　河出圖，天地有自然之象，圖譜之學由此而興。洛出書，天地有自然之文，書籍之學由此而出。圖成經，書成緯，一經一緯，錯綜而成文。古之學者，左圖右書，不可偏廢。劉氏作《七略》，收書不收

〔註1〕〔清〕章學誠著、楊家駱編《文史通義等三種・校讎通義・敘》，卷一，頁227。

圖，班固卽其書爲《藝文志》。自此以還，圖譜日亡，書籍日冗，所
以困後學，而隳良材者，皆由於此。何哉？卽圖而求易，卽書而求
難，舍易從難，成功者少。臣乃立爲二記：一曰記有，記今之所有
者，不可不聚。二曰記無，記今之所無者，不可不求。故作《圖譜
略》。

方冊者，古人之言語。款識者，古人之面貌。方冊所載，經數千萬
傳，款識所勒，猶存其舊。蓋金石之功，寒暑不變，以茲稽古，庶
不失眞。今藝文有志而金石無紀，臣於是採三皇五帝之泉幣，三王
之鼎彝，秦人石鼓，漢、魏豐碑，上自蒼頡石室之文，下逮唐人之
書，各列其人而名其地。故作《金石略》。〔註2〕

其創見〈圖譜〉、〈金石〉二略與〈藝文〉併立，〈藝文〉登錄書籍、〈圖譜〉
登錄圖表、〈金石〉登錄鼎彝石刻，此三略可說是鄭樵校讎目錄學的實際表
現。〔註3〕但鄭樵於著錄時不懂運用互著之法，以致石經類，如《三字石經》、
《一字石經》、《今字石經易篆》等之類，只著錄於〈藝文〉經部，無著錄〈金
石〉中。又如圖譜類，如《地動圖》、《瑞應翎毛圖》、《文翁學堂圖》、《忠列
圖》等之類，僅載於〈藝文〉而不入〈圖譜〉。雖是有創見，但著錄時仍依
舊有的範圍部次，如此一來，當是牴牾錯雜，不能完整呈現出其〈藝文〉、〈圖
譜〉、〈金石〉三略並列之精神。

二、刪去《崇文》敘錄，乃使觀者如閱甲乙簿注，而更不識其討論流別之義焉，烏乎可哉。〔註4〕

鄭樵〈校讎略・泛釋無義〉云：

古之編書，但標類而已，未嘗注解，其著注者，人之姓名耳。蓋經
入經類，何必更言經？史入史類，何必更言史？但隨其凡目，則其
書自顯。惟《隋志》於疑晦者則釋之，無疑晦者則以類舉。今《崇
文總目》出新意，每書之下必著說焉。據標類自見，何用更爲之說？
且爲之說也已自繁矣，何用一一說焉？至於無說者，或後書與前書

〔註2〕 〔宋〕鄭樵撰、王樹民點校：《通志二十略・總序》，頁9。
〔註3〕 鄭奮鵬：《鄭樵的校讎目錄學・鄭樵校讎目錄學的理論》（臺北：學海出版社，1983年2月）頁93。
〔註4〕 〔清〕章學誠著、楊家駱編《文史通義等三種・校讎通義・宗劉第二》，卷一，頁231。

不殊者，則強爲之說，使人意怠。〔註5〕

鄭樵於〈校讎略〉不只一次批評《崇文總目》，其於〈書有不應釋論三篇〉云：

> 凡編書皆欲成類，取簡而易曉。如文集之作甚多，唐人所作，自是一類，宋朝人所作，自是一類，但記姓名可也，何須一一言「唐人撰」，一一言「宋朝人撰」？然《崇文》之作所以爲衍文者，不知其爲幾何。此非不達理也，著書之時元不經心耳。

> 有應釋者，有不應釋者，《崇文總目》必欲一一爲之釋，間有見名知義者，亦彊爲之釋。〔註6〕

又於〈書有應釋論一篇〉云：

> 《隋志》於他類只注人姓名，不注義說，可以睹類而知義也。如史家一類，正史、編年，各隨朝代易明，不言自顯。至於雜史，容有錯雜其間，故爲之注釋，其易知者則否。惟霸史一類，紛紛如也，故一一具注。蓋有應釋者，有不應釋者，不可執一槩之論。按《唐志》有應釋者而一槩不釋，謂之簡；《崇文》有不應釋者而一槩釋之，謂之繁，今當觀其可不可。〔註7〕

《崇文總目》至清代有目無說，敘錄、小序俱已不存，多數學者將其過歸咎於鄭樵，而章學誠非常重視敘錄，並以其可知學術源流之要，尤其以七略爲四部，其意義更顯重要，故對鄭樵此言最不能理解。其敘錄刪減原因，依王重民考證：

> 一種說法受鄭樵的影響而刪掉的，這是由於《通志·校讎略》有〈泛釋無義論〉一篇，對《崇文總目》「每書必有著說焉」，其中有的是「強爲之說，使人意怠」，因此，朱彝尊認爲今本《崇文總目》有目無說，就是因「漁仲之言，紹興中從而去其敘釋也」。另一種說法是杭世駿提出的與朱彝尊的意見正相反，他認爲南宋自紹興以後，《崇文總目》有兩種本子流傳：一爲原本，有原來的敘釋，一爲簡本，無敘釋，是因爲紹興中把《崇文總目》發到全國各地用以徵訪遺書，

〔註5〕　〔宋〕鄭樵撰、王樹民點校：《通志二十略·校讎略·泛釋無義論一篇》，頁1818。

〔註6〕　〔宋〕鄭樵撰、王樹民點校：《通志二十略·校讎略·書有應釋論一篇》，頁1819。

〔註7〕　〔宋〕鄭樵撰、王樹民點校：《通志二十略·校讎略·書有應釋論一篇》，頁1819。

敘釋文繁，在按名徵書上沒有什麼意義，所以刪去。但從此，這個
簡本就流傳開來，並不是鄭樵有意識的刪去的。〔註8〕

無論最後考證是否爲鄭樵所刪，但其言主張應從簡略，惟歷代戰亂，古書多
亡佚，敘錄不僅可明一家之言，亦可辨章學術，余嘉錫云：「吾人讀書，未有
不欲知其爲何人所著，其平生之行事若何，所處之時代若何，所學之善否若
何者。此即孟子所謂知人論世也。」〔註9〕所以，敘錄可謂一書之要，可明作
者、生平、事蹟、師承、書中要旨、學術源流及評價等，以致後世學者方多
爲重視與關注。

三、所謂傳記、雜家、小說、雜史、故事五類，與詩話、文史之二類，易相紊亂〔註10〕。

鄭樵〈校讎略・編次之訛論十五篇〉云：

> 古今編書所不能分者五：一曰傳記，二曰雜家，三曰小說，四曰雜
> 史，五曰故事。凡此五類，足相紊亂。又如文史與詩話，亦能相濫。
> 〔註11〕

章學誠認爲不僅上述所論，尚有經部《易》家與子部之五行陰陽家；樂家與
集部之樂府、子部之藝術；小學家之書法與金石之法帖；史部之職官與故事；
譜牒與傳記；故事與集部之制詔奏議；集部之詞曲與史部之小說；子部之儒
家與經部之經解；史部之食貨與子部之農家等，就以互著之法即可解決易混
淆之處。又針對書之相資者，非僅如鄭樵之所謂性命之書求之道家，小學之
書求之釋家，《周易》藏於卜筮，《洪範》藏於五行，尚有《爾雅》與《本草》、
地理與兵家、譜牒與歷律之書，亦可以相互爲用，以重複互著的方法部次，
以究古人之源委。

四、精於校讎，然《藝文》一略，既有《班昭集》，而復有《曹大家集》，則一人而誤爲二人矣。〔註12〕

〔註8〕〔清〕章學誠著、王重民通解：《校讎通義通解》，頁14
〔註9〕余嘉錫：《余嘉錫講目錄學・目錄學發微》，頁29～30。
〔註10〕〔清〕章學誠著、楊家駱編：《文史通義等三種・校讎通義・辨嫌名第五》，
卷一，頁234。
〔註11〕〔宋〕鄭樵撰、王樹民點校：《通志二十略・校讎略・編次之訛論十五篇》，
頁1817。
〔註12〕〔清〕章學誠著、楊家駱編《文史通義等三種・校讎通義・辨嫌名第五》，卷

據《後漢書》載：「所著賦、頌、銘、誄、問、注、哀辭、書、論、上疏、遺令，凡十六篇。子婦丁氏爲撰集之，又作大家讚焉。〔註13〕」《曹大家集》爲漢班昭所撰。《隋志》始入集部別集類，後世諸史從之，惟《崇文總目》、《郡齋讀書志》、《直齋書錄解題》、《文獻通考》無著錄，或著錄另一書《女誡》。鄭樵《通志》與焦竑《國史經籍志》皆誤曹大家與班婕妤爲二人，故分別重複著錄。蓋章學誠所言，一人名號不一，必注於姓名之下，以避免重複，這亦是非常重要工作之一。

五、論書，有名亡實不亡，其見甚卓；然亦有發言太易者，如云：「鄭玄《三禮目錄》雖亡，可取諸三《禮》。……《十三代史目》雖亡，可取諸十三代史。」〔註14〕

鄭樵云：「書有亡者，有雖亡而不亡者，有不可以不求者，有不可求者。」〔註15〕並例舉《三禮目錄》，可取諸《三禮》；《十三代史目錄》可取諸十三代史。〔註16〕章學誠認爲此言有不妥之處，以《三禮目錄》爲例，鄭玄《三禮目錄》於《隋志》、兩《唐書》皆著錄一卷。然《崇文總目》、《郡齋讀書志》、《直齋書錄解題》、《宋史》皆無錄。至明《國史經籍志》復錄。由此，《三禮目錄》至宋代後期失傳；因此，鄭樵方云雖鄭玄《三禮目錄》雖亡，可取諸三《禮》。案俞克明考證，「賈公彥在《周禮疏》中引《目錄》六篇，在《儀禮疏》中引《目錄》十七篇；孔穎達在《禮記疏》中引《目錄》四十九篇，共計引《三禮目錄》七十二篇。」〔註17〕遺憾的是，《隋志》及《唐志》皆著錄爲一卷，無篇數。章學誠云：「今按以《三禮正義》，其援引鄭氏《目錄》，多與劉向篇次不同，是當日必有說矣，而今不得見也。豈可曰取之三《禮》乎？」〔註18〕以《儀禮》爲例，有其異者，如《士喪禮》第十二，賈公彥疏

一，頁 234。

〔註13〕〔南朝宋〕劉曄撰、〔唐〕李賢等注：《後漢書‧列女傳第七十四》，卷八十四，頁 2792。

〔註14〕〔清〕章學誠著、楊家駱編：《文史通義等三種‧校讎通義‧補鄭第六》，卷一，頁 235。

〔註15〕〔宋〕鄭樵《通志二十略‧校讎略‧書有名亡實不亡論》，頁 1807。

〔註16〕參見〔宋〕鄭樵：《通志二十略‧校讎略‧書有名亡實不亡論一篇》，頁 1807。

〔註17〕俞克明：〈《三禮目錄》的文獻價值〉，《四川教育學院學報》第 17 卷第 5 期，2001 年 5 月，頁 52。

〔註18〕〔清〕章學誠著、楊家駱編：《文史通義等三種‧校讎通義‧補鄭第六》，卷

云：「鄭《目錄》云：『士喪其父母，自始死至既殯之禮，喪於五禮屬凶。大戴第四，小戴第八，《別錄》第十三。』」〔註 19〕有其同者，如〈士相見禮〉第三，賈公彥疏云：「鄭《目錄》云：『士以職位相親，始承摯相見禮。《雜記・會葬禮》曰：「相見也，反哭而退，朋友虞衬而退。」相見於五禮屬賓禮，大小戴及《別錄》皆屬第三。』」〔註 20〕案統計《儀禮》，除〈士冠禮〉、〈士昏禮〉、〈士相見禮〉其大小戴與《別錄》篇次同，餘十四篇皆大都不相同篇次順序，〔註 21〕則賈公彥所引鄭玄《目錄》僅釋篇名及大小戴與《別錄》篇次順序，有不同者，則鄭玄當日必有所說，即《目錄》之大、小序或提要之類。今日之《周禮疏》、《儀禮疏》及《禮記正義》所引之《三禮目錄》皆無說明其不同者，故無法重現當時原貌。惟可輯佚《三禮目錄》，使後人知其文獻價值。

又《十三代史目錄》其輯佚《史記》、兩漢、三國、晉、宋、齊、梁、陳、後魏、北齊、周、隋史籍篇次名氏而成。有唐宗諫及殷仲茂兩家。歷代史志皆入史部目錄類，或史部經史目類。孫猛於《郡齋讀書志校證》考《十三代史目》三卷云：「按是書不見兩《唐志》，《新唐志》卷二有宗諫《注十三代史目》十卷，《崇文總目》卷二同而無『注』字，《四庫闕書目》目錄類、《祕續目》目錄類題與卷數同《讀書志》，《宋志》卷三有商仲茂《十三代史目》一卷，《通志・藝文略》卷四有殷仲茂《十三代史目》三卷。蓋《新唐志》之宗諫注書已含殷仲茂書。《宋志》避『殷』改『商』，蓋以宋太祖父諱

一，頁 235。

〔註 19〕 〔清〕阮元校勘：《十三經注疏・儀禮・士喪禮》，頁 408。

〔註 20〕 〔清〕阮元校勘：《十三經注疏・儀禮・士相見禮》，頁 70。

〔註 21〕 經考證，前三篇，大小戴、《別錄》皆同，餘十四篇，〈鄉飲酒禮〉第四，大戴第十，小戴及《別錄》皆為第四；〈鄉射禮〉第五，大戴第十一，小戴及《別錄》皆為第五；〈燕禮〉第六，大戴第十二，小戴及《別錄》皆為第六；〈大射〉第七，大戴第十三，小戴及《別錄》皆為第七；〈聘禮〉第八，大戴第十四，小戴第十五、《別錄》為第八；〈公食大夫禮〉第九，大戴第十五，小戴第十六、《別錄》第九；〈覲禮〉第十，大戴第十六，小戴第十七、《別錄》第十；〈喪服〉第十一，大戴第十七，小戴第十九、《別錄》第十一；〈士喪禮〉第十二，大戴第四，小戴第八、《別錄》第十三；〈既夕禮〉第十三，大戴第十五，小戴第十四、《別錄》第十三；〈士虞禮〉第十四，大戴第六，小戴第十五、《別錄》第十四，案校勘記注小戴第「十五」當為「八」（頁 502）；〈特牲饋食禮〉第十五無著錄。校勘記注脫大戴第七，小戴第十三、《別錄》第十五（頁 525）；〈少牢饋禮〉第十六，大戴第八，小戴第十一、《別錄》第十六；〈有司〉第十七，大戴第九，小戴第十二、《別錄》第十七。

弘殷也。」〔註22〕案《十三代史目》其兩家卷數不同，宗諫爲十卷（惟《宋史》一卷），殷仲茂爲三卷，既有不同，誠如章學誠所云，詳略必有不同，而其中亦必有說。職是，因不明其中之詳或略，更不可得其中之必有說，豈可云取十三代史而已。

　　據上分析，《三禮目錄》所援引多與劉向篇次不相同，又考《藝文》所載《十三代史目》，有唐宗諫及殷仲茂兩家，宗諫之《十三代史目》計十卷，仲茂之《十三史書目》計三卷，其十卷、三卷必是詳略不同，豈可輕言取之。

六、以卷帙之多寡，定古書之全缺。〔註23〕

　　鄭樵〈校讎略‧闕書備於後世論〉云：

> 古之書籍，有不足於前朝，而足於後世者。觀《唐志》所得舊書，盡梁書卷帙而多於隋。蓋《梁書》至隋所失已多，而卷帙不全者又多。唐人按王儉《七志》、阮孝緒《七錄》搜訪圖書，所以卷帙多於隋，而復有多於梁者。……孰謂前代亡書不可備於後代乎。〔註24〕

此論，關於《唐志》能求王儉《七志》、阮孝緒《七錄》著錄，章學誠是同意的，「但竟以卷帙之多寡定古書之全缺，則恐不可盡信矣。」〔註25〕並例舉應劭《風俗通義》，其應劭自序曰十卷，至唐乃有三十卷，考《風俗通義》，又名《風俗通》，應劭序言爲十卷，《隋志》錄三十一卷、兩《唐書》皆爲三十卷，但後世又有十卷。依陸心源〈風俗通義篇目考〉其《隋志》併錄記之，實與《唐志》卷數同。元豐中，蘇頌以官私兩本互校爲十卷，即今本所行也。又考其亡佚二十篇目。案庾仲容《子鈔》、馬總《意林》之徵引略備，時尙有完書，所錄皆三十卷。而《御覽》也曾大量引述各篇文字，職是梁六朝、唐及宋初，猶有全本，至宋神宗時蘇頌校書時已亡二十篇。錢大昕、孫貽讓、盧文弨等人輯有佚文。〔註26〕案章學誠以《隋書》爲十卷，實爲三十一卷。

〔註22〕〔宋〕晁公武撰、孫猛校證：《郡齋讀書志校證》，卷九，頁402。

〔註23〕〔清〕章學誠著、楊家駱編：《文史通義等三種‧校讎通義‧補鄭第六》，卷一，頁235。

〔註24〕〔宋〕鄭樵撰、王樹民點校：《通志二十略‧校讎略‧闕書備於後世論十五篇》，頁1811。

〔註25〕〔清〕章學誠著、楊家駱編：《文史通義等三種‧校讎通義‧補鄭第六》，卷一，頁235。

〔註26〕陸心源云：「至宋時已無完書，是以《崇文總目》所載惟十卷，元豐中，蘇魏公以官私兩本互校爲十卷，即今本所行也。嗣後《郡齋讀書志校證》、《書錄

《唐志》不併錄，爲三十卷，兩者同。其觀點提及「豈可遽以卷帙多寡定書之全不全乎」，在此例舉《風俗通義》不宜。因《風俗通義》應劭本十卷，考其篇目有三十篇，《隋志》、兩《唐志》之三十卷亦爲三十篇，此即爲後世之卷數與篇數著錄名詞不同。又若疏解家爲之離析篇第則須加注，以免後人有誤，故更不可以此定是否全本。

此外，還須慮及梁代、隋代著錄的都是政府的藏本，而針對亡佚或殘本，私人藏書可能有之，又後世之人多有傳、注、疏、解等，故其卷帙有時析其篇次，其卷、篇、章又有不同，故須溯及一書之源流，方可明瞭，若就卷帙多寡判斷是否爲全書則太冒險。

七、以蕭何《律令》，張蒼《章程》，劉《略》、班《志》不收，以爲劉、班之過。〔註27〕

鄭樵云：

> 按蕭何《律令》、張蒼《章程》，漢之大典也，劉氏《七略》、班固《漢志》全不收。……又況兵家一類，任宏所編，有韓信《軍法》三篇，《廣武》一篇，豈有韓信《軍法》猶在，而蕭何《律令》、張蒼《章程》則無之，此劉氏、班氏之過也。」〔註28〕

章學誠以爲這是劉氏之過，非班氏之過，其不必遽見西京之全書，且《律令》藏於理官，《章程》存於掌故，故劉向無從部次。其云：

> 劉向校書之時，自領〈六藝〉、〈諸子〉、〈詩賦〉三略，蓋出中秘之所藏也。至於〈兵法〉、〈術數〉、〈方技〉，皆分領於專官，則兵、術、技之三略，不盡出於中秘之藏，其書各存專官典守，是以劉氏無從而部錄之也。〔註29〕

解題》、《文獻通考》所載無過十卷者，但《風俗通》原本雖佚，而庾仲容《子鈔》、馬總《意林》時尚有完書，所皆錄三十卷。見《廣韻》、《御覽》、《通志》者所以多出今本外也。」見氏著：《儀顧堂集・風俗通義篇目考》，同治十三年歲次甲戌孟秌福州重刊，卷二，頁6～7。〔漢〕應劭著、吳樹平校釋：《風俗通義校釋》（天津：天津人民出版社，1980年9月第1版），頁3～6。〔漢〕應劭著、王利器校注：《風俗通義校注》，頁3～5。

〔註27〕〔清〕章學誠著、楊家駱編：《文史通義等三種・校讎通義・補校漢藝文志第十》，卷二，頁239。

〔註28〕〔宋〕鄭樵撰、王樹民點校：《通志二十略・校讎略・亡書出於後世論一篇》，頁，1811。

〔註29〕〔清〕章學誠著、楊家駱編：《文史通義等三種・校讎通義・補校漢藝文志第

但章學誠又懷疑，本志既有記載蕭何《律令》，張蒼《章程》之類，而《藝文志》無，非當時遺漏，是本志殘逸不全。此二說，前後矛盾，當是章學誠護班固心切所說。

八、譏班固敘列儒家，混入《太玄》、《法言》、《樂箴》三書爲一，總謂揚雄所敘三十八篇，謂其胸無倫類。〔註30〕

《揚雄所序》三十八篇總入儒家爲非，其《漢志》以人類書之疏（辨正見前一章），而鄭樵以《樂》、《箴》爲同一書入雜家小爲非也，其三十八篇爲《太玄》十九篇、《法言》十三篇、《樂》四篇、《箴》二篇，當分開部次，《太玄》入《易》部，《法言》入儒家，而《樂》於未詳，《箴》則《官箴》，應入職官類，《漢志》無，入官《禮》可。

九、鄭樵譏《漢志》以《司馬法》入《禮》經，以《太公兵法》入道家，疑謂非任宏、劉歆所收，班固妄竄入也。〔註31〕

章學誠謂班固將《軍禮司馬法》入《禮》爲最知本之學，而鄭樵不當擅自將「軍禮」二字刪減。此外，《太公》亦不應增益「兵法」二字，其入道家，注云尙父本有道者，並有〈謀〉八十一篇，〈言〉七十一篇，〈兵〉八十五篇；於兵權謀家省《太公》乃爲班固省其重複（辨正見前一章）。

十、鄭樵譏《漢志》以《世本》、《戰國策》、《秦大臣奏事》、《漢著記》爲《春秋》類。〔註32〕

章學誠以爲《世本》則當入於歷譜，而《漢志》歷譜專門，不當入《春秋》，惟其源又與《春秋》相出入。王重民推論「現有《世本》已經不是原書，根據後人的輯本，知道裡面有《王侯大夫譜》，這大概是章學誠想歸入歷譜的原因。可是輯本中還有〈居篇〉、〈作篇〉、〈氏姓篇〉、〈帝系篇〉等，又有〈世

十》，卷二，頁 239。

〔註30〕〔清〕章學誠著、楊家駱編：《文史通義等三種·校讎通義·鄭樵誤校漢志第十一》，卷一，頁 242。

〔註31〕〔清〕章學誠著、楊家駱編：《文史通義等三種·校讎通義·鄭樵誤校漢志第十一》，卷二，頁 242。

〔註32〕〔清〕章學誠著、楊家駱編：《文史通義等三種·校讎通義·鄭樵誤校漢志第十一》，卷二，頁 243。

家〉和〈傳〉，這樣看來，《世本》的內容組織已和紀傳體的《太史公書》附入《春秋》是一樣的道理。」〔註33〕故入《春秋》較爲宜。

《戰國策》，其爲戰國遊士所說的策謀，其事繼《春秋》以後，當入《春秋》互見〈兵書略〉與縱橫家（辨正見前一章）。

《秦大臣奏事》在後史當歸故事，而《漢志》亦無專門，附之《春秋》，稍失其旨。當入《尚書》部門（辨正見前一章）。

《漢著記》又名《漢注記》，顏師古曰：「若今之起居注。」朱希祖曾考證顏師古之語爲非，其於〈漢十二世著紀考〉云：「《漢書·五行志》，凡《漢著紀》，十二世，二百一十二年，《藝文志》，《漢著記》百十九卷，《藝文志》之《漢著記》，蓋即爲五行志之《漢著紀》，紀記音同，古嘗通用，《律歷志》：光武皇帝著紀，《後漢書·馬嚴傳》，作建武注記，可證著注亦音同，古嘗通用，凡《漢書》皆作著，《後漢書》皆作注。」〔註34〕金毓黻以朱希祖之言加以考證：「考《漢書·五行志》曾舉《漢著紀》之名，自高祖至孝平凡十二世，《律歷志》亦屢稱《著紀》，所記悉爲年世，或日食朔晦之數。《後漢書》則作《注記》，見《和熹鄧皇后紀》及《馬嚴傳》。王應麟《漢志考證》引劉毅語云，漢之舊典世有《注記》，是記又作紀，著又作注。據《五行志》所載十二著記之文，多屬五行歷數天人相應之事，蓋太史令之所掌也。」〔註35〕張舜徽、〔註36〕陳國慶〔註37〕亦認爲《漢著記》非起居注。《漢著紀》經考爲非起居注一類，於《漢志》著錄於《太古以來年紀》之後，於《漢大年紀》之前，金毓黻以爲「《漢著記》、《漢大年紀》二書，皆《漢書》以前，且爲漢史之一種。」〔註38〕職是《漢著記》入史部。案《漢志》無史部，故入《春秋》。誠如章學誠所云《漢著記》當時未有專部，附而《春秋》，亦其宜也。是以，鄭樵不知《春秋》之家學，而《漢志》未立史部，故史家之言，皆入《春秋》部次，當爲得宜。而鄭樵對《太史公書》、《國語》附之《春秋》無意見，卻提出《戰國策》，章學誠以此更指出，鄭樵知一十而不知二五也。

〔註33〕〔清〕章學誠著、王重民通解：《校讎通義通解》，頁62。

〔註34〕朱希祖：《民國叢書之第二編·中國史學通論·漢十二世著紀考》（上海：上海書局，1990年10月），頁96。

〔註35〕金毓黻：《中國史學史》（北京：商務印書館，2003年7月第2次印刷），頁62。

〔註36〕〔漢〕班固撰、張舜徽通釋：《漢書藝文志通釋》，頁73。

〔註37〕陳國慶：《漢書藝文志注釋彙編》，頁71～2。

〔註38〕金毓黻：《中國史學史》，頁62。

十一、《尉繚子》之當入兵家，已爲鄭樵糾正。〔註39〕

《漢志》著錄於兵家《尉繚》三十一篇與雜家《尉繚》二十九篇，經考證《漢志》無重複並省，疑非同一書也。而今本《尉繚子》乃爲宋神宗時整理兩位尉繚之古本而成（辨正見前一章）；不能以今論古，應追源至班固著錄時所見之本，職是，鄭樵、焦竑認爲改入兵家此說非也。

據上所論，章學誠肯定鄭樵追隨劉、班部次義例，所論求書遣官、校書久任之說，眞得校讎之要義，惟對於鄭樵批評班固之某些論點不能認同，如鄭樵譏班固胸無倫次，部次失則，強坐班固之過，《漢志》只收書而不收圖等論；但檢閱其《通志》，發現其〈藝文〉、〈金石〉、〈圖譜〉諸略，卻牴牾錯出，不能申明劉氏家法。

章學誠提出書、圖著錄之法，他同意任宏〈兵書略〉部次有法，按道、器著錄，其與諸子有互著之法，並收錄圖表，計有五十三家，七百九十篇，圖四十三卷，但遺憾的是，未詳細著錄，以致圖亡，後人無由考求，故認爲著錄之法「不係存亡，而係於考證耳。存其部目，可以旁證遠搜，此逸詩逸書之所以貴存《小序》也。」〔註40〕否則如任宏收圖，卻不能詳分部次，收而猶之未收。因此，圖當別爲部次，表名圖目，再於本人本書之下註明。如此，圖亡，亦可按目以徵。此外，著錄當看書的內容，不能僅看書名，以免後世託名者入創書人之前，未按時代、師承等原則部次。

鄭樵許多論見雖有錯漏，惟在當時注意到校讎、文獻、學術源流等問題實屬不易，要整理古今書籍亦是一浩大工程，尤以部次易混淆之部門者，如何釐清其定義，讓每本典籍各得其位是一重要課題，鄭樵所論貴在爲後世提供一個思考空間，值得再深入研究。

第二節　《校讎通義》與焦竑說之同異

焦竑撰寫《國史經籍志》，後有〈糾繆〉一卷評論了前代史志著錄之疏，章學誠以爲「雖其識力不逮鄭樵，而整齊有法，去汰裁甚，要亦有可節取者焉。」〔註41〕但究觀其所論，仍是簿記甲乙，守成無逾越，其云：

〔註39〕〔清〕章學誠著、楊家駱編：《文史通義等三種‧校讎通義‧漢志諸子第十四》，卷三，頁259。

〔註40〕〔清〕章學誠著、楊家駱編：《文史通義等三種‧校讎通義‧漢志兵書第十六》，卷三，頁265。

〔註41〕〔清〕章學誠著、楊家駱編：《文史通義等三種‧校讎通義‧焦竑誤校漢志第

其糾《漢志》一十三條，似亦不爲無見。特竑未悉古今學術源流，不於離合異同之間，深求其故；而觀其所議，乃是僅求甲乙部次，苟無違越而已。此則可謂簿記守成法，而不可爲校讎家議著作也。

今即其所舉，各爲推論，以進於古人之法度焉。〔註42〕

以下就《校讎通義》與焦竑糾《漢志》一十三條說之同異分析：

一、《周書》入《尙書》爲非，因改入於雜史類。〔註43〕

焦竑《國史經籍志・糾繆・漢藝文志》云：「《周書》入《尙書》非，改雜史。」〔註44〕查《漢志》於《書》部著錄「《周書》七十一篇，周史記。」〔註45〕劉向云：「周時誥誓號令也，蓋孔子所論百篇之餘也。」〔註46〕《隋志》、《新、舊唐書》及爾後諸志或稱《周書》、《汲冢周書》，後稱《逸周書》、《汲塚周書》。《漢志》所載《周書》七十一篇，顏師古注引劉向言爲四十五篇，已有所佚失；而後世卷數又有不同。顧實考證云：「清《四庫》史部別史類著《周書》十卷。劉向所謂『孔子論百篇之餘』，故與《尙書》有文質之辨。《尙書》主文，而《周書》則近質也。周傾商政，陰謀不諱。晚周百家，此其權輿矣。後世或題曰《逸周書》，亦題曰《汲冢周書》，均失之。」〔註47〕黃懷信考證云，晉太康二年，不準盜魏襄王冢，得《周書》殘本，後經東晉李充校書，刪重複，將孔晁注本與汲冢本合爲一爲十卷，名曰《汲冢書》，不言孔注。《隋志》即本李充；唐毋煚有所批評，《舊唐書》則注孔注，不言汲冢，並釐爲八卷。《新唐書》又重出《汲冢周書》與孔注，實爲同一本也。今傳十卷，文存者五十九篇，其中四十二篇有孔注，加上《序》，計六十篇，乃爲李充刪併之舊本。今言七十篇或七十一篇，皆據篇目，非有實文。〔註48〕李學勤分析清華簡，發現《逸周書》本子是漢代的，有些人認爲

十二》，卷二，頁 244。

〔註42〕〔清〕章學誠著、楊家駱編：《文史通義等三種・校讎通義・焦竑誤校漢志第十二》，卷二，頁 244。

〔註43〕〔清〕章學誠著、楊家駱編：《文史通義等三種・校讎通義・焦竑誤校漢志第十二》，卷二，頁 244。

〔註44〕〔明〕焦竑：《國史經籍志・附錄》，頁 1。

〔註45〕〔漢〕班固撰、〔唐〕顏師古注：《前漢書藝文志》，頁 5。

〔註46〕〔清〕姚振宗：《師石山房叢書・七略佚文》，頁 5。

〔註47〕〔漢〕班固撰、顧實：《漢書藝文志講疏》，頁 30～31。

〔註48〕參見黃懷信：《逸周校補注釋・提要》（西安：西北大學出版社，1996 年 3 月

是西晉汲冢出土的，就稱爲《汲冢周書》，但西晉有否出土《周書》，至目前還有爭論，雖《逸周書》的〈皇門〉、〈祭公〉確定是西周作品，這證明了《逸周書》的眞實性，但不是所有材料都有眞實性。〔註49〕章學誠以爲《周書》應部次於《尙書》之部，據《史通》其《周書》與《尙書》相類。又其《文史通義・書教中》云：「《逸周書》七十一篇，多官《禮》之別記與《春秋》之外篇，殆治《尙書》者雜取以備經書之旁證耳。」〔註50〕又「《書》無定體，故《春秋》官《禮》之別記外篇，皆得從而附合之，亦可明《書》教之流別矣！〔註51〕」案《逸周書》之內容多載周之史事與反映政、經、軍、法與道德等之思想，又若是孔子刪百篇之所餘，宜如孔衍《漢魏尙書》，王邵《隋書》，皆次《尙書》之部，以求《書》之源流。

二、《尙書》類中《議奏》四十二篇入《尙書》爲非，因改入於集部。
〔註52〕

焦竑《國史經籍志・糾繆・漢藝文志》云：「《議奏》入《尙書》非，改入集。」〔註53〕考《漢志》之《議奏》計有論《書》、《禮》、《春秋》、《論語》者，以石渠論而言，尙有《五經雜議》，部次於《孝經》類之後。漢孝宣帝時，召集大儒於石渠講論五經，其五經應指《詩》、《書》、《禮》、《易》、《春秋》（今文經學家的排序），依《漢志》的記載爲石渠論有《書》、《禮》、《春秋》，無《詩》和《易》之議奏，但有《論語》議奏、《五經雜議》，或以《書》及《詩》議論太少，故併入總論之《五經雜議》。於《書》之議奏，沈欽韓云：「〈儒林傳〉於石渠閣論《書》者：林尊、歐陽地餘、周堪、張山拊、假倉，堪經爲最高。」〔註54〕於《禮》之議奏，顧實總之沈欽韓語，「《石渠禮議》唐時尙

第1版），頁1。又參見〔漢〕班固撰、張舜徽通釋：《漢書藝文志通釋》，頁27～28。

〔註49〕 參見李學勤：《清華簡與《尚書》、《逸週書》的研究》，《史學史研究》第2期總142期，2001年，頁104～108。

〔註50〕 〔清〕章學誠著、楊家駱編：《文史通義等三種・書教中》，頁7。

〔註51〕 〔清〕章學誠著、楊家駱編：《文史通義等三種・書教中》，頁7。

〔註52〕 〔清〕章學誠著、楊家駱編：《文史通義等三種・校讎通義・焦竑誤校漢志第十二》，卷二，頁244。

〔註53〕 〔明〕焦竑：《國史經籍志・附錄》，頁1。

〔註54〕 〔清〕沈欽韓撰、尹承整理：《二十五史藝文經籍考補萃編・漢書藝文志疏証》（北京：清華大學出版社，2001年9月第1版），頁17。

存，《詩‧既醉疏》、《禮‧王制疏》俱引石渠論，《通典》尤多所引。」〔註55〕於《春秋》之議奏，顧實云：「《儒林傳》曰：『蕭望之等平《公羊》、《穀梁》同異。』《後書‧陳元傳》曰：『孝宣爲石渠論而穀梁氏興。』」〔註56〕於《論語》之議奏，亡，無可考。章學誠論述《書》之《議奏》四十二篇，是以其爲石渠之論經體，又爲上者對學者所論之經旨同異最後稱制臨決之篇，爲疏解講義之經說，而與臣章奏封事之類不同，入《尚書》部次宜矣。而焦竑所持《議奏》入《尚書》爲非，應改入集部之觀點，乃不察此四十二篇之內容。章學誠強調，部次應深入每書之內容，不可端看書名即入部次。

三、《司馬法》入《禮》爲非，因改入於兵家。〔註57〕

焦竑《國史經籍志‧糾繆‧漢藝文志》云：「《司馬法》入《禮》非，改兵家。」〔註58〕鄭樵及焦竑皆主張《司馬法》入兵家，查《漢志》著錄本名爲《軍禮司馬法》，章學誠以爲《司馬法》入《禮》爲最知本之學，其乃溯源至《周禮》，不當擅自刪除「軍禮」二字，又以其互見則可著錄於兵家。（其辨正見前一章）。

四、《戰國策》入《春秋》爲非，因改入於縱橫家。〔註59〕

焦竑《國史經籍志‧糾繆‧漢藝文志》云：「《戰國策》入《春秋》非，改縱橫家。」〔註60〕章學誠以爲《戰國策》入《春秋》此說得失參半。鄭樵及焦竑皆主張《戰國策》不當入《春秋》，章學誠以爲《漢志》入《春秋》類，乃得《春秋》之家學也。後七略爲四部後，應入史部之正史類，並與兵書之權謀條，諸子之縱橫家，重複互注，乃得盡其條理，故其謂得失參半（其辨正見前一章）。

〔註55〕〔漢〕班固撰、顧實：《漢書藝文志講疏》（上海：商務印書館，1927 年 1 月三版），頁 52

〔註56〕〔漢〕班固撰、顧實：《漢書藝文志講疏》，頁 65。

〔註57〕〔漢〕班固撰、顧實：《漢書藝文志講疏》，頁 65。

〔註58〕〔明〕焦竑：《國史經籍志‧附錄》，頁 1。

〔註59〕〔清〕章學誠著、楊家駱編：《文史通義等三種‧校讎通義‧焦竑誤校漢志第十二》，卷二，頁 245。

〔註60〕〔明〕焦竑：《國史經籍志‧附錄》，頁 1。

五、《五經雜議》入《孝經》爲非，因改入於經解。〔註61〕

焦竑《國史經籍志‧糾繆‧漢藝文志》云：「《五經襍議》入《孝經》非，改經解。」〔註62〕章學誠亦認爲《五經雜議》不應入《孝經》類，此點與焦竑看法一致，《五經雜議》又名爲石渠論，依《漢志》載石渠論有《書》、《禮》、《春秋》，無《詩》和《易》之議奏，但有《論語》議奏、《五經雜議》，或其他議論太少併入總論之《五經雜議》，其仍屬五經之講議。《漢志》無經解部門，入儒家爲宜（其辨正見前一章）。

六、《爾雅》、《小爾雅》入《孝經》爲非，因改入於小學。〔註63〕

焦竑《國史經籍志‧糾繆‧漢藝文志》云：「《爾雅》、《小爾雅》入《孝經》非，改小學。」〔註64〕《爾雅》、《小爾雅》當入小學部門，又此爲緣經起義，當與經解、小學、儒家互著，章學誠看法同於焦竑（其辨正見前一章）。

七、《弟子職》入《孝經》爲非，因歸還於《管子》。〔註65〕

焦竑《國史經籍志‧糾繆‧漢藝文志》云：「《弟子職》入《孝經》非，改《管子》。」〔註66〕《弟子職》乃裁篇別出，不當再入《管子》，（其辨正見前一章）。章學誠進而指出，《小爾雅》亦是《孔叢子》別裁而出，焦竑未提及附於小學部門，其說則有矛盾（其辨正見前一章）。

八、《晏子》入儒家爲非，因改入於墨家。〔註67〕

焦竑《國史經籍志‧糾繆‧漢藝文志》云：「《晏子》入儒家非，改墨家。」〔註68〕《晏子》，《隋志》名爲《晏子春秋》，其入墨家，章學誠是贊同的，但

〔註61〕〔清〕章學誠著、楊家駱編：《文史通義等三種‧校讎通義‧焦竑誤校漢志第十二》，卷二，頁245。
〔註62〕襍同雜。〔明〕焦竑：《國史經籍志‧附錄》，頁1。
〔註63〕〔清〕章學誠著、楊家駱編：《文史通義等三種‧校讎通義‧焦竑誤校漢志第十二》，卷二，頁245。
〔註64〕〔明〕焦竑：《國史經籍志‧附錄》，頁1。
〔註65〕〔清〕章學誠著、楊家駱編：《文史通義等三種‧校讎通義‧焦竑誤校漢志第十二》，卷二，頁245。
〔註66〕〔明〕焦竑：《國史經籍志‧附錄》，頁1。
〔註67〕〔清〕章學誠著、楊家駱編：《文史通義等三種‧校讎通義‧焦竑誤校漢志第十二》，卷二，頁246。
〔註68〕〔明〕焦竑：《國史經籍志‧附錄》，頁1。

後世出土的文獻與經學者考證結果，言儒者多，言墨者少。是爲一子之論，又有春秋之史事，宜入於子之儒家並互見於史部（其辨正見前一章）。

九、《高祖》、《孝文》二傳入儒家爲非，因改入於制詔。〔註69〕

焦竑《國史經籍志・糾繆・漢藝文志》云：「《高祖傳》、《孝友傳》入儒非，改制詔。」〔註70〕章學誠同意焦竑所言《漢志》之《高祖》、《孝文》二傳入儒家爲非，改入制詔，惟制詔一類不應入集部，應附於故事，並且溯及源流附次於《尚書》；考《高祖》、《孝文》爲職官故事章程法度，則屬當世實跡，非儒家之一家言，當入故事附次於《尚書》，四部分類則入史部，方得其宜，焦竑以之歸入集部，則全非也（其辨正見前一章）。

唐宋各史志都將制誥表奏入集部，查《國史經籍志》亦將制誥、表奏入集；其集類有制誥、表奏、賦頌、別集、總集等五類，〔註71〕而《高祖》、《孝文》卻未著錄在制誥一類，亦不在儒家，疑爲焦竑當時遺漏，其將《高祖》、《孝文》二傳從儒家取出，而忘了部次於制誥。

十、《管子》入道家爲非，因改入於法家。〔註72〕

焦竑《國史經籍志・糾繆・漢藝文志》云：「《管子》入道家非，改法家。」〔註73〕章學誠亦以爲《管子》於《漢志》入道家爲非，案《管子》爲管仲學派叢著，爲法家之言，案當入法家，《漢志》入道家乃著錄部次之未審（其辨正見前一章）。

十一、《尉繚子》入雜家爲非，因改入於兵家。〔註74〕

焦竑《國史經籍志・糾繆・漢藝文志》云：「《尉繚子》入褉家非，改兵

〔註69〕〔清〕章學誠著、楊家駱編：《文史通義等三種・校讎通義・焦竑誤校漢志第十二》，卷二，頁246。。

〔註70〕其《孝友傳》，應爲《孝文傳》，疑誤植。〔明〕焦竑：《國史經籍志・附錄》，頁1。

〔註71〕〔明〕焦竑：《國史經籍志》附錄四，卷五，頁239。

〔註72〕〔清〕章學誠著、楊家駱編：《文史通義等三種・校讎通義・焦竑誤校漢志第十二》，卷二，頁246。。

〔註73〕〔明〕焦竑：《國史經籍志・附錄》，頁1。

〔註74〕〔清〕章學誠著、楊家駱編：《文史通義等三種・校讎通義・焦竑誤校漢志第十二》，卷二，頁246。。

家。」〔註75〕鄭樵、焦竑皆主是說，惟章學誠以爲《漢志》無重複並省，疑本非一書也。職是，鄭樵、焦竑認爲《漢志》入雜家爲非，因改入兵家此說非也（其辨正見前一章）。

十二、《山海經》入形法家爲非，因改入於地理。〔註76〕

焦竑《國史經籍志・糾繆・漢藝文志》云：「《山海經》入形法非，改地理。」〔註77〕章學誠以爲焦竑評《山海經》應入地理類，其說是也，《山海經》當別出一類入地理，《漢志》無此類入形法，惟又與相人之書同類，查《漢志》形法一類，著錄計有《山海經》、《國朝》、《宮宅地形》、《相人》、《相寶劍刀》、《相六畜》等六書，〔註78〕班固之〈序〉曰：「形法者，大舉九州之勢，以立城郭室舍，形人及六畜骨法之度數、器物之形容，以求其聲氣。」〔註79〕但如此將地理類與相人、相宅、相六畜等置於同一類，易遭人詬病，（其辨正見前一章）。

章學誠進一步提出「地理形家之言，若土山川險易，關塞邊防，則與兵書形勢之條相出入，若主陰陽虛旺，宅墓休咎，則與《尚書》五行相出入矣。部次門類，既不可缺，而著述源流，務要於全，則又重複互注之條，不可不講者也。」〔註80〕將各書定位釐定清楚，亦可採用互見之法，使後人求書更趨於完整。

十三、《漢志》之陰陽、五行、蓍龜、雜占、形法凡五出爲非。
〔註81〕

焦竑《國史經籍志・糾繆・漢藝文志》云：「陰陽、五行、蓍龜、禩占、形法、數術，《漢》互出，今總入五行。」〔註82〕查《漢志》陰陽，有諸子

〔註75〕禩同雜。〔明〕焦竑：《國史經籍志・附錄》，頁1。
〔註76〕〔清〕章學誠著、楊家駱編：《文史通義等三種・校讎通義・焦竑誤校漢志第十二》，卷二，頁247。
〔註77〕〔明〕焦竑：《國史經籍志・附錄》，頁1。
〔註78〕〔漢〕班固撰、〔唐〕顏師古注：《前漢書藝文志》，頁73。
〔註79〕〔漢〕班固撰、〔唐〕顏師古注：《前漢書藝文志》，頁73。
〔註80〕〔清〕章學誠著、楊家駱編：《文史通義等三種・校讎通義・補校漢志第十》，卷二，頁240。
〔註81〕〔清〕章學誠著、楊家駱編：《文史通義等三種・校讎通義・焦竑誤校漢志第十二》，卷二，頁247。
〔註82〕禩同雜。〔明〕焦竑：《國史經籍志・附錄》，頁1。

陰陽家與兵書之兵陰陽，而五行、蓍龜、雜占、形法則部於〈數術略〉，焦竑認為上述六類在《漢志》皆為互出，應總入「五行」一類。章學誠以為如此於學術源流則不明，如五行本之《尚書》，而陰陽、蓍龜本之於《周易》，凡術數之學，各有師承，不能概以五行。若焦竑明瞭部次之用可明辨章百家，或就不會有此意見。

　　綜觀焦竑所論，章學誠同意其說法有《五經雜議》不當入《孝經》類，但應入儒家，互見於經解、小學；《晏子》入墨家；《高祖》及《孝文》二傳改入制詔，但制詔不應入集部；《管子》應入法家；《山海經》改入地理類。不認同有《周書》入雜史類；《議奏》入集部；《司馬法》改入兵家；《戰國策》入縱橫家；《弟子職》不當歸回《管子》；雜家《尉繚》入兵家；《漢志》之陰陽、五行、蓍龜、雜占、形法總入五行。

　　由上述論述得知，章學誠很有自己的主見，針對每個論點都可深入至學術源流並提出見解，若非深明於道術精微，群言得失之故者，不足與此。

第六章　論《校讎通義》之「通」與「義」

　　《校讎通義》強調著錄之法從道器，以即器而明道，其明道即為辨章百家，以通學術之原，明瞭學術源流以通各家之義，後以詖辭知其蔽。故《校讎通義》〈原道第一〉至〈藏書第九〉為「校讎」之理論，是為「道」。〈補校漢藝文志第十〉至〈漢志數術第十七〉則以實際校讎方法，得《漢志》、鄭樵論《漢志》、焦竑糾《漢志》之校讎得失，是為「器」。以此，章學誠所論「校讎」，其「通」之有兩大面向，其一，在於方法，如何推究學術之源以通義，就其源委方法考論。其二，在於通權達變，如何在既有之規範不變，保有原義。然「校讎」之「義」終究以通大道，其道為何？最後，《校讎通義》所論當在經世與踐履，方能回歸至實際面。

第一節　《校讎通義》之道器論

　　章學誠之學術思想是以「道」、「器」為主軸，講求「即器明道」的實學，器就是典籍，通過校讎之法，不僅講求訓詁考據，更進一步溯源至學術，文字正確才能明道，而理亦可透過文字校正，器即可得到澄清；故《校讎通義》裡強調「器」與「道」之關係，因而在著錄裡，區分形而上的理論與形而下數術技巧；形而上為「道」，形而下為「器」，使求書者可以即器明道，會偏而得全，並將其實際運用於「校讎學」的領域，使學者通於學術之原以明一家之學進而明道。

　　「道」因「器」顯，「器」為《六經》，所謂《六經》即是先王之政典，自古至今之大道，並以典籍形式留存。「知來」、「藏往」即是歷史，如〈原

道下〉云：

> 易曰：「神以知來，智以藏往。」知來陽也，藏往陰也，一陰一陽，
> 道也。文章之用，或以述事，或以明理。事溯已往，陰也；理闡方
> 來，陽也。其至焉者，則述事而理以昭焉！言理而事以範焉！則主
> 適不偏，而文乃衷於道矣。〔註1〕

「道」於文章、典籍中，而書籍浩瀚，歷經久遠，如何理出頭緒，並依「道」、
「器」著錄，即是章學誠著重「校讎之學」的原因。

一、「器」之涵義

　　章學誠認爲天人性命之義理不能空言，就必須藉著事物以言之，古人未
離事而言理，事物之理即「道」，因此利用周遭最易懂之物來解釋「器」之涵
義，以「水」、「器」比喻了「理」與「事物」：

> 天人性命之理，經傳備矣。經傳非一人之言，而宗旨未嘗不一者，
> 其理著於事物，而不託於空言也。師儒釋理以示後學，惟著之於事
> 物，則無門戶之於爭矣。理，譬則水也；事物，譬則器也；器有大
> 小淺深，水如量以注之，無盈缺也。今欲以水注器者，姑置其器，
> 而論水之把注盈虛，與夫量空測實之理，爭辨窮年，未有已也，而
> 器固已無用矣。〔註2〕

這裡提到一個很重要的觀念，若摒棄器而注水，有如空言談理，所以須有事
物，以事論理，理著於事物者則無門戶之見，由實際之物領悟無形之理進而
明道。因而孔子取先王典章述《六經》，可謂是未嘗離事而言理，《六經》皆
先王之政典也，亦即《六經》即器。後人已不見先王，故當以可守之器而思
不可之道，沒有器亦無道。

　　既然六經皆史，六經皆文，史即歷史之記錄，而歷史記載於典籍，故皆
器也。即器明道，職是如何著錄乃是校讎家重大責任與任務，而不僅是單純
甲乙簿次。李瑞良云：

> 這種思想使他面向實際，形成強烈的歷史主義觀點。「六經，皆史
> 也」的著名論斷就是他治目錄學的指導思想。他用這種歷史主義觀
> 點考察我國書籍的起源和古代文獻的作用，指出：「後世文字，必

〔註1〕　〔清〕章學誠著、楊家駱編：《文史通義等三種・原道下》，頁28。
〔註2〕　〔清〕章學誠著、楊家駱編：《文史通義等三種・朱陸》，頁54。

溯源六藝」，而「六藝非孔氏之書，乃周官之舊典也。……」六經
是政典，六經是史，因而六經是器而不是道。……圖書文獻是典章
事實，而「典章事實，作者之所不敢忽，蓋將即器而明道耳。」文
獻資料的作用就在於它是學術研究的依據，使人們可以「即器而明
道」。〔註3〕

職是，「器」是「先王政典」、是「六經」、是「歷史」、是「典籍」、是「事物」，
其實皆是以明大道，明天人性命之理的工具；推原明道，校讎之學也就益顯
重要，其亦成為部次條列，辨章學術，考鏡源流之「器」。

二、「道」之本原

「道」，自古為文人所重視，章學誠於〈與陳鑑亭論學〉云：「道無不該，
治方術者，各以所見為至。古人著《原道》者三家，淮南託於空蒙，劉勰專
言文指，韓昌黎氏特為佛老塞源，皆足以發明立言之本。」〔註4〕於是撰寫《文
史通義》、《校讎通義》這兩部書時，亦特立〈原道〉篇以探其義，然其宗旨，
皆與三家不同，自述其作：

《文史通義》，專為著作之林校讎得失；著作本乎學問，而近人所謂
學問，則以《爾雅》名物、六書訓故，謂足盡經世之大業，雖以周、
程義理，韓、歐文辭，不難一唾置之。其稍通方者，則分考訂、義
理、文辭為三家，而謂各有其所長。不知此皆道中之一事耳，著述
紛紛，出奴入主，正坐此也。鄙著〈原道〉之作，蓋為三家之分畛
域設也，篇名為前人疊見之餘，其所發明，實從古未鑿之竇。〔註5〕

當時盛行考訂、義理、文辭之所長，亦皆道中之一事，綜括觀之，方為學問
之道。復於《文史通義·原道上》闡述「道」之由來：

道之大原出於天，天固諄諄然命之乎？曰：天地之前，則吾不得而
知也。天地生人，斯有道矣，而未形也。三人居室，而道形矣，猶
未著也。人有什伍，而至百千，一室所不能容，部別班分，而道著
矣！仁義忠孝之名，刑政禮樂之制，皆其不得已而後起者也。〔註6〕

〔註3〕 李瑞良：《中國目錄學史》（台北：文津出版社，1993 年 7 月），頁 277～278。
〔註4〕 〔清〕章學誠著、史城編：《章學誠遺書·與陳鑑亭論學》，卷九，頁 86。
〔註5〕 〔清〕章學誠著、史城編：《章學誠遺書·與陳鑑亭論學》，卷九，頁 86。
〔註6〕 〔清〕章學誠著、楊家駱編：《文史通義等三種·原道上》，頁 22。

「道」自然依社會發展而變化，有所謂不得不然之勢，如「恐交委而互爭焉，則必推年之長者持其平」、「什伍千百，部別班分，亦必各長其什伍，而積至於千百，則人眾而賴於幹濟，必推才之傑者理其繁；勢紛而須於率俾，必推德之懋者司其化。」〔註7〕故「道」者，勢也；不是聖人的智力所可以為之，乃皆其事勢自然，漸形漸著，不得已而出之，故曰「天道」。

　　章學誠所謂的「道」，是「天道」也是「人道」，復又於〈原道上〉云：

　　　　《易》曰：「一陰一陽之謂道。」是未有人而道已具也。「繼之者善，
　　　　成之者性，」是天著於人，而理附於氣，故可形其形而名其名者，
　　　　皆道之故而非道也。道者，萬事萬物之所以然，而非萬事萬物之當
　　　　然也。人可得而見者，則其當然而已矣！〔註8〕

故其所謂的「道」是「體現於人倫日用之間人類社會的行為規則及其社會規律，是自然的也是必然的。『道』是客觀世界萬事萬物所體現的一種規律，是抽象的『所以然』，而不是可以感知的『當然』。」〔註9〕職是，章學誠「道」之本原為「天道」，亦是「人道」，是體現於人倫日用的道，並存在萬事萬物中。

　　章學誠於《校讎通義》亦闡釋「道」，有〈原道〉篇，這裡以其一貫理念上溯學術之源，以官師合一、後世文字必源於六藝、古代無私人著述、《周官》即群書之分類，帶出學術之原道。百官以治，萬民以察，各人各司其職，史官備載，如〈原道〉所云：

　　　　聖人為之立官分守，而文字亦從而紀焉。有官斯有法，故法具於官；
　　　　有法斯有書，故官守其書；有書斯有學，故師傳其學；有學斯有業，
　　　　故弟子習其業，官守學業皆出於一，而天下以同文為治，故私門無
　　　　著述文字；私門無著述文字，則官守之分職，即群書之部次，不復
　　　　別有著錄之法也。〔註10〕

可謂《周官》即典籍之部次，古時《易》掌太卜，《書》藏外史，《禮》在宗伯，《樂》隸司樂，《詩》頌於太師，《春秋》存乎國史。以吏為師，故《禮》

〔註7〕〔清〕章學誠著、楊家駱編：《文史通義等三種‧原道上》，頁22。
〔註8〕〔清〕章學誠著、楊家駱編：《文史通義等三種‧原道上》，頁22。
〔註9〕陳祥軍：〈對章學誠史學思想中「道」「器」關係的再認識〉，《法制與社會》，2007年2月，頁625。
〔註10〕〔清〕章學誠著、楊家駱編：《文史通義等三種‧校讎通義‧原道第一》，卷一，頁228。

以宗伯爲師，《樂》以司樂爲師，《詩》以太師爲師，《書》以外史爲師，三《易》、《春秋》亦是，是以古代無私門之著述。〔註11〕而劉向、劉歆父子面臨秦始皇焚書，漢武帝大開獻書之路後的校書，能溯源至《周官》，考求最早的學派流別，尤其是〈輯略〉，故而章學誠認爲校書非僅止於校勘文字、音韻、版本，最重要的使後人可以博求古今之載籍，明瞭學術原委，故云「著錄部次，辨章流別，將以折衷六藝，宣明大道，不徒爲甲乙紀數之需，亦已明矣。」〔註12〕則校讎之業，亦爲宣明大道之要。

三、「器」、「道」之關係

《易》曰：「形而上者謂之道，形而下者謂之器。」其「道」與「器」爲一體兩面，所謂「道不離器，猶影不離形」。所以古人未嘗離事而言道，《六經》皆爲先王的政典。故聖人之經綸治化，乃出於道體之自然，故道器不離。「儒家者流，守其六籍，以謂是特載道之書耳。夫天下豈有離器言道，離形存影者哉？彼舍天下事物，人倫日用，而守六籍以言道，則固不可言夫道矣。」〔註13〕不斷強調器道合一之重要性。

其〈與陳鑑亭論學〉云：「道器合一，方可言學；道器合一之故，必求端於周、孔之分，此實古今學術之要旨。」〔註14〕又「《六經》未嘗離器言道，道德之衰，道始因人而異其名，皆妄自謝謂開闢鴻蒙，前人從未言至此也。」〔註15〕道德之衰起於「道」因人而命名，以致《六經》隨個人認知而解釋，最後離器以言道。這種現象起自於官師治教分離，古代官師治教合一的政治功能，使人不致因自己性之偏，各依其所見爲當然，發生「舍器言道」的弊病，因此官師合一恰可達到「即器而存道」，其〈原道中〉云：

> 大道之隱也，不隱於庸愚，而隱於賢智之倫者，紛紛有見也。蓋官
> 師治教合，而天下聰明範於一，故即器存道，而人心無越思。官師
> 治教分，而聰明才智，不入於範圍，則一陰一陽，入於受性之偏，

〔註11〕 參見〔清〕章學誠著、楊家駱編：《文史通義等三種・校讎通義・原道第一》，卷一，頁228。
〔註12〕 〔清〕章學誠著、楊家駱編：《文史通義等三種・校讎通義・原道第一》，卷一，頁229。
〔註13〕 以上皆見〔清〕章學誠著、楊家駱編：《文史通義等三種・原道中》，頁26。
〔註14〕 〔清〕章學誠著、史城編：《章學誠遺書・與陳鑑亭論學》，卷九，頁86。
〔註15〕 〔清〕章學誠著、史城編：《章學誠遺書・與陳鑑亭論學》，卷九，頁86。

而各以所見爲固然，亦勢也。……故夫子「述而不作」，而表章《六
藝》，以存周公舊典也，不敢舍器而言道也。〔註16〕

以上探討「道」、「器」的關係，證明兩者如同「影」與「形」是不可分的，
形影不離猶如「器道不離」，而舍「器」則不能明「道」，必須「即器明道」
方可下學而上達。所以典籍之部次，依道器而列，同時明白理論與技巧，體
用方能合一，眞正探求學術之要旨。

四、著錄部次從道器

章學誠關注校讎學之成效，講求部次相從，有倫有脊，使求書者可以即
器明道，會偏而得全，藉以明一家之言。爬梳《校讎通義》之道器論下有列
幾項：

（一）法律部門

後世法律之書甚多，不特蕭何所次《律令》而已也。就諸子中掇取
申、韓議法家言，部於首條，所謂道也。其承用律令格式之屬，附
條別次，所謂器也。〔註17〕

章學誠以爲《申子》宜入名家，循名責實，在此卻欲列要爲法家理論之書籍，
不免有所矛盾，按學者多認爲申不害其學雖以名爲主，但其書必言法居多（論
說見第四章），是以著錄法律之首爲道則可。另依《史記》載韓非「悲廉直
不容於邪枉之臣，觀往者得失之變，故作〈孤憤〉、〈五蠹〉、〈內外儲〉、〈說
林〉、〈說難〉十餘萬言」、又載「人或傳其書至秦。秦王見〈孤憤〉、〈五蠹〉
之書。」〔註18〕其爲法家集大作者，故韓非子議法之論爲理論書籍，列於
首爲道者。

蕭何《律令》，《漢志》無著錄，據《史記》載：「於是漢興，蕭何次《律
令》，韓信申軍法，張蒼爲《章程》，叔孫通定禮儀，則文學彬彬稍進，詩書
往往閒出矣。」〔註19〕王應麟考證云：「肅宗章和元年正月，召曹褒詣嘉德門

〔註16〕以上皆見〔清〕章學誠著、楊家駱編：《文史通義等三種·原道中》，頁26～27。
〔註17〕〔清〕章學誠著、楊家駱編：《文史通義等三種·校讎通義·補漢志第十》，
　　　　卷二，頁241。
〔註18〕以上見〔漢〕司馬遷著、裴駰集解、司馬貞索隱、張守節正義：《史記·老子
　　　　韓非列傳第三》，卷六十二，頁2146～2152
〔註19〕〔漢〕司馬遷著、裴駰集解、司馬貞索隱、張守節正義：《史記·太史公自序
　　　　第七十》，卷一三十，頁3319。

令小黃門持班固所上叔孫通《漢儀》十二篇，敕褒曰此制散略多不合經，然十二篇不著於《七略》蓋與律令同錄，藏於理官法家。」〔註20〕蕭何采摭秦代六法，重新制定律令制度，作爲《九章律》，故其與其他律令格式，次於後者爲器者，如此，俾後世學者以明理論之道，以及實作格式之器，實地瞭解法律專門之學術。

（二）故事部門

> 後世故事之書甚多，不特張蒼所次《章程》而已也。就諸子中掇取論治之書，若《呂氏春秋》，（《漢志》入於雜家，非也。其每月之令文，正是政令典章，後世會典、會要之屬。）賈誼、董仲舒（治安之奏，天人之策，皆論治體。《漢志》入於儒家類矣。）諸家之言，部於首條，所謂道也。〔註21〕

《呂氏春秋》之《月令》，同於《禮記》之《月令》，查《月令》於《別錄》屬《明堂陰陽記》。亦即《漢志》所載《明堂陰陽》三十三篇。古明堂之遺事（其論說見前一章）。案《月令》以十二個月份爲序，列出每月之天象、氣候狀況與植物、動物之間相應的變化、以及人事之間的關係，其中有天子每月在衣食住行各方面遵守的規定，與針對時氣在郊廟祭祀、禮樂征伐、農事活動等方面發布的政令，故章學誠以其每月之令文，正是政令典章，後世會典、會要之屬。

《賈誼》，其論說見第四章，《漢志》著錄有《賈誼》五十八篇，案王應麟考其《新書》即爲《賈誼》五十八篇，《玉海》云：「〈治安策〉今釐爲數篇各立題目，雜見於《新書》，班固贊誼云所著述五十八篇，掇其切於世事者著於傳即《新書》也。」〔註22〕案治安策當是論治國之道，屬論治體。

《董仲舒》，其論說見第四章，《隋志》始以《春秋繁露》之名著錄於《春秋》部，爾後史志從之，至《國史經籍志》方入儒家。今之《春秋繁露》即有〈天人三策〉，爲漢武帝即位，董仲舒以賢良對策，計有三次，而對策的首篇即論天人關係，故稱〈天人三策〉，說明「王者承天意以從事，故任德教而不任刑」、〔註23〕「立大學以教於國，設庠序以化於邑」、〔註24〕春秋

〔註20〕　〔宋〕王應麟：《欽定四庫全書·漢藝文志考證》，卷二，頁18。

〔註21〕　〔清〕章學誠著、楊家駱編：《文史通義等三種·校讎通義·補漢志第十》，卷二，頁241。

〔註22〕　〔宋〕王應麟：《玉海》，第二冊，卷五十五，頁1038。

〔註23〕　〔漢〕班固、〔唐〕顏師古注：《漢書·董仲舒傳第二十六》，卷五十六，頁2502。

之義等治策。故賈誼〈治安策〉、董仲舒〈天人三策〉皆爲賢良對策，乃見當代舊事，屬論治體，章學誠意爲裁篇別出入於故事類，爲理論之「道」也。

張蒼之《章程》，裴駰《史記》注云：「如淳曰：『章，曆術之章術也，程者，權衡丈尺斛斗之平法也。』瓚曰：『《茂陵書》『丞相爲工用程數其中』，言百工用材多少之量及制度之程品者是也。』」〔註25〕姚振宗將張蒼《章程》部次法家，其云：「是書六藝之中，固無可位置九流之內，亦難得部居，今以其典守在官將作大匠所有事，漢家最初之程法也，於法家爲近之，《玉海》亦入律令門中故列於此。」〔註26〕依此，《月令》與賈誼〈治安策〉、董仲舒〈天人三策〉之論皆爲理論的書籍，後著錄張蒼《章程》等相屬同類的典章故事，以考索其學術源流，方能例以義起，斟酌損益，惟用所宜。

（三）天文部門

> 天文則《宣夜》、《周髀》、《渾天》諸家，下逮《安天》之論，《談天》之說，或正或奇，條而列之，辨明識職，所謂道也。《漢志》所錄《泰一》、《五殘》星變之屬，附條別次，所謂器也。……以此二類，專門部勒，自有經緯，而尹咸概收術數之篇，則條理不審之咎也。〔註27〕

論及天文，則《宣夜》、《周髀》、《渾天》等諸家爲理論，而《泰一》、《五殘》星變之屬則列於後，經緯相從，體用相資。《周髀》、《宣夜》、《渾天》三家於《漢志》無著錄，而《安天論》爲晉虞喜所著。《續漢書·天文志》注蔡邕《表志》曰：「言天體者有三家：一曰《周髀》，二曰《宣夜》，三曰《渾天》。《宣夜》之學絕無師法。《周髀》數術具存，考驗天狀，多所違失，故史官不用。唯《渾天》者近得其情，今史官所用候臺銅儀，則其法也。立八尺圓體之度，而具天地之象，以正黃道，以察發斂，以行日月，以步五緯。精微深妙，萬世不易之道也。官有其器而無本書，前志亦闕而不論。臣求其舊文，連年不得。在東觀，以治律未竟，未及成書，案略求索。竊不自量，卒欲寢伏儀下，思惟精意，案度成數，扶以文義，潤以道術，著成篇章。罪

〔註24〕〔漢〕班固、〔唐〕顏師古注：《漢書·董仲舒傳第二十六》，卷五十六，頁2503。
〔註25〕〔漢〕司馬遷著、裴駰集解、司馬貞索隱、張守節正義：《史記·太史公自序第七十》，卷一三十，頁3320。
〔註26〕〔清〕姚振宗：《師石山房叢書·漢書藝文志拾補》，頁38。
〔註27〕〔清〕章學誠著、楊家駱編：《文史通義等三種·校讎通義·補漢志第十》，卷二，頁240。

惡無狀，投畀有北，灰滅雨絕，世路無由。宜博問羣臣，下及巖穴，知《渾天》之意者，使述其義，以裨《天文志》。撰建武以來星變彗孛占驗著明者，續其後。」〔註28〕又《安天論》：「成帝咸康中，會稽虞喜因宣夜之說作《安天論》，以為『天高窮於無窮，地深測於不測。天確乎在上，有常安之形；地魄焉在下，有居靜之體。當相覆冒，方則俱方，員則俱員，無方員不同之義也。其光曜布列，各自運行，猶江海之有潮汐，萬品之有行藏也』。葛洪聞而譏之曰：『苟辰宿不麗於天，天為無用，便可言無，何必復云有之而不動乎？』由此而談，稚川可謂知言之選也。」〔註29〕鄒衍之《談天》，案劉向云：「鄒衍之所言五德終始，天地廣大，其書言天事，故曰談天。」〔註30〕以此，上述之論皆是天文之理。惟《安天》為晉虞喜依《宣夜》而作，成書於《漢志》之後，故補入《漢志》為非。

　　《泰壹雜子星》、《五殘雜變星》於《漢志》著錄數術略之天文類，其為器。案《漢志·天文》載「中宮天極星，其一明者，泰一之常居也，旁三星三公，或曰子屬。後句四星，末大星正妃，餘三星後宮之屬也。環之匡衛十二星，藩臣。皆曰紫宮。」〔註31〕又「五殘星，出正東，東方之星。其狀類辰，去地可六丈，大而黃。」〔註32〕王先謙云：「泰壹，星名，即太一也，見《天文志》。雜子星者，蓋此書雜記諸星，以太一冠之，猶卜雜變星，以五殘冠之也。」〔註33〕以此可見皆是實際記載天文星象之書籍，故次列於《宣夜》、《周髀》、《渾天》等諸家之後。

（四）地理部門

> 地理則形家之言，專門立說，所謂道也。《漢志》所錄《山海經》之屬，附條別次，所謂器也。……（《山海經》與相人書為類，《漢志》之授人口實處也。）〔註34〕

《山海經》按劉向云：「禹乘四載，隨山刊木，定高山大川。蓋與伯翳主驅禽

〔註28〕《歷代天文律曆等志彙編·續漢書天文志上》（北京：中華書局，1975 年 9月第一版），頁 115。

〔註29〕《歷代天文律曆等志彙編·續漢書天文志上》，頁 165～166。

〔註30〕〔清〕姚振宗：《師石山房叢書·七略別錄佚文》，頁 12。

〔註31〕《歷代天文律曆等志彙編·漢書天文志》，頁 68。

〔註32〕《歷代天文律曆等志彙編·續漢書天文志上》，頁 86。

〔註33〕〔清〕王先謙撰：《漢書補注》，卷三十，頁 897。

〔註34〕〔清〕章學誠著、楊家駱編：《文史通義等三種·校讎通義·補漢志第十》，卷二，頁 240。

獸，命山川，類草木，別水土，四嶽佐之，以週四方，逮人跡之所希至，及
舟輿之罕到，內別五方之山，外分八方之海，紀其珍寶奇物，異方之所生，
水土草木禽獸昆蟲鱗鳳之所止。」〔註35〕是以《山海經》記載了各地山川、
河流、草木等四方地形，實屬地理一類，《漢志》無地理部門，故列於數術之
形法，惟與相人書同列，為後人所垢病，於此，《山海經》為器，章學誠未論
及其理論之書者。

（五）兵書部門

> 夫〈兵書略〉中孫吳諸書，……即《諸子略》中一家之言，所謂形
> 而上之道也。〈兵書略〉中形勢、陰陽、技巧三條，……皆著法術名
> 數，所謂形而下之器也。〔註36〕

> 鄭樵言任宏部次有法，今可考而知也。權謀，人也；形勢，地也；
> 陰陽，天也。孟子曰：「天時不如地利，地利不如人和。」此三書之
> 次第也。權謀，道也；技巧，藝也；以道為本，以藝為末，此始末
> 之部秩也。然《周官》大司馬之職掌與軍禮之《司馬法》諸條，當
> 先列為經言，別次部首，使習兵事者，知聖王之遺意焉。〔註37〕

〈兵書略〉下區分兵權謀、兵形勢、兵陰陽、兵技巧等四部分；兵權謀著錄
第一家為《吳孫子兵法》，依序為《齊孫子》、《公孫鞅》、《吳起》等十三家，
以《孫武兵法》為例，為《武經七書》之一。其《孫子兵法》所論皆為兵法，
故其〈序〉曰：「權謀者，以正守國，以奇用兵，先計而後戰，兼形勢，包
陰陽，用技巧者也。」〔註38〕十三家亦為兵法之道也。再論及兵形勢計有《楚
兵法》、《蚩尤》等十一家，〈序〉曰：「形勢者，靁動風舉，後發而先至，離
合背鄉，變化無常，以輕疾制敵者也。」〔註39〕兵陰陽計有《太壹兵法》、《天
一兵法》等十六家，〈序〉曰：「陰陽者，順時而發，推刑德，隨斗擊，因五
勝，假鬼神而為助者也。」〔註40〕兵技巧計有《鮑子兵法》、《伍子胥》等十

〔註35〕〔清〕姚振宗：《師石山房叢書‧七略別錄佚文》，頁 14～15。
〔註36〕〔清〕章學誠著、楊家駱編：《文史通義等三種‧校讎通義‧補漢志第十》，
　　　　卷二，頁 239。
〔註37〕〔清〕章學誠著、楊家駱編：《文史通義等三種‧校讎通義‧補漢志第十》，
　　　　卷三，頁 264。
〔註38〕〔漢〕班固著、〔唐〕顏師古注：《前漢書藝文志》，頁 57。
〔註39〕〔漢〕班固著、〔唐〕顏師古注：《前漢書藝文志》，頁 58。
〔註40〕〔漢〕班固著、〔唐〕顏師古注：《前漢書藝文志》，頁 60。

一家，〈序〉曰：「技巧者，習手足，便器械，積機關，以立攻守之勝者也。」〔註41〕由此而知，〈兵書略〉中形勢、陰陽、技巧三條，皆著法術名數之藝，正爲形而下之器。任宏編著〈兵書略〉，其論次正符合道器合一，使兵書一家體用相資。蓋戰爭爆發時爲不得而已，以《軍禮司馬法》之言爲道，非以求勝之法，更能理解儒家以禮治天下之理想。

（六）方技部門

> 〈方技略〉中內外諸經，即〈諸子略〉中一家之言，所謂形而上之
> 道也。……〈方技略〉中經方、房中、神仙三條，皆著法術名數，
> 所謂形而下之器也。〔註42〕

《黃帝內經》爲醫書之所宗，陳振孫考《黃帝內經素問》云：「黃帝與歧伯問答。《三墳》之書無傳，尚矣，此固出於後世依託，要是醫書之祖也。唐太僕令王砅注，自號啓元子。案：《漢志》但有《黃帝內》、《外經》，至《隋志》乃有《素問》之名，又有全元起《素問注》八卷。」〔註43〕案〈方技略〉計著錄醫經、經方、房中、神僊等四部分；醫經計有《黃帝內經》、《外經》等七家，其〈序〉曰：「醫經者，原人血脈經落骨髓陰陽表裏，以起百病之本，死生之分，而用度箴石湯火所施，調百藥齊和之所宜，至齊之得，猶慈石取鐵，以物相使，拙者失理，以癒爲劇，以生爲死。」〔註44〕所論爲醫學理論之書。經方計有《五藏六府痺十二病方》、《五藏六府疝十六病方》等十一家，其〈序〉曰：「經方者，本草石之寒溫，量疾病之淺深，假藥味之滋，因氣感之宜，辯五苦六辛，致水火之齊，以通閉解結，反之於平，及失其宜者，以熱益熱，以寒增寒，精氣內傷，不見於外，是所獨失也，故諺曰有病不治，常得中醫。」〔註45〕房中計有《容成陰道》、《務成子陰道》等八家，其〈序〉曰：「房中者，情性之極，至道之際，是以聖王制外樂以禁內情，而爲之節文，傳曰：先王之所樂，所以節百事也。樂而有節，則和平壽考，及迷者弗顧，以生疾而隕性命。」〔註46〕神僊計有《宓戲雜子道》、《上聖雜子道》等十家，其〈序〉曰：「神僊者，所以保性命之眞，而遊求於其外者

〔註41〕〔漢〕班固著、〔唐〕顏師古注：《前漢書藝文志》，頁62。
〔註42〕〔清〕章學誠著、楊家駱編：《文史通義等三種》，頁239～240。
〔註43〕〔宋〕陳振孫：《直齋書錄解題》，卷十三，頁382。
〔註44〕〔漢〕班固著、〔唐〕顏師古注：《前漢書藝文志》，頁74～75。
〔註45〕〔漢〕班固著、〔唐〕顏師古注：《前漢書藝文志》，頁76。
〔註46〕〔漢〕班固著、〔唐〕顏師古注：《前漢書藝文志》，頁77。

也，聊以盪意平心，同死生之域，而無怵惕於胸中。然而或者專以爲務，則誕欺怪迂之文彌以益多，非聖王之所以教也。孔子曰：索隱行怪，後世有述焉，吾不爲之矣。」〔註47〕據上所述，經方、房中、神仙三部分，皆著法術名數，所謂形而下之器。

　　章學誠認爲《漢志》中惟有任宏校兵書、李國柱校方技按道與器之原則部次庶幾近之，《禮》經、《春秋》兩部門亦是，其他則有空論其理，只論其道，或顯徵度數，只論其器者，不能將虛論其理與實紀其跡者依類前後部次，未能體用分明，如〈諸子略〉中陰陽家、〈數術略〉之天文歷譜諸家：

> 〈諸子略〉中陰陽家，乃鄒衍談天、鄒奭雕龍之類，空論其理，而不徵其數者也。〈數術略〉之天文歷譜諸家，乃《泰一》、《五殘》、《日月星氣》，以及《黃帝》、《顓頊》、《日月宿曆》之類，顯徵度數，而不衍空文者也。〔註48〕

查閱《漢志》，〈諸子略〉陰陽家共計二十一家，自《宋司星子韋》三篇、《公檮生終始》十四篇、《鄒子》四十九篇至最後一家《雜陰陽》三十八篇，其中皆爲理論之道，無著錄其數術。〈數術略〉之歷譜家共計十八家，自《黃帝五家譜》三十三卷、《顓頊曆》二十一卷、《顓頊五星曆》十四卷至最後一家《杜忠算術》十六卷，皆爲數術者，無著錄理論之書籍。理數無相符，無法窺見一家之全貌，此亦爲未依道器著錄之遺憾。

　　既講求道器相符，其著錄於理論之書籍，皆要溯及源流，前已分析互著、別裁之用，以《漢志》各略觀之，其〈兵書略〉、〈方技略〉、〈數術略〉列爲〈諸子略〉之外，顯見諸子爲一家之言，立言以明道；〈兵書略〉、〈方技略〉、〈數術略〉則皆爲守法以傳藝傳技術者。此觀念擴及求之，各家著錄時再依理論與數術分別著錄，又如後世儀注之類，當著錄於《禮》，而《史記》當附《春秋》爲部次；雖《七略》至四部，附以註，俾承學之士，得考索其源。著錄部次正確爲明道之要，尤其〈數術略〉天文、歷譜、陰陽、五行、蓍龜、雜占、形法之部，全爲數術之書籍，而其論理之道，章學誠主張「則陰陽、蓍龜、雜占三條，當附《易經》爲部次；歷譜當附《春秋》爲部次，五行當附《尚書》爲部次。」〔註49〕即使後世書籍浩繁各自爲一門，亦當敘明其源

〔註47〕　〔漢〕班固著、〔唐〕顏師古注：《前漢書藝文志》，頁58。
〔註48〕　〔清〕章學誠著、楊家駱編：《文史通義等三種‧校讎通義‧漢志諸子第十四》，卷三，頁254。
〔註49〕　〔清〕章學誠著、楊家駱編：《文史通義等三種‧校讎通義‧補校漢志第十》，

流。王重民闡述：「目錄的發展，有隨著圖書的增多而『自立門戶』的時候，只要按照『道』、『器』合一原則，『別分道法』（『道法』就是『道器』……）以『標分細目』，就能『部次相從，有倫有脊』，而成爲一個整齊合理的目錄體系。」〔註50〕以道器合一之法著錄，則具備三項優點，一爲「善法具舉本末兼該」，二爲「部次相從有倫有脊」，三爲「即器明道體用相資」，就如孟子曰：「徒善不足以爲政，徒法不能以自行。」〔註51〕「在一個大類中，一定備有關於『善』『本』的理論書籍，和關於『法』『末』的方法、名數書籍，對於這些類目的排列，要達到『部次相從，有倫有脊』，就需要把理論類的書籍排在前邊，屬於方法名數的依次相從。」〔註52〕如此，使求書者瞭解形而上之道，與形而下數術之器，下學而上達，即器明道，會偏而得一家之全。

第二節　《校讎通義》辨章學術與考鏡源流

　　《校讎通義》之旨爲「辨章學術，考鏡源流」，其方法有三，一爲著錄序錄提要明原委；二爲四部附以辨章流別；三爲互注別裁以明家學，分述如下：

一、著敘錄提要明原委

　　敘錄之要於知各家之流別，以考得失及其學術之源。後世史志，自《隋志》以後，就無序錄，章學誠非常重視序錄提要，因而推崇《七略》之〈輯略〉，〈輯略〉不僅是總書之要，亦是明道之法；章學誠云：「由劉氏之旨，以博求古今之載籍，則著錄部次，辨章流別，將以折衷六藝，宣明大道，不徒爲甲乙紀數之需。」〔註53〕班固《漢志》雖以劉氏之義例而撰寫，可惜刪其〈輯略〉，使文不傳。所幸班固保留在《藝文志》的六略各個部目之後，致「今日可見者，唯總計部目之後，條辨流別數語耳。」〔註54〕故後人由班

卷二，頁240。
〔註50〕參見〔清〕章學誠著、王重民通解：《校讎通義通解》，頁50～51。
〔註51〕〔清〕阮元校勘：《十三經注疏·孟子·離婁上》，卷第七上，頁123。
〔註52〕參見〔清〕章學誠著、王重民通解：《校讎通義通解》，頁49。
〔註53〕〔清〕章學誠著、楊家駱編：《文史通義等三種·校讎通義·原道第一》，卷一，頁229。
〔註54〕〔清〕章學誠著、楊家駱編：《文史通義等三種·校讎通義·原道第一》，卷一，頁229。

固於〈藝文志〉部目後所附者，仍可推論劉歆之〈輯略〉原意，得知劉氏深明古人官師合一之道，進而瞭解私門初無著述之原委。

　　章學誠尊劉向《七略》、劉歆《別略》爲目錄學之鼻祖，並以「校讎之學，自劉氏父子淵源流別，最爲推見古人大體。」〔註 55〕尤以後世史志之多，學者無法一一觀之，故王鳴盛認爲目錄爲治學之鑰，則序錄可謂目錄之精華版。如劉勰《文心雕龍》之文體論從〈明詩〉至〈書記〉二十篇，即是以簡述敍論各種文體，可謂爲一部文學簡史，以當中〈史傳〉言之，先釋史傳之由來，再敍戰國至漢之重要史籍，概述自後漢至晉之史書源流及其優劣，後論史之懲惡揚善之義，觀劉勰之〈史傳〉篇，對史之源流、漢至晉之史書及史義即可有一番認知。

　　尤其是後世以四部成法，不以七略之部次，則須附以討論流別，序錄就更加重要；章學誠雖推崇鄭樵，云：「鄭樵生千載而後，慨然有會於向、歆討論之旨，因取歷朝著錄，略其魚魯豕亥之細，而特以部次條別，疏通倫類，考其得失之故而爲之校讎。」〔註 56〕但鄭樵卻刪去《崇文》敍錄，〔註 57〕既已知〈輯略〉之重要性，卻又刪略，如此便使觀者無法知其源流之義，乃是一大弊病。

二、四部附以辨章流別

　　章學誠之校讎論，原以《七略》爲類例，其核心思想即爲「辨章學術，考鏡源流」，部次溯及源流，類例逐分，學術自然而明。雖鄭樵早有此主張，〔註 58〕但未考辨至學術之源。而章學誠透過實地撰寫《和州志》、《史籍考》等書，將這些見解連結至校讎之學，洵屬一大突破。李瑞良云：

> 辨章學術、考鏡源流的原則貫串著章學誠目錄學思想的各個方面，
> 從分類、著錄體例直到編目方法。章學誠總結了前人的經驗，提出
> 了系統分類的要求、著錄體例的主張和互著、別裁的方法，並從理

〔註 55〕〔清〕章學誠著、史城編：《章學誠遺書・信摭》：卷三十，頁 367。

〔註 56〕〔清〕章學誠著、楊家駱編：《文史通義等三種・校讎通義・序》，頁 227。

〔註 57〕關於《崇文》敍錄這一公案，有兩種説法，一爲朱彝尊認爲其乃爲鄭樵所刪，二爲杭世駿以爲南宋有原本與簡本（無敍錄）之本子。經王重民考證以杭説爲是，是因爲紹興中把《崇文總目》發到全國各地方用以徵訪遺書，敍釋文繁，在按名徵書上沒有什麼意義，所以刪去，從此，這個簡本就流傳下來，非鄭樵有意識刪去。見氏著：《校讎通義通解》，頁 14。

〔註 58〕鄭樵提出「類例既分，學術自明」之主張。

論上加以論證。〔註59〕

考辨古代學術源流，章學誠發現，古代學術爲官守合一，官守之分即爲圖書之分類，至春秋學術蠭起，百家爭鳴，私人著述興起，劉向、劉歆整理古籍即以《六經》爲部次，《漢志》亦循《七略》之類例。惟後世書籍眾多，各代史志自《隋志》即以四部爲分類。查閱1764年章學誠協助其父助修之《天門縣志》採四部分類，惟於1774年撰寫《和州·藝文志》時是強調「《七略》能以部次治書籍，而《四部》不能不以書籍亂部次。」〔註60〕對於四部爲部次，混淆學術之源，所堅持之《春秋》一系列的國別史，如《國語》、《戰國策》應隸歸於《春秋》類，其於《校讎通義·諸子第十四》云：

> 司馬遷之敘載籍也，疎而理；班固之志〈藝文〉也，密而舛。蓋遷能溯源，固惟辨跡故也。遷於〈十二諸侯表敘〉既推《春秋》爲主，則左邱、鐸椒、虞卿、呂不韋諸家，以次論其體例，則《春秋》之支系也。至於孟、荀、公孫固、韓非諸書，命意各殊，與《春秋》之部，不相附麗；然論辨紀述，多及春秋時事，則約略紀之，蓋《春秋》之旁證也。張蒼歷譜五德，董仲舒推《春秋》義，乃《春秋》之流別，故終篇推衍及之。則觀斯表者，求《春秋》之折衷，無遺憾矣。至於著書之人，學有專長；所著之書，義非一概，則自行專篇列傳，別爲袁明，亦猶劉向、任宏於校讎部次，重複爲之互注例也。班氏拘拘於法度之內，此其所以類例難精，而動多掣肘歟？〔註61〕

如此，對於《春秋》之支系、旁證、流別，實應歸爲同類，其爲一脈相承的「春秋學」，而後人求《春秋》可以無憾也。但最後1779年《校讎通義》完成撰寫時，終抵不過現世之潮流，無法獨列《春秋》部次，仍以四部爲其分類，探其原因有五：

一者，史部日繁，不能悉隸以《春秋》家學。

二者，名墨諸家，後世不復有其支別。

三者，文集熾盛，不能定百家九流之名目。

四者，鈔輯之體，既非叢書，又非類書。

〔註59〕李瑞良：《中國目錄學史》，頁281。

〔註60〕〔清〕章學誠著、史城編：《章學誠遺書·和州志二》，卷三十，頁556。

〔註61〕〔清〕章學誠著、楊家駱編：《文史通義等三種·校讎通義·漢志諸子第十四》，卷三，頁252。

五者，評點詩文，亦有似別集而實非別集，似總集而又非總集者。〔註62〕

以後世書籍如此龐雜，且學者所著述範圍亦無法限制於《七略》中，須再以宏觀的眼光重新思考，故便不再主張以《七略》為部次，而是以七略為四部，乃勢之所趨，如「《七略》之流而為四部，如篆隸之流而為行楷，皆勢之所不容已者也。」〔註63〕又云：「凡一切古無今有，古有今無之書，其勢判如霄壤，又安得執七略之成法，以部次近日之文章乎？」〔註64〕如何保持七略之精義，章學誠想出「四部之體質又不可改，則四部之中，附以辨章流別之義，以見文字之必有源委，亦治書之要法。」〔註65〕由此，四部之法可行在於附辨章流別之義，以解決問題。

三、互著別裁以明家學

在釐清古今學術源流，互著別裁亦是可以申明流別，明家學，章學誠於《校讎通義》卷一〈原道〉篇，開宗明義闡述古之文字必溯源於《六藝》，而《六藝》之道，蓋自官守其書、師傳其學一脈相傳，是故古代私門無著述。

上古時代原無文字，故以結繩治事，至後代聖人發明文字，百官及人民於政事或日常事務方有書契可予以憑藉，便於決斷萬事。此後處理萬事萬物博不可盡，聖人方立官分守，而文字亦從紀焉。所以「官守之分職，即羣書之部次。」〔註66〕形成最早群書分類法，即《周官》為群書之部次。官司失職後，孔子取《周官》之舊典因而有《六經》之名。秦焚書坑儒以吏為師，後諸子百家興起有九流十家之名，各家之學因此豐富而多采，百家爭鳴。所以章學誠以為若要推究學術之源流，必要注意到師承之家學這一層關係。「古人最重家學，敘列一家之書，凡有涉此一家之學者，無不窮源至委，竟其流別，所謂著作之標準，群言之折衷也。」〔註67〕因此，為推源家學，知所師

〔註62〕見〔清〕章學誠著、楊家駱編：《文史通義等三種・校讎通義・宗劉第二》，卷一，頁229。

〔註63〕〔清〕章學誠著、楊家駱編：《文史通義等三種・校讎通義・宗劉第二》，卷一，頁229。

〔註64〕〔清〕章學誠著、楊家駱編：《文史通義等三種・校讎通義・宗劉第二》，卷一，頁229。

〔註65〕〔清〕章學誠著、楊家駱編：《文史通義等三種・校讎通義・宗劉第二》，卷一，頁231。

〔註66〕〔清〕章學誠著、楊家駱編：《文史通義等三種・校讎通義・原道第一》，卷一，頁228。

〔註67〕〔清〕章學誠著、楊家駱編：《文史通義等三種・校讎通義・宗劉》，頁231。

承，主張互著之法。他說：

> 蓋部次流別，申明大道，敘列九流百家之學，使之繩貫珠聯，無少
> 缺逸，欲人即類求書，因書究學，至理有互通、書有兩用者，未嘗
> 不兼收並載，初不以重複為嫌；其於甲乙部次之下，但加互注，以
> 便檢稽而已。〔註68〕

如果避免重複而不記載，則一書本有兩用者，既有所不全；一家本有是書者
而不記載，也有不備之處。此外，別裁之運用亦可溯學術之源，惟避免割裂
全書，須著把握「學貴專家，旨存統要」之原則；以今之概念言之，似於專
科，以主題為類，歸納相關論述，以便後人即類求書，因書究學。

如王強國所云互著別裁之用是中國古典目錄的偉大創造，為文獻著錄的
有力的輔助方法，在近現代的文獻著錄中得到廣泛的運用，其突出作用有二：

> 其一是備著述之源流。圖書分類儘管以學術分類為基礎，但圖書的
> 內容往往不限于某一學科，大量的圖書之間往往是交叉聯繫著。互
> 著法使一書在相關的不同類目中都得到反映，別裁法使一書的某些
> 部分也能在有關的類目中得到揭示，可以使一家一學的文獻著錄更
> 加完備。……其二是供檢閱之方便。中國古典書目一直以學術著作
> 自居，重視文獻信息的揭示而輕視文獻信息的檢索。這種偏向在明
> 代有所糾正。與此相適應，互著、別裁法的發明和采用使各類書的
> 內容發生聯繫，在分類和著錄方法上都是一種提高。〔註69〕

理有互通，一書兩用者，可採互著，不避重複著錄。全書之中自成一類者可
裁其篇章，補苴部次，自成專科，可申明家學流別，繩貫珠連，即類求書，
明其學術源委而使會通於大道。以師承流別，亦是著錄之例，先明家學，再
敘列人次、時代，以書類人，知源流以明其道。

第三節 《校讎通義》之守經權變論

章學誠之論，與時俱變，通經服古，會通「經」、「史」，借古通今，發揮
史學春秋精神，強調天人性命不可空言，須有事為本，而「事」具歷史性，
載於典籍，故以校讎求其學術之源以明大道，時殊勢異，舊志亦須因時更修，

〔註68〕〔清〕章學誠著、楊家駱編：《文史通義等三種・校讎通義・宗劉》，頁231。
〔註69〕王國強：〈中國古代書目著錄中的互著法和別裁法〉，頁133。

以保其文獻，總言之，章學誠不拘泥訓詁學風，通經達變於致用。

一、會通經史　因時立義

　　古人守經，將「經」視爲圭臬，忽略「經」、「史」同源，「經」爲道理，「史」爲史實，道理與史實合一不可分，章學誠會通經史，提出「六經皆史」之觀念，其於《校讎通義》溯學術源流，部次義例，亦強調此觀念，如於〈宗劉〉論《儀注》「乃《儀禮》之支流，職官乃《周官》之族屬，則史而經矣。」〔註70〕以此學術之源校讎部次典籍，方可推見古人之大體。

　　「六經皆史」說雖不源於章學誠，前已有王陽明及李贄論述，但是經過章學誠奮力闡發，影響後世深遠。當時章學誠所言受到學者鄙視，而又面對著戴震「道在六經」之說欲提出自己獨特所見，有著極大的壓力；若不力挽狂瀾，不足成一家之言。因此，以多年潛心研究史學所得，提出了《六經》皆史這個觀點。

　　歷來學者均對「六經皆史」已多有研究；〔註71〕個人認爲章學誠《六經》皆史是針對當時學者空談心性，而無實據，方以《六經》爲先王之政典，進而證明《六經》即器之論點。在章學誠二十一歲以後即對史學有卓越之見識，

〔註70〕〔清〕章學誠著、楊家駱編：《文史通義等三種‧校讎通義‧宗劉》，頁229。

〔註71〕如錢穆認爲此說蓋以救當時經學家以訓詁考覈求道之流弊，並認爲苟明《六經》皆史之意，則求道者不當捨當身事物、人倫日用，以尋之訓詁考訂，而史學所以經世，固非空言著述，斷可知矣。見錢穆：《中國近三百年學術史》，頁432。胡適云：「我們必須先懂得『盈天地間，一切著作皆史也』這一總綱，然後可以懂得『六經皆史也』這一子目。」見氏著、姚名達補訂：《清章實齋先生學誠年譜》，頁137。余英時亦認爲當章學誠提出「六經皆史」的命題來和當時的經學考證相抗衡。換句話說也是對戴東原的「考證挑戰」的一個最具系統性的反應。其說並非是前人舊說的單純翻版，而是對清初以來「經學即理學」的中心理論一種反挑戰，而戴東原把「經學即理學」推拓得淋漓盡致，故要否定這個中心理論祇有用另一種更具說服力的理論來取代它。所以實齋以一個嶄新的史學觀點與其經學觀點相抗衡，並進一步超越以至代替經學觀點。見余英時《論戴震與章學誠》（臺北：東大圖書股份有限公司，1986年11月），頁54～56。倉修良贊同胡適所云，復而闡述「六經皆史」是有針對性的，一則是反對宋儒空談心性，指出「六經皆先王之政典」，是研究古代歷史的依據——史料，而不必將其宣揚得神秘而不可知；再則是針對漢學流弊，「風氣所趨，竟爲考訂」，爲挽救學術界的不良風氣，故「六經皆史」的「史」，既具有「史料」之史的內容，又具「史意」之史的含義。參見〔清〕章學誠著、倉修良編注：《文史通義新編新注‧易教上》，頁4。

一直至六十四歲逝世，在這四十幾年中，他的思想前後多少會受到當時學風或學術所影響。據錢穆考證首見「六經皆史」這個命題，是〈報孫淵如書〉：

> 愚之所見，以爲盈天地間，凡涉著作之林，皆是史學，六經特聖人取此六種之史以垂訓者耳。子集諸家，其源皆出於史。末流忘所自出，自生分別，故於天地之間，別爲一種不可收拾、不可部次之物，不得不分四種門戶矣。〔註72〕

總結了凡天下所有著作，均爲史學之作，而《六經》是聖人以此六史來垂訓後人的典籍，那年章學誠五十一歲，〔註73〕此後在不斷著述之下，陸續擴展了「六經皆史」說的意涵。其「六經」，涵括了三種意義，其於〈易教上〉云：「《六經》皆史也，古人不著書，古人未嘗離事而言理，《六經》皆先王之政典。」〔註74〕得知第一，古人不著書，所以《六經》非孔子所著；第二，未嘗離事言理，證明「道不離器」、「即器明道」；第三，「六經」皆先王之政教典章。職是，《六經》爲載道之「器」。至他去世前一年，寫了〈浙東學術〉，〔註75〕是《文史通義》的最後一篇，錢穆說「殆可謂實齋晚年之定論也」〔註76〕於此篇，還是不斷強調，天人性命不可空言，故講學者必定要有事爲本，不可有門戶之見。「事」是有歷史性的，道因時而變，事出於後者，因時立義。〔註77〕章學誠提出《六經》皆史，進而闡述「《六經》即器」，既《六經》即器，即「器」方可明道，故器即典籍，亦是《校讎通義》論述辨章學

〔註72〕〔清〕章學誠著、史城編：《章學誠遺書・報孫淵如書》，卷九，頁86。

〔註73〕參見胡適著、姚名達補訂：《清章實齋先生學誠年譜》，頁64。

〔註74〕〔清〕章學誠著、楊家駱編：《文史通義等三種・易教上》，頁1。章氏59歲。

〔註75〕〈浙東學術〉：「司馬遷本董氏天人性命之說，而爲經世之書。儒者欲尊德性，而空言義理以爲功，此宋學之所以見譏於大雅也。夫子曰：「我欲託之空言，不如見諸行事之深切著明也。」此《春秋》之所以經世也。聖如孔子，言爲天鐸，猶且不以空言制勝，況他人乎。故善言天人性命，未有不切於人事者。三代學術，知有史而不知有經，切人事也。後人貴經術，以其即三代之史耳。近儒談經，似於人事之外別有所謂義理矣。浙東之學，言性命者必究於史，此其所以卓也。」見〔清〕章學誠著、楊家駱編：《文史通義・浙東學術》，頁118～119。

〔註76〕錢穆：《中國近三百年學術史》，頁472。

〔註77〕余英時云：「實齋以『道』在歷史進程中不斷展現。六經既是只是古史，則最多只能透露一些『道』在古代發展的消息。至於『事變之出於後者，六經不能言』；三代以下之道便只有求之於三代以後之史了。把『六經皆史』說的涵義推拓至極，實齋便無可避免地會得到『貴時王之制度』的結論，因爲時代愈近便愈可以見『道』的最新面貌，而時王之『政典』也必然將成爲後世的『六經』也。」見氏著：《論戴震與章學誠》，頁65。

術，考鏡源流之重點，《校讎通義》部次之義例，宗劉歆《七略》、班固《漢志》，由劉氏之旨，博求古今載籍，考其流別，進而以明大道。

二、借古通今　藏往知來

　　章學誠以史明道，史學之用爲鑑往知來，揚善懲惡，「史之大原，本乎《春秋》，《春秋》之義，昭乎筆削，不僅事具始末，文成規矩也。」〔註78〕史學之精神重於《春秋》之筆削，強調圓而神，方以智，因而載史歸納有記注與撰述兩種方法，記注藏往似智，而撰述知來擬神，故智以藏往，神以知來。章學誠進而說明「藏往欲其賅備無遺，故體有一定，而其德爲方；知來欲其決擇去取，故例不拘常，而其德爲圓。《周官》三百六十，天人官曲之故，可謂無不備矣。」〔註79〕遠古之史職多司記史事，直至《左傳》方有執筆者之意見參差於內；史家之重要如《隋書·經籍志》所云：「夫史官者，必求博聞強識，疏通知遠之士，使居其位，百官眾職，咸所貳焉，是故前言往行無不識也，天文地理無不察也，人事之紀無不達也，內掌八柄以詔王治，外執六典以逆官政，書美以彰善，記惡以垂戒，範圍神化，昭明令德，窮聖人之至賾，詳一代之靈靈。」〔註80〕史家本身就是一個主觀因素，其所謂「史實」亦因史家之判斷而成，所擇之史實亦因本身修養因人而異，故學歷史者，以經世致用爲目的，懲惡揚善，全憑史家心中的那把尺。史家之任如此重大，而如何才能具備這史家的涵養，乃爲不可忽視之課題。何謂史家之涵養？尋而言皆以史家三長明之，而章學誠又增列「史德」，爲所謂史家四長。學、才、識，有如劉勰《文心雕龍·神思》篇所云：「積學以儲寶，酌理以富才，研閱以窮照。」〔註81〕正所謂多讀書積累學識，以儲蓄寶藏；多體驗斟酌情理，以豐富才力；多觀察研精閱歷，以窮徹照鑒。簡而言之，爲「學」、「才」、「識」。

　　章學誠亦特重「史識」，並於《文史通義·說林》篇云：「學問文章，聰明才辨，不足以持世；所以持世者，存乎識也。」〔註82〕然「史識」又關乎如何選擇正確之史料，駕馭史料之上。雖史家收集史料必賴其「學」博，方

〔註78〕〔清〕章學誠著、楊家駱編：《文史通義等三種·答客問上》，頁106。

〔註79〕〔清〕章學誠著、楊家駱編：《文史通義等三種·書教下》，頁9。

〔註80〕〔唐〕長孫無忌、魏徵等撰：《隋書經籍志》，卷二，頁62。

〔註81〕〔南朝梁〕劉勰著、黃淑琳注：《文心雕龍注·神思》，頁493。

〔註82〕〔清〕章學誠著、楊家駱編：《文史通義等三種·說林》，頁78。

能「徵求異說，採摭群言」。然所采者必要是「當代雅言，事無邪僻」，方可「取信一時，擅名千載」。因此，史料取材不能標新立異，以求務實，此時即需要「識」以俾辨別。章學誠認爲能具史識者，必知史德，所謂「史德」，爲著書者之心術也，蓋欲爲良史者，當愼辨於天人之際，盡其天而不益以人也。〔註83〕要言之，史識爲《春秋》大義，史學之要，乃能借古通今，學以致用。

　　天下著作區分「大抵有文人之書，學人之書，辭人之書，說家之書，史家之書，惟史家爲得其正宗，史家又有著作之史，與纂輯之史，途徑不一。著作之史，宋人以還，絕不多見。」〔註84〕一史之好壞，史家須負成敗之責，國史乃至地方志的編修皆須一視同仁，國史爲一國之史，方志爲一方之史，皆爲天下公物，因此，史學須爲著作，而不是搜集文獻比類而成；錢穆認爲章學誠所論亦可運用於一切學術，「若論當時經學，比類纂輯，拾遺搜隱，正所謂藏往似智也。即名物訓詁，典章考訂，究其極，亦藏往似智也。此皆記注纂類之事，不得即以是爲著作。」〔註85〕又云：

> 實齋力辨「校讎」 與「著錄」之不同，若以其論史之體裁爲例，則著錄僅是記注，校讎乃屬著作；著錄可據成法，校讎須具特識。當時清廷既修《四庫》，實齋之意，欲就其著錄再加辨章流別，勒成一家之業也。〔註86〕

章學誠將天下之書歸爲三類，獨斷之學、考索之功、比次之書，〔註87〕校讎亦須才、學、識，方能將古之典籍部於正確位置，如《校讎通義》論述類書之體二，應區分有源委及無源委，有源委者如《文獻通考》當入史部之後，無源委者如《藝文類聚》當入集部總集之後，不得與子部混淆，或擇其近入雜家。章學誠以爲於部次時，皆要詳細探討後方能入部，以便後人知悉。

三、時殊勢異　舊志更修

　　章學誠對地方志編修有很多創見，他與許多友人如甄松年、黃大尹、王

〔註83〕〔清〕章學誠著、楊家駱編：《文史通義等三種·史德》，頁45。
〔註84〕〔清〕章學誠著、楊家駱編：《文史通義等三種·報廣濟黃大尹論修志書》，頁209。
〔註85〕錢穆：《中國近三百年學術史》，頁438。
〔註86〕錢穆：《中國近三百年學術史》，頁458。
〔註87〕章學誠云：「天下有比次之書，有獨斷之學，有考索之功，三者各有所主，而不能相通。」見氏著：《文史通義等三種·答客問中》，頁107。

明府等皆有論志之書信來往，其中最著名者則是與戴震論修志，他評判戴震雖經術淹貫，但不解史學，原是與其辨論地方志之編修，蓋戴震以為方志應重沿革，「此於體例則甚古雅，然修志不貴古雅。……夫志以考地理，但悉心於地理沿革，則志事已竟。侈言文獻，豈所謂急務哉？」〔註88〕顯然章學誠不以為是，說到：「余於體例求其是爾，非有心於求古雅也。……方志如古國史，本非地理專門；如云但重沿革，而文獻非其所急，則但作沿革考一篇足矣。……考沿革者，取資載籍；載籍具在，人人得而考之。雖我今日有失，後人猶得而更正也。若夫一方文獻，及時不與搜羅，編次不得其法，去取或失其宜，則他日將有放失難稽，湮沒無聞者矣。夫圖事之要，莫若取後人所不得而救正者，加之意也。然則如余所見，考古固宜詳慎，不得已而勢不兩全，無寧重文獻而輕沿革耳。」〔註89〕於方志學裡強調文獻之重要性，文獻蒐整有時間性問題，而史學不復僅於考古，乃在通古今之變，為來日重修地方志之參考憑藉，非狹義考證而已。〈書教下〉云：「夫史為記事之書。事萬變而不齊，史文屈曲而適如其事，則必因事命篇，不為常例所拘，而後能起訖自如，無一言之或遺而或溢也。」〔註90〕文獻蒐整靠平時有計畫的累積而成，史志編修也應視為著作，有通古今之變的識見，以春秋之筆撰寫，非戴震所言重地理沿革罷了！

章學誠以為時殊勢異，舊志須更修，其撰寫手法仍要求原則，如以列傳言之，其於〈修志十議〉論及第八議，論裁制，則謂今取舊志列傳，裁為新傳則有三難：

> 一則，法所不應立傳，與傳所不應盡載者，當日碑銘傳述，或因文辭為重，不無濫收。
>
> 二則，志中列傳，方幅無多，而原傳或有洋洋大篇；全錄原文，則繁簡不倫；刪去事蹟，則召怨取譏。
>
> 三則，取用成文，綴入本考本傳，原屬文中援引之體，故可標作者姓名及「其辭曰」三字，以歸徵引之體。〔註91〕

如何解決此三難，惟有大書分注之例，可以兩全，章學誠進一步云：

> 蓋取彼舊傳，就今志義例，裁為新傳，而於法所應刪之事，未便遽

〔註88〕〔清〕章學誠著、楊家駱編：《文史通義等三種·記與戴東原論修志》，頁207。
〔註89〕〔清〕章學誠著、楊家駱編：《文史通義等三種·記與戴東原論修志》，頁207。
〔註90〕〔清〕章學誠著、楊家駱編：《文史通義等三種·書教下》，頁11。
〔註91〕〔清〕章學誠著、楊家駱編：《文史通義等三種·修志十議》，頁202。

删者，亦與作爲雙行小字，併作者姓氏，及删潤之故，一體附注本
文之下。庶幾舊志徵實之文，不盡刊落；而新志謹嚴之體，又不相
妨矣。其原文不甚散漫，尚合謹嚴之例者，一仍其書，以見本非好
爲更張也。〔註92〕

文獻雖然重要，在章學誠的思想裡也並非一成不變，事出後者，要因時制宜，
尤以編纂義例方面，如編修《永清縣志》時，針對志家之載選舉不解年經事
緯之法，易有於事倒置、同文重複；然間有經緯表者，又有元人撰遼金史等
弊，故章學誠云：

表有經緯者，亦有不可以經緯者。如永清歲貢，嘉靖以前，不可稽
年甲者七十七人，載之無格可歸，删之於理未愜，則列敘其名於嘉
靖選舉之前，殿於正德選舉之末，是《春秋》歸餘於終，而《易》
卦終於〈未濟〉之義也。史遷〈三代世表〉，於夏泄而下，無可經緯，
則列敘而不復縱橫其體，是亦古法之可通者矣。〔註93〕

職是，史家講求通變，說明遇到無可經緯，仍可以古法爲權宜之計。通則變，
變則通，切切不符時勢，不合義例。章學誠主張六經皆史，非貶經之地位，
反而他是一個傳統的儒者，通經服古，不僅要推古之大體，以校讎求學術之
源流，詳加部次，使學術繩貫珠聯，故學者讀書當求通，「薄其執一，而舍其
性之所近，徒泛騖以求通，則終無所得矣。惟即性之所近，而用力之能勉者，
因以推微而知著，會偏而得全，斯古人所以求通之方也。然則學者不患不知
通之量，而患無以致通之原。」〔註94〕學者通則四通八達，左右逢源，以其
性之所近，不以名爲近，不求堯舜所不知不能，偏執一隅，拘泥於古，不專
守一家之言，非謂通也。

　　史家更須有通權達變之識，博學通識，約以達旨，如史遷通古今之變，
以究天人之際。

第四節　推闡大義　推明大道

　　章學誠於《校讎通義》旨在「辨章學術，考鏡源流」，其最終目標有三：

〔註92〕〔清〕章學誠著、楊家駱編：《文史通義等三種·修志十議》，頁 202。
〔註93〕〔清〕章學誠著、楊家駱編：《文史通義等三種·選舉表序例》，頁 165～166。
〔註94〕〔清〕章學誠著、史城編：《章學誠遺書·通說爲邱君題南樂官舍》，卷八，
　　　頁 77。

一為折衷六藝，以宣明大道；二為推論要旨，以復興古學；三為藉學術明道，有益世教，茲分述如下：

一、折衷六藝　宣明大道

　　《校讎通義》第一篇即是〈原道篇〉，開宗明義表示章學誠著錄部次其宗旨為「辨章流別，將以折衷六藝，宣明大道。」〔註95〕並追原劉向、劉歆父子之《七略》，以及班固《漢書》部次之義例校讎，沿波討源各家之流，以明其道，故在其《校讎通義》初稿標題為〈著錄先明大道論〉。在章學誠的思想裡，其道藉由器得以呈現，而「器」即「典籍」，追源古之最早文字記錄即為《六藝》，即是欲尋器之保存，進而溯各家學術之源，以求道之貫通；也是章學誠所言，「器拘於迹，而不能相通，惟道無所不通，是故君子即器以明道，將以立乎其大也。」〔註96〕以道經世為最終目標。

　　所謂「道」，其《文史通義》之〈原道〉云：「道者，萬事萬物之所以然，而非萬事萬物之當然也。」〔註97〕「道」不離日常人倫事物，又存於歷代典章制度。古代至戰國之前，所有文字紀錄皆為官府統治之政典掌故，官師合一，所以皆由官吏傳其學，故典章制度即《周官》，而《六經》為《周官》舊典，《六經》非孔子之著作，《易》、《書》、《禮》、《樂》、《詩》、《春秋》分別由太卜、外史、宗伯、司樂、太師、國史分掌而治；職是，官職之分守即群書之部次，《周官》三百六十就是部次之分類。春秋而後出現了私人著述，第一次典籍之整理為劉向、劉歆父子，章學誠謂其〈輯略〉蓋為討論群書之旨，即為最明道之要。

　　質言之，章學誠謂道，即在群書之旨，故辨章學術，考鏡源流；溯源至三代，而「道」之所在於歷史的演變之中，三代之道傳承於《六藝》中，故《六經》為載道之器。章學誠以為《六經》皆史，源頭當然要追溯至三代，以其治理人民的典章制度，與重視教化社會的功能，周公就是一個模範的展現，因此認為周公集其成以行道，而孔子則是以其義，盡其道以明教，也說

〔註95〕〔清〕章學誠著、楊家駱編：《文史通義等三種·校讎通義·原道第一》，卷一，頁229。
〔註96〕〔清〕章學誠著、史城編：《章學誠遺書·與朱滄湄中翰論學書》，卷九，頁84。
〔註97〕〔清〕章學誠著、楊家駱編：《文史通義等三種·校讎通義·原道第一》，卷一，頁229。

明道德之衰起於「道」因人而命名，以致《六經》隨個人認知而解釋，最後離器以言道。要從源頭做起，部次典籍須合道，方能知言，其道所以經世，即器而明道。

　　保存「器」為明道之首要，亦即圖書典籍之保管，無論中央政府至地方，掌管之人非有道德賢能者，不能擔任，因書吏所存之掌故，實為國家制度之所存，章學誠〈史釋〉解釋《周官》府史之史與內史、外史、太史、小史、御史之史皆是掌守典故以存先王之道的史官：

> 府史之史，庶人在官供書役者，今之所謂書吏是也。五史則卿大夫
> 士為之，所掌圖書、紀載、命令、法式之事，今之所謂內閣六科，
> 翰林中書之屬是也。官役之分，高下之隔，流別之判，如霄壤矣；
> 然而無異議者，則皆守掌故而以法存先王之道也。〔註98〕

府史之史通於五史之義，當代典章官司掌故者，未有不通於詩書六藝。而君子之於「道」，必求當代典章以切於人倫日用，及與官司掌故而通於經術。

　　「道」雖備於《六經》，事出於後者，故「道」須因時制宜，求通、求變，章學誠云：

> 夫道備於《六經》，義蘊之匿於前者，章句訓詁足以發明之，事變之
> 出於後者，《六經》不能言，固貴約《六經》之旨，而隨時撰述，以
> 究大道也。〔註99〕

學者若拘泥於道，不知變通，貴古而薄今，尤如孟子所云：「吾力足以舉百鈞，而不足以舉一羽；明足以察秋毫之末，而不見輿薪。」〔註100〕謂失權度之宜也。章學誠例舉「禮，時為大」及「書同文」，此二種皆貴時王之制度。故道雖備於《六經》，然三代文質損益，當通時達變，以治學符時勢以經世也。

　　章學誠其「道」有其自然與不得不然者，雖皆從「自然」中來，亦講求因時、因勢而變，錢穆以為章學誠之「道」為窮、變、通、久，決不限於前人之成局。〔註101〕錢穆闡述：

> 聖人之不得不然乃所以合乎道，而非可即為道，自然變，則聖人之
> 不得不然者亦將隨而變，故時會不同，則所以為聖人者亦不同，故

〔註98〕〔清〕章學誠著、楊家駱編：《文史通義等三種·史釋》，頁47。
〔註99〕〔清〕章學誠著、楊家駱編：《文史通義等三種·原道下》，頁28。
〔註100〕〔清〕阮元校勘：《十三經注疏·孟子·梁惠王章句上》，卷第一下，頁22。
〔註101〕錢穆：《中國近三百年學術史》，頁424。

曰聖人學於聚人，又曰「六經皆史」，則《六經》固不足以盡夫道
也。〔註102〕

鄭吉雄云：

> 實齋承著由「不變之道」發展到「變之道」的學術史趨向，所講的
> 「道」亦是「器之道」，亦即根據「形而下」的具體事物（器）來推
> 論並且規範「形而上」的「道」。如前文所論，實齋所講的「器」為
> 實物，實物因時不同而變，故器中之「道」亦變。器既有不得不變
> 的「勢」，故「道」亦不斷轉變。能隨「時」而「變」，即合於「道」
> 的精神。〔註103〕

章學誠「道」之本原為「天道」，亦是「人道」，是體現於人倫日用的道，並
存在萬事萬物中，不能僅聖人之《六經》而求，「道」須因應事變、時會、創
制而通權達變。

歷史家皆推崇司馬遷《史記》之作，其獨特之史識，洞徹史事，究天人
之際，通古今之變，成一家之言，已成為後世史家追求的典範。而章學誠講
求以校讎之法部次各典籍，求得學術之源，其史家除了要有博古通今的基本
功外，更要有「識見」，才能將典籍部次至正確的位置，繩貫珠聯，以便後人
尋繹，推原大道，進而將史識運用於校讎學中。

二、推論要旨　復古興學

章學誠以為三代之道在典籍，古無私人著述，後世文字，必溯源於《六
藝》，而道因事變，因時制宜，欲推行大道，須從回歸原典。上古時代原無
文字，故以結繩治事，至後代有文字，百官及人民於政事或日常事務方有書
契可予以憑藉，便於決斷萬事。此後處理萬事萬物博不可盡，聖人方立官分
守，而文字亦從紀焉，所以官守之職分即羣書之部次。彼謂：

> 有官斯有法，故法具於官；有法斯有書，故官守其書，有書斯有學，
> 故師傳其學；有學斯有業，故弟子習其業，官守學業皆出於一，而
> 天下以同文為治，故私門無著述文字。〔註104〕

〔註102〕錢穆：《中國近三百年學術史》，頁423。
〔註103〕鄭吉雄：〈論章學誠的「道」與經世思想〉，頁320。
〔註104〕〔清〕章學誠著、楊家駱編：《文史通義等三種・校讎通義・原道第一》，卷
一，頁228。

戰國私人各家著作既出，至劉向、劉歆蒐羅天下典籍校讎部次成《七略》，班固承繼而成《漢志》。班固認為諸子之學皆出於王官，章學誠從之，諸子思想經由官守其學，師傳其業相承而來，是故：

> 其敘《六藝》而後，次及諸子百家，必云某家者流，蓋出古者某官之掌……官司失職，而師弟傳業。〔註105〕

諸子百家既出，各家之學因此豐富而多采，百家爭鳴。所以章學誠以為若要推究學術之源流，必要注意到師承之家學這一層關係。「古人最重家學，敘列一家之書，凡有涉此一家之學者，無不窮源至委，竟其流別，所謂著作之標準，群言之折衷也。」〔註106〕因此，為推原家學，知所師承，校讎方法主張互著，而為使學術一條鞭，亦使用別裁之法，以便後人可即類求書，因書究學，脈絡清晰。

劉向、劉歆推原古之大體，故章學誠宗劉，其〈輯略〉敘明九流十家之源，以推論要旨，復古興學，得見三代之道；又辨古書正偽亦得以知言，惟後人面對如此浩繁之典籍，以目前經、史、子、集四部分類法如何追源家學，得知學術之源？章學誠提出，四部不宜再返《七略》，故為免家法不明，著作日下，部次不精，學術日散，四部之成法須依《七略》之要旨，重新建立分類體系，方可知其流別，如此便可瞭解古人官師合一之故。

千載之後，鄭樵慨然有會於劉向、劉歆所討論之旨，所以取歷朝著錄，略其魚魯豕亥之細，特以部次條別，疏通倫類，考其得失為之校讎。鄭樵之〈校讎略〉雖能部次條例，疏通倫類，但未能窺見古人之大體，未探及源流，雖涉獵廣博，然卻未專精，故有所疏漏。章學誠以為其校讎之法，心領神會，無可傳也，是因為古代校讎書，是終身守官，父子傳業，故能討論其精詳，有功於墳典。章學誠認為古人言有物而行有恆，故校讎以復師法，推原家學，復古興學，以探究學術之源。

三、學術明道　有益世教

章學誠論學嚴謹，以為「學術無有大小，皆期於道。」〔註107〕有益於世；

〔註105〕〔清〕章學誠著、楊家駱編：《文史通義等三種・校讎通義・原道第一》，卷一，頁229。

〔註106〕〔清〕章學誠著、楊家駱編：《文史通義等三種・校讎通義・互著第三》，卷一，頁231。

〔註107〕〔清〕章學誠著、史城編：《章學誠遺書・與朱滄湄中翰論學書》，卷九，頁84。

如孔子《春秋》之旨綱紀天人，推明大道。所謂學問之道涉及各方面，「蓋學問之事，非以爲名，經經史緯，出入百家，途轍不同，同期明道也。道非必襲天人性命誠正治平，如宋人之別以道學爲名，始爲之道。文章學問，毋論偏全平奇，爲所當然，而又知其所以然者，皆道也。」〔註108〕強調學問之事，不外經史，在其觀念裡，求學爲能明道，求道須有器，治經業史，方不至空言。論學，千舉萬變不窮於辯，昂首天表而不汩於俗，其基本觀念一語以蔽之「即器以明道」。〔註109〕其與〈與朱少白論文〉談到：

> 學於道也，道混沌而難分，故須義理以析之；道恍惚而難憑，故須名數以質之；道隱晦而難宣，故須文辭以達之，三者不可有偏廢也。
> 〔註110〕

則知，義理必探索，名數必須考訂，文辭必須閒習，這就是「學」，而其目的則爲明道。是以，爲學之途有百，文貴發明，學術無大小，主要期之於道，章學誠嘗以「日月之光」爲例，說明學術不衷於道，爲無根之質：

> 日月光天，終古不變，而羣生百物，各以質之所賦而被其光，謂其所得光影，各有大小高下之不齊則可矣，謂盡去形質而始爲日月之光，不知光將何所附也。以所得之大小高下而推測日月之光則可矣，以謂光即在此大小高下而不復更有中天之日月焉，不知爭此大小高下將何用也。由此觀之，學術無有大小，皆期於道。〔註111〕

道非虛化，要有所用並須思求所以然者，若區分學術於道外，而別以道學爲名，始謂之道，則憑學無依，是謂有道而無器。

論及「道」、「器」，離器不能言道，道器合一後，知行合一方能行道，明道於思，須付諸行動力，章學誠以此治史學，朱敬武認爲「史學原是中國人文文化的一個主要特徵，不僅止『左史記言，右史記事』而已，也不僅止做道德上的、社會上的、政治上的價值判斷，文化上的價值標定，更要揭示生命、宇宙的最高意義，以形成一個人文理想典型；這個意思落實在學術傳統上，就是章學誠謂『部次條別，將以辨章學術，考鏡源流，非深明於道術

〔註108〕〔清〕章學誠著、史城編：《章學誠遺書·與朱滄湄中翰論學書》，卷九，頁83。
〔註109〕參見章學誠著、葉瑛校注：《文史通義校注·題記》，頁4。
〔註110〕〔清〕章學誠著、史城編：《章學誠遺書·與朱少白論文》，卷二十九，頁335。
〔註111〕〔清〕章學誠著、史城編：《章學誠遺書·與朱滄湄中翰論學書》，卷九，頁83～84。

精微，群言得失之故者，不足語此。』」〔註112〕是以，《校讎通義》講求校讎之道，依形而上的法術名數理論之「道」與形而下數術技巧之「器」，依序部次，體用相資，進而求得學術之源，詳明義例，終期明道。知而行之，方能經世以致用。「古人不憂名之不傳，而憂名之徒傳而無功於人世；不憂學之不成，而憂學之徒成而無得於身心；是故遑遑汲汲自力於學，將以明其道也。」〔註113〕錢穆亦以其論學，「發乎性眞，極乎通識，合之陽明良知之教，所謂『知行合一』、『拔本塞源』之論者，面貌雖異，根柢則一。」〔註114〕章學誠以學術明道，學業將以經世也，落實儒者最高踐履之功夫。

第五節　《校讎通義》之經世與踐履

　　《校讎通義》之所論，在於推闡大道，其道在經世，落實於踐履；以校讎追學術之源，以道器體用相資之論，實際運用至校讎學、史學、方志學，並藉校讎之法汰華言、治文集，以揚善匿奸邪，而爲益於教化的經世之學。

一、《校讎通義》之經世

　　章學誠之「道」在於經世，以「史學經世」，當時學術氛圍以枵腹空談性天、束書不觀，如何落實以經世，即是要關心周遭問題，在實際人事上有所貢獻，隨時撰述以究大道。空言立論，無法經世，史學經世重點於《春秋》精神，如：

> 孔子作《春秋》，蓋曰其事則齊桓、晉文、其文則史，其義則孔子自謂有取乎爾。夫事即後世考據家之所尚也，文即後世詞章家之所重也，然夫子所取，不在彼而在此。則史家著述之道，豈可不求義意所歸乎？〔註115〕

孔子作《春秋》取其史義爲史家著述之道，以闡揚史學更深層之內涵，而史文及史事若無「史義」、「史意」就會導致「誤承流別，不復辨正其體，於是

〔註112〕朱敬武：《章學誠的歷史文化哲學》（臺北：文津出版社有限公司，1996 年 10月），頁 31。

〔註113〕〔清〕章學誠著、史城編：《章學誠遺書·與朱滄湄中翰論學書》，卷九，頁84。

〔註114〕錢穆：《中國近三百年學術史》，頁 453。

〔註115〕〔清〕章學誠著、楊家駱編：《文史通義等三種·申鄭》，頁 104。

古人著書之旨晦而不明。至於辭家舒其文采，記誦家精其考核，其於史學，似乎小有所補；而循流忘源，不知大體，用功愈勤，而識解所至，亦去古愈遠而愈無所當。」〔註116〕其明道意涵亦在「史義」、「史意」。「史學者的任務，正要藏往而後可以知來。……治史學的責任就在這地方。所以先要關心國家、關心民族、關心此國家民族以往的治、亂、興、亡，你才能來研究歷史。」〔註117〕所謂家事國事天下事，事事關心，而運用史筆直書精神，乃爲史家之大任。

司馬遷繼《春秋》而作《史記》，班固《漢書》之作，實得《史記》啓之，章學誠以《易》曰：「筮之德圓而神，卦之德方以智。」取其義較之，遷書爲通史，通變化，則近於圓而神，班書爲斷代史，守繩墨，示包括，則近於方以智。鄭吉雄以章學誠的道器論來說：「《漢書》毋寧偏重在保存器，而《史記》則重在發明道，二者都是史學所必須講求的。在實齋的史學思想中，求器與求道實缺一不可。即器目的在於求道，體道又必須講經世。只有合道與器二者相互爲用，才是史學全體。」〔註118〕章學誠以校讎追學術之源，以道器體用相資爲經世之學，踐履至校讎學、史學、方志學。

《校讎通義》別次部首亦強調經世，藉校讎之法汰華言，治牽率文集，揚善匿奸邪，以干禁例，益於教化，並援經立論，如於〈原道〉篇強調部次目錄須回歸正道，即類求書，津逮后學：

> 其云流而爲某家之學，即官司失職，而師弟傳業之義也。其云失而爲某氏之弊，即孟子所謂「生心發政，作政害事」，辨而別之，蓋欲庶幾於知言之學者也。〔註119〕

此典自《孟子・滕文公下》：「吾爲此懼，閑先聖之道，距楊墨，放淫辭，邪說者不得作。作於其心，害於其身；作於其事，害於其政。聖人復起，不易吾言矣！」〔註120〕又《公孫丑上》：「何謂知言曰：『詖辭知其所蔽，淫辭知其所陷，邪辭知其所離，遁辭知其所窮。生於其心，害於其政；發於其政，

〔註116〕〔清〕章學誠著、楊家駱編：《文史通義等三種・申鄭》，頁104。
〔註117〕錢穆：《中國史學名著・從黃全兩學案講到章實齋文史通義》，頁324。
〔註118〕鄭吉雄：〈論章學誠的「道」與經世思想〉，《臺大中文學報》5期，1992年6月，頁316。
〔註119〕〔清〕章學誠著、楊家駱編：《文史通義等三種・校讎通義・原道第一》，卷一，頁229。
〔註120〕〔清〕阮元校勘：《十三經注疏・孟子・滕文公下》，卷第六下，頁118。

害於其事，聖人復起，必從吾言矣。』」〔註121〕王重民闡述云：

> 失而爲某氏之弊，即儒家的惑者、辟者，道家的放者，陰陽家的拘
> 者，法家的刻者等等；這些人都不能認識自己家派的正確學術思想，
> 走向了錯誤的方向。章學誠認爲在目錄裡對他們應該給予適當的批
> 評，和孟子「距楊墨，放淫辭」一樣。〔註122〕

藉由整理典籍中，使後人詖辭知蔽，淫辭知陷，邪辭知離，遁辭知窮，如〈和
州志藝文書序例〉云：「學者苟能循流而溯源，雖曲藝小數，詖辭邪說，皆
可返而通乎大道，而治其說者，亦得以自辨其力之至與不至焉。」〔註123〕
且又如章學誠以《軍禮司馬法》入《禮》爲最知本之學，使習兵事知聖王之
遺事，以禮考量是否要發動戰爭之必要。蘇軾云：

> 嘗讀《周官》司馬法，得軍旅什伍之數。其後讀管夷吾書，又得
> 管子所以變周之制。蓋王者之兵出於不得已，而非以求勝敵也，
> 故其爲法，要以不可敗而已。至於桓、文，非決勝無以定霸，故
> 其法在必勝。繁而曲者，所以爲不可敗也。簡而直者，所以爲必
> 勝也。〔註124〕

《司馬法》於北宋時被列爲《武經七書》之一，雖涉及兵法，也確是兵書，
但若出兵淪爲權謀征戰，不本仁義、不本禮，蓋戰爭爲無道，以《軍禮司馬
法》之言爲道，非以求勝之法，更能理解儒家以禮治天下之理想。

二、《校讎通義》之踐履

　　章學誠一生學術以「文史校讎」爲其思想，其欲以校讎義例，運用於文
獻上，其義例屬義理範疇，爲避免空言，結合兩者，這不僅突破了當時經學
訓詁之學風，也使考證有了新方向，奠定了「六經皆史」的理論，進而說明
《六經》即器，即器方能明道。爲求經世致用，落實理論，亦實地參與了地
方志之編修，其嘗謂「《志隅》二十篇，略示推行之一端，能反其隅，《通義》
非迂言可也。」〔註125〕《和州志》乃爲生平第一次地方志之編修，後續編

〔註121〕〔清〕阮元校勘：《十三經注疏·孟子·公孫丑上》，卷第三上，頁55。
〔註122〕〔清〕章學誠著、王重民通解：《校讎通義通解》，頁5。
〔註123〕〔清〕章學誠著、史城編：《章學誠遺書·和州志二》，卷三十，頁556。
〔註124〕《文獻通考經籍考》引蘇軾之言，見〔元〕馬端臨：《文獻通考經籍考》，
　　　　卷三十九，頁912。
〔註125〕〔清〕章學誠著、史城編：《章學誠遺書·和州志一》，卷三十，頁552。

纂或助修有《永清縣志》、《亳州志》、《常德府志》、《荊州府志》、《湖北通志》、《麻城縣誌》等地方志。由此得知，章學誠將理論落諸於實事，不致空言，而後《史籍考》之編纂，使其史學的理論愈臻成熟。

章學誠曾云：「鄭樵有史識而未有史學，曾鞏具史學而不具史法，劉知幾得史法而不得史意。」〔註126〕他認為鄭樵無史學，曾鞏不具史法，劉知幾不得史意；三位史學大師為世所敬重，他既敢評論，可見自己在史學各方面是非常自負的，因此撰寫了《文史通義》，但彼時並不受學者所重，甚有對其懷疑者，這受到當時學風為枵腹空言，不及徵諸實事而未能致用有關。

章鑣任天門縣令時，編修《天門縣志》，章學誠協編，因而有了〈修志十議〉，奠其史學、校讎理論之基礎。〈和州志藝文書序例〉之論與《校讎通義》之〈原道〉、〈宗劉〉、〈互著〉、〈別裁〉內容幾至相同，王重民認為可視為《校讎通義》前述四篇之初稿。〔註127〕於地方志編列實際運用《校讎通義》之分類、部次、義例等理論，惟章學誠於〈和州志藝文書序例〉主張以劉氏《七略》為部次之分類，「蓋《七略》承六典之敝，而知存六典之遺法，四部承《七略》之敝，而不知存《七略》之遺法，是以《七略》能以部次治書籍，而四部不能不以書籍亂次也。」〔註128〕後來《校讎通義》成書時未再堅持復古，四部乃時勢使然，須附以辨章流別明學術之異同。按部就班，篇第甲乙，提要序錄不可少，編《和州志》時，囿於著作較少尚區分八大類，三十多部，但編《湖北通志》，為一省之通志，恐類例不全，卻是不分類，不寫提要，僅以時代先後部次；王重民推測可能前後思想有所變化，舊體系未必是好，但新體系卻又未形成，所以予以省略。〔註129〕於章學誠的觀念裡，「志者識也，簡明典雅，欲其可以誦而識也，刪繁去猥，簡帙不欲繁重，簿書案牘之詳，自有掌故專書，各體詩文，自有文徵專書，志則出古國史，決擇去取，自當師法史裁，不敢徇耳目玩好也。」〔註130〕編修《永清縣志》始立《文徵》，《亳州志》立《掌故》，至《湖北通志》則以《通志》、《文徵》、《掌故》三書併列，使地方志更有系統，雖是地方志，其規格亦要與國史同，

〔註126〕〔清〕章學誠著、史城編：《章學誠遺書・和州志一》，卷三十，頁552。
〔註127〕〔清〕章學誠著、王重民通解：《校讎通義通解》，頁134。
〔註128〕〔清〕章學誠著、史城編：《章學誠遺書・和州志二》，卷三十，頁557。
〔註129〕〔清〕章學誠著、王重民通解：《校讎通義通解》，頁195。
〔註130〕〔清〕章學誠著、史城編：《章學誠遺書・湖北通志檢存稿一》，卷二十三，頁244。

不僅是史料的堆砌，而是要能明道有義例的專門著述。

一國之史謂之國史，而一方之史則爲國史之文獻，他認爲一代有一代之史，一家有一家之史，一人有一人之史。地方志，則爲一地之史。「修志者，非示觀美，將求其實用也。時殊勢異，舊志不能兼賅，是以遠或百年，近或三數十年，須更修也。」〔註131〕地方志要因時不斷更修，小細節更不可忽視，尤不可偏執地理之考革，此點與戴震有相當大的不同。章學誠主張立志科，其云：

> 志之爲體，當詳於史，而今之志乘所載，百不及一。此無他，搜羅采輯，一時之耳目難周；掌故備藏，平日之專司無主也。嘗擬當事者，欲使志無遺漏，平日當立一志科乘房，僉揀吏之稍通文墨者爲之。凡政教典故，堂行事實，六曹案牘，一切皆令關會，目錄眞跡，彙冊存庫。異日開局纂修，取裁甚富，雖不當比擬列國史官，亦庶得州閭史胥之遺意。〔註132〕

立志科可將保存地方文物資料、制度等文獻制度化，不因人有變化，以使資料更加完整，以供來日開局纂修之時，從另一角度言之，也是因爲方志保存了一個地方的文獻，具體的「器」。又如別立《掌故》一書，與志書分立，其因：

> 夫《書》道政事，典謨貢範，可爲經要矣。而《周官》器數，不入四代之書。夏禮、殷禮，夫子能言，而今已不存其籍，蓋政教典訓之大，自爲專書，而人官物曲之細，別存其籍，其義各有攸當。……《春秋》官《禮》，意可互求，而例則不可混合者也。〔註133〕

章學誠以爲《掌故》、志書分立，源自《尚書》與《周禮》分部而列，政教典訓與人官物曲意可互通而例不可混，條別學術源流，故依意分立《春秋》與《禮》，鄭吉雄認爲：

> 士大夫不明白「掌故」的重要性，以及它記載的政治制度的實際變化，以致於他們只做自己的學問文章，書吏只保存自己所守的掌故，各不相通。這對書吏來說，還沒什麼大問題，因爲法制是明顯存在

〔註131〕〔清〕章學誠著、楊家駱編：《文史通義等三種·記與戴東原論修志》，頁208。

〔註132〕〔清〕章學誠著、楊家駱編：《文史通義等三種·答甄秀才論志第一書》，頁193。

〔註133〕〔清〕章學誠著、史城編：《章學誠遺書·亳州志掌故例議上》，卷十五，頁136。

的，不易丟掉；士大夫問題就大了。他們不明白掌故保存的是國家
制度的「實跡」，是可見之「器」，結果往往忽略了器，離器言道，
不但失去了器的實用價值，他使得「道」隱藏起來，不易被人瞭解。
實齋提出「道隱難知」的警告，便是要鼓勵士大夫學者回過頭來重
視掌故所存之「器」，留意國家制度因革的掌故資料，並且在這些資
料的實際基礎上研究學問，以探求其中的「道」。所以，實齋的「史」
並非只是「執筆書寫之史」而已，它還包括了國計民生的研討。即
是說：史料的保存和運用必須配合無間，才能達致「史學經世」的
理想。〔註134〕

因而章學誠以《校讎通義》之心法，辨章百家，釐清學術之源，將這些典籍
部次區分，即器明大道經世致用。又論〈藝文志〉於地方志之重要性，可供
因地因人之要刪，及「下正家藏之目，上備中秘之徵。」〔註135〕其云：

州縣志乘藝文之篇，不可不熟議也，古者行人采書，太史掌典，文
章載籍皆聚於上，故官司所守之外無墳籍也。後世人自爲書，家別
其說，縱遇右文之代、購典之期，其能入於秘府，領在史官者，十
無七八，其勢然也。文章散在天下，史官又無專守，則同文之治，
惟學校師儒，得而講習，州縣志乘，得而部次，著爲成法，守於方
州，所以備輶軒之採風，待秘書之論定，其有奇衰不衷之說，亦得
就其聞見，校讎是正，庶幾文章典籍有其統宗，而學術人心，得所
規範也。〔註136〕

亦於地方志強調譜牒、族譜之收錄，以免自行爲之，有誇大不實之弊。倪德
衛認爲章學誠一部地方志不僅是對歷史變遷的描述和解釋，而且是對當前的
制度和社會狀況（以一種特定的歷史深度觀察到的）的描述。〔註137〕更深入
的說，史志，是歷史的史實，是自己所觀察所能理解的方式下撰寫的，須具
史識，其中亦涵括了作者評論之史意。

《史籍考》爲章學誠於 1788 年代畢沅所編修，惜志未成，後《史籍考》
輾轉多手亦未完書。〈論修史籍考要略〉列十五特點：「古逸宜存、家法宜辨、
剪裁宜法、逸篇宜采、兼名宜辨、經部宜通、子部宜擇、集部宜裁、方志宜

〔註134〕鄭吉雄：〈論章學誠的「道」與經世思想〉，頁 307。
〔註135〕〔清〕章學誠著、史城編：《章學誠遺書·和州志二》，卷三十，頁 558。
〔註136〕〔清〕章學誠著、史城編：《章學誠遺書·和州志二》，卷三十，頁 557。
〔註137〕〔美〕倪德衛：《章學誠的生平及其思想》，頁 35。

選、譜牒宜略、考異宜精、板刻宜詳、制書宜尊、禁例宜明、采摭宜詳。」
〔註138〕皆與《校讎通義》理論相同，使其校讎、目錄學理論運用於《史籍
考》實際之編修。後謝啟昆接手了《史籍考》的編纂工作，章學誠代其撰擬
〈史考釋例〉，這次與十年前〈論修史籍考要略〉在理論及方法又有長進，
總結了十年編修經驗，細分每部典籍如何分類，尤以《史籍考》為專科目錄，
除依原有史部為基礎，還須增列經、子、集與史部有關的部分方為完整。依
其立論，《六經》流別，為史部所不得不收，史通經、子、集，故「擴充類
例，上援甲而下合丙丁，則區區專門舊目，勢不足以窮其變也。是則創條發
例……不無損益折衷。」〔註139〕章學誠部次條例，強調「校讎師法不可不
傳，而著錄專家不可不立。」〔註140〕王重民以為「《校讎通義》和鄭樵《通
志‧校讎略》不同的地方在於：鄭樵的方法和理論是針對著封建政府校書編
目的工作而發的，章學誠則主要是針對著編輯專科目錄的方法、理論而發
的。」〔註141〕綜而言之，其講求學術之源，使後人可即類求書，因書究學，
這就是《校讎通義》一書經世意義之宗旨。

〔註138〕〔清〕章學誠著、史城編：《章學誠遺書‧論修史籍考要略》，卷十三，頁116
～117。

〔註139〕〔清〕章學誠著、史城編：《章學誠遺書‧補遺‧史考釋例》，卷三十，頁616。

〔註140〕〔清〕章學誠著、史城編：《章學誠遺書‧和州志二》，卷三十，頁557。

〔註141〕〔清〕章學誠著、王重民通解：《校讎通義通解》，頁188。

第七章　結　論

　　章學誠一生博學閎通，深究載籍，詳考史傳，自己識見所得頗多，雖當時不受學者重視，二十世紀卻掀起一波研究熱潮，如胡適、〔註1〕梁啓超、〔註2〕錢穆、〔註3〕余英時等人都關注到章學誠，並賦予許多思想涵義，紛而引起諸多探討，其貢獻，不僅於史學，亦涵括經學、文學、校讎、文獻學、方志學等領域。

　　《校讎通義》從校讎條理、義例，從求書治書皆有一套完整文獻之典藏與尋繹方法，尊劉氏《七略》遺法，學術溯源至《周官》，部次依道器，自有經緯，講求經主傳附，章學誠欲以校讎學透過辨章學術而能條貫學術，推究大道。經前述探討《校讎通義》後，發現此書為後世樹立許多校讎典範，這典範正是章學誠於《校讎通義》所蘊涵之文化意義，綜論其優點有三：

〔註1〕　胡適提到做《章實齋先生年譜》的動機乃因日本內藤虎次郎《章實齋先生年譜》太簡略，而章實齋這一位專講史學的人，不應該死了一百二十年還沒有人給他做一篇詳實的傳。參見氏著、姚名達補訂《清章實齋先生學誠年譜》，頁1。

〔註2〕　梁啓超認為千年以來研治史家義法能心知其意者，只有劉知幾、鄭樵以及章學誠三人而已。參見梁啓超《中國近三百年學術史》（臺北：商務印書館，1984年3月）頁327。又云：「自有劉知幾、鄭樵、章學誠，然後中國始有史學矣。」、「史學之在清代，亦非無成績之可言，章學誠之卓犖千古，前既論之矣。」見梁啓超：《中國歷史研究法》（臺北：里仁書局，1984年10月），頁69～70。

〔註3〕　錢穆認為「實齋生雖未享盛名，而思想議論之影響於當世者，非足無道矣。餘觀實齋並世，即如焦里堂、凌次仲之徒，雖稱私淑東原，而議論與實齋相者已不尠。」見錢穆：《中國近三百年學術史》，頁460。

一、辨章學術，考鏡源流

　　章學誠《校讎通義》之要在於「辨章學術，考鏡源流」，講求徵實之學，認爲所言所論皆要上溯至學術之源流，以明古人一家之學，方能言之有物，不立空言。

二、校讎為法，以明大道

　　《校讎通義》建立校讎之理論、義例、方法等，目的是藉由書籍之整理簿次，以著錄序錄、互著別裁、部次從道器等方法、求學術繩貫珠聯，以明大道。

三、通經服古，與時俱變

　　章學誠所論不泥於古，守經但懂得權變，借古通今，符合現世之潮流，會通經史，其於《校讎通義》推原學術，得見古人之大體，以便後人尋繹，回復至《校讎通義》著作之原旨，進而致用於學。其對後世學風影響如下：

一、校讎義例

　　《校讎通義》序言明白揭示，校讎之學始於漢劉向、劉歆父子，部次條別，將以「辨章學術，考鏡源流」，故其校讎學以辨別學術之流別爲主，而不是字句之校正，以及列舉書目順序，篇卷數字而已。所以他說「世之論校讎者，惟爭辨於行墨字句之間，不復知有淵源流別矣。」〔註 4〕得知，校讎學不復是狹義的目錄學而已，更要明瞭學術之發展，各派之流別，以知師法及家法，由師承流別顯家學，故學術之源在官府，官府之職分，即群書之部次，並尊劉、班爲義例，維護正統之名，運用儒學觀點作爲圖書分類的指導思想，故著錄之例先明家學，後人次、時代；再論及以互注重複的方法，以茲體用相資，方能知道學術之一貫性。便於後世學者即類求書，因書而究學，以申明大道。

二、部次依道器

　　在《校讎通義》裡強調「器」與「道」之關係，其實「器」與「道」一直是章學誠學術裡的主軸思想，他提倡「六經皆史」，重視掌故，是因爲「器」爲道之所據；既器爲道先，此「器」便落實於《六經》等典籍，因此典籍之整理刻不容緩，其《校讎通義》便是發明其校讎之理論與實際運用。故須依序著錄，區分形而上的理論與形而下的數術技巧，使求書者可以即器明道，

〔註 4〕〔清〕章學誠著、史城編：《章學誠遺書·信摭》，卷三十，頁 367。

會偏而得全,因而別裁而出,成為著錄重要之法,此見章學誠講求「徵實」之學,不立空言,契合中國文化學術精神。此外,阮元強調氣與理,其「器學」之論,蘊涵著典章制度,器以藏禮,結合事功;這更與章學誠主張《六經》即典章制度,為人事日常所必需,進而論及《六經》之道在「器」中,《六經》皆器,即器方可明道,因而阮元所論即是章學誠的器即道之觀念。

三、經世致用

自古史官世襲,官師合一,「經師傳授,史學世家,亦必因其資之所習近,而勉其力之所能為,殫畢生之精力而成書,於道必有當。」〔註5〕故史家講求家法,更強調史學具有殷鑑興廢,懲惡揚善之功能,以《春秋》之筆示禮樂之教化。章學誠藉由辨章學術,探討學術源流,重新將典籍依劉氏之原意,以己意通古今之變予以部次,以達經世致用;而各家之說莫不有本,示如何發揮,若矍隅觀之,只以其中一點發揮至無限大,恐成曲學支言,故為使學者明白淫辭邪說,亦可著錄此類典籍,但須註明,以詖辭知其蔽。見此,實亦隱含對古代政府的秩序思想,章學誠不斷強調校讎書籍等相關工作須由政府來主導,並擁護政府審查功能,中央應建立藏書,強調史書官修及校讎全國書籍等,總括其目的在建立政府的權威,與傳統儒家精神同出一轍。質言之,著錄之道通於教法,汰華言,治牽率文集,部次群言,治書籍,揚善匿奸邪,以干禁例;待奇邪不衷之說,亦得聞見,以校讎之法辨正,使典籍各歸所宗,學術人心有所規範。

章學誠一生以史為志向,透過編纂修方志,撰寫《史籍考》,並完成《文史通義》、《校讎通義》兩部書,經由校讎方式,以文獻學,梳理經典之學術源流,回歸經典的客觀義理。部次別錄,亦按道、器區分主從,以理論之書,列於首條,其次附之以應用的書籍,「道」、「器」相互體用,以求經世致用,上達形上之道,以明學術之源。強調經重傳輕,以權變之法順應世代的文化,其經學觀與中國傳統文化一脈相承,復以學以致用。

經過將《校讎通義》所論及之一百九十三部經典案頭索查,發現章學誠論述亦有疏於考據、前後說法矛盾與誤植之處,茲分述如下:

一、疏於考據

〈補鄭第六〉云:「昔王應麟以《易》學獨傳王弼,《尚書》止存《偽孔

〔註5〕 〔清〕章學誠著、史城編:《章學誠遺書・與朱滄湄中翰論學書》,卷九,頁84。

傳》，乃采鄭玄《易》注、《書》注之見於群書者，爲鄭氏《周易》，鄭氏《尚書》注。」〔註6〕據王重民考：「王棻《校讎通義節駁》『案王伯厚有《周易鄭康成注》一卷，無鄭氏《尚書注》，蓋實齋誤記也。』余所見黃岩圖書館藏鈔本有孫詒讓眉批云：『王輯《鄭氏書注》乃惠定宇所輯，託名厚齋，世間有刻本，實齋失於考核。非誤記也。』」〔註7〕案王應麟確輯有《周易鄭康成注》，但無《尚書》注，爲章學誠失考。

〈補鄭第六〉云：「應劭《風俗通義》，劭自序實止十卷，《隋書》亦然，至《唐志》乃有三十卷，又非有疏解家，爲之離析篇第，其書安所得有三倍之多乎？然今世所傳《風俗通義》，乃屬不全之書，豈可遽以卷帙多寡定書之全不全乎？」〔註8〕案章學誠以《隋書》爲十卷，實爲三十一卷。《唐志》不併錄，爲三十卷，兩者同。其觀點提及「豈可遽以卷帙多寡定書之全不全乎」，在此例舉《風俗通義》不宜。因《風俗通義》應劭本十卷，考其篇目有三十篇，《隋志》、兩《唐志》之三十卷亦爲三十篇。此即爲後世之卷數與篇數著錄不同。與若疏解家爲之離析篇第則須加注，以免後人有誤，更不可以此爲定論是否爲全本。

〈著錄殘逸第八〉云：「《舊唐書·經籍志》集部內，無韓愈、柳宗元、李翱、孫樵之文，又無杜甫、李白、王維、白居易之詩，此亦非當時之遺漏，必其本志有殘逸不全者矣。」〔註9〕案《舊唐書》本冊憑《古今書錄》，《古今書錄》完成於開元末年，《舊唐書·經籍志序》曰：「據開元經篇爲之志。天寶已後，名公各著文章，儒者多有撰述，或記禮法之沿革，或裁國史之繁略，皆張部類，其徒實繁。臣以後出之書，在開元四部之外，不欲雜其本部，今據所聞，附撰人等傳。其諸公文集，亦見本傳，此並不錄。」〔註10〕故當無天寶以後之人，此當章學誠失考。

〈補校漢藝文志第十〉云：「天文則《宣夜》、《周髀》、《渾天》諸家，下逮《安天》之論，《談天》之說，或正或奇，條而列之，辨明識職，所謂

〔註6〕〔清〕章學誠著、楊家駱編：《文史通義等三種·校讎通義·補鄭第六》，卷一，頁235。

〔註7〕〔清〕章學誠著、王重民通解：《校讎通義通解》，頁34。

〔註8〕〔清〕章學誠著、楊家駱編：《文史通義等三種·校讎通義·補鄭第六》，卷一，頁235～236。

〔註9〕〔清〕章學誠著、楊家駱編：《文史通義等三種·校讎通義·補漢志第十》，卷二，頁239。

〔註10〕〔後晉〕劉昫等撰：《舊唐書經籍志·序》，卷上，頁5。

道也。」〔註11〕案《安天論》為晉虞喜所著，其書成時間為《漢志》之後。《安天》為晉虞喜依《宣夜》而作，成書於《漢志》之後，故補入《漢志》為非。

〈補校漢藝志六藝第十三〉云：「《論語》部之《孔子三朝》七篇，今《大戴記》有其一篇。」〔註12〕案《大戴禮記》載《孔子三朝》有七篇，〔註13〕章學誠據顏師古注撰寫，疏於考證。

〈漢志諸子第十四〉云：「儒家之《魏文侯》、《平原君》，未必非儒者之徒，篇名偶用其人，如《孟子》之有〈梁惠王〉、〈滕文公〉之類耳。不然，則劉、班篇次雖疎，何至以戰國諸侯公子稱為儒家之書歟？」〔註14〕案章學誠以為平原君即是戰國公子趙勝，惟《平原君》，班固注朱建也。《史記》、《漢書》皆有其列傳。〔註15〕馬國翰輯本〈序〉曰：「建本傳只記其救辟陽侯一事，與梁孝王刺爰盎事敗，鄒陽為之至長安說竇長君，絕相類要，皆戰國之餘習，乃班《志》於鄒陽入縱橫家，於平原君則入儒家，必其佚篇多雅正語，今不可見矣。第取本傳中〈說閎籍孺〉一篇附載事蹟，聊備觀覽云爾。」〔註16〕沈濤云：「《平原君》七篇，朱建也。濤案高似孫《子略》作平原老云，宋祁曰老一作君，則宋時《漢書》本作老，其作君者宋景文所校改耳。既書為建所作，不應廁魯連虞卿之閒，蓋後人誤以為六國之平原君而移易其次第。」〔註17〕姚振宗云：「自分條刊刻以來，割裂破碎多非本來舊第，如此一條當在《孝文傳》之後，詩賦略有朱建賦二篇，次枚皋、莊忽奇之間，又一本作平原老，今攷高帝賜號平原君，太史公亦曰平原君，又云平原君與余善，則老字者非也。」〔註18〕顧實云：「亡。宋祁曰：『老一作君。』是

〔註11〕〔清〕章學誠著、楊家駱編：《文史通義等三種·校讎通義·補漢志第十》，卷二，頁240。

〔註12〕〔清〕章學誠著、楊家駱編：《文史通義等三種·校讎通義·漢志六藝第十三》，卷三，頁250。

〔註13〕〔清〕阮元校勘：《十三經注疏·禮記正義》，頁1。

〔註14〕〔清〕章學誠著、楊家駱編：《文史通義等三種·校讎通義·漢志諸子第十四》，卷三，頁254。

〔註15〕見《史記·酈生陸賈列傳第三十七》，卷九十七，頁2701～2703。《漢書·酈陸朱劉叔孫傳第十三》，卷四十三，頁2116～2118。

〔註16〕〔清〕馬國翰：《續修四庫全書·玉函山房輯佚書》，補校六六卷二，頁111。

〔註17〕〔清〕沈濤撰、章壽康輯：《銅熨斗齋隨筆》（據清光緒會稽章氏刻本，式訓堂叢書），（一），卷四，頁14。

〔註18〕姚振宗：《師石山房叢書·漢書藝文志條理》，頁66。

也。」〔註19〕故平原君誤以戰國公子趙勝其來有至，據梁玉繩《古今人表》考曰：「平原君屢見《秦》、《趙策》。趙惠王文弟。（《史·魏公子傳》）。名勝，趙策，故曰趙勝。（《史》本傳）。亦曰平原。（賈誼《新書·過秦論》）。葬直隸廣平府肥鄉縣東南七里（《一統志》）。」〔註20〕案平原君班固自注為朱建，應不屬戰國之平原君趙勝。又案馬國翰所考，班固將《平原君》入儒家，必其佚篇多正語。惜今日已不見，亦不可考矣。

二、前後矛盾

〈宗劉第二〉：「墨家者流，自漢無傳，得尙儉兼愛之意，則老氏貴嗇，釋氏普度之類，二氏中有墨家矣。」〔註21〕章學誠主張將老氏、釋氏入墨家，其老氏自有一類，何須入墨家；此外〈易教下〉云佛教本原於《易》教。〔註22〕自此，佛典自入墨或入《易》，章學誠前後說法不一。

〈著錄殘逸第八〉云：「今觀蕭何《律令》，叔孫《朝儀》，張霸《尙書》，尹更始《春秋》之類，皆顯著紀傳，而本志不收。此非當時之遺漏，必其本志有殘逸不全者矣！」〔註23〕案前述云《漢志》有所遺漏或殘缺不全故無收錄，但於〈補校漢藝文志第十〉：「《律令》藏於理官，《章程》存於掌故。」〔註24〕既「《律令》、《章程》由專官典守，何以劉向領導全局校編未納入部次？而班固遵從《七略》遺法，故當無部錄，非有所遺漏，顯見矛盾。

〈補漢志第十〉云：「後世法律之書甚多，不特蕭何所次《律令》而已也。就諸子中掇取申、韓議法家言，部於首條，所謂道也。」〔註25〕又於〈漢志諸子第十四〉云：「申子為名家者流，而《漢志》部於法家，失其旨矣」，〔註26〕案章學誠以為申子應部次在法家理論之道，但又稱其為名家者流，列

〔註19〕〔漢〕班固撰、顧實：《漢書藝文志講疏》，頁108。

〔註20〕〔清〕梁玉繩等：《史記漢書諸表訂補十種·人表考》，頁683。

〔註21〕〔清〕章學誠著、楊家駱編：《文史通義等三種·校讎通義·宗劉第二》，卷一，頁230。

〔註22〕〔清〕章學誠著、楊家駱編：《文史通義等三種·易教下》，頁5。

〔註23〕〔清〕章學誠著、楊家駱編：《文史通義等三種·校讎通義·著錄殘逸第八》，卷一，頁238。

〔註24〕〔清〕章學誠著、楊家駱編：《文史通義等三種·校讎通義·補漢志第十》，卷二，頁239。

〔註25〕〔清〕章學誠著、楊家駱編：《文史通義等三種·校讎通義·補漢志第十》，卷二，頁241。

〔註26〕〔清〕章學誠著、楊家駱編：《文史通義等三種·校讎通義·漢志諸子第十四》，卷三，頁256。

在法家失其旨，顯現其前後說法不一之處。

〈焦竑誤校漢志第十二〉云：「雜家之《尉繚子》書止二十九篇，班固又不著重複併省，疑非一書也。」〔註27〕又於〈漢志諸子第十四〉云：「《尉繚子》之當入兵家，已為鄭樵糾正，不復置論。」〔註28〕案雜家之《尉繚子》章學誠前述懷疑非同一書，後又說其當入兵家，此為矛盾。

三、筆　誤

〈別裁第四〉云：「《管子》道家之言也，劉歆裁其《弟子職》入小學。」〔註29〕案《漢志》是依《七略》增補而成，查《漢志》將《弟子職》入《孝經》類，〔註30〕其小學應誤植。

〈校讎條理第七〉云：「《七略》以兵書、方技、數術為三部，……南宋鄭寅《七錄》，猶以藝、方技為三門，蓋亦《七略》之遺法。」〔註31〕案宋鄭寅《七錄》，猶以「藝」、「方技」為應兩門，此為章學誠筆誤。

〈補校漢藝文志第十〉：「《術數》一略，分統七條，則天文、歷譜、陰陽、五行、蓍龜、雜占、形法是也。」〔註32〕按《漢志》數術略僅有六條，無陰陽。

〈焦竑誤校漢志第十二〉云：「〈三年問〉、〈樂記〉、〈經解〉之於《荀子》。」〔註33〕案章學誠云〈經解〉、〈三年問〉、〈樂記〉出於《荀子》，經考《荀子》無〈三年問〉、〈經解〉，〔註34〕此兩篇皆在《小戴禮記》，疑撰寫時有誤。

〈漢志六藝第十三〉云：「《易》部《古五子》注云：『自甲子至壬子，說《易》陰陽。』其書當互見於術數略之陰陽類。《災異孟氏京房》，當互見

〔註27〕〔清〕章學誠著、楊家駱編：《文史通義等三種‧校讎通義‧焦竑誤校漢志第十二》，卷二，頁246。

〔註28〕〔清〕章學誠著、楊家駱編：《文史通義等三種‧校讎通義‧漢志諸子第十四》，卷三，頁259。

〔註29〕〔清〕章學誠著、楊家駱編：《文史通義等三種‧校讎通義‧別裁第四》，卷一，頁233。

〔註30〕〔漢〕班固撰、〔唐〕顏師古注：《前漢書藝文志》，頁17。

〔註31〕〔清〕章學誠著、楊家駱編：《文史通義等三種‧校讎通義‧校讎條理第七》，卷一，頁237。

〔註32〕〔清〕章學誠著、楊家駱編：《文史通義等三種‧校讎通義‧補漢志第十》，卷二，頁240。

〔註33〕〔清〕章學誠著、楊家駱編：《文史通義等三種‧校讎通義‧焦竑誤校漢志第十二》，卷二，頁246。

〔註34〕〔清〕王先謙著、沈嘯寰、王星賢點校：《荀子集解‧目錄》（北京：中華書局，1988年9月第1版），頁1～3。

於術數略之雜占，或五行類。」〔註 35〕案《漢志》爲「數術略」，凡《校讎通義》裡提及《漢志》「數術略」皆寫爲「術數略」，此應爲章學誠筆誤。

〈漢志諸子第十四〉云：「儒家部有《周政》六篇，《周法》六篇，其書不傳。班固注《周政》云：『周時法度政教。』注《周法》云：「法天地，立百官。」則二書蓋官《禮》之遺也。」〔註 36〕案《漢志》著錄《周法》爲九篇，〔註37〕章學誠部分誤植爲六篇。

〈漢志諸子第十四〉云：「儒分爲三，墨分爲八。」〔註38〕案應爲「儒分爲八，墨分爲三。」兩者皆典自《韓非子‧顯學》，儒分爲八：「自孔子之死也，有子張之儒，有子思之儒，有顏氏之儒，有孟氏之儒，有漆雕氏之儒，有仲良氏之儒，有孫氏之儒，有樂正氏之儒。」〔註39〕墨別爲三：「自墨子之死也，有相里氏之墨，有相夫氏之墨，有鄧陵氏之墨。」〔註 40〕此應爲章學誠筆誤也。

〈漢志諸子第十四〉云：「《董仲舒》百二十三篇，部於儒家，是矣。然仲舒所著，皆明經術之意。至於說《春秋》事，得失間舉，所謂〈玉杯〉、〈繁露〉、〈清明〉、〈竹林〉之屬，則當互見《春秋》部次者也。」〔註 41〕案《漢書‧董仲舒傳》爲「說《春秋》事得失，〈聞舉〉、〈玉杯〉……。」〔註 42〕應爲章學誠之語有誤。

〈漢志詩賦第十五〉云：「《隱書》注引劉向《別錄》，謂疑其言以相問對，通以思慮，可以無不喻。」〔註 43〕案所引劉向云應爲「《隱書》者，疑

〔註35〕〔清〕章學誠著、楊家駱編：《文史通義等三種‧校讎通義‧漢志六藝第十三》，卷三，頁 249。

〔註36〕〔清〕章學誠著、楊家駱編：《文史通義等三種‧校讎通義‧漢志諸子第十四》，卷三，頁 251。

〔註37〕〔漢〕班固撰、〔唐〕顏師古注：《前漢書藝文志》，頁 22。

〔註38〕〔清〕章學誠著、楊家駱編：《文史通義等三種‧校讎通義‧漢志諸子第十四》，卷三，頁 252。

〔註39〕〔戰國〕韓非著、陳奇猷校注：《韓非子新校注‧顯學第五十》（上海：上海古籍出版社，2000 年 10 月初版），卷十九，頁 1124。

〔註40〕〔戰國〕韓非著、陳奇猷校注：《韓非子新校注‧顯學第五十》，卷十九，頁 1124。

〔註41〕〔清〕章學誠著、楊家駱編：《文史通義等三種‧校讎通義‧漢志諸子第十四》，卷三，頁 253。

〔註42〕〔漢〕班固撰、〔唐〕顏師古注：《漢書‧董仲舒傳第二十六》，卷五十六，頁 2525。

〔註43〕〔清〕章學誠著、楊家駱編：《文史通義等三種‧校讎通義‧漢志詩賦第十五》，卷三，頁 262。

其言以相問，對者以慮思之，可以無不諭。」〔註44〕案此章學誠所引劉向《別錄》內容爲誤。

〈漢志兵書第十六〉云：「《孫子》八十三篇，用同而書體有異，則當別而次之。」〔註45〕案《漢志》著錄《吳孫子兵法》八十二篇，〔註46〕章學誠部分誤植爲八十三篇。

章學誠前後說法不一之處或可以其思想成熟及實際編修地方志及《史考籍》經驗進程有所不同，尤以千古不變之則，循其創新，以「通」、「變」因應時勢，進而復古求學術之源，洵屬不易之處。

此外，部分學者批評章學誠尊史貶經，如余英時認爲章學誠提倡「六經皆史」深層有尊史抑經之意味，〔註47〕惟全面探討後，以《校讎通義》之經典校讎析論，可看出章學誠重「經」，其主張經主傳附，以《六經》爲部次，論述亦皆尊經，而不因「六經皆史」，即將經的地位列爲次。以部次條例而言：

一者，尊崇古文經學次第，諸了九流十家，列儒爲首。

二者，六藝爲經，群書爲傳，以《六經》爲名，《七經》、《九經》、《十三經》乃後人之名，不明綱紀之故。

三者，尊經，如以《司馬法》入《禮》部，乃爲別出部首，尊爲經言。

四者，釋任宏兵書部次之法，乃以天、地、人爲次第，權謀爲道，技巧爲藝，並以道爲本，以藝爲末，以符孟子「天時不如地利，地利不如人和」之論。

五者，道器依序相依，如先形而上之理論，而後形而下之名數技巧，運用於兵書、天文、地理、農業等專科；目的即爲求學術之源，期能釐清各學派流別，以便後人即類求書，因書究學。

〔註44〕〔清〕姚振宗：《師石山房叢書‧七略別錄佚文》，頁14。
〔註45〕〔清〕章學誠著、楊家駱編：《文史通義等三種‧校讎通義‧漢志兵書第十六》，卷三，頁263。
〔註46〕〔漢〕班固著、〔唐〕顏師古注：《前漢書藝文志》，頁56。
〔註47〕余英時云：「綜觀實齋『六經皆史』之說，實爲針對東原道在六經的基本假定而發，同時也是顧亭林以來所謂『經學即理學』的中心理論作一種最有系統的反挑戰，但『六經皆史』是一種十分含蓄的說法，不能僅從字面上作孤立的了解，深一層看，這個命題實帶有尊史抑經的意味。」見氏著：《論戴震與章學誠》，頁64～65。

　　由此觀之，章學誠是一個不折不扣的傳統儒者。余英時雖有上述之論，但不影響其對章學誠的看法，他說清代學術思想上的兩個高峰，一是戴震、另一是章學誠。錢穆也認爲章學誠的學問「從《漢書·藝文志》來，又兼之以鄭樵《通志》，而創出了章實齋討論古代學術一項重大的創見。」〔註48〕綜觀章學誠之《校讎通義》雖有與《漢志》、《通志》所見不同者，亦有所創見，如目錄者流皆爲「辨名正物」之作，故歸入子部之名家；又如《司馬法》不宜入權謀篇，班固入經《禮》爲最知本之學；類書應區分有源委者如《文獻通考》之類，當附史部故事之後；無源委者如《藝文類聚》之類，當附集部總集之後，總不得與子部相混淆；名家之書當敘於法家之前等論點，以現今觀點不一定穩妥，但必須承認章學誠思想縝密，眼光銳利，提出許多新思維，以供後人思考。錢穆以爲章學誠之學風影響到當世焦里堂、凌次仲等人，其說雖私淑於戴震，但其議論與章學誠實不遠矣；而龔自珍著書亦頗剿竊於章學誠。〔註49〕由章學誠可知清一代之學風。章學誠折衷諸家，集古校讎之大成，全面系統的探討校讎目錄學之重要性，誠如皮錫瑞所云：「凡學不考其源流，莫能通古今之變；不別其得失，無以獲從入之途。」〔註50〕爲現代人開啓爲學之鑰，其所主張校讎與學術結合，以校讎學超越了狹義的訓詁考據之學，以辨章學術源流方式條別學術異同，建立「專科目錄」，爲校讎學樹立了典範。

　　最後，本文自我檢討發現，附錄各典籍之考證計有近兩百部經典，均以此文關注目錄部次，考索各家學術之源，故摘錄各代藝文志並徵引各家之說予以辨正，針對版本未有時間加以考證，實爲遺憾。此外，《校讎通義》與經學互見理論部分，如《春秋》與《詩》相表里、史學家《春秋》者，必深於《詩》、史傳引風綴雅於《詩》、《書》亡《春秋》作、《詩》《樂》互通、《春秋》爲史之原等，未加以析論，因此尚欠周延，期在日後再作更深一步之研討。

〔註48〕錢穆：《中國史學名著·從黃全兩學案講到章實齋文史通義》，頁 313。

〔註49〕參見錢穆：《中國近三百年學術史》，頁 460。

〔註50〕〔清〕皮錫瑞：《經學歷史》（臺北：藝文印書館，2004 年 3 月初版五刷），頁 1。

徵引書目

一、古　籍

（一）經部（部次以典籍，朝代爲次，今人著作亦置於此欄）

1. 〔唐〕孔穎達、〔清〕阮元校勘：《周易正義》（臺北：藝文印書館，1965年6月二版）。

2. 〔宋〕王應麟：《周易鄭康成注》（《欽定四庫全書》版，濟南：齊魯書社，1995年）。

3. 〔唐〕孔穎達、〔清〕阮元校勘：《尚書正義》（臺北：藝文印書館，1965年6月三版）。

4. 〔唐〕孔穎達、〔清〕阮元校勘：《毛詩正義》（臺北：藝文印書館，1965年6月三版）。

5. 〔宋〕王應麟：《詩考》（上海：商務印書館，1937年12初版）。

6. 〔唐〕賈公彥、〔清〕阮元校勘：《周禮注疏》（臺北：藝文印書館，1965年6月三版）。

7. 〔清〕萬斯同著、〔清〕楊復吉編：《周官辨非》（《昭代叢書》，上海：上海古籍出版社，1990年）。

8. 〔唐〕賈公彥、〔清〕阮元校勘：《儀禮注疏》（臺北：藝文印書館，1965年6月三版）。

9. 〔唐〕孔穎達、〔清〕阮元校勘：《禮記正義》（臺北：藝文印書館，1965年6月三版）。

10. 〔清〕孫希旦：《禮記集解》（北京：中華書局，1989年2月第1版）。

11. 〔唐〕孔穎達、〔清〕阮元校勘：《春秋左傳正義》（臺北：藝文印書館，1965年6月三版）。

12. 〔唐〕徐彥、〔清〕阮元校勘：《春秋公羊左傳注疏》（臺北：藝文印書館，1965 年 6 月三版）。

13. 〔唐〕楊士勛、〔清〕阮元校勘：《春秋穀梁傳注疏》（臺北：藝文印書館，1965 年 6 月三版）。

14. 〔宋〕邢昺、〔清〕阮元校勘：《爾雅注疏》（臺北：藝文印書館，1965 年 6 月三版）。

15. 〔秦〕孔鮒、遲鐸注釋：《小爾雅集釋》（上海：中華書局，2008 年 9 月第 1 版）。

16. 〔宋〕孫奭、〔清〕阮元校勘：《孟子注疏》（臺北：藝文印書館，1965 年 6 月三版）。

17. 〔宋〕朱熹：《四書章句集注》（北京：中華書局，1983 年 10 月第一版）。

18. 〔漢〕班固撰、〔清〕盧文弨校補：《白虎通》（北京：北京直隸書局影印，1933 年 5 月，北京直隸書局影印抱經堂叢書）。

19. 〔漢〕班固撰、吳則虞點校：《白虎通疏證》（北京：中華書局，1994 年 8 月第 1 版）。

20. 〔唐〕陸德明：《經典釋文》（北京：中華書局，1983 年 9 月第一版）。

21. 〔清〕王念孫：《讀書雜志》（江蘇：江蘇古籍出版社，1985 年 7 月初版）。

22. 〔清〕皮錫瑞：《經學歷史》（臺北：藝文印書館，2004 年 3 月初版五刷）。

23. 〔漢〕許慎撰、〔清〕段玉裁注：《說文解字注》（臺北：洪葉文化事業有限公司，1998 年 10 月、2001 年 10 月增修一版二刷）。

24. 〔漢〕許慎著、柴劍虹、李肇翔主編：《說文解字》（北京：九州出版社，2001 年 2 月第 1 版）。

（二）史部（部次以典籍，朝代為次，今人著作亦置於此欄）

1. 〔漢〕司馬遷著、裴駰集解、司馬貞索隱、張守節正義：《史記》（北京：中華書局，1959 年 7 月）。

2. 〔清〕梁玉繩：《史記漢書諸表訂補十種》（北京：中華書局 1982 年 7 月第一版）。

3. 〔漢〕班固撰、〔唐〕顏師古注：《漢書》（北京：中華書局，1964 年 12 月第 2 版）。

4. 〔漢〕班固撰、〔唐〕顏師古注：《前漢書藝文志》（《叢書集成初編》，上海：商務印書館，1936 年 6 月初版）。

5. 〔宋〕王應麟：《漢藝文志考證》（《欽定四庫全書》，濟南：齊魯書社，1995 年）。

6. 〔清〕錢大昭：《漢書辨疑》（上海：商務印書館，1936 年 12 月初版）。

7. 〔清〕沈欽韓撰、尹承整理:《漢書藝文志疏証》(北京:清華大學出版社,2001 年 9 月第 1 版)。

8. 〔清〕姚振宗:《漢書藝文志條理》(上海:開明書店製版,1936 年)。

9. 〔清〕姚振宗:《漢書藝文志拾補》(上海:開明書店製版,1936 年)。

10. 〔清〕王先謙撰:《漢書補注》(北京:中華書局影印清光緒二十六年長沙王氏虛受堂刊本,1983 年)。

11. 〔漢〕班固撰、姚明煇:《漢書藝文志注解姚氏學》(上海:江南印刷局,1924 年 12 月)。

12. 〔漢〕班固撰、顧實:《漢書藝文志講疏》(上海:商務印書館,1927 年 1 月三版)。

13. 〔漢〕班固撰、楊樹達:《漢書窺管》(上海:上海古籍出版社,1984 年 1 月 1 版)。

14. 〔漢〕班固撰、陳國慶彙編:《漢書藝文志注釋彙編》(北京:中華書局,1983 年 6 月第一版)。

15. 〔漢〕班固撰、王利器、王貞珉疏證:《漢書古今人表疏證》(濟南:齊魯書社,1988 年 8 月第一版)。

16. 〔漢〕班固撰、張舜徽通釋:《漢書藝文志通釋》(湖北:湖北教育出版社,1990 年 3 月)。

17. 〔南朝宋〕范曄撰、〔唐〕李賢注:《後漢書》(北京:中華書局,1965 年 5 月第 1 版)。

18. 〔唐〕房玄齡:《晉書》(北京:中華書局,1974 年 11 月第 1 版)。

19. 〔梁〕沈約:《宋書》(北京:中華書局,1974 年 10 月第 1 版)。

20. 〔唐〕姚思廉:《梁書》(北京:中華書局,1973 年 5 月第 1 版)。

21. 〔唐〕魏徵:《隋書》(北京:中華書局,1973 年 8 月第 1 版)。

22. 〔唐〕長孫無忌、魏徵等撰:《隋書經籍志》(上海:商務印書館,1967 年 7 月第 2 版)。

23. 〔清〕姚振宗:《隋書經籍志考證》(上海:開明書店製版,1936 年)。

24. 〔唐〕李延壽著:《北史》(北京:中華書局,1974 年 10 月第一版)。

25. 〔後晉〕劉昫等撰:《舊唐書》(上海:中華書局,1975 年 5 月第 1 版)。

26. 〔後晉〕劉昫等撰:《舊唐書經籍志》(上海:商務印書館,1936 年 6 月初版)。

27. 〔唐〕歐陽修、宋祁:《新唐書》(北京:中華書局,1975 年 2 月第 1 版)。

28. 〔唐〕歐陽修、宋祁:《唐書藝文志》(上海:商務印書館,1936 年 6 月初版)。

29. 〔元〕脫脫等撰:《宋史》(北京:中華書局,1977 年 11 月第 1 版)。

30. 〔元〕脫脫等撰:《宋史藝文志》(上海:商務印書館,1936 年 6 月初版)。

31. 柯劭忞:《新元史》(臺北:二十五史編刊館編,1955 年)。

32. 〔清〕張廷玉等撰:《明史》(北京:中華書局,1974 年 4 月第 1 版)。

33. 〔明〕焦竑:《國史經籍志》(上海:商務印書館,1939 年 12 月初版)。

34. 趙爾巽等:《清史稿》(北京:中華書局,1977 年 12 月第一版)。

35. 〔秦〕佚名、黃懷信:《逸周書校補注譯》(西安:西北大學出版社,1996 年 3 月第 1 版)。

36. 〔宋〕鄭樵撰、王樹民點校:《通志二十略》(北京:中華書局,1995 年 11 月第 1 版)。

37. 〔春秋〕左丘明撰、曹建國、張玖青注說:《國語》(開封:河南大學出版社,2008 年 3 月第 1 版)。

38. 《戰國策校注》(《四部叢刊》據上海涵芬樓借江南圖書館藏元至正十五年刊本景印原書版,上海:商務印書館,1922 年)。

39. 〔漢〕劉向錄、諸祖耿:《戰國策集注滙考》(南京:鳳凰出版社,2008 年 12 月第 1 版)。

40. 〔漢〕宋衷注、〔清〕秦嘉謨等輯:《世本八種》(上海:商務印書館 1957 年 12 月)。

41. 〔清〕黃宗羲、全祖望補修:《宋元學案》(北京:中華書局,1986 年)。

42. 〔清〕江藩:《國朝漢學師承記》(北京:中華書局,1983 年 11 月第一次印刷)。

43. 〔清〕李桓輯:《國朝耆獻類徵初編》(臺北:明文書局,1986 年)。

44. 〔清〕徐松:《宋會要輯稿》(北京:中華書局,1957 年 11 月第 1 版)。

45. 〔清〕姚振宗:《七略別錄佚文》(上海:開明書店製版,1936 年)。

46. 〔宋〕王堯臣著、〔清〕錢東垣輯釋:《崇文總目輯釋》(臺北:商務印書館,1967 年)。

47. 〔宋〕晁公武著、孫猛校證:《郡齋讀書志校證》(上海:古籍出版社,1990 年 10 月第一版)。

48. 〔宋〕高似孫:《史略子略》(上海:商務印書館,1939 年 12 月初版)。

49. 〔宋〕陳振孫:《直齋書錄解題》(上海:古籍出版社,1987 年 11 月第一版)。

50. 〔清〕嚴可均:《書目三編》(臺北:廣文書局有限公司,1969 年 2 月初版)。

51. 〔清〕紀昀:《欽定四庫全書總目》(北京:中華書局,1997 年 1 月第一版)。

52. 〔清〕陸心源:《儀顧堂集》,同治十三年歲次甲戌孟烁福州重刊。

53. 〔清〕張之洞撰、范希曾補正:《書目答問補正》(上海:上海古籍出版社,

2010 年 8 月第 1 版）。

54. 〔元〕馬端臨：《文獻通考經籍考》（上海：華東大學師範出版社，1985 年 6 月第一版）。

55. 〔清〕王鳴盛著、黃曙輝點校：《十七史商榷》（上海：上海書店，2005 年第 1 版）。

56. 〔唐〕劉知幾撰、〔清〕浦起龍釋：《史通通釋》（臺北：里仁書局，1993 年 6 月）。

57. 〔清〕崔述：《豐鎬考信錄》（《叢書集成初編》，上海：商務印書館，1936 年 6 月初版）。

（二）子部（部次以典籍，朝代爲次，今人著作亦置於此欄）

1. 〔春秋〕晏嬰撰、吳則虞集釋：《晏子春秋集釋》（上海：中華書局，1962 年 1 月第 1 版）。

2. 《商子》（《四部叢刊》據景上海涵芬館藏明天一閣刊本影印，上海：商務印書館，1922 年）。

3. 〔清〕王先謙著、沈嘯寰、王星賢點校：《荀子集解》（北京：中華書局，1988 年 9 月第 1 版）。

4. 〔戰國〕荀況著、駱瑞鶴補正：《荀子補正》（武昌：武漢大學出版社，1997 年 8 月第 1 版）。

5. 〔漢〕孔鮒、〔唐〕臣軌注：《孔叢子註》（江蘇：古籍出版社，1988 年 2 月第 1 版）。

6. 〔漢〕陸賈撰、王利器校注：《新語校注》（北京：中華書局，1986 年 8 月第一版）。

7. 〔漢〕賈誼撰、閻振益、鍾夏校注：《新書校注》（北京：中華書局，2000 年 7 月第 1 版）。

8. 〔漢〕董仲舒著、〔清〕蘇輿、鍾哲點校：《春秋繁露義證》（北京：中華書局，1992 年 12 月第 1 版）。

9. 〔漢〕桓寬撰、王利器：《鹽鐵論校注》（北京：中華書局，1992 年 7 月第 1 版）。

10. 〔宋〕黎靖德編、王星賢點校：《朱子語類》（北京：中華書局，1986 年 3 月）。

11. 〔春秋〕管仲、石一參：《管子今詮》（北京：中國書店影印，1988 年 3 月第 1 版）。

12. 〔春秋〕管仲、鍾肇鵬等：《管子簡釋》（山東：齊魯書社，1997 年 6 月第一版）。

13. 〔春秋〕管仲、郭沫若、聞一多、許維遹：《管子集校》（北京：科學出版

社，1956 年 1 版）。

14. 〔晉〕郭象註：《莊子》（臺北：藝文印書館，1990 年 12 月第一版）。

15. 〔春秋〕鶡冠子著、黃懷信集注：《鶡冠子彙集注》（北京：中華書局，2004 年 10 月初版）。

16. 〔宋〕張君房撰、李永晟點校：《雲笈七籤》（北京：中華書局，2003 年 12 月第 1 版）。

17. 〔戰國〕韓非著、陳奇猷校注：《韓非子新校注》（上海：上海古籍出版社，2000 年 10 月初版）。

18. 吳毓江校釋：《公孫龍校釋》（上海：上海古籍出版社，2001 年 11 月第一版）。

19. 〔清〕孫詒讓：《墨子閒詁》（上海：商務書局，1935 年 7 月初版）。

20. 〔清〕孫星衍：《尸子集本》（平津館刊藏，嘉慶丙寅夏五月）。

21. 〔漢〕高誘注：《呂氏春秋注》（上海：上海書局，1985 年 7 月第 1 版、1992 年 6 月第 2 次印刷）。

22. 〔秦〕呂不韋編、許維遹集釋：《呂氏春秋集釋》（北京：中國書店，1985 年 5 月第 1 版，據清華大學 1935 年版影印）。

23. 〔漢〕劉安撰、何寧集釋：《淮南子集釋》（北京：中華書局，1988 年 10 月第 1 版）。

24. 〔漢〕應劭著、吳樹平校釋：《風俗通義校釋》（天津：天津人民出版社，1980 年 9 月第 1 版）。

25. 〔漢〕應劭著、王利器校注：《風俗通義校注》（北京：中華書局，1981 年 1 月第一版）。

26. 〔北齊〕顏之推撰、〔清〕趙曦明註：《抱經堂本顏氏家訓》（臺北縣：漢京文化事業有限公司，1981 年 4 月初版）。

27. 〔宋〕葉適：《習學記言序目》（北京：中華書局，1977 年 10 月第一版）。

28. 〔清〕顧炎武、陳垣校證：《日知錄校證》（合肥：安徽大學出版社，2007 年 8 月第一版）。

29. 〔宋〕王應麟著、〔清〕翁元圻等注：《困學紀聞》（上海：上海古籍出版社，2008 年 12 月第 1 版）。

30. 〔明〕宋濂著、顧頡剛標點：《諸子辨》（北京：樸社，1928 年 3 月三版）。

31. 〔明〕胡應麟著、顧頡剛點校：《四部正譌》（北京：樸社出版社，1933 年 12 月再版）。

32. 〔清〕姚際恆著、顧頡剛標點：《古今偽書考》（北京：樸社，1933 年 11 月再版）。

33. 〔清〕孫從添：《藏書記要》（清嘉慶十六辛未年 1811 士禮居刊本）。

34. 〔清〕王鳴盛：《蛾術編》（北京：商務印書館，1958 年 10 月初版）。

35. 〔清〕崔述：《考信錄提要》（《叢書集成初編》，上海：商務印書館，1936 年 6 月初版）。

36. 〔清〕馬國翰《玉函山房輯佚書》（《續修四庫全書》，上海：上海古籍出版社影印光緒九年長沙娘嬛館補校本，2003 年 3 月第一版）。

37. 〔清〕洪頤煊：《讀書叢錄》（上海：商務印書館，1939 年 12 月初版）。

38. 〔清〕沈濤撰、章壽康輯：《銅熨斗齋隨筆》（據清光緒會稽章氏刻本，式訓堂叢書）。

39. 〔清〕朱一新：《無邪堂答問》（廣雅書局刊，光緒二十一年二月）。

40. 〔清〕孫詒讓：《籀述林》（臺北：廣文書局有限公司 1971 年 4 月初版）。

41. 〔清〕汪繼培輯：《二十二子》（光緒三年據湖海樓刻，上海：上海古籍出版社，1986 年 3 月第 1 版，縮印浙江書局彙刻本）。

42. 〔清〕文廷式：《純常子枝語》（臺北：文海出版社有限公司印行，1974 年 1 月）。

43. 〔清〕葉德輝：《書林清話》（臺北：世界書局，1987 年 6 月 五版）。

44. 〔周〕鶡熊著、逢行珪注：《鶡子》（上海：古籍出版社，1990 年 9 月第一版）。

45. 〔南朝宋〕劉義慶撰、〔梁〕劉孝標注、朱鑄禹彙校集注：《世說新語彙校集注》（上海：上海古籍出版社，2002 年 12 月第 1 版）。

46. 〔南朝宋〕劉義慶撰、徐震堮著：《世說新語校箋》（北京：中華書局，2002 年 12 月第 1 版、2001 年 8 月第 7 次印刷）。

47. 〔宋〕王銍撰、朱杰人點校：《默記》（北京：中華書局，1981 年 9 月第 1 版）。

48. 〔宋〕鄧名世撰、王力平點校：《古今姓氏書辯證》（南昌：江西人民出版社，2006 年 6 月第 1 版。）

49. 〔唐〕魏徵：《群書治要》（上海：商務印書館，1936 年 3 月初版）。

50. 〔宋〕王應麟：《玉海》（據光緒九年浙江書局刊本影印（文瀾閣《四庫全書》鈔本，南京：江蘇古籍出版社、上海書店，1988 年 12 月）。

（四）集部（部次以典籍，朝代為次，今人著作亦置於此欄）

1. 〔宋〕歐陽修：《歐陽修全集》（北京：中國書店，1986 年 6 月第 1 版）。

2. 〔宋〕朱熹：《楚辭集注》（上海：上海古籍出版社，2001 年 12 月第 1 版）。

3. 〔梁〕蕭統編、〔唐〕李善注：《文選》（上海：上海古籍出版社，1986 年 8 月第 1 版）。

4. 〔清〕朱筠：《笥河文集》（上海：商務印書館，1936 年 12 月初版）。

5. 〔清〕嚴可均:《全上古三代秦漢三國六朝文》（北京:中華書局出版,1958年12月第1版）。

6. 〔清〕章學誠著、史城編:《章學誠遺書》（北京:文物出版社,1985年8月第一版）。

7. 〔清〕章學誠著、楊家駱編:《文史通義等三種》（臺北:世界書局,1989年5月五版）。

8. 〔清〕章學誠著、嚴杰、武秀成譯:《文史通義全譯》（貴州:貴州人民出版社,1997年12月）。

9. 〔清〕章學誠著、葉瑛校注:《文史通義校注/校讎通義校注》（臺北:頂淵文化事業有限公司,2002年9月1刷）。

10. 〔清〕章學誠著、倉修良編注:《文史通義新編新注》（杭州:浙江古籍出版社,2005年10月）。

11. 〔清〕章學誠著、王重民通解:《校讎通義通解》（上海:古籍出版社,2009年6月第一版）。

12. 〔南朝梁〕劉勰著、〔清〕黃淑琳注:《文心雕龍注》（臺北:大明王氏出版公司,1975年9月三版）。

二、近人論著

1. 中華書局編輯部輯:《歷代天文律曆等志彙編》（北京:中華書局,1975年9月第一版）。

2. 〔日〕日中民族科學研究所編:《中國歷代職官辭典》（鄭州:中州古籍出版社,1988年8月第2版）。

3. 中國歷史文獻研究會編:《章學誠國際學術研討會論文集》（北京:北京圖書館出版社,2004年9月第1版）。

4. 王叔岷:《斠讎學 斠讎別錄》（北京:中華書局,2007年6月第一刷）。

5. 王欣夫:《文獻學講義》（台北:商務印書館 ,1992年1月初版）。

6. 朱希祖:《中國史學通論》（上海:上海書局,1990年10月）。

7. 朱敬武:《章學誠的歷史文化哲學》（臺北市:文津出版有限公司,1996年10月一刷）。

8. 朱一玄等編著:《中國古代小說總目提要》（北京:人民文學出版社,2005年12月第1版）。

9. 何炳松:《浙東學術溯源》（上海:商務印書館,1932年12月初版）。

10. 汪辟疆:《目錄學研究》（臺北:文史哲出版社,1980年12月四版）。

11. 李曰剛:《中國目錄學》（臺北:明文書局,1983年8月）。

12. 余嘉錫:《四庫提要辨證》（北京:中華書局,1985年1月第2次印刷）。

13. 余嘉錫：《古書通例》（上海：古籍出版社，1985 年 7 月第一版）。

14. 呂紹虞：《中國目錄學史稿》（臺北：丹青出版社，1986 年一版）。

15. 李師威熊：《漢書導讀》（臺北：文史哲出版社，1977 年 4 月初版）。

16. 李師威熊：《中國經學發展史論》（臺北：文史哲出版社，1988 年 12 月初版）。

17. 李瑞良：《中國目錄學史》（臺北：文津出版社，1993 年 7 月）。

18. 余英時：《論戴震與章學誠》（臺北：東大圖書股份有限公司，1996 年 11 月）。

19. 余嘉錫：《余嘉錫講目錄學》（南京：鳳凰出版社，2009 年 4 月第一版）。

20. 杜澤遜：《文獻學概要》（北京：中華書局，2001 年 9 月初版）。

21. 屈萬里：《古籍導讀》（臺北：聯經出版事業公司，1984 年 7 月初版）。

22. 昌彼得、潘美月：《中國日錄學》（臺北：文史哲出版社，1986 年 9 月初版、1991 年 10 初版二刷）。

23. 金毓黻：《中國史學史》（北京：商務印書館，2003 年 7 月第 2 次印刷）。

24. 周祖謨：《周祖謨語言文史論集》（北京：學苑出版社，2004 年 12 月第 1 版）。

25. 周杰生：《太平御覽研究》（四川：四川出版集團巴蜀書社，2008 年 12 月第 1 版）。

26. 姚名達：《中國目錄學史》（臺北：商務印書館，1965 年 7 月臺一版）。

27. 洪湛侯：《中國文獻學新編》，（杭州：杭州大學出版社，1994 年 5 月第 1 版）。

28. 胡楚生：《中國目錄學》（臺北：文史哲出版社，1995 年 9 月初版、2004 年 10 月二刷）。

29. 施宣圓、許立言等主編：《中國文化史 500 年疑案（續）》（鄭州：中州古籍出版社，1996 年 10 月）。

30. 胡適著、姚名達補訂：《清章實齋先生學誠年譜》（臺北：商務印書館，1980 年 4 月初版）。

31. 倉修良、葉建華：《章學誠評傳》（南京：南京大學出版社，1996 年 3 月）。

32. 〔美〕倪德衛：《章學誠的生平及其思想 THE LIFE AND THOUGHT OF CHANG HSUEH-CH'ENG（1738～1801）》（南京：江蘇人民出版社，2007 年 10 月第 1 版）。

33. 梁啓超：《飲冰室專集》（上海：中華書局，1936 年 4 月印刷）。

34. 郭若沫：《青銅時代》（北京：科學出版社，1957 年 9 月第 1 版）。

35. 莊師雅州：《經學入門》（臺北：臺灣商務印書館 1980 年 4 月初版）。

36. 章太炎：《章太炎全集》（上海：人人出版社，1985 年 9 月第 1 版）。

37. 許保林：《中國兵書通覽》，（北京：解放軍出版社，2002 年第二版）。

38. 陳夢家撰：《尚書通論》（石家莊：河北教育出版社，2002 年）。

39. 陳仕華主編、林惠珍編輯：《章學誠研究論叢》（臺北：臺灣學生書局，2005 年 2 月）。

40. 郭麗：《管子文獻學研究》（青島：中國海洋大學出版社，2007 年 3 月第一版）。

41. 梁啓超：《中國近三百年學術史》（北京：中國華僑出版社，2008 年 8 月第 1 版）。

42. 張心澂：《僞書通考》（上海：上海書店，1998 年 1 月第一版，據商務印書館 1939 年版影印）。

43. 張震澤：《孫臏兵法校理》（北京：中華書局，1984 年 2 月第 1 版）。

44. 張懷瑾：《鍾嶸詩品評注》（天津：天津古籍出版社，1997 年 1 月第 1 版）。

45. 程千帆、徐有富：《校讎廣義　目錄編》（濟南：齊魯書社，1998 年 4 月第 2 版）。

46. 程千帆、徐有富：《校讎廣義　校勘編》（濟南：齊魯書社，1998 年 4 月第 2 版）。

47. 張舜徽：《廣校讎略》（武漢：華中師範大學出版社，2004 年 3 月 1 版）。

48. 董金裕：《章實齋學記》（臺北：嘉新水泥公司文化基金會，1976 年 11 月）。

49. 楊家駱編：《校讎學系編》（臺北：鼎文書局，1977 年 10 月初版）。

50. 劉咸炘：《續校讎通義》（臺北縣：廣文書局有限公司，1990 年 1 月初版、2005 年 2 月再版）。

51. 劉咸炘：《劉咸炘論目錄學》（上海：上海科學技術文獻出版社，2008 年 1 月第 1 版）。

52. 鄭奮鵬：《鄭樵的校讎目錄學・鄭樵校讎目錄學的理論》（臺北：學海出版社，1983 年 2 月）

53. 鄭良樹：《續僞書通考》（臺北：學生書局，1984 年 6 月初版）。

54. 魯迅：《中國小說史略》（上海：古籍出版社，1998 年 1 月第 1 版）。

55. 錢亞新《太平御覽索引》（上海：商務印書館，1934 年 4 月初版）。

56. 錢穆：《中國史學名著》（臺北：三民書局股份有限公司，1974 年 4 月再版）。

57. 錢穆：《先秦諸子繫年攷辯》（上海：上海書店，1992 年 1 月第一版）。

58. 錢穆：《錢賓四文集》（臺北：聯經出版事業公司，1994 年 9 月 1 日初版）。

59. 錢穆：《中國近三百年學術史》（北京：商務印書館， 1997 年 8 月新一版）。

60. 駱兆平：《天一閣藏書史志》（上海：上海古籍出版社，2005 年 3 月第一版）。

61. 鮑永軍：《史學大師——章學誠傳》（南京：浙江人民出版社，2007 年 8 月）。

62. 鄺仕元：《中國學術思想史》（臺北：里仁書局，1995 年 2 月三版）。

63. 羅根澤：《羅根澤說諸子》（上海：上海古籍出版，2001 年 12 月第 1 版）。

三、單篇論文

1. 王藝：〈從劉歆、鄭樵到章學誠〉，《晉圖學刊》第 1 期，1995 年。

2. 王國強：〈中國古代書目著錄中的互著法和別裁法〉，《鄭州大學學報（哲學社會科學版）》第 35 卷第 4 期，2002 年 7 月。

3. 王齊洲：〈《漢志》著錄之小說家《伊尹說》《鬻子說》考辨〉，《武漢大學學報（人文科學版）》第 59 卷第 5 期，2006 年 9 月。

4. 田旭東：〈《孫子兵法》善本考〉，《濱州學院學報》21 卷第 5 期，2005 年 10 月。

5. 田君：〈公孫尼子與《樂記》新考〉，《交響——西安音樂學院學報（季刊）》第 28 卷第 3 期，2009 年 9 月。

6. 余英時：〈章學誠文史校讎考論〉，《中央研究院歷史語言研究所集刊》第 64 本第 1 分，1983 年 3 月。

7. 李學勤：《清華簡與《尚書》、《逸週書》的研究〉，《史學史研究》第 2 期總 142 期。

8. 李學勤：〈讀《鶡冠子》研究〉，《人文雜誌》第 3 期，2002 年。

9. 宋開霞：〈銀雀山漢簡的文化價值〉，《濱州學院學報》21 卷第 5 期，2005 年 10 月。

10. 李桂生：〈兵家《尉繚》與雜家《尉繚》關系新探〉，《黃岡師範學院學報》第 26 卷第 4 期，2006 年 8 月。

11. 李永紅：〈章學誠及其檔案文獻編纂成就〉，《蘭台世界》，2007 年 3 月。

12. 李景文：〈「互著」、「別裁」起源時間考辨——讀王重民先生《校讎通義通解》〉，《圖書工作情報》，2012 年 7 月。

13. 金中樞：〈宋代的經學當代化初探續（上）：王昭素、柳仲塗、胡周父、附黃敏求等的經學〉，《新亞學報》第十五卷，1986 年。

14. 周德良：〈論《白虎通》與漢代經學之關係〉，淡江大學易學與儒學國際學術研討會，2005 年 8 月 14 日。

15. 俞克明：〈《三禮目錄》的文獻價值〉，《四川教育學院學報》第 17 卷第 5 期，2001 年 5 月。

16. 姚偉鈞：〈辨章學術，考鏡源流──章學誠對中國文獻目錄學的貢獻與創新〉，《章學誠國際學術研討會論文集》，北京：北京圖書館出版社，2004年9月。

17. 胡予琪：〈淺析章學誠對歷史編纂學之「發凡起例」〉，《開封大學學報》第22卷第2期，2008年12月。

18. 倉修良：〈章學誠的「成一家之言」〉，《史學史研究》第2期，1994年。

19. 孫以楷：〈鶡冠子河淮西楚人考〉，《安徽大學學報（哲學社會科學版）》第25卷第4期，2001年7月。

20. 凌朝棟：《文苑英華》性質辨析〉，《圖書情報》，2003年。

21. 孫星群：〈《樂記》成書于戰國中期的力證──以湖北郭店楚墓竹簡爲據〉，《天津音樂學院學報（天籟）》第3期，2005年。

22. 袁紅軍：〈章學誠對目錄學理論創新之功〉，《蘭台世界》，2006年11月。

23. 孫參軍：〈兩戴生平及關係考〉，《南京農業大學學報（社會科學版）》第8卷第4期，2008年4月。

24. 唐明元：〈摯虞《文章志》《文章流別志》考辨〉，《圖書館理論與實踐》第2期，2010年。

25. 陳鵬鳴：〈章學誠校讎學述評〉，《安徽史學》第2期，1994年。

26. 許松源〈專家與通識──章學誠的學術思路與錢穆的詮釋〉，《臺大歷史學報》，1996年6月。

27. 陳亞敏：〈清代目錄學領域的卓越代表人物──章學誠〉，《圖書館論壇》第23卷第3期，2003年6月。

28. 陳東輝：〈試論章學誠對索引學重大貢獻〉：《章學誠國際學術研討會論文集》，北京：北京圖書館出版社，2004年9月。

29. 黃兆強：〈六十五年來之章學誠研究〉，《東吳學報》第6期，1988年1月。

30. 黃兆強：〈章學誠研究述論──前人所撰有關章學誠對史學、方志學及目錄學之貢獻及影響述論〉，《東吳歷史學報》第11期，2004年6月。

31. 崔曙庭：〈解讀章學誠的「校讎心法」論〉，《章學誠國際學術研討會論文集》，北京：北京圖書館出版社，2004年9月。

32. 張文珍：〈從方法論意義上探析章學誠之古典目錄學〉，《山東圖書館季刊》第3期，2007年。

33. 楊兆貴：〈近年《鶡冠子》研究簡述〉，《山東師範大學學報（人文社會科學版）》第47卷第1期，2002年。

34. 楊朝明：〈關於《六韜》成書的文獻學考察〉，《中國文化研究》春之卷，2002年。

35. 楊艷華：〈出土文獻對《晏子春秋》研究的意義〉，《漳州師範學院學報（哲

學社會科學版)》第 1 期，2009 年。

36. 趙生群：〈《戰國縱橫家書》所載「蘇秦事迹」不可信〉，《浙江大學學報（社會科學版)》第 32 卷第 1 期，2007 年。

37. 劉敏：〈讀《校讎通義‧辨嫌名》札記一則〉，《安徽文學》第 3 期，2008年。

38. 熊劍平：〈從銀雀山漢墓竹簡看《孫子》早期的注釋情況〉，《軍事歷史》第 3 期，2011 年 3 月。

39. 鄭吉雄：〈論章學誠的「道」與經世思想〉，《臺大中文學報》5 期，1992年 6 月。

40. 閻崇東：〈《校讎通義》與《校讎略》〉，《章學誠國際學術研討會論文集》，北京：北京圖書館出版社，2004 年 9 月。

41. 鮑永軍：〈章學誠研究論文著作索引〉，《章學誠國際學術研討會論文集》，北京：北京圖書館出版社，2004 年 9 月。

42. 薛新力：〈章學誠的索引理論〉，《中華文化論壇》，2005 年 1 月。

43. 錢志熙：〈論浙東學派的譜系及其在學術思想史上的位置——從解讀章學誠《浙東學術》入手〉，《中國典籍文化》總第 80 期，2012 年。

44. 蕭洪恩：〈鶡冠子研究概述〉，《湖北民族學院學報（哲學社會科學版)》第 20 卷第 3 期，2002 年。

45. 鐘慶華：〈論章學誠目錄學體系構建之緣由及內在之理〉，《貴陽師專學報（社會科學版)》，總第 63 期，2002 年。

46. 顧志華：〈論析章學誠「辨章學術，考鏡源流」的目錄學思想〉，《章學誠國際學術研討會論文集》，北京：北京圖書館出版社，2004 年 9 月。

四、學位論文

1. 王依婷：《章學誠方志學研究》（國立臺灣大學文學院中國文學系碩士論文，1999 年）。

2. 朱梅光：《章學誠文獻學成就初探》（安徽大學碩士論文，2005 年）。

3. 周建剛：《章學誠的歷史哲學與文本詮釋思想》（蘇州大學博士論文，2008年）。

4. 林俞佑：《阮元經學義理進路》（國立暨南國際大學中國語文學系博士論文，2013 年）。

5. 曹麗娜：《章學誠的明道經世史學》（東北師範大學碩士論文，2006 年）。

6. 張歐旭：《劉知幾與章學誠之比較研究——透過雙向詮釋闡明其理想著述論》（國立中正大學歷史研究所碩士論文，2006 年）。

7. 蔡琳堂：《章學誠「六經皆史」說之理論與實踐——以方志編纂爲考察重

點》（國立中正大學歷史研究所碩士論文，2001 年）。

8. 劉延苗：《章學誠史學哲學研究》（西北大學博士論文，2008 年）。